The Blue Book of IPR in China

中国知识产权蓝皮书

(2019～2020)

吴汉东 主 编 曹新明 彭学龙 副主编

知识产权出版社
全国百佳图书出版单位
—北 京—

图书在版编目（CIP）数据

中国知识产权蓝皮书．2019—2020／吴汉东主编．—北京：知识产权出版社，2021.4

ISBN 978-7-5130-7439-1

Ⅰ.①中… Ⅱ.①吴… Ⅲ.①知识产权—研究报告—中国—2019-2020 Ⅳ.①D923.404

中国版本图书馆 CIP 数据核字（2021）第 036778 号

责任编辑：刘　睿　刘　江　　**责任校对：**潘凤越
封面设计：智兴设计室　　**责任印制：**刘译文

中国知识产权蓝皮书（2019～2020）

吴汉东　主编　　　曹新明　彭学龙　副主编

李士林　执行主编

出版发行：知识产权出版社有限责任公司　　**网　　址：**http：//www.ipph.cn
社　　址：北京市海淀区气象路 50 号院　　**邮　　编：**100081
责编电话：010-82000860 转 8344　　**责编邮箱：**liujiang@cnipr.com
发行电话：010-82000860 转 8101/8102　　**发行传真：**010-82000893/82005070/82000270
印　　刷：三河市国英印务有限公司　　**经　　销：**各大网上书店、新华书店及相关专业书店
开　　本：720mm×1000mm　1/16　　**印　　张：**25.75
版　　次：2021 年 4 月第 1 版　　**印　　次：**2021 年 4 月第 1 次印刷
字　　数：390 千字　　**定　　价：**128.00 元

ISBN 978-7-5130-7439-1

前　　言

“创新是引领发展的第一动力，保护知识产权就是保护创新。”在一些发达国家，经济发展在很大程度上依赖于某种形式的知识产权，与专利、版权、商标相关联的知识产权密集型产业已成为其支柱产业。当前，世界主要国家和地区都在密切关注新一轮科技革命和产业变革带来的发展机遇，注意发挥知识产权对创新发展的引领和促进作用。2020年是中国加入世界知识产权组织（WIPO）40周年，40年来，中国牢固确立了知识产权大国地位，尤其是党的十八大以后，知识产权创造指数增幅明显加快，2019年达到270.5，知识产权创造发展水平显著提升。习近平总书记指出：“当前，我国正在从知识产权引进大国向知识产权创造大国转变，知识产权工作正在从追求数量向提高质量转变。”现阶段，我国已转向高质量发展阶段，创新能力也要努力适应高质量发展要求。要创造高质量知识产权产品，包括核心专利技术、版权精品、知名品牌，实现知识产权创造由多向优、由大到强的转变。

2019~2020年，知识产权部门牢固把握知识产权事业发展主题，围绕加强知识产权强国建设、完善知识产权法律制度、严格知识产权保护、促进知识产权运用、优化知识产权服务、巩固知识产权人才培养、扩大知识产权学术研讨、强化知识产权国际合作开展全链条整体化知识产权工作。知识产权创造质量、保护效果、运用效益、管理水平、服务能力和国际影响力进一步提升，新时代知识产权强国事业的新征程扬帆起航。

本年度发布的《中国知识产权蓝皮书》分为四大部分：第一部分特稿收录了申长雨局长和吴汉东教授在《人民日报》刊发的文章，诠释了当前加强知识产权保护，引领创新的战略意义。第二部分聚焦于中国知识产权总体与四大部门法的进展状况，全面反映过去一年中国知识产权事业取得的成就，指出存在的问题与不足，点明未来发展的方向。第三部分收录了部分省份知识产权发展状况报告和个别行业研究发展报告，客观反映地区知识产权综合发展状况，观察与总结最高人民法院知识产权法庭自设立以来的发展情况，报告网络平台的知识产权责任研究现状。第四部分整理了国内外知识产权大事要闻，真实反映过去一年知识产权界的热点、要点和社会关切。

竭诚如斯，力有不及，疏漏之处，恳请批评指正！

目　　录

特　　稿

第一编　知识产权年度报告

第二编　地区知识产权创新发展报告

第三编　知识产权制度创新报告

第四编　知识产权大事记

特　稿

全面加强我国知识产权保护工作

申长雨

2020年11月30日，中共中央政治局就加强我国知识产权保护工作举行第二十五次集体学习，习近平总书记主持学习并发表重要讲话。讲话立意高远、思想深邃、内涵丰富、要求明确，充分体现了对知识产权保护工作的高度重视和殷切期望，为新时代全面加强我国知识产权保护工作提供了根本遵循和行动指南，是我国知识产权事业发展的重要里程碑。

一、深刻认识习近平总书记重要讲话的重大意义

一是重大政治意义。中共中央政治局就加强我国知识产权保护工作举行集体学习，习近平总书记发表重要讲话，具有鲜明的政治导向。习近平总书记强调，创新是引领发展的第一动力，保护知识产权就是保护创新。要认清我国知识产权保护工作的形势和任务，总结成绩，查找不足，提高对知识产权保护工作重要性的认识，从加强知识产权保护工作方面，为贯彻新发展理念、构建新发展格局、推动高质量发展提供有力保障。

二是重大时代意义。当前，知识产权系统正在深入贯彻落实党的十九届五中全会精神，认真谋划知识产权事业“十四五”和面向2035年的发展，

习近平总书记的重要讲话为我们提供了最权威、最及时、最系统、最有力的指导，将深刻影响我国知识产权事业未来改革和发展。

三是重大理论意义。习近平总书记的重要讲话，贯通知识产权保护工作的过去、现在和未来，理论、实践和发展，统筹国内发展需要和国际形势变化，深刻阐明了知识产权领域一系列重大理论问题，具有鲜明的理论特质和丰富的理论内涵。

四是重大战略意义。习近平总书记的重要讲话站在“两个一百年”历史交汇点上，统筹国际国内两个大局，指明了新时代知识产权保护工作的战略方向，作出了战略部署，必将引领我国知识产权保护工作全面加强，创新环境和营商环境持续优化，为创新驱动发展和高水平对外开放提供有力支撑。

五是重大实践指导意义。习近平总书记深刻分析了知识产权保护工作面临的形势，作出了六个方面的重要指示，为全面加强知识产权保护工作定向把舵、擘画蓝图，具有极强的针对性和指导性，需要我们逐项抓好贯彻落实。

二、深刻领会习近平总书记重要讲话的核心要义

一要深刻领会习近平总书记指出的，全面建设社会主义现代化国家，必须从国家战略高度和进入新发展阶段要求出发，全面加强知识产权保护工作，促进建设现代化经济体系，激发全社会创新活力，推动构建新发展格局。进一步增强做好新时代知识产权保护工作的责任感、使命感、紧迫感，自觉着眼国家发展需要，谋划推动知识产权保护工作，提高工作针对性。

二要深刻领会习近平总书记指出的，知识产权保护工作关系国家治理体系和治理能力现代化，关系高质量发展，关系人民生活幸福，关系国家对外开放大局，关系国家安全。把握好知识产权保护工作与经济社会发展各方面的关系，找准角色定位，发挥应有作用。

三要深刻领会习近平总书记指出的，我国知识产权事业不断发展，走出了一条中国特色知识产权发展之路，知识产权保护工作取得了历史性成就，全社会尊重和保护知识产权意识明显提升。以事业发展的“历史性成就”激

励大家进一步增强“四个意识”、坚定“四个自信”、做到“两个维护”，始终沿着党指引的方向前进，坚持党对知识产权事业的领导。

四要深刻领会习近平总书记指出的，当前，我国正在从知识产权引进大国向知识产权创造大国转变，知识产权工作正在从追求数量向提高质量转变。认清知识产权工作的形势和任务，突出高质量发展，大力提高自主创新能力。

五要深刻领会习近平总书记指出的，要坚持以我为主、人民利益至上、公正合理保护，既严格保护知识产权，又确保公共利益和激励创新兼得。认真践行以人民为中心的发展思想，在严格保护知识产权过程中，有效激励创新，保障公共利益。

六要深刻领会习近平总书记作出的六个方面重要指示，要加强知识产权保护工作顶层设计，要提高知识产权保护工作法治化水平，要强化知识产权全链条保护，要深化知识产权保护工作体制机制改革，要统筹推进知识产权领域国际合作和竞争，要维护知识产权领域国家安全。把握工作重点，抓住关键环节，做到统筹推进、一体落实。

三、认真落实习近平总书记重要讲话精神

当前，国家知识产权局正在深入学习贯彻习近平总书记重要讲话精神，积极做好宣传解读，制定贯彻落实的意见，协调出台知识产权战略实施工作部际联席会议成员单位分工方案，推动形成落实习近平总书记重要讲话精神的工作合力。特别是要结合自身职能，认真抓好落实。

一是着眼未来，加强知识产权保护工作顶层设计。认真研究制定“十四五”时期国家知识产权保护和运用规划，明确目标、任务、举措和实施蓝图，确保规划符合中央要求、满足群众期待、体现时代特点。坚持权利人和社会公众之间的利益平衡原则，既严格保护知识产权，又防范权利过度扩张。大力实施专利质量提升工程，促进关键核心技术突破，支撑高质量发展。

二是与时俱进，提高知识产权保护工作法治化水平。在严格执行《民法典》相关规定的同时，加快完善相关法律法规。做好《专利法》修改后有关

实施细则的修订，开展《商标法》新一轮修改调研论证，加快《地理标志产品保护规定》的修订，并做好地理标志专门立法调研。推动知识产权审查授权标准、侵权判断标准、行政执法标准和司法裁判标准的有机统一，加强专利、商标行政执法指导，更好发挥行政执法保护作用。

三是协同发力，强化知识产权全链条保护。高标准落实《关于强化知识产权保护的意见》，构建大保护工作格局。进一步健全知识产权综合管理体制，增强系统保护能力。努力打造便民利民的知识产权公共服务体系，加强知识产权信息化、智能化基础设施建设，推动知识产权保护线上线下融合发展。推动知识产权领域诚信体系建设，加强宣传教育，增强全社会尊重和保护知识产权的意识。

四是持续创新，深化知识产权保护工作体制机制改革。持续抓好党的十八大以来中央关于知识产权保护工作一系列改革部署的落实，确保改革实效。进一步完善知识产权审查制度，促进审查理念更新、技术革新、工作创新，更好满足群众需要。积极探索建立新兴领域知识产权保护制度，要健全知识产权评估体系，改进知识产权归属制度。

五是积极作为，统筹推进知识产权领域国际合作和竞争。坚持人类命运共同体理念，深度参与世界知识产权组织框架下的全球知识产权治理，推动完善知识产权及相关国际贸易、国际投资等国际规则和标准，推动全球知识产权治理体制向着更加公正合理方向发展。加强知识产权对外宣传，在国际上进一步树立我国依法严格保护知识产权的良好形象。认真研究疫情防控环境下的“一带一路”知识产权合作新机制新模式，更好支撑“一带一路”建设。

六是坚守底线，维护知识产权领域国家安全。加强事关国家安全的关键核心技术的自主研发和保护，依法管理涉及国家安全的知识产权对外转让行为。配合国家市场监督管理总局做好知识产权领域的反垄断工作，防止知识产权滥用，促进创新要素自主有序流动、高效配置。加强我国企业海外知识产权风险预警和维权援助，坚决维护自身发展利益。

（原文刊载于《人民日报》2020 年 12 月 9 日第 14 版）

保护知识产权就是保护创新

吴汉东

习近平总书记在主持中共中央政治局第二十五次集体学习时指出："创新是引领发展的第一动力，保护知识产权就是保护创新。"知识产权能够为创新活动进行产权界定并提供激励机制，为创新产业进行资源配置并提供市场交易机制，为创新成果进行产权保护并提供市场规范机制。

当前，世界主要国家都在密切关注新一轮科技革命和产业变革带来的发展机遇，注意发挥知识产权对创新发展的引领和促进作用。知识产权将产业和企业的创新、研发、制造、营销等有效联结起来，既可以引领高新技术产业发展，又能够推动传统产业转型升级。在一些发达国家，经济发展在很大程度上依赖于某种形式的知识产权，与专利、版权、商标相关联的知识产权密集型产业已成为其支柱产业。从这个意义上讲，创新驱动就是知识产权驱动，保护知识产权是实现创新发展的内在要求。党的十九届五中全会通过的《中共中央关于制定国民经济和社会发展第十四个五年规划和二〇三五年远景目标的建议》强调："加强知识产权保护，大幅提高科技成果转移转化成效。"这就要求我们强化知识产权创造、保护、运用，将其作为创新发展的重要推动力量。

知识产权的高质量创造是创新发展的基本内涵。习近平总书记指出："当前，我国正在从知识产权引进大国向知识产权创造大国转变，知识产权工作正在从追求数量向提高质量转变。”创造是一切知识产权活动的初始源头，创造力是体现知识产权实力的首要因素。我国已转向高质量发展阶段，创新能力也要努力适应高质量发展要求。要创造高质量知识产权产品，包括核心专利技术、版权精品、知名品牌，实现知识产权创造由多向优、由大到强的转变。

知识产权的高水平保护是创新发展的制度保障。习近平总书记强调：“加强知识产权保护工作顶层设计”，“提高知识产权保护工作法治化水平”，“强化知识产权全链条保护”，“深化知识产权保护工作体制机制改革”。知识产权保护事关国际经贸领域的法律秩序，也是本国创新发展的制度基础。中国企业和产业要“走出去”和“走上去”，都离不开知识产权保护。提高知识产权保护水平，需要完善知识产权保护制度，增强知识产权司法效能，提高知识产权行政执法能力，建立遏制侵权的长效机制，提高知识产权保护工作法治化水平，营造有利于创新发展的法治环境。

知识产权的高效益运用是创新发展的重要路径。知识产权本身只是一种独占性的法律授权，只有与市场经济相结合并进行转化和运用，才能产生经济效益和社会效益。要实现“大幅提高科技成果转移转化成效”的目标，一方面需要形成知识产权运用的基本方式，如应用于生产经营活动的产业化、进行产权交易活动的商品化、作为投资运营活动的资本化；另一方面应着眼于提升创新型国家所必须具备的科学技术竞争力、文化产品软实力和品牌经济影响力，实现知识产权运用从单一效益向综合效益的转变。

（原文刊载于《人民日报》2020 年 12 月 14 日理论版）

第一编

知识产权年度报告

中国知识产权发展报告（2019~2020）

曹新明　宋　歌*

一、引言

2019~2020年，全国知识产权系统坚持以习近平新时代中国特色社会主义思想为指导，全面贯彻党的十九大和十九届二中、三中、四中、五中全会精神，深入落实党中央、国务院对知识产权发展作出的一系列重大决策和部署，坚持稳中求进工作总基调，践行新发展理念，以推动高质量发展为主题，高标准实施创新驱动发展战略和知识产权战略，加快知识产权强国建设，推动我国知识产权事业取得历史性成就。

2019年是建设知识产权强国和世界科技强国的关键之年，以习近平同志为核心的党中央将知识产权摆在更加突出的位置，引领我国知识产权工作取得大发展、大跨越、大提升，开启了知识产权强国建设的新征程。2019年11月，中共中央办公厅、国务院办公厅印发《关于强化知识产权保护的意见》，指出加强知识产权保护，是完善产权保护制度最重要的内容，也是提高我国经济竞争力的最大激励。2020年是全面建成小康社会、“十三五”规划和知

---

* 曹新明，中南财经政法大学知识产权研究中心教授、博士生导师；宋歌，中南财经政法大学知识产权研究中心博士研究生。

识产权战略纲要收官之年，也是承接“十四五”规划之元年，“把我国建设成为知识产权创造、运用、保护和管理水平较高的国家”的战略目标已基本实现，面向2035年的知识产权强国战略纲要初稿已基本形成。全国各级知识产权部门高标准落实《关于强化知识产权保护的意见》提出的各项任务和目标，制定实施推进计划，强化监督指导和绩效考核，落实责任与综合保障。2020年11月30日，习近平总书记在中共中央政治局就加强知识产权保护进行第二十五次集体学习中指出，知识产权保护工作关系国家治理体系和治理能力现代化，关系高质量发展，关系人民生活幸福，关系国家对外开放大局，关系国家安全。全面建设社会主义现代化国家，必须从国家战略高度和进入新发展阶段要求出发，全面加强知识产权保护工作。2020年，国家推动知识产权宏观战略规划引领未来知识产权卓越发展，国务院、国家知识产权局印发《2020年深入实施国家知识产权战略加快建设知识产权强国推进计划》《关于深化知识产权领域“放管服”改革营造良好营商环境的实施意见》，确保各项知识产权工作落地见效。2020年全国“两会”，加强知识产权保护被写入2020年政府工作报告，知识产权在推进国家治理体系和治理能力现代化中的重要性进一步凸显。

2019~2020年，知识产权部门牢固把握知识产权事业发展主题，围绕加强知识产权强国建设、完善知识产权法律制度、严格知识产权保护、促进知识产权运用、优化知识产权服务、巩固知识产权人才培养、扩大知识产权学术研讨、强化知识产权国际合作开展全链条整体化知识产权工作。知识产权创造质量、保护效果、运用效益、管理水平、服务能力和国际影响力进一步提升，新时代知识产权强国事业的新征程扬帆起航。

二、知识产权发展状况

2019~2020年，以习近平同志为核心的党中央高度重视知识产权发展，对知识产权事业作出了具有时代特点的系统谋划和整体部署。知识产权对促进经济社会高质量发展的作用更加凸显，知识产权事业呈现出与时俱进的蓬勃态势，面向2020年的国家知识产权战略目标进展顺利，已具备向知识产权强国迈进的坚实基础。两年来，我国知识产权创造、运用、保护水平不断提高，知识产权环境进一步完善，国家创新能力持续提升，知识产权在服务新发展格局中扮演着更加重要的角色。

（一）知识产权综合发展

知识产权综合发展包括知识产权创造、运用、保护、环境等多个方面。各级知识产权部门在以习近平同志为核心的党中央坚强领导下，以推动高质量发展为主题，坚持新发展理念，统筹推进知识产权工作总体布局，知识产权综合发展取得重大突破，各项知识产权工作取得丰硕成果。数据显示，自2010年以来，我国知识产权综合发展成效显著，[1] 2019年我国知识产权综合发展指数逐步提升至279.2。[2]

（二）知识产权创造发展

《2019年中国知识产权发展状况评价报告》显示：我国知识产权创造蓬勃发展，已经成为名副其实的知识产权大国。尤其是党的十八大以后，知识产权创造指数增幅明显加快，2019年达到270.5，[3] 知识产权创造发展水平显著提升。2020年9月2日，世界知识产权组织发布“2020全球创新指数报告”，我国继续保持2019年的好成绩，位列14名，也是位列前30位中唯一一个中等收入的经济体。[4] 2019~2020年，我国知识产权创造围绕瞄准前沿科技领域实施国家重大项目、发展战略性新兴产业、加快数字化发展等方面持续推进，知识产权创造实现量质齐升，为全面塑造发展新优势提供了有力支撑。

（三）知识产权运用发展

知识产权运用是支撑、促进区域经济高质量发展，推动知识产权价值实

---

[1] 全国知识产权发展状况指数以2010年为基期年份，设置2010年综合及创造、运用、保护、环境发展指数为100，并对2010~2019年的全国数据进行测算。

[2] 2019年中国知识产权发展状况评价报告［R］.

[3] 2019年中国知识产权发展状况评价报告［R］.

[4] 全球创新指数2020出炉！中国排名保持第14位［EB/OL］.［2020-09-02］. https://www.sohu.com/a/416306750_680864.

现的核心内容。自 2010 年以来，我国知识产权运用发展指数稳步提升，2019 年知识产权运用发展指数为 234，与上年基本持平。2019 年，我国知识产权质押融资服务体系进一步完善，商标品牌战略实施推动中国产品向中国品牌转变，地理标志运用有效促进精准扶贫和乡村振兴。专利、商标质押融资总额达到 1 515 亿元，同比增长 23.8%，版权质押担保金额 73 亿元，帮助中小微企业解决了融资难题。涉及知识产权的技术合同成交额达到 9 286.9 亿元，同比增长 137.7%。知识产权使用费进出口总额约 410 亿美元，其中出口额 66 亿美元，同比增长 18.8%。❶

2020 年上半年，全国专利商标质押金额 853 亿元，同比增长 45%，质押项目数 4 678项，同比增长 52%。其中，专利质押金额 651 亿元，同比增长 61%，质押项目数 4171 项，同比增长 54%；商标质押总金额 202 亿元，同比增长 8.8%，质押项目数 507 项，同比增长 34%。❷

（四）知识产权保护发展

知识产权保护是推动我国经济高质量发展的内在需要。2010 年以来，我国知识产权保护指数逐步提升，2019 年达到 314.8，较上年提升 14.8%。❸

在立法保护方面，2019 年完成《商标法》修改，将恶意侵犯商标专用权的赔偿额由 1 倍以上 3 倍以下提高到 1 倍以上 5 倍以下，将法定赔偿额上限从 300 万元提高到 500 万元。完成《反不正当竞争法》修订，进一步强化商业秘密保护。2020 年 10 月，第十三届全国人民代表大会常务委员会第二十二次会议通过修改后的《专利法》，新增惩罚性赔偿制度，将法定赔偿额上限提升至 500 万元、下限提高至 3 万元，强化专利权保护，充分发挥法律的威慑力。2020 年 11 月，第十三届全国人大常委会第二十三次会议通过修改后的《著作权法》，此次修改是我国主动回应、全面精进、多方参与的自发性完善，涵盖

❶ 国务院新闻办就 2019 年中国知识产权发展状况举行新闻发布会［EB/OL］．［2020-04-23］．http：//www.gov.cn/xinwen/2020-04/23/content_5505400.htm.

❷ 上半年全国专利商标质押金额 853 亿元［EB/OL］．［2020-07-10］．http：//www.xinhuanet.com/2020-07/10/c_1126222647.htm.

❸ 2019 年中国知识产权发展状况评价报告［R］．

著作权创造、运用、保护、管理等多个环节，在激发作品创作之源、释放文化市场活力、推动社会主义文化繁荣方面具有重要意义。

在行政保护方面，2019 年继续开展“剑网”“网剑”等专项行动。《2019 年中国知识产权发展状况评价报告》显示：2019 年全年办理专利侵权纠纷行政裁决案件近 3.9 万件。查处假冒专利违法案件 0.7 万余件，罚没金额 0.18 亿元。2019 年全年查处商标侵权假冒等违法案件 3.2 万件，罚没金额 4.5 亿元。❶ 查处各类不正当竞争案件 1.0 万件，案值 31.6 亿元。全国公安机关共立案各类侵犯知识产权和制售伪劣商品犯罪案件 2.4 万起，破案 1.6 万起，抓获犯罪嫌疑人 2.9 万名，涉案价值 86.7 亿元。全国海关共查获进出口侵权货物 5.1 万批次。❷

在司法保护方面，2019 年全国法院共新收各类知识产权案件 481 793 件，审结 475 853 件（含旧存，下同），比 2018 年分别上升 44.16% 和 48.87%。其中，地方各级法院新收知识产权民事一审案件 399 031 件，审结 394 521 件；新收知识产权行政一审案件 16 134 件，审结 17 938 件；新收侵犯知识产权刑事一审案件 5 242 件，审结 5 075 件。地方各级法院新收生产、销售伪劣商品罪一审案件 8 777 件，审结 8 923 件。全国检察机关批准逮捕侵犯知识产权犯罪 4 346 件 7 430 人，提起公诉 5 433 件 11 003 人。❸

（五）知识产权环境发展

2019~2020 年，我国知识产权制度环境、服务环境不断优化，尊重知识、保护创新的知识产权意识不断增强，知识产权环境指数连续提升。根据《2019 年知识产权发展状况评价报告》，2019 年知识产权环境指数达到 297.4。制度环境方面，完成《专利代理管理办法》《专利代理师资格考试办法》《规范商标申请注册行为若干规定》等规章及规范性文件的制定修订。服务环境方面，截至 2019 年年底，专利代理机构数量（含分支机构）与商标代理机构

❶ 2019 年中国知识产权发展状况评价报告［R］.

❷ 国新办举行 2019 年中国知识产权发展状况发布会［EB/OL］.［2020-04-23］. https://www.cnipa.gov.cn/art/2020/4/23/art_1260_44129.html.

❸ 中国知识产权保护与营商环境新进展报告（2019）［R］.

数量达到 5.1 万个，同比增长 23.8%。保护意识方面，2019 年每万人口专利申请量达到 29.9 件，同比增长 0.9%；每万人口商标申请量达到 53.3 件，同比增长 6.8%；每万人口著作权登记量达到 30 件，同比增长 20.6%。社会公众的知识产权保护意识显著提升。❶

（六）知识产权和国家创新发展的国际比较

2019～2020 年，我国加快实施创新驱动发展战略，深化知识产权领域改革，以高质量发展为主题推进知识产权新发展格局建设，国家创新能力持续提升，知识产权发展水平稳居世界中上游。2020 年 9 月，世界知识产权组织发布的《2020 全球创新指数报告》指出，中国已确立创新领先者的地位，在专利、实用新型、商标、工业品外观设计申请量和创意产品出口等重要指标上名列前茅，中国拥有 17 个全球领先的科技集群，其中深圳－香港－广州和北京分别位居全球第二和第四。❷

三、知识产权法律体系建设

2019～2020 年，在以习近平同志为核心的党中央坚强领导下，我国在知识产权法律体系建设方面取得重大突破。各级知识产权部门不断加强顶层设计，优化知识产权专门法律衔接，完善相关上位法和相邻法中涉及知识产权条款的修改，引领中国特色知识产权法律体系实现新发展与新跨越。两年来，我国知识产权法律体系日臻完善，为科技进步和社会发展提供了保障。

（一）法律

1. 完成《专利法》修订工作

为了贯彻落实党中央、国务院关于创新驱动发展战略和知识产权强国战略的部署，提高科技成果转化能力，构建新发展格局，建设世界科技强国，

---

❶ 2019 年中国知识产权发展状况评价报告［R］.

❷ 世界知识产权组织发布《2020 创新指数报告》，中国位列第十四［EB/OL］.［2020－09－02］. http：//www.sjzkz.com/App_ Pages/hotspotcontent.aspx？type=hot&id=343.

2020 年 10 月 17 日，第十三届全国人民代表大会常务委员会第二十二次会议通过《全国人民代表大会常务委员会关于修改〈中华人民共和国专利法〉的决定》，修订后的《专利法》于 2021 年 6 月 1 日起施行。此次《专利法》修改主要包含以下三个方面的内容：第一，强化专利权保护，提高专利侵权损害赔偿数额，将法定赔偿额上限提升至 500 万元、下限提升至 3 万元，引入惩罚性赔偿制度，完善举证责任与诉前保全措施，加强行政保护，新增专利权期限补偿制度和药品专利纠纷早期解决程序有关条款等；第二，促进专利实施与运用，新增开放许可制度，完善职务发明制度与产权激励措施，提升专利转化服务；第三，完善专利授权制度，增设局部外观设计制度，延长外观设计保护期限至 15 年，增加新颖性宽限期的适用情形等。

2. 完成《著作权法》修订工作

《著作权法》作为知识产权法律体系的重要组成部分，对鼓励作品创作与传播，保护创作者、传播者和使用者的合法权益，促进我国文化繁荣与发展发挥了重要作用。2020 年 11 月 11 日，第十三届全国人大常委会第二十三次会议表决通过关于修改著作权法的决定，修订后的《著作权法》于 2021 年 6 月 1 日起施行。本次修订主要回应了新技术进步与变革对著作权制度带来的挑战，着力解决著作权维权成本高、赔偿数额低、执法手段不足等问题，强调优化《著作权法》与相关法律、国际条约的协调与衔接。

（二）行政法规

1.《中华人民共和国外商投资法实施条例》公布施行

2019 年 12 月 12 日，国务院第 74 次常务会议通过《中华人民共和国外商投资法实施条例》（以下简称《外商投资法实施条例》），自 2020 年 1 月 1 日起施行。其中第 23 条规定："国家加大对知识产权侵权行为的惩处力度，持续强化知识产权执法，推动建立知识产权快速协同保护机制，健全知识产权纠纷多元化解决机制，平等保护外国投资者和外商投资企业的知识产权。"作为《中华人民共和国外商投资法》的配套法规，《外商投资法实施条例》严格贯彻《外商投资法》关于强化知识产权保护的意见，对技术许可与转让、知识产权纠纷解决机制进行细化，有利于营造良好的知识产权营商环境，为推动更高水平对外开放提供了有力法治保障。

2.《国家科学技术奖励条例》公布施行

2020 年 10 月 7 日，国务院总理李克强签署国务院令，修订后的《国家科学技术奖励条例》予以公布，自 2020 年 12 月 1 日起施行。其中第 4 条规定：国家科学技术奖励工作坚持中国共产党领导，实施创新驱动发展战略，贯彻尊重劳动、尊重知识、尊重人才、尊重创造的方针，培育和践行社会主义核心价值观。”该《奖励条例》构建了良好的知识产权奖励机制与环境，对促进科技支撑引领经济社会发展、加快建设创新型国家和世界科技强国具有重要意义。

（三）司法解释

1.《最高人民法院关于审理侵犯商业秘密民事案件适用法律若干问题的规定》

2020 年 8 月 24 日，最高人民法院审判委员会第 1810 次会议审议通过《最高人民法院关于审理侵犯商业秘密民事案件适用法律若干问题的规定》（以下简称《规定》），自 2020 年 9 月 12 日起施行。《规定》共 29 条，对商业秘密司法保护作出了较为全面的规定，主要包括商业秘密保护客体、商业秘密的构成要件、保密义务、侵权判断、民事责任、民刑交叉以及有关程序规定。《规定》具有以下三点特征：一是内容丰富，体系完整，对审判实践中的主要问题作出了较为全面的规定，切实增强司法保护整体效能；二是坚持问题导向，针对举证、维权成本、侵权代价等关键节点，对行为保全、保密义务、侵权责任等作出规定，同时，对于审判实践中争议较为集中的不为公众所知悉、相应保密措施、保密义务的认定，以及与员工、前员工有关的商业秘密保护，也作出了明确具体的规定，既为司法裁判提供明确依据，也为权利人加强商业秘密保护提供指引；三是程序实体并重，保护更加全面，除了相关实体规定外，重点对相关诉讼程序问题作出规定，包括诉讼中的保密措施、人民法院调查收集证据，以及民刑交叉的相关问题。

2.《最高人民法院关于涉网络知识产权侵权纠纷几个法律适用问题的批复》

2020 年 8 月 24 日，最高人民法院审判委员会第 1810 次会议通过《最高人民法院关于涉网络知识产权侵权纠纷几个法律适用问题的批复》（以下简称《批复》），于2020年9月14日起施行。《批复》对涉及网络知识产权侵权案件中，知识产权权利人提出保全申请、网络服务提供者和电子商务平台经营者承担连带责任的条件、网络服务提供者和电子商务平台经营者处理网络用户和平台内经营者提交的不侵权声明的期限、对恶意提交不侵权声明适用惩罚性赔偿的条件、免除知识产权权利人善意提交错误通知的民事责任等问题作出了明确规定。《批复》的发布，是人民法院坚定不移贯彻新发展理念，服务经济社会持续健康发展的又一重要举措，充分体现了人民法院紧紧围绕服务创新驱动发展战略、切实加大知识产权司法保护力度的信心和决心，也将对人民法院妥善处理涉网络知识产权侵权案件发挥积极作用。

3.《最高人民法院关于审理专利授权确权行政案件适用法律若干问题的规定（一）》

2020年8月24日，最高人民法院审判委员会第1810次会议通过《最高人民法院关于审理专利授权确权行政案件适用法律若干问题的规定》（以下简称《审理专利授权确权行政案件的规定》），于2020年9月12日起施行。《审理专利授权确权行政案件的规定》共32条，明确了权利要求用语界定的基本规则，对以说明书为依据、说明书充分公开、创造性、外观设计专利授权标准等重要法律适用问题予以明确，并针对有关证据、程序问题作出规定。《审理专利授权确权行政案件的规定》根据《中华人民共和国专利法》《中华人民共和国行政诉讼法》等法律规定，结合审判实际，力图实现正确审理专利授权确权行政案件的目标，有利于加强行政程序和司法程序的衔接，公正高效化解矛盾，让“真创新”得到“真保护”，“高质量”得到“严保护”。

4.《最高人民法院、最高人民检察院关于办理侵犯知识产权刑事案件具体应用法律若干问题的解释（三）》

2020年8月31日最高人民法院审判委员会第1811次会议、2020年8月21日最高人民检察院第十三届检察委员会第四十八次会议通过《最高人民法院、最高人民检察院关于办理侵犯知识产权刑事案件具体应用法律若干问题的解释（三）》（以下简称《解释三》），于2020年9月14日起施行。《解释三》旨在依法惩治侵犯知识产权犯罪，维护社会主义市场经济秩序。根据《中华人民共和国刑法》《中华人民共和国刑事诉讼法》的有关规定，对知识产权相关刑事法律及司法解释规定不具体的、适用存在疑难的地方进行了明确，重点对涉及商业秘密刑事犯罪的内容进行了详细说明。《解释三》是优化营商环境背景下尊重知识创造价值的体现，彰显了加大知识产权保护力度的价值导向。

5.《最高人民法院关于知识产权民事诉讼证据的若干规定》

2020 年 11 月 9 日，最高人民法院审判委员会第 1815 次会议通过《最高人民法院关于知识产权民事诉讼证据的若干规定》（以下简称《知识产权民事诉讼证据的规定》），于 2020 年 11 月 18 日施行。出台《知识产权民事诉讼证据的规定》，是最高人民法院贯彻党中央决策部署，落实新发展理念，服务高质量发展，加强知识产权司法保护的重要举措。《知识产权民事诉讼证据的规定》坚持问题导向，遵循民事诉讼证据一般规则，立足知识产权诉讼特点和实际，对知识产权民事诉讼中问题较为突出的证据提交、证据保全、司法鉴定以及诉讼中的商业秘密保护等作出规定，适当减轻权利人举证负担，加强知识产权诉讼诚信体系建设。《知识产权民事诉讼证据的规定》的颁布实施，对于解决知识产权民事诉讼中的“举证难”问题、降低维权成本、提升知识产权司法保护实效具有重要作用。

（四）其他规范性文件

1.《关于深化知识产权领域“放管服”改革 营造良好营商环境的实施意见》印发

为深入贯彻落实党中央、国务院关于深化“放管服”改革的决策部署，切实做好《优化营商环境条例》的贯彻实施，进一步推动知识产权领域职能转变，持续优化营商环境，充分发挥知识产权制度优势，推动创新驱动发展和经济高质量发展，2020 年 1 月 3 日，国家知识产权局印发《关于深化知识产权领域“放管服”改革 营造良好营商环境的实施意见》（以下简称《实施意见》）。该《实施意见》贯彻实施《优化营商环境条例》，紧紧围绕国务院“放管服”改革目标任务，明确了知识产权领域职能转变和“放管服”改革的总体要求、工作思路、任务目标和具体举措。其主要包括以下内容：一是以优化知识产权审查流程、提高知识产权审查质量、提升知识产权审查效率、推行告知承诺制等四个方面为重点，深化简政放权，激发社会创新活力；二是以积极完善知识产权保护体系、创新知识产权保护方式、加强知识产权服务行业监管、加大对知识产权非正常申请打击力度等四个方面为重点，创新监管方式，推动营造良好创新发展环境；三是以整合优化知识产权政务服务资源、推动知识产权业务办理公开透明、提升知识产权业务服务便利化程度、加强知识产权信息服务资源供给、加大对知识产权服务业的支持力度、促进知识产权运用等六个方面为重点，提高服务水平，加速推进创新进程。

2.《地理标志专用标志使用管理办法（试行）》印发

2020年4月3日，国家知识产权局发布《地理标志专用标志使用管理办法（试行）》。该《管理办法》对地理标志专用标志合法使用人的范围和义务进行界定，明确地理标志的使用要求、地理标志专用标志标示方法、不规范使用地理标志的惩处后果，为地理标志监管执法提供了更加直观的判断依据。该《管理办法》有助于在全社会形成保护地理标志的良好氛围，对统一地理标志监管保护具有积极作用。

3.《推动知识产权高质量发展年度工作指引（2020）》印发

2020年4月20日，国家知识产权局印发《推动知识产权高质量发展年度工作指引（2020）》。该《工作指引》从以下三个方面对知识产权工作进行部署：一是强化推动知识产权高质量发展的指标导向，准确把握高质量发展的内在要求，充分发挥高质量发展指标对工作的“指挥棒”作用，提出推动知识产权核心指标纳入“十四五”国民经济和社会发展规划、因地制宜设置差异化的目标和任务，进一步明确“十四五”知识产权高质量发展的方向；二是强化推动知识产权高质量发展的政策护航，主要围绕支持企业复工复产知识产权专项政策、加强知识产权领域战略谋划与政策储备、完善知识产权强国建设工作体系、完善知识产权保护政策体系、完善知识产权运用促进政策体系、完善知识产权公共服务政策体系等重要任务，针对性地提出各项措施举措，为促进实体经济高质量发展提供有力支撑；三是强化推动知识产权高质量发展的统计监测，主要对照高质量发展指标体系，提出完善知识产权指标统计与监测、健全地方知识产权指标统计监测体系等重要任务，加强重要指标的统计评价、产业相关数据的统计发布、指导地方做好相关数据的统计分析与科学研判等工作，全面及时准确反映区域、产业知识产权高质量发展情况。

4.《商标侵权判断标准》印发

2020 年 6 月 15 日，国家知识产权局印发《商标侵权判断标准》（以下简称《标准》）的通知。《标准》旨在深入贯彻落实党中央、国务院关于强化知识产权保护的决策部署，加强商标执法指导工作，统一执法标准，提升执法水平，强化商标专用权保护。《标准》共 38 条，对商标的使用、同一种商品、类似商品、相同商标、近似商标、容易混淆、销售免责、权利冲突、中止适用、权利人辨认等内容进行了细化规定。《标准》的制定，有利于完善商标保护规则体系，解决执法实践中面临的新情况、新问题，为执法部门依法行政提供具体操作指引，为市场主体营造透明度高、可预见性强的知识产权保护环境。

5.《关于进一步加强知识产权维权援助工作的指导意见》印发

为深入贯彻党中央、国务院关于强化知识产权保护的决策部署，落实《关于强化知识产权保护的意见》，加强知识产权保护体系建设，2020 年 6 月 16 日，国家知识产权局印发《关于进一步加强知识产权维权援助工作的指导意见》。其主要包括以下四个方面的内容：一是明确加强知识产权维权援助工作的总体要求，对指导思想和工作原则进行阐述；二是全面提升维权援助工作能力，要求明确工作范围、健全工作体系、夯实工作基础；三是突出维权援助工作重点，做好中小微企业维权援助工作，加强展会、电子商务等商贸流通领域维权援助工作，完善海外维权援助服务，积极探索社会共治维权援助模式；四是切实加强维权援助工作保障，强调要完善组织领导、条件保障和队伍建设，要争取资源保障，配强配足人员力量，强化队伍专业化建设，落实维权援助经费保障政策，加强对各级维权援助工作的绩效考核等。

6.《商标注册档案管理办法》印发

2020年8月20日，国家知识产权局印发《商标注册档案管理办法》。该文件的出台是适应商标注册便利化改革需要、提高商标注册档案管理效能和管理水平的重要举措，也是新时期做好商标注册档案工作的重要遵循。其突出体现了以下四个方面的要求：一是深入贯彻落实党的十九大精神，切实加强商标注册档案的有效保护和利用；二是适应商标注册便利化改革需要，提高商标注册档案信息化管理水平；三是促进商标注册档案管理内部治理，完善商标注册档案管理的制度建设，有效保护商标注册档案的真实、完整、有效和安全；四是科学界定商标注册文件归档范围，准确划分档案保管期限，为实现档案库房空间良性循环的目标做好制度保障。

7.《关于进一步加强知识产权快速维权中心建设工作的通知》印发

2020年8月25日，国家知识产权局印发《关于进一步加强知识产权快速维权中心建设工作的通知》（以下简称《通知》）。《通知》明确了快速维权中心的重点任务，要求优化快速预审，加强统筹协调。《通知》提出到2023年形成以保护中心为基础、快速维权中心为延伸，国家、省、市、县协调发展的知识产权快速协同保护体系的目标。《通知》的制定，对于加强知识产权快速协同保护机制建设，推进知识产权工作深入基层支持县域经济发展，促进传统产业转型升级具有重要意义。

四、知识产权行政工作

党的十九大以来，知识产权行政工作深入贯彻落实国家知识产权战略和创新驱动发展战略，遵循“严保护、大保护、快保护、同保护”的原则，开展常态化专项打击行动，持续保持高压严打态势，加大执法监督力度，提高行政监管效能，突出行政工作实用性、前瞻性、体系性和科学性建设。行政工作能力有效提升，行政管理体系更加完善，尊重知识价值的营商环境更加优化，为建设知识产权强国和世界科技强国、促进社会经济高质量发展提供了坚实的保障。

（一）健全知识产权行政保护制度体系

1. 发布《关于开展专利侵权纠纷行政裁决示范建设工作的通知》，完善多元化纠纷解决机制

2019 年 11 月 14 日，国家知识产权局办公室发布的《关于开展专利侵权纠纷行政裁决示范建设工作的通知》指出，为贯彻落实中共中央办公厅、国务院办公厅部署，充分发挥行政裁决在化解专利侵权纠纷中的“分流阀”作用，切实维护社会稳定和谐，推进法治政府建设，优化营商环境，国家知识产权局决定组织开展专利侵权纠纷行政裁决示范建设工作。各省（区、市）知识产权局根据实际情况自愿进行专利侵权纠纷行政裁决示范建设试点申报。通过示范建设，有利于充分发挥行政裁决在化解专利侵权纠纷中的优势，对持续优化营商环境、服务经济社会发展、推进法治政府建设具有重要作用。

2. 印发《2020 年全国打击侵犯知识产权和制售假冒伪劣商品工作要点》，依法查处制假售假行为

2020 年 5 月 27 日，全国打击侵犯知识产权和制售假冒伪劣商品工作领导小组印发《2020 年全国打击侵犯知识产权和制售假冒伪劣商品工作要点》（以下简称《工作要点》）。该《工作要点》对 2020 年全国打击侵权假冒伪劣工作作出安排，涉及七个方面、三十五项任务。一是深化重点领域治理和产品监管，加强互联网、农村和城乡接合部市场、进出口环节侵权假冒治理，加强外商投资企业知识产权保护，强化重点市场、重点产品、寄递环节监管；二是强化知识产权保护，加强商标专用权及其他商业标识权益保护，加强专利纠纷行政裁决和打击假冒专利行为，严格版权和地理标志保护，强化植物新品种保护和林草种苗市场监管，持续推进软件正版化，健全无害化销毁，查处侵权假冒涉税案件；三是严惩侵权假冒违法犯罪行为，加大刑事打击力度，全面履行检察职能，深入推进司法保护，依法加强侵权假冒重点行业和重点领域案件审判工作；四是推进法规制度建设，推动完善法律法规，推进信用体系建设，推进完善“两法”衔接，健全考核评价机制，推动区域协作联动；五是构建社会共治格局，加大信息

公开力度，强化市场主体责任，发挥行业组织作用，优化企业知识产权服务，不断强化维权援助，持续开展教育引导；六是深化对外交流合作，大力加强跨境执法协作，支持企业开展海外维权；七是推进业务能力建设，提升专业水平，运用信息化手段，加强系统性宣传。

3. 修订印发《专利商标行政保护案卷评查办法》，加强专利商标行政指导工作

2020 年 7 月，国家知识产权局修订印发《专利商标行政保护案卷评查办法》（以下简称《评查办法》）。该《评查办法》对专利商标案卷评查工作进行有效整合，对案卷评查内容作了体系化调整，分为行政裁决、行政处罚及行政调解三类案件，分别对应专利侵权纠纷案件、假冒专利、商标侵权和商标一般违法案件以及其他专利纠纷调解案件，进一步调整、完善具体评分标准，增加了案件立卷归档标准等内容。该《评查办法》修订过程中，国家知识产权局广泛征求地方意见建议，多次召开由基层执法一线代表参加的座谈会。根据各省及座谈会反馈的意见与建议，逐条研究论证，深入修改完善。此次修订既是落实机构改革的要求，也是落实《关于强化知识产权保护的意见》的具体举措，对加强专利商标执法指导工作，规范专利商标执法工作，提升专利商标行政保护办案质量和业务水平发挥了重要作用。

4. 修订《专利纠纷行政调解办案指南》《查处假冒专利行为和办理专利标识标注不规范案件指南》《专利行政保护复议与应诉指引》，规范引领行政工作建设

为深入贯彻落实党中央、国务院关于强化知识产权保护的决策部署，加强专利执法指导工作，统一执法标准，强化专利权保护，2020 年 7 月 13 日，国家知识产权局印发修订的《专利纠纷行政调解办案指南》《查处假冒专利行为和办理专利标识标注不规范案件指南》《专利行政保护复议与应诉指引》（以下简称《指南（指引）》）。此次《指南（指引）》的修订，是履行机构改革要求的具体举措，也是落实《关于强化知识产权保护的意见》的重要内容。《指南（指引）》包括正文与相关文书表格，对已有专利执法系列文件进行及时汇总、整合、修改，对执法办案部门实践中可复制可推广的经验加以总结、

提升，从专利纠纷行政调解办案、查处假冒专利行为和办理专利标识标注不规范案件、专利行政保护复议与应诉三个方面指导、规范执法办案部门专利行政执法保护工作。[1]

5. 出台《关于加强侵权假冒商品销毁工作的意见》，强化假冒商品重点领域治理力度和社会震慑效应

2020年8月13日，全国打击侵犯知识产权和制售假冒伪劣商品工作领导小组办公室、中央宣传部、最高人民法院、最高人民检察院、公安部、生态环境部、文化和旅游部、海关总署、国家市场监督管理总局共同发布《关于加强侵权假冒商品销毁工作的意见》。该《意见》对销毁范围、销毁时限、分类处置、污染防控、物品保管、全程监督等六大方面进行规定，要求加强组织领导、深化沟通协作、注重宣传引导和强化监督考核，对健全侵权假冒商品分类销毁机制，提升社会无害化处置水平具有重要意义。

（二）强化知识产权行政执法

1. 严厉查处侵权行为

2019~2020年，各级行政执法机关进一步加大执法力度，提升行政执法效能，行政执法工作取得优异成绩。

加强专利行政保护。2019年全年办理专利侵权纠纷行政裁决案件近3.9万件，同比增长13.7%；查处假冒专利违法案件7 300余件，案值0.17亿元，罚没金额0.18亿元；办结2起集成电路布图设计侵权纠纷案件。[2]

持续推进商标专用权保护。2019年全年查处商标侵权假冒等违法案件3.19万件，同比增长2.24%；案值4.85亿元，同比减少11.17%；罚没金额4.45亿元，同比减少13.42%。向司法机关移送涉嫌商标侵权犯罪案件709件。2019年，在查处商标违法案件中，对57件注册商标予以驰名商标扩大保护。[3]

---

[1] 解读《专利纠纷行政调解办案指南》等文件［EB/OL］.［2020-12-07］. https：//www.cnipa.gov.cn/art/2020/9/7/art_66_152172.html.

[2] 2019年中国知识产权保护状况［R］.

[3] 2019年中国知识产权保护状况［R］.

严格实施版权执法监管。2019 年，海关查获涉嫌侵犯著作权货物 303 批次、8.37 万件。继续对网络视频、音乐、文学、网盘等领域主要网络服务商进行版权重点监管，全面开展网络表演、网络音乐、网络动漫市场执法行动，推动企业履行主体责任。❶

2. 开展专项整治行动

2019~2020 年，知识产权行政执法部门深入开展专项整治行动，加强知识产权领域综合监管，对知识产权侵权行为起到惩治与威慑作用，在规范行业发展秩序、优化营商环境、塑造尊重知识保护创新的发展理念等方面具有重要意义。

开展“剑网”专项行动。2019 年 5~11 月，全国各级版权执法部门会同网信、通信、公安等部门开展“剑网 2019”专项行动。“剑网 2019”专项行动聚焦院线电影、媒体融合发展、流媒体、图片等重点领域，开展版权专项整治，加强平台版权治理，查办了一批侵权盗版大要案件，进一步净化了网络版权环境。共删除侵权盗版链接 110 万条，收缴侵权盗版制品 1 075万件，查处网络侵权盗版案件 450 件，其中查办刑事案件 160 件，涉案金额 5.24 亿元，不断规范网络版权秩序，为庆祝新中国成立 70 周年营造良好网络版权环境。❷

2020 年 6~10 月，国家版权局、工业和信息化部、公安部、国家互联网信息办公室四部门联合启动打击网络侵权盗版“剑网 2020”专项行动，这是全国持续开展的第 16 次打击网络侵权盗版专项行动。本次“剑网行动”针对网络版权保护面临的新情况、新问题，聚焦五个重点领域：一是开展视听作品版权专项整治，深入开展院线电影网络版权专项保护，严厉打击短视频领域存在的侵权盗版行为，严厉打击通过流媒体软硬件传播侵权盗版作品行为；二是开展电商平台版权专项整治，加强对大型电商平台的版权监管工作，严厉打击网店销售盗版图书、音像制品、电子出版物、数据库及盗版网络链接

---

❶ 2019 年中国知识产权保护状况［R］.

❷ 2019 年中国网络版权保护年度报告［R］.

和存储盗版作品的网盘账号密码等行为，严厉整治网店设计、经营中使用盗版图片、音乐、视频等行为；三是开展社交平台版权专项整治，加大新闻作品版权保护力度，进一步规范图片市场版权传播秩序，关闭一批恶意侵权社交平台账号；四是开展在线教育版权专项整治，加大“学习强国”学习平台版权保护力度，大力整治在线教育培训中存在的侵权盗版乱象，切断盗版网课的灰色产业链条；五是巩固重点领域版权治理成果，严厉打击网络游戏私服、外挂等侵权盗版行为，推动完善网络音乐版权授权体系，强化对大型知识分享平台的版权监管力度，继续巩固网络文学、动漫、网盘、应用市场、网络广告联盟等领域取得的工作成果。❶

开展“铁拳”专项行动。2020年4月16日，市场监管总局印发《2020年知识产权执法“铁拳”行动方案》（以下简称《方案》）。《方案》的印发，是贯彻落实《关于强化知识产权保护的意见》，依照全国市场监管工作会议有关“加强知识产权执法”的要求，深入推进知识产权执法工作的具体体现。《方案》旨在进一步完善知识产权执法体系，提高执法的时效性、专业性和系统性，加大行政处罚力度。针对侵权假冒高发多发的重点市场、重点领域和关系人民群众健康安全的重点商品，加强违法线索摸排，推进跨区域、全链条执法，强化案件督查督办，依法严厉查处违法行为，促进营商环境不断改善，为全面建成小康社会提供有力支撑。

开展“蓝天”专项行动。2020年5月7日，国家知识产权局办公室发布《关于深化“蓝天”行动　促进知识产权服务业健康发展的通知》。“蓝天”行动旨在深入贯彻党中央、国务院关于“放管服”的决策部署，促进知识产权服务业健康发展，为疫情防控、复工复产和创新创业提供更加优质的知识产权服务。“蓝天”行动提出六个方面的整治措施，包括重点打击无资质专利代理行为、继续加大打击恶意商标代理行为力度、积极引导网络平台依法规范从事知识产权服务、持续整治以不正当手段招揽业务等违法违规行为、充

---

❶ “剑网2020”专项行动启动［EB/OL］.［2020-12-18］. http：//www.xinhuanet.com/mrdx/2020-06/18/c_139149062.htm.

分发挥信息公示和信用监管机制作用、切实加强行业自律。2019 年，专利代理“蓝天”专项整治行动共提示谈话专利代理机构及分支机构 1 333 家，约谈代理机构 820 家，责令整改 406 家，立案查处 108 件，专利代理行业秩序得到有效规范。❶

开展“网剑”专项行动。2020 年，市场监管总局、中央宣传部、工业和信息化部等 14 家网络市场监管部际联席会议制度成员单位联合发布《关于印发 2020 网络市场监管专项行动（网剑行动）方案的通知》（以下简称《网剑行动通知》），决定于 10~12 月开展 2020 年“网剑”行动。该专项行动围绕做好“六保”工作、落实“六稳”任务，以落实《电子商务法》为统领，按照《国务院办公厅关于促进平台经济规范健康发展的指导意见》相关要求，集中整治网络市场突出问题，保护消费者和经营者合法权益，维护公平有序市场环境。《网剑行动通知》明确，2020 年“网剑”行动重点任务包括：落实电商平台责任、重拳打击不正当竞争行为、集中治理网上销售侵权假冒伪劣商品、严厉打击野生动植物及其制品非法交易行为、强化互联网广告监管、整治社会热点问题、依法查处其他网络交易违法行为。

（三）深化知识产权审批登记工作

2019~2020 年，我国主要知识产权指标符合预期，知识产权审批登记数量总体保持平稳。

1. 专利方面

专利申请量平稳发展。2019 年发明专利申请量近 140. 1 万件，同比下降 9. 2%；实用新型专利申请量达 226. 8 万件，同比增长 9. 5%；外观设计专利申请量近 71. 2 万件，同比增长 0. 4%。❷ 2020 年 1~9 月，全国发明专利申请量达 110. 3 万件。❸

---

❶ 提升专利代理质量，净化知识产权“蓝天”［EB/OL］.［2020-12-10］. https：//www.cnipa.gov.cn/art/2020/4/15/art_ 55_ 126183.html.

❷ 2019 年中国知识产权保护状况［R］.

❸ 国家知识产权局战略规划司 . 知识产权统计简报 2020 年第 17 期（总第 45 期）［R］. 2020-10-10.

专利审查能力有效提升。2019 年审结发明专利申请 102. 3 万件，实用新型专利申请 198. 1 万件，外观设计专利申请 74. 4 万件，高价值发明专利审查周期压缩至 17. 3 个月，专利审查质量用户满意度指数为 84. 8 分（百分制），保持在满意区间。❶ 2020 年上半年，我国发明专利审查周期 20. 3 个月，高价值专利审查周期 15. 2 个月，实用新型审查周期 6. 4 个月，外观设计审查周期 3. 2 个月。❷

2019 年共授权发明专利近 45. 3 万件，同比增长 4. 8%；授权实用新型专利 158. 2 万件，同比增长 7. 0%；授权外观设计专利近 55. 7 万件，同比增长 3. 8%。截至 2019 年年底，发明专利有效量为 267. 1 万件，同比增长 12. 9%。其中，国内（不含港澳台地区）发明专利有效量共计 186. 2 万件，每万人口发明专利有效量达到 13. 3 件。❸ 2020 年 1～9 月，共授权发明专利 36. 1 万件，截至 2020 年 9 月底，我国发明专利有效量为 292. 9 万件，其中，国内（不含港澳台地区）发明专利有效量 209. 5 万件，每万人口发明专利拥有量达到 15 件。❹

2019 年共受理依据《专利合作条约》提出的国际专利申请 6. 1 万件，同比增长 10. 4%；其中 5. 7 万件由国内申请人提交，同比增长 9. 4%。❺ 2020 年 1～9 月，共受理《专利合作条约》国际专利申请 4. 9 万件，其中，国内（不含港澳台地区）4. 5 万件。❻

2019 年共受理集成电路布图设计登记申请 8 319件，同比增长 87. 7%；予以登记公告并发出证书 6 614件，同比增长 73. 4%。截至 2019 年年底，累计

❶ 2019 年中国知识产权保护状况［R］.

❷ 国家知识产权局发布 2020 年上半年数据主要指标符合预期［EB/OL］.［2020-12-09］. http：//ip. people. com. cn/n1/2020/0709/c136655-31777407. html.

❸ 2019 年中国知识产权保护状况［R］.

❹ 国家知识产权局战略规划司 . 知识产权统计简报 2020 年第 17 期（总第 45 期）［R］. 2020-10-10.

❺ 2019 年中国知识产权保护状况［R］.

❻ 国家知识产权局战略规划司 . 知识产权统计简报 2020 年第 17 期（总第 45 期）［R］. 2020-10-10.

受理集成电路布图设计登记申请 3.2 万件，予以登记公告并发出证书 2.7 万件。[1] 2020 年 1~9 月，我国集成电路布图设计登记申请 8 851件，发证 8 024件。[2]

2019 年共受理专利复审请求 55 354 件，同比增长 46.1%。其中，对驳回发明专利申请决定不服的复审请求为 44 138 件，占当年受理总量的 79.7%；对驳回实用新型专利申请决定不服的复审请求为 10 248 件，占当年受理总量的 18.5%；对驳回外观设计专利申请决定不服的复审请求为 968 件，占当年受理总量的 1.7%。复审请求结案共 37 261 件，同比增长 31%。其中，涉及发明专利申请 28 858 件，涉及实用新型专利申请 7 831件，涉及外观设计专利申请 572 件。截至 2019 年年底，累计受理专利复审请求 270 641 件，结案 218 217 件，结案周期平均为 11.8 个月。[3] 2020 年 1~9 月，受理复审请求 4.03 万件，结案 3.79 万件。[4]

2019 年共受理专利权无效宣告请求 6 015件，同比增长 14.9%。其中，发明专利权无效宣告请求为 1 403件，占当年受理量的 23.3%；实用新型专利权无效宣告请求为 2 499件，占当年受理量的 41.5%；外观设计专利权无效宣告请求为 2 113件，占当年受理量的 35.1%。无效宣告请求结案 5 327件，同比增长 26.3%。其中涉及发明专利 1 406件，涉及实用新型专利 2 234件，涉及外观设计专利 1 687件。截至 2019 年年底，累计受理无效宣告请求 61 295 件，结案 55 397 件，结案周期平均为 5 个月。[5] 2020 年 1~9 月，受理无效宣告请求 0.44 万件，结案 0.61 万件。[6]

---

[1] 2019 年中国知识产权保护状况 [R].

[2] 国家知识产权局战略规划司．知识产权统计简报 2020 年第 17 期（总第 45 期）[R]. 2020-10-10.

[3] 2019 年中国知识产权保护状况 [R].

[4] 国家知识产权局战略规划司．知识产权统计简报 2020 年第 17 期（总第 45 期）[R]. 2020-10-10.

[5] 2019 年中国知识产权保护状况 [R].

[6] 国家知识产权局战略规划司．知识产权统计简报 2020 年第 17 期（总第 45 期）[R]. 2020-10-10.

2. 商标方面

商标申请受理量保持增长。2019 年共受理商标注册申请 783.7 万件，同比增长 6.3%。商标注册量为 640.6 万件，同比增长 27.9%。截至 2019 年年底，商标累计申请量达 4 305万件，累计注册量达 2 871.4万件，商标有效注册量达 2 521.9万件。平均每 4.9 个市场主体拥有 1 件有效商标。❶ 2020 年 1～9 月，我国商标申请量为 686.7 万件，商标注册量为 413.1 万件。截至 2020 年 9 月底，有效注册商标量 2 871.7万件。❷

2019 年共受理国内申请人提交的马德里商标国际注册申请 6 491件（1 件商标到多个国家申请），同比减少 6%，在马德里联盟中排名第三。截至 2019 年年底，累计有效注册量达 3.8 万件。外国申请人指定中国的马德里商标国际注册申请 27 811 件（按一标一类折算为 66 596 件），审查 37 587 件（按一标一类折算为 90 916 件），审查周期缩短至 4.5 个月。❸ 2020 年上半年，中国申请人马德里商标国际注册申请 3 875件，同比增长 36%。截至 2020 年 6 月底，我国申请人马德里商标国际注册有效量为 4.1 万件。❹

2019 年共办理商标质权登记申请 1 310件，质押金额 410.6 亿元。其中地方受理点办理 987 件，涉及质押金额 159.3 亿元，分别占比 75.3% 和 38.8%。❺ 2020 年上半年，商标质押总金额 202 亿元，同比增长 8.8%，质押项目数 507 项，同比增长 34%❻。

2019 年共受理商标异议申请量为 14.37 万件，同比增长 23.5%；完成异议案件审查 9.05 万件，同比增长 36.5%。异议成立率 38.3%，部分成立率为

---

❶ 2019 年中国知识产权保护状况［R］.

❷ 国家知识产权局战略规划司．知识产权统计简报 2020 年第 17 期（总第 45 期）［R］. 2020-10-10.

❸ 2019 年中国知识产权保护状况［R］.

❹ 国家知识产权局发布 2020 年上半年数据我国知识产权主要指标符合预期事业发展保持平稳［EB/OL］.［2020-12-10］. https：//www.cnipa.gov.cn/art/2020/7/10/art_407_154375.html.

❺ 2019 年中国知识产权保护状况［R］.

❻ 国家知识产权局战略规划司．知识产权统计简报 2020 年第 17 期（总第 45 期）［R］. 2020-10-10.

8.0%。❶ 2020年1~9月，我国商标异议申请9.8万件，完成异议案件审查10.5万件。❷

2019年共受理各类商标评审案件申请36.1万件，同比增长15.2%。其中，受理驳回复审申请302 096件，同比增长10.86%；受理无效宣告案件43 170件，同比增长40.57%；受理撤销注册商标复审案件13 413件，同比增长63.61%；受理不予注册复审2 314件，同比增长13.77%。2020年1~9月，收到各类商标评审案件申请26.2万件，结案26.7万件。❸

2019年共审理裁定各类评审案件33.7万件，同比增长32.9%。其中，裁定驳回复审案件291 190件，同比增长29.54%；裁定无效宣告案件35 103件，同比增长69.79%；裁定撤销注册商标复审8 580件，同比增长30.75%；裁定不予注册复审2 077件，同比增长41.97%。其中，驳回复审案件平均审理周期为7个月，无效宣告案件平均审理周期为11个月，撤销注册商标复审案件平均审理周期为9个月，不予注册复审案件平均审理周期为11个月。2019年共受理商标行政复议申请1 018件，审结936件；收到行政相对人不服商标评审行政裁决向人民法院提起行政诉讼的案件20 510件。其中，收到一审被诉案件14 292件，二审被诉案件5 643件，再审被诉案件575件。商标评审案件起诉率为4.23%。❹

3. 著作权方面

著作权登记快速增长。2019年著作权登记总量达418.7万件，同比增长21.09%。其中，作品登记270.1万件，同比增长14.86%；计算机软件著作权登记量达148.4万件，同比增长34.36%。共办理著作权质权登记537件，涉及主债务金额76亿元。❺

---

❶ 2019年中国知识产权保护状况［R］.

❷ 国家知识产权局战略规划司．知识产权统计简报2020年第17期（总第45期）［R］. 2020-10-10.

❸ 2019年中国知识产权保护状况［R］.

❹ 2019年中国知识产权保护状况［R］.

❺ 2019年中国知识产权保护状况［R］.

4. 地理标志方面

持续推进地理标志统一认定工作。2019 年认定地理标志产品 5 个，核准使用地理标志产品专用标志企业 301 家，核准注册地理标志商标 462 件，登记农产品地理标志 255 个。截至 2019 年年底，累计批准地理标志产品 2 385 个，核准专用标志使用企业 8 484家，累计注册地理标志商标 5 324件。❶ 2020 年 1～9 月，核准使用地理标志产品专用标志企业 670 家，核准注册地理标志商标 439 件。截至 2020 年 9 月，累计批准地理标志产品 2 385个，核准专用标志使用企业 9 184家，累计注册地理标志商标 5 757件。❷

5. 植物新品种权方面

2019 年共受理农业植物新品种权申请 7 032件，其中境内主体占 94. 35%，境外主体占 5. 65%；农业植物新品种权授权量达 2 288件，其中境内主体占 89. 51%，境外主体占 10. 49%。截至 2019 年年底，累计受理农业植物新品种权申请 33 803件，授予品种权 13 959 件。全年共受理林业植物新品种权申请 802 件，其中境内主体占 81. 80%，境外主体占 18. 20%；完成 1 021件申请品种的初步审查、330 件现场审查、378 件田间测试，授予林业植物新品种权 439 件。截至 2019 年年底，累计受理林业植物新品种权 4 519件，授予林业植物新品种权 2 202件。❸

（四）优化知识产权行政业务指导体系

开展专利侵权纠纷行政裁决示范建设工作。2020 年，国家知识产权局高度重视知识产权行政裁决试点示范工作，组织开展专利侵权纠纷行政裁决示范建设工作申报，确定北京、河北、上海、江苏、浙江、湖北、广东、深圳等 8 个地方作为第一批试点开展专利侵权纠纷行政裁决示范建设工作。示范建设工作试点期限为 2 年，各试点地方根据专利侵权纠纷行政裁决示范建设工作要求，从夯实制度基础、畅通受理渠道、创新工作方式、做好衔接协调、

---

❶ 2019 年中国知识产权保护状况 [R].

❷ 国家知识产权局战略规划司．知识产权统计简报 2020 年第 17 期（总第 45 期）[R]．2020-10-10.

❸ 2019 年中国知识产权保护状况 [R].

健全工作体制、加强能力建设等六个方面细化形成试点推进方案。❶ 示范工作建设点为在全国范围内率先形成一批可复制、可推广、可借鉴的先进经验和成功案例提供基础与支撑，有助于增强知识产权纠纷案件解决的规范化、高效化与便捷化。

开展知识产权侵权纠纷检验鉴定试点工作。2019 年，国家知识产权局针对知识产权检验鉴定相关工作深入调查研究，组织开展知识产权侵权纠纷检验鉴定技术支撑体系建设试点工作，确定北京、上海、深圳等 22 个试点地方，围绕探索建立知识产权侵权纠纷检验鉴定工作体系、探索形成知识产权侵权纠纷检验鉴定业务规范、加强知识产权侵权纠纷检验鉴定工作支撑等开展试点工作。❷ 同时，组织开展检验鉴定技术支撑工作机制模式和标准规范研究，帮助企业在维权过程中获得专业的法律和技术支持。

（五）完善知识产权行政信息公开

2019~2020 年，知识产权行政部门不断优化与健全信息公开制度，发挥典型案例的引领和示范作用，及时向社会公布知识产权行政保护工作情况。

2020 年 4 月，国家版权局、全国“扫黄打非”办联合发布“2019 年度全国打击侵权盗版十大案件”。这十大案例涵盖新闻出版、影视、图片、文学、动漫等热点领域，针对突出问题开展专项整治和监管，有力体现了我国在加大版权保护力度、严厉打击各类侵权盗版行为方面所取得的优异成绩。

2020 年 4 月，海关总署办公厅发布“2019 年中国海关知识产权保护典型案例”。这十大典型案例涵盖电子商务、工业制造、版权创造等领域，采取跨区域执法合作与多部门专项风险分析研判相结合的示范工作模式，辅之以科技查验识别，为严厉打击知识产权侵权行为，持续优化营商环境提供有力支撑。

2020 年 4 月 25 日，国家知识产权局发布“2019 年度知识产权行政保护

---

❶ 国家知识产权局确定第一批专利侵权纠纷行政裁决示范建设工作试点［EB/OL］.［2020-12-05］. https：//www. cnipa. gov. cn/art/2020/3/5/art_ 2041_ 145592. html.

❷ 国家知识产权局对十三届全国人大三次会议第 1907 号建议答复的函［EB/OL］.［2020-12-02］. https：//www. cnipa. gov. cn/art/2020/9/2/art_ 516_ 152492. html.

典型案例”，其中包括专利行政保护典型案例和商标行政保护典型案例各 10 个。案例涉及发明、实用新型、外观设计、商品商标、服务商标、证明商标等多种类型，涵盖食品药品、高新技术、节能环保等重点领域，覆盖电商展会、招投标、物流运输等关键环节。上述案件质量高，具有代表性、关注度和影响力，充分展现了我国在持续优化创新和营商环境等方面取得的成就。

2020 年 4 月 26 日，国家知识产权局在“云开放日”活动中发布了“2019 年度专利复审无效十大案件”。这十大典型案例社会关注度高、产业影响力大，代表了专利审查标准，有助于充分发挥示范作用，推动知识产权行政工作发展。

（六）推进知识产权行政绩效考核监督

完善知识产权行政工作绩效考核。2020 年，知识产权管理部门深入贯彻落实党中央、国务院关于强化知识产权保护的决策部署，全面加强知识产权行政保护工作，强化知识产权行政管理成效考核与评价。国家知识产权局印发了《2020 年度全国知识产权行政保护工作绩效考核指标》，此次指标修改是在原有指标体系基础上，对部分指标及权重进行增删、修改，最大程度吸收了各地方知识产权局意见和建议，分别形成省（区、市）和城市知识产权行政保护工作绩效考核指标表。该指标体系从业务指导、专利纠纷办案情况、办案质量、驰名商标保护、专项行动、执法协作、能力建设、立法等八个方面通过评分的方式对地方知识产权局行政保护工作进行评估，有利于充分发挥绩效考核“指挥棒”的导向作用，指导各地方知识产权局深入推进知识产权行政保护各项工作，切实提升全系统知识产权行政保护工作效能。❶

加强知识产权行政工作监督。2020 年 11 月，按照中央统一部署，国家知识产权局会同中宣部（国家版权局）、市场监管总局，对 8 个省份启动实地检查考核，重点聚焦各地党委政府落实党中央、国务院关于强化知识产权保护的决策部署，落实知识产权保护属地责任情况。此次纳入实地检查考核的地

❶ 2020 年度全国知识产权行政保护工作绩效考核指标印发［EB/OL］.［2020－12－30］. https：//www. cnipa. gov. cn/art/2020/9/30/art_ 53_ 152623. html.

方分别为北京、辽宁、上海、安徽、湖南、广东、四川、陕西。检查考核期间，工作组通过听取汇报、查验资料、检查重点单位、抽查地市等多种方式，全面了解有关地方知识产权保护工作开展情况，重点围绕中办、国办《关于强化知识产权保护的意见》和《2020~2021年贯彻落实〈关于强化知识产权保护的意见〉推进计划》落实情况，总结经验，发现问题，提出改进意见，确保党中央、国务院关于知识产权保护的决策部署落地见效。❶

（七）推动知识产权行政队伍建设

1. 举办提升知识产权行政保护能力培训班

举办知识产权保护能力提升培训班。2019~2020年，知识产权行政管理部门认真贯彻落实党中央、国务院决策部署，加强知识产权行政保护队伍建设，提高知识产权行政保护业务水平。2019年共主办5期全国知识产权保护能力提升培训班，培训各省区市执法保护处室负责人和业务骨干487人，指导支持全国各省区市开办培训班21个，共培训3 000余人。全国知识产权保护能力提升培训班旨在加强知识产权执法保护业务指导，提升行政执法保护能力，为切实推进行政执法队伍建设提供了有力支撑与保障。❷

举办专利侵权纠纷行政裁决培训班。2020年8月17~21日，国家知识产权局在浙江省宁波市举办2020年专利侵权纠纷行政裁决培训班，来自相关省市知识产权局有关负责人员共计60余人参加培训。培训班系统讲解了我国行政裁决工作的现状及展望、专利行政执法保护、发明和实用新型专利侵权判定、专利纠纷行政调解、专利侵权纠纷行政裁决办案程序等内容，有利于提升专利执法保护业务能力和工作水平，促进全系统行政执法保护队伍建设。❸

举办知识产权行政管理人员轮训班。2020年9月，国家知识产权局面向

---

❶ 2020年全国知识产权保护实地检查考核工作启动［EB/OL］.［2020-12-10］. https://www.cnipa.gov.cn/art/2020/11/10/art_53_154711.html.

❷ 国家知识产权局2019年法治政府建设情况报告［EB/OL］.［2020-12-31］. http://www.cipedu.com/News/Detail/700.html.

❸ 2020年首期专利侵权纠纷行政裁决培训班在宁波举办［EB/OL］.［2020-12-24］. https://www.cnipa.gov.cn/art/2020/8/24/art_53_151111.html.

全国知识产权系统行政管理人员举办“新时代聚焦新职责，新培训促进新融合”地方知识产权行政管理人员系列轮训班，培训内容包括：国家层面知识产权政策解读，知识产权业务开展及能力提升，知识产权保护、运用、管理、服务，知识产权国际合作，知识产权文化建设等。

举办全国知识产权纠纷调解工作培训班。2020 年 9 月 8~9 日，国家知识产权局在海南省海口市举办全国知识产权纠纷调解工作培训班。来自全国 31 个省区市、新疆生产建设兵团知识产权管理部门以及调解组织相关负责人共 300 余人参加培训。本次培训班围绕“新形势下加强知识产权纠纷调解工作的重要意义”和“人民调解制度与知识产权纠纷调解”进行专题授课，为开展知识产权纠纷调解工作提供了良好思路和意见建议，有助于规范知识产权纠纷调解工作，提高知识产权行政管理部门纠纷调解能力。

2. 开展知识产权执法保护业务研讨交流活动

2020 年 10 月 21 日，国家知识产权局在湖南省桑植县举办知识产权执法保护业务研讨交流活动。国家知识产权局知识产权保护司有关负责同志和来自全国 16 个省（区、市）的代表参加活动。研讨交流活动围绕知识产权助力精准扶贫、驰名商标认定与保护、专利侵权纠纷行政裁决、知识产权行政保护工作绩效考核等议题展开，有助于优化知识产权行政执法工作，推动知识产权保护工作再上新台阶。

五、知识产权司法工作

2019~2020 年，人民法院坚持以习近平新时代中国特色社会主义思想为指导，深入学习贯彻习近平全面依法治国新理念新思想新战略，紧紧围绕“努力让人民群众在每一个司法案件中感受到公平正义”的目标，坚持服务大局、司法为民的理念，忠实履行宪法法律赋予的职责，全面加强知识产权司法保护。深入推进知识产权审判领域改革与创新，强化知识产权审判监督指导，为创新型国家建设、知识产权强国建设、国家治理体系和治理能力现代化建设提供有力的司法支撑和保障。

（一）提高保护力度，营造强保护格局

为加大对知识产权侵权行为的惩治力度，有效阻遏侵权行为，营造良好的法治营商环境，结合知识产权审判实际，2020年最高人民法院印发了一系列文件，知识产权司法保护整体效能显著提高。2020年4月21日，最高人民法院发布《最高人民法院关于全面加强知识产权司法保护的意见》，要求各级人民法院充分认识全面加强知识产权司法保护的重大意义，准确把握知识产权司法保护服务大局的出发点和目标定位，为创新型国家建设、社会主义现代化强国建设、国家治理体系和治理能力现代化提供有力的司法服务和保障。2020年9月15日，最高人民法院印发《关于依法加大知识产权侵权行为惩治力度的意见》，要求着力解决知识产权司法保护四大突出问题，强化司法保护效果：一是加强适用保全措施，对于已侵害或者即将侵害知识产权且造成难以弥补的损害的行为，在权利人申请行为保全后人民法院应当依法及时审查并作出裁定，对于知识产权侵权诉讼中既申请停止侵权的先行判决，又申请行为保全的，人民法院应当依法一并及时审查，在具备初步证据证明存在侵害知识产权行为且证据可能灭失或者以后难以取得的情形，申请证据保全的，人民法院应当依法及时审查并作出裁定；二是依法判决停止侵权，对于侵权事实已经清楚、能够认定侵权成立的，人民法院可以依法先行判决停止侵权；三是依法加大赔偿力度，通过优化举证规则，强化经营信息披露等手段确定侵权数额，辅之主观恶意考量、侵权行为严重程度因素施以惩罚性赔偿；四是加大刑事打击力度，整治网络知识产权犯罪，从重惩处多次侵权行为，加强罚金刑的适用。此外，最高人民法院于2020年9月10日和11月16日分别印发《关于审理涉电子商务平台知识产权民事案件的指导意见》和《关于加强著作权和与著作权有关的权利保护的意见》，旨在通过明确法律适用规则，倡导诚信诉讼，强化电商平台治理与著作权保护。

（二）推动机制建设，提升保护效能

确立中国特色知识产权“飞跃上诉”制度。2019年1月1日，最高人民法院知识产权法庭在北京揭牌，集中统一管辖全国范围专利等技术类知识产权民事和行政上诉案件。自此，无论技术类知识产权案件一审裁判由中级人民法院还是高级人民法院作出，对其提起的上诉均由最高人民法院知识产权法庭受理。据统计，2019 年，最高人民法院知识产权法庭受理各类二审案件 1 684件。其中，一审法院为中级人民法院的为 1 678件，占比 99.6%；一审法院为高级人民法院的为 6 件，占比 0.4%，2019 年受理的大部分案件均直接从中院“飞跃上诉”至最高人民法院知识产权法庭。上述案件涵盖医药、通信、机械、农林业等多个领域，权利人一审主张侵权赔偿数额超过 1 000万元人民币的案件有 17 件，过亿元的有 3 件。“飞跃上诉”制度凸显了中国最高司法层面对技术类知识产权案件的司法政策和裁判规则，有助于统一裁判标准、缩短纠纷解决周期、提高审判效率。❶

实行全国范围巡回审判制度。2020 年，人民法院坚持以人民为中心，依托最高人民法院 6 个巡回法庭和地方法院，探索“知产法庭+巡回法庭”巡回审判模式，建立“勘验+庭审”案件审理机制。这一制度便于到纠纷发生地或者一审人民法院所在地巡回审理案件，为当事人诉讼提供了高效途径，促进纠纷就地就近从快解决。2019 年，最高人民法院知识产权法庭赴南京、深圳、济南、郑州、格尔木等地，对潜水泵、大型丝印机等不便运输的大型机械设备进行现场勘验，共完成 23 个案件的现场勘验和巡回审判，体现了以人民为中心、切实维护权利人合法权益的价值遵循，丰富了“枫桥经验”的知识产权保护实践。❷

完善技术事实查明机制。2019 年 11 月，最高人民法院知识产权法庭发布《技术调查官手册（2019）》，推动技术事实认定更为中立、客观、科学。筹建全国法院技术调查官、技术咨询专家库，汇集全国各地技术调查官、技术咨询专家 360 余人，覆盖 30 多个技术领域。建立全国法院技术调查资源共享机制，适用《最高人民法院关于技术调查官参与知识产权案件诉讼活动的若干规定》，推动在全国范围内按需调派技术调查官，或参照该规定调派技术咨询专家。共享机制与专家库协同发力，使技术调查人才通过统一调派在全国

❶ 最高人民法院知识产权法庭年度报告（2019）[R].

❷ 最高人民法院知识产权法庭年度报告（2019）[R].

范围内按需流动，发挥既有资源的最大效用。❶

（三）完善审判体制，增强审判实效

1. 立足审判职能，维护公平正义

2019~2020年，人民法院紧紧围绕"努力让人民群众在每一个司法案件中感受到公平正义"的目标，坚持司法为民、公正司法的主线，积极发挥知识产权审判工作在激励和保护创新中的重要作用。根据《中国法院知识产权司法保护状况（2019年）》，2019年，人民法院共新收一审、二审、申请再审等各类知识产权案件481 793件，审结475 853件（含旧存，下同），比2018年分别上升44.16%和48.87%。❷

在知识产权民事案件方面，加强知识产权民事案件审理。2019年，全国地方各级人民法院共新收知识产权民事一审案件399 031件，审结394 521件，同比分别上升40.79%和44.02%。其中，新收专利案件22 272件，同比上升2.64%；商标案件65 209件，同比上升25.41%；著作权案件293 066件，同比上升49.98%；技术合同案件3 135件，同比上升16.98%；竞争类案件4 128件，同比下降1.25%；其他知识产权民事纠纷案件11 221件，同比上升49.95%。全国地方各级人民法院共新收知识产权民事二审案件49 704件，审结48 710件，同比分别上升79.95%和85.29%。最高人民法院新收知识产权民事案件2 504件，审结1 976件，同比分别上升174.26%和260.07%。❸

在知识产权行政案件方面，强化知识产权行政案件审理。2019年，全国地方各级人民法院共新收知识产权行政一审案件16 134件，审结17 938件，同比分别上升19.11%和89.74%。在新收案件中，专利案件1 661件，同比上升8.14%；商标案件14 457件，同比上升20.56%；著作权案件16件，与

---

❶ 守正笃实从头越　砥砺奋进创新篇——最高人民法院副院长、知识产权法庭庭长罗东川就知产法庭一周年工作情况答记者问［EB/OL］.［2020-12-17］. http://rmfyb.chinacourt.org/paper/html/2020-04/17/content_167244.htm? div=-1.

❷ 中国法院知识产权司法保护状况（2019年）［R］.

❸ 2019年中国知识产权保护状况［R］.

2018 年基本持平。全国地方各级人民法院新收知识产权行政二审案件 7 304 件，审结 5 942 件，同比分别上升 104. 88% 和 84. 71%。在审结案件中，维持原判 4 791 件，改判 1 026 件，发回重审 4 件，撤诉 613 件，驳回起诉 132 件。最高人民法院新收知识产权行政案件 1 066 件，审结 884 件，同比分别上升 70. 83% 和 52. 15%。❶

在知识产权刑事案件方面，依法审理知识产权刑事案件。2019 年，全国地方各级人民法院共新收侵犯知识产权罪一审案件 5 242 件，审结 5 075 件，同比分别上升 21. 37% 和 24. 88%。在审结侵犯知识产权罪一审案件中，假冒注册商标罪案件 2 134 件，同比上升 15. 23%；销售假冒注册商标的商品罪案件 2 279 件，同比上升 32. 19%；非法制造、销售非法制造的注册商标标识罪案件 423 件，同比上升 38. 69%；假冒专利罪案件 1 件；侵犯著作权罪案件 191 件，同比上升 40. 44%；销售侵权复制品罪案件 8 件，同比上升 33. 33%；侵犯商业秘密罪案件 39 件，与 2018 年持平。全国地方各级人民法院新收涉及知识产权的刑事二审案件 808 件，审结 807 件，同比分别上升 18. 30% 和 20. 81%。❷

2. 加强审判指导，推动裁判统一

2020 年 9 月 14 日，最高人民法院印发《关于完善统一法律适用标准工作机制的意见》（以下简称《意见》）。《意见》旨在统一法律适用标准，保证公正司法，提高司法公信力，加快推进审判体系和审判能力现代化。《意见》明确提出要加强指导性案例工作，推荐具有统一法律适用标准和确立规则意义的典型案例，对正在审理的类似案件具有参照效力。2020 年 4 月 7 日，最高人民法院办公厅公布 2019 年中国法院十大知识产权案件和 50 件典型知识产权案例。2019 年典型案例覆盖知识产权民事案件、行政案件和刑事案件等多个领域，着重对知识产权民事案件领域的侵害商标权纠纷案件、侵害著作权纠纷案件、不正当竞争及垄断纠纷案件、侵害植物新品种权纠纷及知识产权

❶ 2019 年中国知识产权保护状况［R］.

❷ 2019 年中国知识产权保护状况［R］.

合同纠纷案件、恶意诉讼损害责任纠纷及知识产权诉讼程序案进行详细列举，对统一司法裁判规则、提高审判水平、发挥审判职能具有重大意义。

2019年，最高人民法院知识产权法庭制定了《知识产权法庭统一裁判标准实施细则》，明确将涉及同一专利的案件原则上分配给同一法官或者合议庭，保障裁判标准统一。在前端梳理方面，采取系统比对、人工复核等多项措施识别类案，将涉及相同专利的民事案件、民行交叉案件与当事人关联案件等类案集中分配给同一合议庭。在中间把控方面，完善法官会议制度，法庭全年召开了34次法官会议，统一了120个裁判规则，并印发《法官会议纪要摘编》和《办案提示》，使法官及时掌握重要裁判标准和类案办理方式；利用知识产权法庭讲坛、新知大讲堂等平台，推动法庭内部形成裁判共识；举办知识产权法庭工作部署暨业务培训班、全国法院技术类案件审判实务培训班，加强对下指导和裁判规则的向下传导。在末端审核方面，发挥法官会议对标杆案件、重大敏感案件裁判文书的把关作用，实施文书评查制度，提升裁判文书质量。在重点案件方面，建立大要案专报和指导机制，编发28期《知产法庭工作信息》及特刊，为领导决策提供参考。[1]

3. 推进审判机制创新完善，构建审判统筹联动格局

2019~2020年，全国各级人民法院在现行法律框架下，探索破解“二元分立”问题审理机制。最高人民法院知识产权法庭充分利用审理权限集中的优势，在北京知识产权法院与其他地方人民法院的支持配合下，建立涉及同一专利民事与行政案件审理工作协同推进机制，实现权利效力判断与侵权判断两大诉讼程序和裁判标准的对接，从机制层面解决专利诉讼周期长、权利人就同一专利在不同案件中对权利要求解释不一致的问题。具体做法是，法庭汇总涉及相同专利的民事、行政案件信息，转递至专门受理专利行政诉讼的北京知识产权法院，协调案件审理进程、统一案件裁判标准。同时，建构“1+76”技术类知识产权审判格局，建立统筹联动机制。目前，全国有32个高级人民法院、44个中级人民法院对技术类知识产权案件享有一审管辖权，

[1] 最高人民法院知识产权法庭年度报告（2019）[R].

以法庭为上诉机构的“1+76”审判格局已初步构建，形成“全国一盘棋、上下一条线”，逐步发挥出统筹联动机制的优势和整体效能。最高人民法院知识产权法庭以统筹联动机制为依托，扩展纠纷化解渠道方式，跨区域调解 80 个专利侵权案件，实现“庭未开、案已结，人未走、事已了”的良好效果。❶

4. 加快审判信息化建设，创新审判诉讼模式

2019 年，汇集全方位审判信息与流程的网络平台不断推进，法院系统信息化和智能化建设得到迅速发展，包括建设裁判规则库和案例库、建设“大数据知识产权分析平台”等智能平台、打造“知产法庭云”，满足当事人通过互联网提交证据、网上阅卷等需求，为全国法院技术类知识产权案件智能审判提供技术支持。❷ 2020 年，人民法院继续加强知识产权审判智能化、现代化建设，积极推进网络远程知识产权诉讼体系全链条构建，大力推进网上立案、网上证据交换、电子送达、在线开庭、智能语音识别、电子归档、移动微法院等信息化技术的普及应用，支持全流程审判业务网上办理，提高司法解决知识产权纠纷的便捷性、高效性和透明度。加强对电子卷宗、裁判文书、审判信息等深度解读，充分利用司法大数据提供智能服务和精准决策。

（四）强化检察工作，加大检察保护

1. 立足检察职能，从严批准逮捕

2019～2020 年，检察机关严厉打击知识产权刑事犯罪，依法惩治知识产权犯罪行为。2019 年共批准逮捕涉及侵犯知识产权犯罪案件 4 346件 7 430人，起诉 5 433件 11 003 人。其中，批捕假冒注册商标罪案件 1 779件 3 175人，起诉 2 244件 4 802人；批捕销售假冒注册商标的商品罪案件 1 825件 2 876人，起诉 2 273件 4 231人；批捕非法制造、销售非法制造的注册商标标识罪案件 321 件 597 人，起诉 402 件 946 人；批捕侵犯著作权罪案件 255 件 466 人，起诉 215 件 481 人；批捕销售侵权复制品罪案件 11 件 14 人，起诉 11 件 22 人；批捕侵犯商业秘密罪案件 44 件 63 人，起诉 41 件 90 人；批捕数罪或他罪中涉

---

❶ 最高人民法院知识产权法庭年度报告（2019）［R］.

❷ 中国法院知识产权司法保护状况（2019 年）［R］.

及侵犯知识产权犯罪案件111件239人，起诉247件431人。从起诉数据看，侵犯商标权案件占总数的90.5%，侵犯著作权案件占总数的4.2%，侵犯商业秘密罪占总数的0.8%。[1]

2. 组建知识产权检察办公室

为把党的十九届五中全会关于坚持创新驱动发展的精神落到实处，更好服务保障创新型国家建设，2020年11月6日，最高人民检察院以内部综合办案组织形式组建知识产权检察办公室。该办公室主要承担知识产权检察工作的顶层设计和战略规划，负责法律规定由检察机关办理的侵犯知识产权刑事、民事、行政案件的办案、监督和业务指导等工作。知识产权检察办公室的设立有利于整合刑事、民事、行政检察职能，统筹检察机关知识产权保护的制度设计和研究指导，加强知识产权全方位综合性司法保护。

3. 发布检察机关保护知识产权典型案例

2020年4月25日，最高人民检察院发布《2019年度检察机关保护知识产权典型案例》。典型案例涵盖著作权、商业秘密、假冒注册商标、销售假冒注册商标、非法制造销售注册商标标识等重点问题。典型案例的发布，体现了检察机关认真履行检察职能，不断创新工作机制，积极参与知识产权领域社会综合治理，有利于为推进知识产权严格保护提供良好法治环境，为创新型国家和知识产权强国建设贡献检察力量。

（五）夯实队伍建设，提高司法能力

2019~2020年，人民法院充分发挥人才优势，高标准、严要求、多渠道加强队伍建设，努力锻造一支政治坚定、清正廉洁、精通法律、熟悉技术、既了解中国国情又具有国际视野的审判队伍。2019年，最高人民法院知识产权法庭举办了2期全国审判实务培训班，深入讲解司法政策和裁判规则；开展多层次业务培训，搭建新知大讲堂、法庭讲坛等高质量常态化学习平台，邀请全国知名专家学者到法庭授课，并向地方法院同步直播，提升审判队伍的业务素质；组建法庭外语工作组，开展线上线下日常外语培训，翻译域外

[1] 2019年中国知识产权保护状况［R］.

裁判文书及前沿学术文章。法庭充分发挥全国审判业务专家的榜样作用，发挥以点带面的“领头羊”作用，努力成为全国法院技术类专业审判队伍的熔炉和学校。[1]

六、知识产权强国建设

2020 年 11 月 3 日，习近平在《中共中央关于制定国民经济和社会发展第十四个五年规划和二〇三五年远景目标的建议》的说明中指出：“我国应强化推进创新驱动发展的重大举措，充实有关完善国家创新体系、强化国家战略科技力量、健全创新激励机制和改革科技体制等方面的内容。”2019~2020 年，“把我国建设成为知识产权创造、运用、保护和管理水平较高的国家”的战略目标基本实现，面向 2035 年的知识产权强国战略纲要初稿基本形成，保护知识产权就是保护创新的理念深入人心。知识产权强国引领科技创新乘势而上、奋勇前进，知识产权强国建设在促进经济高质量发展、加快构建新发展格局方面作出了巨大贡献。

（一）面向 2035 年的知识产权强国战略纲要初稿基本形成

在党中央、国务院的坚强领导下，经过各方共同努力，我国知识产权事业取得巨大成就。2020 年 4 月 23 日，国家知识产权局局长申长雨在国新办发布会上表示，2008 年《国家知识产权战略纲要》提出的到 2020 年“把我国建设成为知识产权创造、运用、保护和管理水平较高的国家”这一目标已基本实现。国家知识产权局正在抓紧制定面向 2035 年的知识产权强国战略纲要，目前纲要初稿已基本形成，并在一定范围内初步征求了意见，下一步将加快充实完善，确保同国家 2035 年远景目标相协调、相一致。

（二）印发《关于推进中央企业知识产权工作高质量发展的指导意见》，助力知识产权强国建设

2020 年 2 月 26 日，国资委、国家知识产权局印发《关于推进中央企业知

[1] 最高人民法院知识产权法庭年度报告（2019）[R].

识产权工作高质量发展的指导意见》（以下简称《指导意见》）。该《指导意见》以坚持战略引领、聚焦核心技术、遵循市场规律、突出问题导向、加强统筹兼顾为基本原则，要求到2025年，基本建立适应高质量发展需要的中央企业知识产权工作体系，中央企业知识产权创造、运用、保护、管理能力显著增强，有效专利拥有量持续增长，在关键核心技术领域实现重点专利布局，工作模式更加成熟，体制机制更加完善。该《指导意见》的发布，有助于巩固和增强中央企业知识产权创造、运用、管理能力，完善知识产权保护体系，更好发挥知识产权对中央企业创新发展的支撑作用，为建设知识产权强国作出积极贡献。

（三）印发《2020年地方知识产权战略实施暨强国建设工作要点》，为地方知识产权工作提供明确指引与根本遵循

2020年4月20日，国务院知识产权战略实施工作部际联席会议办公室印发《2020年地方知识产权战略实施暨强国建设工作要点》（以下简称《工作要点》），对各省、自治区、直辖市及新疆生产建设兵团知识产权战略实施工作进行具体部署。该《工作要点》结合各省、自治区、直辖市及新疆生产建设兵团知识产权实际发展状况，围绕深化知识产权领域改革、严格保护知识产权、促进知识产权创造运用、优化知识产权服务、加强组织实施和保障这五大工作要点贯彻执行，清晰明确地列举了工作内容、具体举措和成果形式，确保地方知识产权工作得到落实与有序进行。

（四）出台《2020年深入实施国家知识产权战略加快建设知识产权强国推进计划》，具体部署知识产权强国建设实施举措

2020年5月13日，国务院知识产权战略实施工作部际联席会议办公室印发《2020年深入实施国家知识产权战略加快建设知识产权强国推进计划》。其明确列举了2020年推进知识产权强国建设的100项措施，主要包括五项内容：一是深化知识产权领域改革，完善知识产权政策；二是加大知识产权保护力度，完善法律法规规章，加强保护长效机制建设，强化知识产权行政与司法保护；三是促进知识产权创造运用，提高知识产权审查质量和效率，强化知识产权质量导向，加强知识产权综合运用，促进知识产权转移转化；四是深化知识产权国际交流合作，认真落实相关协议协定，促进国家海外知识产权纠纷应对指导中心高效运行；五是加强顶层设计和组织实施，夯实知识产权事业发展基础，大力倡导知识产权文化。

（五）发布《深圳建设中国特色社会主义先行示范区综合改革试点实施方案（2020~2025年）》，强调打造保护知识产权标杆城市

2020年10月11日，中共中央办公厅、国务院办公厅发布《深圳建设中国特色社会主义先行示范区综合改革试点实施方案（2020~2025年）》。其主要确定了两项知识产权工作任务：一是加快完善技术成果转化相关制度，探索政府资助项目科技成果专利权向发明人或设计人、中小企业转让和利益分配机制，健全国有企业科研成果转化利益分配机制，完善技术成果转化公开交易与监管体系；二是打造保护知识产权标杆城市，开展新型知识产权法律保护试点，完善互联网信息等数字知识产权财产权益保护制度，探索建立健全证据披露、证据妨碍排除和优势证据规则，建立知识产权侵权惩罚性赔偿制度，探索在部分知识产权案件中实行举证责任转移制度，实施知识产权领域以信用为基础的分级分类监管。

七、知识产权社会服务体系

2019~2020年，各级知识产权部门贯彻党中央、国务院关于深化“放管服”改革的决策部署，落实《优化营商环境条例》，将知识产权社会服务体系构建立足于以国内大循环为主体、国内国际双循环相互促进的新发展格局中予以考量和谋划。深入推动知识产权领域职能改变，加强知识产权信息服务资源供给，加大知识产权服务业支持力度，营造良好创新环境和营商环境。培育具有示范引领效应的知识产权服务品牌机构，支持知识产权运营服务体系建设，我国知识产权社会服务体系工作开创新局面。

（一）完善知识产权服务制度

1. 印发《深化“蓝天”行动　促进知识产权服务业健康发展的通知》

2020年5月7日，国家知识产权局办公室印发《深化“蓝天”行动　促进知识产权服务业健康发展的通知》。该文件是贯彻党中央、国务院关于“放管服”决策部署，促进知识产权服务业健康发展的体现。其提出了六个方面的具体措施：一是重点打击无资质专利代理行为，加强网上涉嫌无资质代理广告信息监控；二是继续加大打击恶意商标代理行为力度，加强对代理恶意抢注囤积商标、伪造变造公文等行为的整治；三是积极引导网络平台依法规范从事知识产权服务，依托互联网广告监测等机构严格监控不规范经营行为；四是持续整治以不正当手段招揽业务等违法违规行为，追踪 2019 年开展约谈、整改的代理机构、代理人，对未整改或整改不到位的，依法严肃处置；五是充分发挥信息公示和信用监管机制作用，加快建立专利代理公示制度，推进信用联合惩戒，实现“一处失信、处处受限”；六是切实加强行业自律，积极主动查处和惩戒违反行业自律规范的行为。

2. 发布《关于支持民营企业加快改革发展与转型升级的实施意见》

2020 年 10 月 14 日，国家发展改革委、科技部、工业和信息化部、财政部、人力资源和社会保障部、人民银行联合发布《关于支持民营企业加快改革发展与转型升级的实施意见》。其中第 7 项对完善知识产权运营服务体系提出具体要求：发展专业化技术交易知识产权运营机构，培育技术经理人。规范探索知识产权证券化，推动知识产权融资产品创新。建设国家知识产权公共服务平台，为民营企业和中小企业创新提供知识产权一站式检索、保护和咨询等服务。该文件的发布，有利推动了知识产权服务在支持民营企业发展中的保障作用，对强化科技创新支撑，促进知识产权服务市场化运作模式具有重要意义。

（二）深化知识产权服务“放管服”改革

2020 年，国家知识产权局要求各地区进一步深化知识产权“放管服”改革，指导各地研究推进专利代办和商标受理窗口业务融合。鼓励有条件的地方实现“一个窗口对外”一站式服务，整合专利代办处和商标受理窗口，加快建设“一站式”服务大厅，推动实现知识产权公共服务“最多跑一地”，提高知识产权各项事务办理便利化程度，提升广大群众和企业的获得感。2019 年，国家知识产权公共服务网整合现有知识产权信息公共服务资源，推动实现专利、商标、地理标志等各项业务“一网通办”。该网站上线3个月，总访问量达到19万余人次。升级改造新一代地方专利检索及分析系统，完成26个地方站点部署，方便企业自建网上专题数据库。❶

（三）巩固综合性知识产权公共服务机构建设

强化知识产权信息公共服务机构建设。据2020年4月24日国家知识产权局公共服务司发布的《中国知识产权公共服务发展报告（2019）》显示，我国知识产权公共服务工作开局良好，知识产权公共服务体系进一步完善，公共服务能力和水平得到显著提升。2019年，我国已有42个副省级以上省市设立了知识产权信息公共服务机构，占比达到91%；70个地级市设立了综合性知识产权公共服务机构，占比达到21%左右；40个副省级以上省市建设了知识产权公共服务平台，占比达到87%。❷

加强高校国家知识产权信息服务中心建设。2020年7月6日，国家知识产权局办公室、教育部办公厅公布第二批高校国家知识产权信息服务中心名单。高校国家知识产权信息服务中心遴选工作旨在完善全国知识产权信息公共服务网点建设，充分发挥高校信息资源和人才资源优势，为知识产权创造、运用、保护、管理和服务提供全流程信息服务，增强高校在知识产权创造、保护、运用和管理全链条的信息公共服务能力，切实提升高校知识产权工作的能力和水平，促进高校协同创新和科技成果转移转化，为国家创新驱动发展战略和知识产权强国战略提供有力支撑。

推动知识产权服务中心建设。2020年9月7日，国家知识产权局批复同意建设中国（甘肃）、中国（昆明）知识产权保护中心，全国知识产权保护中心数量达到36家。全国知识产权保护中心以地方共建为依托，有助于为创新主体、市场主体提供“一站式”知识产权综合服务，切实解决知识产权维

---

❶ 《中国知识产权公共服务发展报告（2019）》正式发布［EB/OL］.［2020-12-07］. http：//www.cneip.org.cn/html/8/37164.html.

❷ 知识产权公共服务：更高效 更便捷 更优质［EB/OL］.［2020-05-01］. https：//www.cnipa.gov.cn/art/2020/5/1/art_ 411_ 153383.html.

权举证难、周期长、成本高等问题。[1]

（四）加强知识产权服务信息化建设

1. 构建知识产权信息服务平台

“抗击新冠肺炎专利情报专题数据库”开发建设。为充分发挥专利信息价值，助力新冠肺炎疫情专利服务工作，知识产权出版社有限责任公司开发建设了抗击新冠肺炎专利情报专题数据库，并面向社会公众提供免费服务。数据库共收录与新冠肺炎防治相关的诊断检测、抗病毒药物、医用呼吸防护、环境消毒与废弃物处理等方面相关的 19 个类目的专利文献。2020 年 2 月 3 日，知识产权出版社将第一批筛选的数据通过多个公众号平台对外进行发布，并将其研发的 DI Inspiro 中国知识产权大数据与智慧服务系统面向全国公众限期免费提供高级账号。抗击新冠肺炎专利情报专题数据库的开放有利于科研工作者更为便捷地获得与抗击疫情相关的专利信息，为防控疫情提供借鉴与帮助。[2]

新型冠状病毒感染肺炎防疫专利信息共享平台上线。2020 年 2 月 7 日，中国专利信息中心携手国家知识产权局专利局专利审查协作北京中心，共同开发新型冠状病毒感染肺炎防疫专利信息共享平台，并免费向社会开放。该平台提供精准专业的专利数据信息，涵盖治疗用药、预防用药等多个技术领域，集中收录与防疫相关的专利数据分析报告，有利于医疗机构、科研院所及社会公众获得便捷的专利信息，为疫情防控提供专业高效的信息支持。[3]

新疆知识产权公共服务平台上线。2020 年 4 月，新疆知识产权公共服务平台上线。该平台收录了 15 个国家知识产权数据系统，建设了特色林果业、装备制造业、能源电力业、石油化工业等六大领域 14 个技术类别的产业专题

---

[1] 我国知识产权保护中心数量达 36 家［EB/OL］.［2020-12-10］. http：//www.gov.cn/xinwen/2020-09/10/content_ 5542270. htm.

[2] 知识产权出版社开发建设“抗击新冠肺炎专利情报专题数据库”［EB/OL］.［2020-12-12］. http：//ipr.mofcom.gov.cn/article/gnxw/zl/202002/1947620. html.

[3] 新型冠状病毒感染肺炎防疫专利信息共享平台上线受到社会各界广泛关注［EB/OL］.［2020-12-09］. https：//www.cnpat.com.cn/Detail/index/id/459/aid/11959. html.

数据库，合计收录专利信息数据近 10 万条，发布新疆维吾尔自治区 38 项地理标志产品信息，200 多种特色农业品牌产品推介，面向新疆维吾尔自治区创新主体和社会公众免费开放数据检索功能。新疆知识产权公共服务平台对标专业领域产业发展，面对面、点对点进行帮促工作，主动挖掘、培育高价值专利和高质量品牌，为新疆维吾尔自治区创新驱动高质量发展提供有力支撑。❶

全国统一知识产权维权援助对外服务窗口和管理平台上线。2020 年 4 月 26 日，全国统一知识产权维权援助对外服务窗口和管理平台正式上线。中国知识产权维权援助线上服务平台由国家知识产权局知识产权保护司组织建设，由中国（宁波）知识产权保护中心运营维护，各地方知识产权维权援助机构参与共建共享。该平台包括门户网站和微信公众号，用户可以登录平台查询各地方知识产权维权援助机构的名录和联系方式，线上填写维权援助申请事项，选择受理机构，及时查询维权结果，也可以通过平台了解各地知识产权维权援助政策、工作动态、典型案例、维权知识等。该平台实现了全国知识产权维权援助机构信息管理与共享，为权利人和社会公众提供了便捷的服务。❷

2. 优化知识产权信息服务系统

2019~2020 年，各级知识产权部门积极推进知识产权大数据中心和信息化系统建设。截至 2019 年年底，全国已有 26 个地方知识产权局完成新一代专利检索与分析系统地方延伸系统部署并开展服务，2019 年新增用户数量 7 022个，注册用户总量近 2 万个。在数据开放方面，专利开放数据增加中国法律状态、中国复审无效等 5 种数据资源，下载带宽增加 1 倍，使用电子协议替代纸件协议，提高用户使用便利性，截至 2019 年年底，注册用户 1.5 万个，累计下载数据量约 478T，商标开放数据增加到 4 000万件，总下载 30 万

---

❶ 新疆知识产权公共服务平台上线［EB/OL］.［2020-12-29］. http://www.cac.gov.cn/2020-04/29/c_1589707192475907.htm.

❷ 中国知识产权维权援助线上服务平台上线运行［EB/OL］.［2020-12-27］. http://www.gov.cn/xinwen/2020-04/27/content_5506728.htm.

人次，累计下载数据量超过271T。❶

（五）开展多元化知识产权服务交流研讨活动

2020年4月26日至10月26日，国家知识产权局组织各地统一开展“知识产权服务万里行”活动。活动以“知识产权服务助力复工复产，支持创新创业”为主题，聚焦企业需求和困难，发挥政府与市场两方面作用，调配各类知识产权服务资源，推动知识产权服务供给侧和需求侧精准对接。交流活动以知识产权服务业吸纳人才就业创业、知识产权助力企业复工复产、知识产权支持抗疫技术创新转化、知识产权运用促进精准扶贫、知识产权便利化服务惠企助企为重点任务，能够有效助力企业抗击疫情和复工复产，激发创新创业活力，为高质量发展提供有力支撑。

2020年9月24~25日，全国知识产权公共服务交流研讨会在山东济南举办。会议期间，国家知识产权局公共服务司有关负责人作工作报告，北京、天津等地知识产权部门作典型经验介绍和亮点工作交流，国家知识产权局专利局初审流程部、文献部、自动化部和商标局有关负责人作交流发言，与会人员围绕各地在推进知识产权公共服务工作中的经验做法、“十四五”知识产权公共服务分规划编制等进行了深入交流研讨。❷

（六）聚焦海外知识产权服务建设

1. 设立第一批国家海外知识产权纠纷应对指导中心地方分中心

2020年，国家知识产权局办公室同意设立北京市知识产权维权援助中心等10家单位作为第一批国家海外知识产权纠纷应对指导中心地方分中心。地方分中心旨在为企业提供高效便捷的海外知识产权风险防范和纠纷应对指导服务，更好地服务区域经济发展。2020年7月28日，国家知识产权局办公室印发《国家海外知识产权纠纷应对指导中心地方分中心管理办法（试行）》和《国家海外知识产权纠纷应对指导中心地方分中心工作考核细则（试

---

❶ 国家知识产权局2019年法治政府建设情况报告［EB/OL］.［2020-12-31］. https://www.cnipa.gov.cn/art/2020/3/31/art_53_118172.html.

❷ 国家知识产权局在我省举办全国知识产权公共服务交流研讨现场会［EB/OL］.［2020-12-30］. http://www.sdipo.net/art/2020/9/30/art_106089_9833733.html.

行)》，通过制定详细的规范管理措施和考核标准为地方分中心的平稳、顺畅运行提供保障。

2. 研究发布海外知识产权制度环境报告

2019 年，国家知识产权局开展海外知识产权环境报告更新及推广工作，在《中国知识产权报》开设“公共服务”专栏，对报告进行发布，同时通过国家知识产权局、中国知识产权报、商标协会、专利文献众享等微信公众号和人民网知识产权频道等新媒体进行同步推广。截至 2019 年年底，已更新并发布 19 期 20 多个国家的知识产权制度概览，为我国创新主体了解国外知识产权制度环境提供了有益参考。❶

八、知识产权学术研究

2019~2020 年，知识产权学术研究以习近平新时代中国特色社会主义思想和习近平总书记关于知识产权工作的系列重要指示为指导，全面落实中共中央办公厅、国务院办公厅《关于强化知识产权保护的意见》，坚持知识产权学术研究服务知识产权强国建设的理念，立足我国知识产权实际发展状况，开展了一系列富有成效的知识产权学术研究活动，知识产权学术研究事业不断取得新进展。

（一）“创意产业知识产权海外布局与风险防控研讨会”举办

2020 年 7 月 10 日，由世界知识产权组织中国办事处和中国人民大学国家版权贸易基地联合主办的“创意产业知识产权海外布局与风险防控研讨会”顺利举行，世界知识产权组织中国办事处顾问邓玉华、中国人民大学国家版权贸易基地负责人白连永出席研讨会并致辞。来自中国人民大学、华东政法大学、中国文字著作权协会、阅文集团、小米集团等高等院校、创意企业、知识产权服务机构的代表近 200 人参与研讨。会议围绕创意产业的知识产权

❶ 国家知识产权局 2019 年法治政府建设情况报告［EB/OL］.［2020-12-31］. https://www.cnipa.gov.cn/art/2020/3/31/art_53_118172.html.

保护及海外布局和维权等议题进行讨论，有助于加强企业知识产权保护意识，提升企业海外知识产权布局与预警能力。

（二）“中国知识产权司法保护热点问题研讨会”在深圳举办

2020 年 10 月 19 日，由深圳大学国家知识产权培训（广东）基地、最高人民法院知识产权司法保护理论研究（深圳大学）基地共同主办，深圳大学知识产权学院承办的第八届“中国知识产权司法保护热点问题研讨会”在深圳举办。来自国家知识产权局、中国知识产权研究会、北京大学、中央财经大学、华东政法大学、中山大学、澳门科技大学等高校的专家学者，来自北京、江苏、深圳等地各级法院的知识产权审判专家，以及来自企业界、律师界的实务工作者等近 300 人参加会议。会议围绕“标准必要专利 FRAND 费率如何确定”“短视频应否以及如何受著作权法保护”“商标平行进口行为是否构成商标侵权”“处理侵害集成电路布图设计专有权案件遇到的问题与解决”四大知识产权司法保护热点问题展开了深入研讨与交流。

（三）“网络新型不正当竞争行为及其法律规制”研讨会在嘉兴举办

2020 年 11 月 4 日，由最高人民法院知识产权审判庭、中国知识产权法学研究会指导，浙江省高级人民法院知识产权审判庭、知产力、知产宝主办，嘉兴市中级人民法院承办，嘉兴市南湖区人民法院协办的“网络新型不正当竞争行为及其法律规制”研讨会在嘉兴举办，来自司法界、学术界、实务界的 60 余位代表参加了会议。与会专家学者围绕“网络新型竞争行为的不正当性判断标准”“网络利用类不正当竞争行为的规制”“网络干扰类不正当竞争行为的规制”“网络新型不正当竞争行为行业观察”四大专题进行研讨，对统一网络新型不正当竞争行为的认定标准和方法、规制网络新型不正当竞争具有重要意义。

（四）“第三届中国数据法律高峰论坛暨上海市法学会网络治理与数据信息法学研究会 2020 年年会”在上海举办

2020 年 11 月 7 日，由上海市法学会网络治理与数据信息法学研究会主办，华东政法大学数据法律研究中心、互联网法治研究院和上海交通大学知识产权与竞争法研究院共同承办的“第三届中国数据法律高峰论坛暨上海市法学会网络治理与数据信息法学研究会2020年年会”在上海举行。来自全国法人法工委、上海市经信委、上海市法学会等部门的领导与来自华东政法大学、上海交通大学、中国人民大学等高等院校的知名学者以及各实务界专家围绕“个人信息保护与数据要素市场建设的冲突与协同”进行研讨，为数据信息法学发展与网络社会治理贡献“上海智慧”和“上海方案”。

（五）“新发展格局与知识产权司法保护”学术研讨会在武汉举办

2020年11月15日，“新发展格局与知识产权司法保护”学术研讨会在中南财经政法大学召开。本次研讨会由最高人民法院民事审判第三庭、湖北省高级人民法院指导，中南财经政法大学主办，中南财经政法大学知识产权研究中心、湖北省知识产权研究会、湖北省法学会知识产权法学研究会承办。

研讨会共设置三个专题讨论环节，围绕“法律制定、修改与知识产权司法”“新格局、新业态与知识产权司法新动向”“知识产权惩罚性赔偿的司法适用”进行交流探讨，对回应知识产权法律修改、加强知识产权司法保护具有重要意义。

（六）第一届中国知识产权学术年会在北京举办

2020年11月24日，以“知识产权与高质量发展暨纪念专利法实施三十五周年”为主题的第一届中国知识产权学术年会在北京召开。本次年会由中国知识产权研究会主办，来自政府有关部门、科研院所、知识产权服务机构等500余名代表共同参与讨论。国家知识产权局局长申长雨以视频方式致辞，会议由国家知识产权局副局长周晖国主持，中国知识产权研究会理事长田力普，全国政协常委张勤，上海大学校长刘昌胜，中国知识产权研究会副理事长杨铁军，第四届国家知识产权专家咨询委员会主任肖兴威，知识产权领域专家学者吴汉东、穆荣平、薛澜、周科朝、吴超仲、李顺德、单晓光等在现场或以视频方式出席年会。年会主论坛由中国知识产权研究会秘书长陈燕主持，国家知识产权局条法司司长宋建华、国家知识产权局知识产权保护司司长张志成、教育部科技发展中心副主任张拥军、北京大学教授易继明在大会主论坛作了主旨发言。本次年会采取线上线下结合的方式，分别围绕年会主题以及“民法典下的知识产权与专利法第四次修改”“知识产权治理体系和治理能力现代化”“新技术新业态知识产权保护”等议题进行了深入探讨。

（七）中国法学会知识产权法学研究会“民法典与知识产权制度变革”年会在南京举办

2020年11月21~22日，中国法学会知识产权法学研究会2020年年会在南京成功举办。本届年会以“民法典与知识产权制度变革”为主题，由中国法学会知识产权法学研究会主办，江苏省知识产权局支持，南京理工大学承办，江苏省法学会知识产权法学研究会、江苏省知识产权研究会和北京阳光知识产权与法律发展基金会协办。来自全国各地的3 800余名专家、学者、企业家、高校代表通过线上线下的方式，纵论知识产权学术研究前沿问题，探讨知识产权发展的变革与挑战。与会嘉宾围绕《民法典》视阈下的知识产权理论、著作权法、专利法、商标法、知识产权相关竞争法、知识产权保护、新技术对知识产权制度的挑战与应对、知识产权综合问题、企业知识产权问题等主题展开了全面讨论。

九、知识产权人才培养

习近平总书记指出：“发展是第一要务，人才是第一资源，创新是第一动力。”知识产权人才是发展知识产权事业和建设知识产权强国最基本、最核心、最关键的要素。2019~2020年，各级知识产权部门落实党中央、国务院关于知识产权人才培养的工作部署，高标准贯彻实施《知识产权人才“十三五”规划》，立足国家经济社会发展和知识产权强国建设的需要，知识产权人才工作取得新进展、实现新突破。知识产权人才培养逐渐实现科学化、制度化、体系化，培育了一批“政治坚定、顾全大局、精通法律、熟悉技术、兼备国际视野”的知识产权人才，为知识产权强国建设提供了重要的智力支撑。

（一）强化知识产权人才培训

2019年，国家知识产权局印发《知识产权人才“十三五”规划》2019年度推进计划和《2019年全国知识产权人才专业能力提升培训计划》，举办培训近200期，培训1.5万余人次，其中专门设置知识产权保护培训项目34期，培训2600余人次。❶ 2020年，国家知识产权局印发《2020年全国知识产权人才专业能力提升培训计划》，对全年知识产权人才培训工作进行具体部署。截至2020年4月26日，我国共有国家知识产权培训基地26个，国家知识产权培训基地旨在为知识产权事业培育务实型、复合型、高层次的知识产权人才，为实施国家知识产权强国战略、实现知识产权事业又好又快发展提供重要智力保障。❷

（二）加强高校知识产权学科和专业学位建设

知识产权人才培养是我国知识产权战略的重要组成部分，高等学校作为人才培养的重要基地发挥着越来越重要的作用，加强高校知识产权学科和专业学位建设为夯实知识产权人才事业奠定了发展基础。2020年，教育部加强高校知识产权学科和专业学位建设，支持有条件的高校设置知识产权本科专业，推出一批知识产权一流专业建设点，打造一批知识产权“金课”，引导有条件的高职院校开设知识产权管理相关专业。截至2020年4月26日，我国有93所高校设立知识产权（法学）本科专业，45所高校建立知识产权学院。❸继续推动设立知识产权专业学位，支持高校知识产权学科建设，深化高校教育教学改革，着力提升教学水平，培养高素质知识产权人才与知识产权急需紧缺人才。

（三）完善知识产权职称制度

2019~2020年，国家大力推进知识产权职称制度改革实施工作，多次将完善知识产权职称制度列入重大知识产权计划与任务清单中，全国知识产权局局长会议、党组扩大会议等高度重视知识产权职称制度落地与实施。《推动知识产权高质量发展年度工作指引（2019）》《2020年推动知识产权高质量发

❶ 2019中国知识产权保护状况［R］.

❷ 汇总！全国高校内知识产权学院、国家知识产权培训基地与知识产权本科专业［EB/OL］.［2020-12-21］. http：//www.cta.org.cn/ldjh/202005/t20200522_ 50704.html.

❸ 汇总！全国高校内知识产权学院、国家知识产权培训基地与知识产权本科专业［EB/OL］.［2020-12-21］. http：//www.cta.org.cn/ldjh/202005/t20200522_ 50704.html.

展任务清单》《2020年深入实施国家知识产权战略加快建设知识产权强国推进计划》等政策文件均对完善知识产权职称制度进行了部署。2020年年初，国家知识产权局召开高级专业技术职务任职资格评审会，评出国家知识产权局首批知识产权师高级职称。经公示，28人具备正高级知识产权师任职资格，392人具备高级知识产权师任职资格。❶ 2019年11月，国家知识产权局人事司、中国知识产权研究会在北京召开知识产权专业技术资格考试专家研讨班，围绕知识产权职称制度改革，针对知识产权专业知识与实务考试大纲等进行研讨并提出意见建议。❷

（四）创新知识产权人才培养模式

2019~2020年，高校继续加强高端复合型知识产权人才培养模式建设，创新人才培养路径，优化人才培养体系。国家知识产权局委托国家知识产权培训（重庆）基地开展知识产权人才产学研协同培养项目，建立以市场为导向的产学研知识产权人才联合培养机制，形成以“知识产权校企对接工程”为平台的知识产权人才实务能力培养机制等，促进学术型人才向应用型人才转型。成立全国知识产权人才培养产教融合联盟，进一步加强政府、高校、企业的交流与合作，共同探索知识产权人才培养的新模式，打造市场化、专业化、开放共享的中国产教知识产权融合联盟的信息服务平台。❸ 南京理工大学积极探索新工科背景下理工文融合的知识产权复合型人才培养模式改革，构建的“3+1+2”知识产权复合型人才培养特区，成为知识产权人才培养的代表性成果。华中科技大学法学院在知识产权管理和知识产权法律人才培养上双管齐下，依托管理学院的知识产权管理专业及法学院的科技法与知识产

❶ 国家知识产权局首批知识产权师高级职称获评［EB/OL］．［2020-12-13］．http：//ip. people. com. cn/n1/2020/0113/c179663-31545776. html.

❷ 知识产权专业技术资格考试专家研讨班在京举办［EB/OL］．［2019-12-12］．https：//www. cnipa. gov. cn/art/2019/11/12/art_ 53_ 117730. html.

❸ 对十三届全国人大二次会议第3135号建议的答复［EB/OL］．［2019-12-09］．http：//www. moe. gov. cn/jyb_ xxgk/xxgk_ jyta/jyta_ xwb/201911/t20191126_ 409726. html.

权法方向，让大量有工科背景的学生进入法学院学习知识产权法。❶ 通过加强知识产权人才培养模式创新，能够破除制约人才发展的障碍，促进知识产权人才结构与经济社会发展相协调。

（五）推动知识产权实务人才建设

2019 年，知识产权管理部门加强知识产权律师服务工作指导，指导律师做好知识产权相关诉讼和非诉讼事务，发挥律师在商标注册、专利申请、著作权保护和商业秘密保护等方面的积极作用。建立“全国法院技术调查人才库”及人才共享机制，包括 360 余名技术调查官，覆盖 30 多个领域，编写完成并发布《技术调查官工作手册（2019）》，切实推进多元化技术查明机制发展，组织表彰全国农业植物新品种保护先进集体和先进个人，共表彰先进单位 50 个、先进个人 100 名。❷

（六）加强知识产权人才国际化合作交流

2019～2020 年，我国积极参与知识产权国际性学术会议、专业论坛等相关活动，推进与欧美等世界主要国家和“一带一路”沿线国家知识产权交流合作，拓展知识产权人员国际性视野，打造一支专业化、国际化、多元化的人才队伍。开展知识产权教育培训，面向“一带一路”国家举办知识产权硕士学位教育项目，为共建“一带一路”国家培养的知识产权硕士已顺利毕业。2019 年 11 月，在国家知识产权局、重庆市知识产权局的大力支持下，重庆理工大学开展“一带一路”创新与知识产权保护中高级管理人员高级研修班，来自埃塞俄比亚、老挝、埃及等 14 个国家的 24 名学员参加培训。❸ 该培训班有助于推动国际知识产权人才培养与合作，对专业化、国际化知识产权人才培养模式与平台的构建具有重要意义。

2020 年 9 月 14 日，世界知识产权组织（WIPO）2020 年中国暑期学校在

---

❶ 筑巢引凤：知识产权人才培养在高校［EB/OL］.［2019-12-28］. http：//news.sciencenet.cn/sbhtmlnews/2019/5/346341.shtm? id=346341.

❷ 2019 年中国知识产权保护状况［R］.

❸ “一带一路”创新与知识产权保护中高级管理人员研修班开班仪式在我校举行［EB/OL］.［2020-12-12］. https：//www. cqut. edu. cn/info/1008/20778. htm.

上海开班，来自四大洲多个国家的 90 多名学员报名参加。世界知识产权组织中国办事处顾问邓玉华表示，举办暑期学校是世界知识产权组织为响应成员方对知识产权教育和培训需求而做出的一项重点工作，旨在发挥知识产权对技术进步的促进作用。上海市知识产权局局长芮文彪表示，上海一直将知识产权作为推动城市创新发展的重要战略，在世界知识产权组织和国家知识产权局的大力支持下，上海以“高端人才汇聚”为目标，依托高校优势资源，加快构建多层次知识产权人才培养体系，为专业化、国际化、复合型知识产权人才的培养和发展提供载体、搭建平台。❶

十、知识产权国际合作

2020 年 11 月 4 日，习近平总书记在第三届中国国际进口博览会主旨演讲中指出：“中国将继续完善公开透明的涉外法律体系，强化知识产权保护，维护外资企业合法权益，以优质服务营造更好环境。”2019~2020 年，各级知识产权部门认真贯彻落实党中央、国务院关于知识产权国际合作的工作部署，深化“一带一路”知识产权国际合作，加快构建多边、周边、小多边、双边“四边联动、协调推进”的知识产权国际合作新格局。深入开展国际会议与磋商，深度推进知识产权全球治理，积极参与国际规则制定，在世界知识产权组织事务中发挥了重要作用。

（一）巩固多双边合作

1. 深化双边交流合作

加强中塞两国知识产权合作与交流。2019 年 11 月，中国国家知识产权局局长申长雨率团访问塞尔维亚，与塞尔维亚知识产权局局长弗拉迪米尔·马里奇举行会谈，并共同签署两局升级版合作谅解备忘录。申长雨在会谈中高度赞赏塞尔维亚知识产权局对“一带一路”知识产权国际合作作出的积极贡

❶ 世界知识产权组织（WIPO）2020 年中国暑期学校开班［EB/OL］.［2020-12-17］. https://xxgk.ecupl.edu.cn/2020/0917/c1334a170240/page.htm.

献，中方愿与塞方一道，在两局新签署的合作谅解备忘录的指引下，进一步深化在商标、专利、地理标志等更加广泛领域的交流与合作，共同推进“一带一路”知识产权国际合作，更好地服务于两国经济社会发展。马里奇高度赞赏中塞两局之间密切、良好的合作关系，表示同意申长雨提出的进一步深化两局合作内容和扩大合作领域的提议，并表示塞局高度重视与中国国家知识产权局的良好关系和深厚友谊，愿意继续与中方开展更加广泛深入的交流合作，积极支持“一带一路”知识产权国际合作。❶

举办中欧第十三次局长会议。2019 年 11 月 12 日，中国国家知识产权局与欧洲专利局第十三次局长会议在苏州举行。双方签署了《中国国家知识产权局与欧洲专利局第十三次局长会议纪要》《关于中国国家知识产权局与欧洲专利组织之间的数据交换谅解备忘录补充协议》《中国国家知识产权局与欧洲专利局双边合作 2020 年度工作计划》，双方重点围绕专利数据交换、五局合作框架下的双边合作、2020 年中欧两局局长会议等议题进行了广泛而深入的探讨，达成了重要共识。❷

与欧盟签署《中欧地理标志协定》。2020 年 7 月，欧盟授权正式签署《中欧地理标志协定》。该《协定》是欧盟与中国签署的第一份意义重大的双边贸易协定，将为来自欧盟和中国的各 100 个地理标志在对方市场提供保护，体现了尊重对方优良农业传统的价值导向。欧盟理事会发布公告表示，该《协定》生效四年后，其适用范围将继续扩大，以涵盖双方额外的 175 个地理标志名称。❸

与匈牙利签署《中华人民共和国国家知识产权局与匈牙利知识产权局谅解备忘录》。2020 年 9 月，中国国家知识产权局与匈牙利知识产权局通过换文

❶ 申长雨率团访问塞尔维亚［EB/OL］.［2020-11-28］. https：//www.cnipa.gov.cn/art/2019/11/28/art_ 53_ 117702.html.

❷ 中欧第十三次局长会议在苏州举行［EB/OL］.［2020-11-13］. https：//www.cnipa.gov.cn/art/2019/11/13/art_ 53_ 117726.html.

❸ 欧盟授权正式签署中欧地理标志协定［EB/OL］.［2020-12-24］. https：//www.cnipa.gov.cn/art/2020/7/24/art_ 53_ 150494.html.

方式签署升级版《中华人民共和国国家知识产权局与匈牙利知识产权局谅解备忘录》。根据该谅解备忘录的规定，中匈两局的合作范围从专利领域扩展到包括专利、商标、地理标志和集成电路布图设计在内的各类知识产权；同时增加了在知识产权保护、运用促进、公共服务以及专利、商标审查实践和审查标准方面的交流与合作。此次升级版谅解备忘录的签署，进一步巩固了中匈两局的传统友好合作关系，扩大了合作范围，提升了合作层次，有利于深化中匈两国在知识产权领域的务实合作。❶

开展“中波联络员机制”试点项目。为了更好地服务中波经贸交往，协助解决两国企业用户在对方国家知识产权方面的问题，中国国家知识产权局与波兰专利局经磋商一致，决定自2020年10月1日至2021年9月30日联合开展“中波联络员机制”试点项目。中波两局将各自指定一名知识产权联络员，分别就中国企业在波和波兰企业在华开展业务所涉及的知识产权问题提供咨询服务，为两国企业获得有效的知识产权保护提供支持。❷

2. 强化多边对话合作

参加OAPI相关会议。2019年，非洲知识产权组织（OAPI）行政理事会第59次会议在乍得首都恩贾梅纳开幕。来自OAPI、各成员方知识产权主管机构、乍得相关部委、相关国家驻乍得使馆、欧亚专利局、新加坡知识产权局、国际商标协会等部门及当地媒体约150人参会。中国国家知识产权局副局长赵刚应邀率团参会并在开幕式上致辞。开幕式后，在乍得商业和私营促进部部长兼OAPI行政理事会轮值主席和全体参会代表的见证下，赵刚与OAPI总干事伯乌苏签署了《中国国家知识产权局与非洲知识产权组织2020~2021年行动计划》。❸

---

❶ 中国国家知识产权局与匈牙利知识产权局签署升级版谅解备忘录［EB/OL］.［2020-12-16］. https：//www. cnipa. gov. cn/art/2020/9/16/art_ 53_ 152179. html.

❷ 中国国家知识产权局与波兰专利局启动“中波联络员机制”试点项目［EB/OL］.［2020-12-16］. https：//www. cnipa. gov. cn/art/2020/9/16/art_ 53_ 152192. html.

❸ 局代表团赴乍得参加OAPI相关会议［EB/OL］.［2020-12-23］. https：//www. cnipa. gov. cn/art/2019/12/23/art_ 53_ 118072. html.

共谋完善中日韩三边合作机制。2019 年 12 月 4 日，第十九次中日韩知识产权局局长会议在日本神户举行。会议总结了过去一年中日韩三局在各个合作项目中所取得的成果，积极评价了三局合作的进展，就未来三局合作交换了意见，确定了 2020 年合作计划。国家知识产权局局长申长雨指出，此次研讨会的主题是“知识产权行政和司法保护制度的最新情况”，这是当前知识产权领域的一个热门话题，中国的知识产权制度自建立之初，就确定了行政和司法并行运作的保护模式，双管齐下保护知识产权。中国政府高度重视知识产权保护，不断加强顶层设计，完善法律法规，加大知识产权行政保护，强化知识产权司法保护，希望三国相互分享经验、交流互鉴、共谋发展，促进更加有效地保护知识产权，为推动三国经济创新发展和开放合作贡献智慧和力量。❶

参加第十三次知识产权五局合作（IP5）局长会议。2020 年 7 月 21 日，第十三次中美欧日韩知识产权五局合作局长会议召开。会上，五局局长就新冠肺炎疫情的战略性应对进行了讨论，听取了五局在促进新兴技术和人工智能领域合作、强化程序和实践协调、加强工作共享、提高审查的质量和效率，以及进一步提升专利信息服务可及性等方面所取得的进展，批准了这些关键领域的下一步工作。五局明确将在当下这一关键时期，继续在激励推动创新方面采取措施并分享最佳实践，以支持创新者和国际知识产权界为经济和社会复苏作出贡献。❷

参加第十二届金砖国家知识产权局局长会议。2020 年 8 月 26 日，第十二届金砖国家知识产权局局长会议以视频会议形式召开。国家知识产权局局长申长雨指出，金砖五局应在确保“金砖国家知识产权合作路线图”下各项目务实、有序开展的同时，进一步加强数字化相关合作，共同应对全球性挑战，为知识产权权利人和社会公众提供支持。会议重点围绕各局为降低新冠肺炎

---

❶ 第 19 次中日韩知识产权局局长会议在日本举行［EB/OL］.［2019-12-26］. https://www.cnipa.gov.cn/art/2019/12/6/art_53_117682.html.

❷ 第十三次中美欧日韩知识产权五局合作局长会议举行［EB/OL］.［2020-12-22］. https://www.cnipa.gov.cn/art/2020/7/22/art_53_150457.html.

疫情影响所采取的措施和疫情期间药物专利授权进行了交流和讨论，并就各局数字化技术应用情况及未来可能开展的合作作了探讨。❶

参加第八届中蒙俄知识产权研讨会。2020 年 10 月 21 日，第八届中蒙俄知识产权研讨会以线上会议形式举行。此次研讨会主题为“外观设计保护相关问题”。中国国家知识产权局局长申长雨、俄罗斯联邦知识产权局局长戈利高里·伊夫利耶夫、蒙古国知识产权局局长恩克苏克·巴图姆以视频形式致辞。研讨会上，来自中蒙俄三国的专家从外观设计体系和法律基础、最新情况和数据、审查流程、海牙体系的运用实践等方面进行了发言。与会代表并就共同关心的话题进行了深入探讨。❷

签署《区域全面经济伙伴关系协定》。2020 年 11 月 15 日，我国与东盟十国以及澳大利亚、日本、韩国、新西兰等 15 个国家正式签署《区域全面经济伙伴关系协定》。其中第 11 章对知识产权相关内容进行规定，包括总则和基本原则、权利客体、权利实施、合作与磋商、透明度、程序事项等。该《协定》的签署，对深化区域知识产权交流与合作，加强知识产权国际保护具有重要作用。❸

（二）积极举办国际会议

举办第四届紫金知识产权国际峰会。2019 年 11 月 11 日，以“知识产权与开放型经济”为主题的第四届紫金知识产权国际峰会在南京开幕。国家知识产权局局长申长雨指出，此届峰会的主题高度契合当前中国扩大开放、推动经济高质量发展的需要，具有重要的现实意义，站在新的历史起点上，中国开放的大门只会越开越大，保护知识产权的力度也只会越来越强，国家知识产权局将更大力度加强知识产权保护国际合作，努力营造市场化、法治化、

---

❶ 第十二届金砖国家知识产权局局长会议召开［EB/OL］.［2020－12－28］. https：//www. cnipa. gov. cn/art/2020/8/28/art_ 53_ 151228. html.

❷ 第八届中蒙俄知识产权研讨会举行［EB/OL］.［2020－12－23］. https：//www. cnipa. gov. cn/art/2020/10/23/art_ 53_ 153639. html.

❸《区域全面经济伙伴关系协定》（RCEP）领导人联合声明［EB/OL］.［2020－12－16］. http：//fta. mofcom. gov. cn/article/zhengwugk/202011/43459_ 1. html.

国际化的营商环境，更好支撑开放型经济发展。世界知识产权组织总干事弗朗西斯·高锐表示，知识产权是推动开放型经济的一个重要变量，也是利用和强化开放型经济的手段。希望此次峰会可以促进国际经济环境更加开放，从而取得更多创新成果。欧洲专利局局长安东尼奥·坎普诺斯指出，中国是在欧洲提交专利申请最多的国家之一，在过去30年里，欧洲专利局与中国国家知识产权局在双边、多边方面取得了很多务实有效的合作，未来双方还将进一步加强合作，实现更多创新价值。开幕式上，申长雨与安东尼奥·坎普诺斯共同发布了《中欧计算机实施发明专利审查研究报告》。会议期间，申长雨和安东尼奥·坎普诺斯一行赴江苏省知识产权局进行了参观调研。❶

举办第九届亚洲知识产权营商论坛。2019年12月5日，第九届亚洲知识产权营商论坛在香港特别行政区开幕。国家知识产权局副局长甘绍宁指出，国家知识产权局一直高度重视涉港澳知识产权工作，推动内地与香港特区知识产权交流取得丰硕成果。未来，国家知识产权局将继续从制度体系完善、专利审查和人员培训等方面提供帮助，支持特区知识产权工作开展，充分发挥知识产权的激励和促进作用，营造粤港澳大湾区良好的创新和营商环境。林郑月娥表示，特区政府高度重视知识产权保护，将继续完善特区知识产权制度，推动特区提升竞争力，努力打造区域领先的知识产权贸易中心。她强调，“一带一路”倡议和粤港澳大湾区建设将为特区在知识产权贸易、商业和投资等领域带来巨大机遇，特区将通过高水平的专业服务，为内地及亚洲知识产权活动给予重要支持。该届论坛以“知识产权：为企业构建创新及共融的未来”为主题，围绕“知识产权环球趋势”“知识产权在大湾区的发展机遇”两大议题进行交流，超过70名国内外专家学者在论坛上发言。❷

举办上海知识产权国际论坛。2020年10月20日，以“推动后疫情时代经济高质量发展，全力打造国际知识产权保护高地”为主题的第十七届上海

---

❶ 第四届紫金知识产权国际峰会在南京开幕［EB/OL］.［2020-11-12］. https：//www.cnipa.gov.cn/art/2019/11/12/art_ 53_ 117729.html.

❷ 第九届亚洲知识产权营商论坛在香港举办［EB/OL］.［2020-12-10］. http：//www.cn12330.cn/cipnews/news_ content.aspx？newsId=120082.

知识产权国际论坛在上海举行。来自世界知识产权组织、瑞士知识产权局、丹麦专利与商标局等知识产权行政机构的官员对知识产权与创新发展发表了演讲。国家知识产权局知识产权保护司司长张志成表示，要加强涉外知识产权保护合作交流，积极参与知识产权保护国际合作，支持世界知识产权组织等多边治理机制发挥主要作用，拓宽与国内外产业界的沟通对话渠道，积极推动知识产权“同保护”。❶

（三）搭建知识产权国际保护服务平台

2020 年 9 月 23 日，根据国家知识产权局与世界知识产权组织签署的《中国国家知识产权局和世界知识产权组织关于在华建设技术与创新支持中心谅解备忘录》和《国家知识产权局办公室关于启动第三批技术与创新支持中心（TISC）筹建工作的通知》（国知办函服字〔2019〕1017 号），第三批 TISC 筹建机构完成筹建工作，同意北京市知识产权信息中心等 34 家单位作为第三批技术与创新支持中心正式运行。❷ 2020 年 8 月 28 日，国家知识产权局办公室启动第四批技术与创新支持中心（TISC）筹建工作，国家知识产权局与世界知识产权组织共同确定首都知识产权服务业协会等 50 家单位作为第四批技术与创新支持中心筹建机构。❸ TISC 单位的授权与筹建是深入实施创新驱动发展战略，加快建设知识产权强国的具体体现，有利于加强和规范在华技术与创新支持中心建设，加快培育发展新动能，进一步提升创新发展的质量和水平，为促进创业创新和经济提质增效升级作出更大贡献。

---

❶ 推动后疫情时代经济高质量发展　全力打造国际知识产权保护高地——第十七届上海知识产权国际论坛观察［EB/OL］.［2020-10-28］. http://sipa.sh.gov.cn/ywzx/20201028/3c4762ec43ad4c67ac1b9aecdb137716.html.

❷ 国家知识产权局关于同意第三批技术与创新支持中心（TISC）正式运行的通知［EB/OL］.［2020-12-25］. https://www.cnipa.gov.cn/art/2020/9/25/art_581_152545.html.

❸ 国家知识产权局办公室关于启动第四批技术与创新支持中心（TISC）筹建工作的通知［EB/OL］.［2020-12-01］. https://www.cnipa.gov.cn/art/2020/9/1/art_581_152490.html.

中国著作权发展报告（2019~2020）

胡开忠　付　颜　赵　聪*

引　言

党的十九大以来，以习近平同志为核心的党中央对知识产权工作高度关注，多次作出重要批示，明确知识产权的功能定位，不断进行制度创新，推动知识产权保护水平和治理效能提升，为知识产权强国建设提供根本保障。习近平新时代中国特色社会主义思想在知识产权领域的具体要求，是知识产权制度发展一般规律与我国实践相结合的科学概括，其不仅丰富了我国的知识产权理论，亦确立了国家知识产权工作的基本导向和根本遵循。

2019~2020年正处于“两个一百年”奋斗目标的历史交汇点，版权制度在我国已成为新时代激发创新、促进文化繁荣和发展的重要保障。随着版权执法、司法等制度的不断完善并臻于成熟，中国版权事业蓬勃发展，企业版权运营取得显著成就，版权国际交流合作持续深入推进，我国在国际版权体系中的话语权和影响力得到进一步提升。

---

* 胡开忠，中南财经政法大学知识产权研究中心副主任，教授，博士生导师；付颜，中南财经政法大学知识产权研究中心硕士研究生；赵聪，中南财经政法大学知识产权研究中心硕士研究生。

一、著作权法律体系建设

2019~2020 年，我国《著作权法》第三次修改工作继续推进，2020 年 11 月通过修改后的《著作权法》。同时，为贯彻落实中共中央办公厅和国务院办公厅印发的《关于强化知识产权保护的意见》，进一步推进“放管服”改革，相关部门及时废止了不适应社会发展的行政规范性文件，并公布了最新的文件，不断优化著作权法规体系。总之，我国著作权法律制度体系进一步完善，著作权保护水平明显提升。

（一）著作权保护相关文件

2019~2020 年，国家有关部门颁布了一系列文件，加强著作权保护。

1.《关于强化知识产权保护的意见》

2019 年 11 月 24 日，中共中央办公厅、国务院办公厅印发《关于强化知识产权保护的意见》（以下简称《意见》），这是第一个以中共中央办公厅、国务院办公厅名义出台的知识产权保护工作纲领性文件，具有里程碑式重要意义。《意见》立足于知识产权保护的现实需要，从“严保护、大保护、快保护、同保护”四个方面对新时代强化知识产权保护作出了整体部署❶，具体包括：（1）强化制度约束，确立知识产权“严保护”政策导向。主要涉及加大侵权假冒行为惩戒力度、严格规范证据标准、强化案件执行措施、完善新业态新领域保护制度等内容。（2）加强社会监督共治，构建知识产权大保护工作格局。包括加大执法监督力度、建立健全社会共治模式、加强专业技术支撑等措施。（3）优化协作衔接机制，突破知识产权快保护关键环节。针对这一问题，《意见》提出了优化授权确权维权衔接程序、加强跨部门区域办案协作、推动简易案件和纠纷解决快速处理以及加强知识产权快保护机构建设等具体举措。（4）健全涉外沟通机制，塑造知识产权同保护优越环境。包括

---

❶ 中共中央办公厅、国务院办公厅印发《关于强化知识产权保护的意见》[EB/OL].[2020-11-24]. http://www.npc.gov.cn/npc/c30834/201911/dfd47164e4be42e6b86961a959996955.shtml.

更大力度加强国际合作、健全与国内外权利人沟通渠道、加强海外维权援助服务等。此外，《意见》还要求加强基础平台、专业人才队伍等基础条件的建设，以为知识产权保护工作提供有力支撑，并明确提出知识产权保护属地责任制，要求各部门加大组织实施力度，确保知识产权工作得到有效落实。

2.《最高人民法院关于全面加强知识产权司法保护的意见》

知识产权司法保护是知识产权保护体系的重要力量，发挥着不可替代的关键作用。2020 年 4 月 15 日，最高人民法院发布《最高人民法院关于全面加强知识产权司法保护的意见》，围绕知识产权司法保护工作提出诸多意见，其中与版权保护相关的内容❶包括如下两个方面：

（1）加强著作权和相关权利保护。意见要求根据不同作品的特点，妥善把握作品独创性判断标准。妥善处理信息网络技术发展与著作权、相关权利保护的关系，统筹兼顾各方利益，协调好激励创作、促进产业发展、保障基本文化权益之间的关系，促进文化创新和业态发展。依法妥善审理体育赛事、电子竞技传播纠纷等新类型案件，促进新兴业态规范发展。加强著作权诉讼维权模式问题研究，依法平衡各方利益，防止不正当牟利行为。

（2）完善电商平台侵权认定规则。意见强调完善“通知—删除”等在内的电商平台治理规则，畅通权利人网络维权渠道，妥善审理网络侵犯知识产权纠纷和恶意投诉不正当竞争纠纷，督促和引导电子商务平台积极履行法定义务，促进电子商务的健康发展。

3.《国务院 2020 年立法工作计划》

2020 年 6 月 26 日，国务院办公厅发布《关于印发国务院 2020 年立法工作计划的通知》。通知明确了国务院 2020 年立法工作的总体要求，并对立法项目的确立、立法体制机制的完善、立法工作计划的贯彻执行等作出了全面指示。为有效解决新形势下版权治理的难点问题，《国务院 2020 年立法工作计划》明确将《著作权法修订草案（版权局起草）》纳入立法项目。酝酿近

---

❶ 《最高人民法院关于全面加强知识产权司法保护的意见》[EB/OL].[2020-12-21]. http://www.court.gov.cn/fabu-xiangqing-226491.html.

十年的《著作权法》第三次修改进入立法程序，表明《著作权法》的修订条件已经成熟，社会主义文化强国建设即将迈出重要一步。

（二）《著作权法》修正案审议通过

2020 年 11 月 11 日，第十三届全国人民代表大会常务委员会第二十三次会议通过关于修改《中华人民共和国著作权法》的决定。[1]《著作权法》主要进行以下方面的修改：（1）对法律用语进行修改，统一现行立法术语。例如，将条文中的“公民”修改为“自然人”，“其他组织”修改为“非法人组织”，将“电影作品或者以类似摄制电影的方法创作的作品”修改为“视听作品”，将“时事新闻”修改为“单纯事实消息”等。（2）增加作品登记制度，明确规定作品可以向国家著作权主管部门认定的登记机构办理登记。（3）设置权利滥用条款。要求著作权人和与著作权有关的权利人行使著作权或者与著作权有关的权利，不得违反宪法和法律，不得损害公共利益，不得滥用权利影响作品的正常传播。（4）加强著作权行政管理。增加规定著作权主管部门询问当事人、调查违法行为、现场检查，查阅、复制有关资料以及查封、扣押有关场所和物品等职权。（5）对广播权进行合理扩张，将有线广播归入广播权的保护范围。（6）明确报社、期刊社、通讯社、广播电台、电视台及所属媒体的工作人员创作的职务作品的权利归属。（7）对著作权合理使用制度进行修改，引入《伯尔尼公约》的“三步检验法”，同时将“以阅读障碍者能够感知的独特方式向其提供已经发表的作品”也纳入合理使用行为。（8）规定职务表演的权利归属，并增加了表演者的出租权。（9）引入惩罚性赔偿制度，法定赔偿额上限由 50 万元提高到 500 万元。此外，新修订的《著作权法》还对法定许可、录音制作者的二次获酬权、著作权集体管理组织、技术措施等内容进行了新的规定。通过上述修改，适应了网络技术、数字技术等新技术发展的需要，加大了对著作权侵权的惩罚力度，维护了著作权人和邻接权人的合法权益，促进了文化产业的大发展。

---

[1] 全国人民代表大会常务委员会关于修改《中华人民共和国著作权法》的决定［EB/OL］.［2020-12-29］. http：//www.ncac.gov.cn/chinacopyright/contents/518/423907.html.

（三）其他有关规范性文件及征求意见

1.《国家版权局关于废止1件规范性文件的决定》《国家版权局关于公布继续有效的规范性文件目录的公告》

2019年11月15日，为贯彻落实《法治政府建设实施纲要（2015～2020年）》，国家版权局对现行版权领域规范性文件进行了全面清理，决定废止1件，即《关于不得盗版、盗映作为资料片引进的外国影片的通知》（国权〔1995〕22号），自公布之日起生效。❶ 此外，经清理，依《国家版权局关于公布继续有效的规范性文件目录的公告》，截至2019年11月1日，继续有效的规范性文件共48件。❷

2.《国家新闻出版署关于废止35件规范性文件的决定》

2019年11月15日，为贯彻落实《法治政府建设实施纲要（2015～2020年）》，国家新闻出版署对现行新闻出版领域规范性文件进行了全面清理，决定废止35件，自公布之日起生效。其中由新闻出版署与国家版权局发布的共有2件：《关于加强版权统计工作的通知》（新出联〔2002〕11号）、《公告（行政执法依据目录）》（2006年第1号）。

3.《网络音视频信息服务管理规定》

2019年11月18日，为促进网络音视频信息服务健康有序发展，保护公民、法人和其他组织的合法权益，维护国家安全和公共利益，国家互联网信息办公室、文化和旅游部、国家广播电视总局制定了《网络音视频信息服务管理规定》❸。该《规定》对网络音视频服务提供者的权利义务、行业规范，以及对违规音视频的鉴别技术、辟谣机制等方面进行了详细规定，自2020年1月1日起施行。

---

❶ 国家版权局关于废止1件规范性文件的决定［EB/OL］.［2019－11－29］. http：//www.ncac.gov.cn/chinacopyright/contents/483/408156.html.

❷ 国家版权局关于公布继续有效的规范性文件目录的公告［EB/OL］.［2019－11－29］. http：//www.ncac.gov.cn/chinacopyright/contents/483/408167.html.

❸ 关于印发《网络音视频信息服务管理规定》的通知［EB/OL］.［2020－11－22］. http：//zwgk.mct.gov.cn/auto255/201911/t20191129_849221.html？keywords＝.

4.《文化和旅游部关于进一步加强演出市场管理的通知（征求意见稿）》公开征求意见

近年来，我国演出市场平稳有序发展，演出节目更加丰富，演出类型更加多样，旅游演出、音乐节庆演出等业态蓬勃兴起，对拉动文化消费、丰富人民群众文化生活起到了重要作用。但演出市场还存在一些影响其高质量发展的问题，如沉浸式演出、电音、虚拟形象演出等各类新业态不断涌现，对内容审核工作提出了更高要求；演出市场头部资源稀缺，个别热门演出炒票现象时有发生；对音乐节、小剧场等演出的现场监管还存在薄弱环节等。

2019 年 12 月 5 日，为进一步加强演出市场管理，更好地满足人民群众多样化、多层次的精神文化需求，文化和旅游部研究起草了《文化和旅游部关于进一步加强演出市场管理的通知（征求意见稿）》，向社会公众征求意见。

5.《网络信息内容生态治理规定》

为营造良好网络生态，保障公民、法人和其他组织的合法权益，维护国家安全和公共利益，构建天朗气清的网络空间，国家互联网信息办公室于 2019 年 12 月 15 日发布《网络信息内容生态治理规定》❶。该《规定》以网络信息内容为主要治理对象，重点规制网络信息内容生产者、网络信息内容服务平台、网络信息内容服务使用者以及网络行业组织在网络生态治理中的权利与义务，自 2020 年 3 月 1 日起施行。

6.《关于加强广播电视公共服务体系建设的指导意见》

2020 年 1 月 2 日，广电总局印发《关于加强广播电视公共服务体系建设的指导意见》。❷ 针对当前广播电视公共服务存在的主要矛盾——人民听好看好用好广播电视的需要和不平衡不充分发展之间的矛盾，该《意见》明确了加强广播电视公共服务体系建设的总体要求，并提出加快构建基本公共服务标准体系、推进基本公共服务均等化、增强公共服务适用性、全面推进“智

❶ 网络信息内容生态治理规定［EB/OL］.［2020-12-25］. http：//www.cac.gov.cn/2019-12/20/c_1578375159509309.htm.

❷ 广电总局印发《关于加强广播电视公共服务体系建设的指导意见》的通知［EB/OL］.［2020-12-26］. http：//www.nrta.gov.cn/art/2020/1/6/art_113_49392.html.

慧广电+公共服务”等具体举措，以进一步强化广播电视公共服务建设，满足人民群众日益增长的美好精神文化需要。

7.《歌舞娱乐行业著作权许可业务实施方案》

为贯彻落实党的十九届四中全会精神以及中共中央办公厅、国务院办公厅《关于强化知识产权保护的意见》，推进著作权集体管理治理体系和治理能力现代化，维护著作权人合法权益，促进歌舞娱乐行业有序发展。根据中宣部版权管理局、文化和旅游市场管理司要求，2020 年 1 月 21 日，中国音像著作权集体管理协会公告《歌舞娱乐行业著作权许可业务实施方案》，并自公告之日起实施。❶

8.《广播电视行业统计管理规定》

为加强对广播电视行业统计工作的管理，充分发挥广播电视统计的信息咨询与监督作用，提升广播电视统计服务水平，根据《中华人民共和国统计法》《中华人民共和国统计法实施条例》和国家有关规定，制定《广播电视行业统计管理规定》。2020 年 3 月 20 日，国家广播电视总局局务会议审议通过并予公布，自 2020 年 5 月 5 日起正式施行。❷

9.《网络安全审查办法》

2020 年 4 月 13 日，国家互联网信息办公室、国家发展和改革委员会、工业和信息化部、公安部、国家安全部、财政部、商务部、中国人民银行、国家市场监督管理总局、国家广播电视总局、国家保密局、国家密码管理局联合制定《网络安全审查办法》予以公布。

关键信息基础设施对国家安全、经济安全、社会稳定、公众健康和安全至关重要。我国建立网络安全审查制度，目的是通过网络安全审查这一举措，及早发现并避免采购产品和服务给关键信息基础设施运行带来风险和危害，保障关键信息基础设施供应链安全，维护国家安全。《网络安全审查办法》的

❶ 公告《歌舞娱乐行业著作权许可业务实施方案》[EB/OL].[2020-12-22]. http://www.ncac.gov.cn/chinacopyright/contents/518/411825.html.

❷ 国家广播电视总局令第 6 号：《广播电视行业统计管理规定》[EB/OL].[2020-12-13]. http://www.nrta.gov.cn/art/2020/4/13/art_113_50680.html.

出台，为我国开展网络安全审查工作提供了重要的制度保障。❶

10.《关于规范摄影作品版权秩序的通知》

近年来，随着摄影作品在网络传播中大量使用，图片侵权盗版现象较为严重。同时，一些图库经营单位的不合法、不正当维权行为引起社会广泛关注。为回应业界呼声，着力解决人民群众反映强烈的版权问题，为媒体融合发展营造良好版权法治生态，国家版权局将图片版权整治纳入“剑网 2019”专项行动，查办了一批涉及摄影作品侵权盗版的案件，取得积极成效。

为保护摄影作品著作权人合法权益，规范摄影作品版权秩序，推动摄影作品广泛有序传播。2020 年 6 月 11 日，国家版权局发布《关于规范摄影作品版权秩序的通知》，对巩固“剑网”行动工作成果，进一步规范摄影作品版权秩序具有积极意义。

11.《关于版权行政执法工作中证据审查和认定问题的通知（征求意见稿）》

2020 年 8 月 14 日，为深入贯彻落实中共中央办公厅、国务院办公厅《关于强化知识产权保护的意见》，进一步加大版权保护力度，提升版权行政执法效能，完善版权行政执法工作机制，减轻权利人维权负担，营造良好营商环境，国家版权局就《关于版权行政执法工作中证据审查和认定问题的通知（征求意见稿）》向社会公开征求意见，主要包括版权行政执法工作中权利证明、侵权证据以及侵权认定等三方面的内容，❷ 为版权行政执法实践提供规则指引。

---

❶ 《网络安全审查办法》答记者问［EB/OL］.［2020-12-27］. http：//www.cac.gov.cn/2020-04/27/c_1589535446378477.html.

❷ 国家版权局就《关于版权行政执法工作中证据审查和认定问题的通知（征求意见稿）》公开征求意见的通知［EB/OL］.［2020-12-30］. http：//www.ncac.goo.cn/chinacopyr6ght/contents/483/420296.html.

二、著作权行政执法

2019~2020 年，我国继续加大著作权行政执法力度，有力地打击了著作权侵权行为，保护了著作权人的合法权益。

（一）全国著作权行政执法工作概况

2019 年，版权执法部门组织开展专项行动，加强日常监管，严厉打击各类侵权盗版行为，集中整治重点领域、重点市场版权秩序，全力维护著作权人合法权益，不断优化版权保护环境。国家版权局在“剑网 2019”专项行动中硕果累累，成效显著，围绕当前互联网版权治理热点难点，开展媒体融合、院线电影、图片市场、流媒体等多个领域专项整治，删除侵权盗版链接 110 万条，查处网络侵权盗版案件 450 件，其中查办刑事案件 160 件、涉案金额 5.24 亿元，为庆祝新中国成立 70 周年营造良好网络版权环境。[1]

针对网络新技术和商业新模式，版权执法监管部门从技术和制度两个层面创新执法监管方式。着力推进“互联网+监管”，加强大数据、云计算、移动互联网等技术在版权执法监管中的研发运用，提高对侵权违法线索的发现、甄别、挖掘、预警能力。一是跨前一步主动监管，各地通过网络巡查、政府购买第三方监测服务等方式对辖区内重点网站进行主动监测。北京市版权局主动开展网络版权监测工作，2019 年累计监测发现网络侵权链接 42 万条，综合下线率 97.9%。上海市版权局组织阅文集团、哔哩哔哩等上海主要互联网企业开展自查自纠工作，发现侵权链接 1.15 万条并作出下线处理。福建省主动巡查网站 20 467 个，发现案件线索 156 条全部移送地市处理。二是扩展版权预警作品的覆盖面。对于院线电影，国家版权局将版权预警覆盖面扩展至引进影片和日常档期，公布 33 部重点院线电影（含 11 部引进电影），对《流浪地球》等院线电影进行重点预警保护。三是加强政府与行业协会的合作。

---

[1] 数据源于中国信息通信研究院．2019 年中国网络版权保护年度报告［EB/OL］．［2020-12-22］．http：//www.ncac.gov.cn/chinacopyright/upload/files/2020/9/16184424444.pdf.

北京市文化执法总队加强与“京版十五社”反盗版联盟等行业协会的合作联系，与北京数字创意产业协会、中关村社会组织联合会等共同举办知识产权资产和著作权保护座谈会，召开版权预警会 3 次，完善提升版权预警机制和版权保护绿色通道。

积极贯彻《关于强化知识产权保护的意见》，推动建立跨部门、跨地区的版权协同保护机制。国家版权局会同网信办、工信部建立侵权盗版网站（App）联控机制，遏制盗版传播，督促微信、微博、网盘、应用商店等网络服务商迅速核查删除侵权盗版信息 3 万余条。上海、浙江、江苏、安徽等省市签订《长三角地区共同营造版权产业高质量发展市场环境合作协议书》，通过联合执法、信息共享、互认重点作品预警名单等方式，形成版权保护合力。广东省版权局组织召开“2019 年珠三角地区版权执法协作会议”，推动建立版权执法联动机制。

2020 年 1 月 9 日，全国“扫黄打非”办公室公布 2019 年度“扫黄打非”工作十大数据。据统计，2019 年全国共收缴各类非法出版物 1 710万件，文化市场环境进一步净化；共处置淫秽色情等各类有害信息 1 113万条，网络空间进一步清朗；共取缔关闭网站 8.4 万个，有力治理了网络乱象。各地各部门共查处各类“扫黄打非”案件 1.1 万起，有力打击了违法违规行为。全国“扫黄打非”办公室联合或单独挂牌督办重点案件 308 起，创历年来督办案件数量最高，案件督办查办工作取得新突破；全国共收缴非法有害少儿出版物 95 万件，“护苗”专项行动中开展校园周边市场专项整治取得实效；全国“扫黄打非”办公室通过数据库系统平台，部署各互联网公司共享有害信息样本，协同处置有害信息 600 万条。相关企业落实内容安全主体责任效果更加明显。❶

（二）2019 年全国著作权登记情况

2019 年，各地区版权行政管理部门和著作权登记机构深入学习贯彻

---

❶ 2019 年“扫黄打非”十大数据［EB/OL］.［2020-12-24］. http：//www.shdf.gov.cn/shdf/contents/767/411312.html.

习近平总书记关于知识产权工作的重要论述，全面贯彻落实创新驱动发展战略及版权工作“十三五”规划，高度重视著作权登记工作，采取有效措施，积极宣传、重点拓展、改善服务，有效提升著作权登记工作的规范化、标准化、信息化水平，登记数量持续增长，全国著作权登记工作取得新进展。

1. 总体情况

2019 年全国著作权登记总量达 4 186 549 件，相比 2018 年的 3 457 338 件，同比增长 21.09%。

2. 作品登记情况

根据各省、自治区、直辖市版权局和中国版权保护中心的作品登记信息统计，2019 年全国共完成作品登记 2 701 564 件，相比 2018 年的 2 351 952 件，同比增长 14.86%。

全国作品登记量总体呈现稳步增长趋势，登记量较多的分别是：北京市 1 003 091 件，占登记总量的 37.13%；上海市 291 803 件，占登记总量的 10.80%；中国版权保护中心 282 541 件，占登记总量的 10.46%；江苏省 246 607 件，占登记总量的 9.13%；四川省 171 060 件，占登记总量的 6.33%；重庆市 157 692 件，占登记总量的 5.84%。以上登记量占全国登记总量的 79.69%。相较于 2018 年，天津、贵州、甘肃、内蒙古、广西、西藏、吉林、云南、山西、安徽等省（区、市）的作品登记量增长率均超过 100%；陕西、河南、重庆、河北等省（市）的作品登记量增长率均达 50% 以上。

从作品类型看，登记量最多的是美术作品 1 288 139 件，占登记总量的 47.68%；第二是摄影作品 1 015 620 件，占登记总量的 37.59%；第三是文字作品 179 314 件，占登记总量的 6.64%；第四是影视作品 88 230 件，占登记总量的 3.27%。以上类型的作品登记量占登记总量的 95.18%。还有录音制品 35 232 件，占登记总量的 1.30%；录像制品 19 480 件，占登记总量的 0.72%；音乐作品 17 283 件，占登记总量的 0.64%；图形作品 16 075 件，占登记总量的 0.60%；模型、戏剧、曲艺、建筑等共计 42 191 件，占登记总量的 1.56%。

3. 计算机软件著作权登记情况

根据中国版权保护中心计算机软件著作权登记信息统计，2019 年全国共完成计算机软件著作权登记 1 484 448 件，同比增长 34. 36%。

从登记区域分布情况看，软件著作权登记区域主要分布在东部地区，登记量约 104 万件，占登记总量的 70. 2%，其中，广东、北京、江苏、上海的登记总量近 75 万件。

从登记区域增长情况看，增速最快的是东北地区（57. 7%），高于全国整体增速约 23 个百分点；第二是中部地区（50. 3%）；第三是西部地区（40. 1%）；第四是东部地区（29. 6%）。

从各地区登记数量情况看，软件著作权登记量较多的省（市）依次为：广东、北京、江苏、上海、浙江、山东、河南、四川、福建、湖北。上述地区共登记软件约 111 万件，占登记总量的 74. 8%，其中，广东省登记软件超过 25 万件，占登记总量的 17. 2%。

4. 著作权质权登记情况

根据中国版权保护中心著作权质权登记信息统计，2019 年全国共完成著作权质权登记 537 件，同比下降 1. 83%；涉及合同数量 381 个，同比增长 0. 26%；涉及作品数量 1 600 件，同比增长 16. 96%；涉及主债务金额 764 312 万元，同比下降 4. 0%；涉及担保金额 730 088. 4 万元，同比下降 12. 74%。

计算机软件著作权质权登记 361 件，同比增长 3. 14%；涉及合同数量 361 个，同比增长 3. 14%；涉及作品数量 1 424 件，同比增长 21. 61%；涉及主债务金额 699 681. 4 万元，同比增长 47. 21%；涉及担保金额 667 865. 2 万元，同比增长 43. 38%。

作品（除计算机软件外）著作权质权登记 176 件，同比下降 10. 66%；涉及合同数量 20 个，同比下降 33. 33%；涉及作品数量 176 件，同比下降 10. 66%；涉及主债务金额 64 630. 6 万元，同比下降 79. 86%；涉及担保金额

62 223.2 万元，同比下降 83.22%。❶

（三）打击网络侵权盗版专项治理“剑网行动”（2019~2020）

1. “剑网 2019”专项行动

2019 年 4 月 26 日，在 2019 年中国网络版权保护与发展大会上，国家版权局、国家互联网信息办公室、工业和信息化部、公安部四部门联合启动打击网络侵权盗版“剑网 2019”专项行动，这是全国持续开展的第 15 次打击网络侵权盗版专项行动。

此次专项活动具体包括四项要求：（1）突出查办案件。坚持问题导向，拓展案件线索来源，畅通投诉举报渠道，提高网络监测能力。充分运用约谈、预警、责令整改等工作方式，加大对网络侵权盗版案件的行政处罚和刑事打击工作力度。（2）强化平台治理。督促平台企业履行违法犯罪线索报告和配合调查义务，网络服务提供商履行“通知—删除”等法定处置责任。推动平台企业建立健全投诉举报快速处理工作机制，提升版权管理能力和主动维权意识。深化政企合作，充分发挥权利人、行业组织、社会团体、第三方机构的作用。（3）开展宣传教育。通过多种形式大力宣传专项行动的措施、进展和成效，开展丰富多彩的主题宣传活动。强化信息公开力度，加大对大案要案和典型案件的宣传曝光力度，教育和引导广大网民树立“尊重版权、鼓励创新”的基本意识。（4）加强组织领导。要求各级版权、互联网信息内容、通信主管部门和公安机关建立健全网上打击侵权盗版综合治理体系，因地制宜制定工作计划，明确任务和责任分工。

国家版权局充分发挥行政执法效能，对于盗版侵权行为展开集中整治，强化版权执法效率，对于新业态新领域的保护提出创新理念和规范方式，有效整顿版权市场，推动版权的社会共治。在“剑网 2019”专项行动十大案件中，中兴华睿科技发展（北京）有限公司侵犯新闻作品著作权案、江苏扬州马某予等涉嫌侵犯影视作品著作权案、上海陈某等侵犯影视作品著作权案、

---

❶ 国家版权局关于 2019 年全国著作权登记情况的通报［EB/OL］．［2020-12-24］．http：//www.ncac.gov.cn/chinacopyright/contents/483/413789.html.

江苏南京“韩剧TV”App侵犯影视作品著作权案等成为典型案例。

2. “剑网2020”专项行动

2020年6月12日，国家版权局、工业和信息化部、公安部、国家互联网信息办公室发布通知定于2020年6~10月联合开展第16次打击网络侵权盗版“剑网”专项行动。

“剑网2020”专项行动旨在积极贯彻落实党中央关于统筹推进新冠肺炎疫情防控和经济社会发展工作的整体部署，高度关注广大权利人和人民群众反映强烈的网络侵权问题，不断加大版权执法监管力度，严厉打击视听作品、电商平台、社交平台、在线教育等领域的侵权盗版行为，着力规范网络游戏、网络音乐、知识分享等平台的版权传播秩序，持续巩固网络文学、动漫、网盘、应用市场等专项治理成果，不断提升版权管网治网能力，推进构建版权社会共治工作格局，维护清朗的网络空间秩序，营造良好的网络版权环境。

本次专项活动工作重点❶主要包括以下几个方面。

（1）开展视听作品版权专项整治。深入开展院线电影网络版权专项保护，打击通过视频播放器等流媒体软硬件传播侵权盗版作品行为，整治短视频领域存在的侵权盗版行为。

（2）开展电商平台版权专项整治。加强对大型电商平台的版权监管工作，强化电商平台的主体责任，严厉打击网店销售盗版图书、音像制品、电子出版物、数据库及盗版网络链接和存储盗版作品的网盘账号密码等行为，严厉整治网店设计、经营中使用盗版图片、音乐、视频等行为。

（3）开展社交平台版权专项整治。着力整治重点社交平台版权秩序，关闭一批多次侵权、恶意侵权的社交平台账号，加大新闻作品版权保护力度，深入开展图片市场版权整治工作，严厉打击未经授权传播他人图片的侵权盗版等行为，进一步规范图片市场版权传播秩序。

（4）开展在线教育版权专项整治。加大“学习强国”学习平台版权保护

---

❶ 国家版权局等关于开展打击网络侵权盗版“剑网2020”专项行为的通知［EB/OL］.［2020-12-12］. http：//www.cac.gov.cn/2020-06/17/c_1593953301594003.html.

力度，大力整治在线教育培训中存在的侵权盗版乱象，切断盗版网课灰色产业链条，为疫情防控期间大中小学网络教学和广大网民在线教育培训提供良好的网络版权环境。

（5）巩固重点领域版权治理成果。严厉打击网络游戏私服、外挂等侵权盗版行为，推动完善网络音乐版权授权体系，强化对大型知识分享平台的版权监管力度，继续巩固网络文学、动漫、网盘、应用市场、网络广告联盟等领域取得的工作成果，推动各地结合自身特色工作因地制宜扩大专项行动战果。

三、著作权司法保护

2019~2020 年，我国人民法院坚持以习近平新时代中国特色社会主义思想为指导，深入贯彻落实党的十九大以及十九届二中、三中、四中全会精神，严格履行宪法和法律赋予的审判职责，不断深化知识产权审判领域改革、强化审判监督指导，积极发挥司法对知识产权保护的主导作用。

（一）2019 年全国人民法院著作权司法保护状况

人民法院坚持司法为民、公正司法主线，积极发挥知识产权审判工作在激励和保护创新中的重要作用。

2019 年，人民法院共新收一审、二审、申请再审等各类知识产权案件 481 793 件，审结 475 853 件，比 2018 年分别上升 44. 16% 和 48. 87 %。2019 年，最高人民法院新收知识产权民事案件 2 504 件，审结 1 976 件，比 2018 年分别上升 174. 26% 和 260. 07%。地方各级人民法院共新收知识产权民事一审案件 399 031 件，审结 394 521 件，分别比 2018 年上升 40. 79% 和 44. 02%。其中著作权案件 293 066 件，同比上升 49. 98%。[1]

与此同时，知识产权审判工作稳中有进，审判质效持续向好，呈现出以

[1] 中国法院知识产权司法保护状况（2019 年）[EB/OL]. [2020 - 12 - 11]. https：//www. chinacourt. org/app/appcontent/2020/04/id/5049570. shtml.

下特点：(1）案件数量再创新高。2019 年，人民法院新收和审结各类知识产权案件数量急剧增加，收、结案数量均创历史新高，增幅双双突破 40%。(2）新型案件不断增多。新技术、新产品、新业态不断拓展法律边界，涉及互联网、大数据、人工智能、标准必要专利、生物医药等科技前沿领域的知识产权新问题不断涌现，既要对复杂的技术方案进行分析，又需要结合具体案情灵活适用法律。(3）保护力度持续加大。人民法院认真贯彻《关于完善产权保护制度依法保护产权的意见》，提高知识产权司法救济的及时性和便利性，努力实现侵权损害赔偿与知识产权市场价值的协调性和相称性。(4）司法效果日益彰显。人民法院在确保完成审判任务的同时，还审结了一批疑难、复杂、新类型及社会广泛关注的案件，发挥了典型案例的示范和指引作用。最高人民法院知识产权法庭敲响“第一槌”并当庭宣判，判决书深入阐释了功能性特征的认定标准，数十家媒体进行全媒体直播和广泛报道，庭审网络直播第一时间观看量达 1 800 余万次，该案从立案、开庭到结案送达仅用 50 天，凸显公正透明高效。(5）多元解纷成效突出。人民法院把非诉纠纷解决机制挺在前面，坚持和发展新时代“枫桥经验”，推进多元解纷体系建设，鼓励当事人通过非诉讼方式化解纠纷，促使各类纠纷解决方式各得其所、各尽其能、多元共治、形成合力，进一步提升了知识产权纠纷解决效率。

（二）2019 年知识产权法院著作权司法保护状况

北京知识产权法院 2019 年共审结各类案件 23 682 件，同比增长 57%，全院整体结收比达到 105%，首次实现建院以来未结案数量的下降，扭转了该院案件逐年积压的被动局面，通过裁判发挥司法指引功能，为国家创新发展和营造良好营商环境提供有力的司法保障。

2019 年，北京知识产权法院新收各类案件 22 580 件，同比增长 23%。面对持续攀升的案件数量，北京知识产权法院通过优化配置、完善机制等形式，多措并举为审判提速。法官人均结案达 320 件，同比增加 6 个百分点。2017~2019 年，北京知识产权法院的收案数量保持年均 26% 的增速。2019 年，该院专属管辖的全国知识产权授权确权行政案件占总收案量的七成以上。整体来

看，案件类型专、一审案件多、涉外比例高、技术类案件难等特点仍较为突出。❶

上海知识产权法院 2019 年共受理各类知识产权案件 2 496 件，同比增长 20.75%。其中，民事一审案件 1 637 件，民事二审案件 776 件，行政二审案件 3 件，诉前保全案件 37 件，其他案件 43 件，其中著作权纠纷案件 433 件（不包括计算机软件著作权），占 17.35%。2019 年，共审结各类案件 2 155 件，同比增长 4.26%。其中，民事一审案件 1 310 件，同比增长 26.2%，民事二审案件 765 件，行政案件 1 件，诉前保全案件 37 件，其他案件 42 件。❷

广州知识产权法院 2019 年度新收案件 12 896 件，同比增长 27.86%，办结 13 488 件，同比增长 43.37%；受理案件标的金额 30.4 亿元人民币，新收、审结案件数量、受理标的额均创历年新高。❸ 新收案中，按照案由分，专利权纠纷案件 3 822 件，著作权纠纷案件 7 826 件，商标权纠纷案件 429 件，不正当竞争纠纷案件 100 件，其他纠纷案件 719 件，分别占比为 29.64%、60.69%、3.33%、0.78%、5.56%。一审收案占比最高的是专利权纠纷案，占一审收案数的 89.82%。其中发明、实用新型和外观设计专利权纠纷案分别为 304 件、1 008 件、2 442 件，分别占专利权纠纷案件收案数的 7.95%、26.37%、63.89%，另有专利权其他纠纷案件 68 件，占比 1.79%。二审收案占比最高的是著作权纠纷案件，占二审收案数的 90.76%。❹

（三）2019 年全国典型著作权案例

2019 年 4 月 7 日，最高人民法院办公厅印发“2019 年中国法院十大知识产权案件”和“2019 年中国法院 50 件典型知识产权案例”，供各级人民法院

❶ 北京知产法院：2019 年结案数首次反超收案数［EB/OL］.［2020-12-11］. https://k.sina.com.cn/article_1893892941_70e2834d02000qn7d.html?cre=tianyi&mod=pcpager_fin&loc=16&r=9&rfunc=8&tj=none&tr=9.

❷ 上海知识产权法院知识产权司法保护状况（2019 年）（白皮书）［EB/OL］.［2020-12-11］. http://www.shzcfy.gov.cn/zcweb/css/webpub/upload/202005061649459877.pdf.

❸ 4.26 系列报道：广州知识产权法院去年收结案量再创新高［EB/OL］.［2020-12-11］. http://www.gipc.gov.cn/front/content.action?id=5b2ebea1893446bd8402d3f11326c282.

❹ 4.26 系列报道：广州知识产权法院去年结案 1.3 万件［EB/OL］.［2020-12-11］. http://www.gipc.gov.cn/front/content.action?id=0f5303d7b2764a3f8508ee7785e31e.

在知识产权审判工作中参考借鉴。❶

十大知识产权案件中，著作权相关案件包括明河社出版有限公司、完美世界（北京）软件有限公司与北京火谷网络科技股份有限公司、昆仑乐享网络技术有限公司、昆仑万维科技股份有限公司侵害改编权及不正当竞争纠纷案❷，苏州蜗牛数字科技股份有限公司与成都天象互动科技有限公司、北京爱奇艺科技有限公司侵害著作权纠纷案❸，河北山人雕塑有限公司与河北中鼎园林雕塑有限公司、遵义市播州区三合镇人民政府、遵义众和诚农业开发有限公司、贵州慧隆建设工程有限责任公司、贵州慧隆建设工程有限责任公司遵义分公司侵害著作权纠纷案❹。

50 件典型知识产权案例中，著作权侵权纠纷案件共有 9 件，占比 18%。其中包括北京乐动卓越科技有限公司与阿里云计算有限公司侵害作品信息网络传播权纠纷案❺，北京众得文化传播有限公司与万达影视传媒有限公司、新丽传媒集团有限公司、天津金狐文化传播有限公司、岳某某侵害作品改编权纠纷案❻，刘某某与内蒙古阿儿含只文化有限责任公司、巴音某某某、内蒙古电影集团有限责任公司侵害著作权纠纷案❼，曹某某与濮某某、王某某侵害著作权纠纷案❽，杭州刀豆网络科技有限公司与长沙百赞网络科技有限公司、深圳市腾讯计算机系统有限公司侵害作品信息网络传播权纠纷案❾，苗某某与优酷信息技术（北京）有限公司侵害作品信息网络传播权纠纷案❿，武汉光亚文化艺术发展有限公司、黄某某与刘某某、叶某某、上海拾谷影业有限公司

❶ 最高人民法院办公厅关于印发 2019 年中国法院 10 大知识产权案件和 50 件典型知识产权案件的通知［EB/OL］.［2020-12-07］. https：//www. chinanews. com/gn/2020/04-21/9163517. shtml.

❷ 北京市高级人民法院（2018）京民终 226 号民事判决书。

❸ 江苏省高级人民法院（2018）苏民终 1054 号民事判决书。

❹ 贵州省高级人民法院（2019）黔民终 449 号民事判决书。

❺ 北京知识产权法院（2017）京 73 民终 1194 号民事判决书。

❻ 天津市第三中级人民法院（2019）津 03 知民终 6 号民事判决书。

❼ 内蒙古自治区高级人民法院（2019）内民终 156 号民事判决书。

❽ 江苏省高级人民法院（2019）苏民终 1410 号民事判决书。

❾ 浙江省杭州市中级人民法院（2019）浙 01 民终 4268 号民事判决书。

❿ 河南省高级人民法院（2019）豫知民终 231 号民事判决书。

等侵害著作权及不正当竞争纠纷案[1]，广州网易计算机系统有限公司与广州华多网络科技有限公司侵害著作权及不正当竞争纠纷案[2]，中国音像著作权集体管理协会与拉萨高度休闲娱乐有限公司侵害著作权纠纷案[3]。

部分典型案件的案情简介如下。

1. “武侠Q传游戏”侵害改编权及不正当竞争纠纷案[4]

明河社出版有限公司（以下简称“明河社”）是《射雕英雄传》《神雕侠侣》《倚天屠龙记》《笑傲江湖》等作品在中国境内的专有使用权人。经明河社同意，查良镛（金庸）将上述作品部分区域和期间内移动终端游戏软件改编权及后续软件的商业开发权独家授予完美世界（北京）软件有限公司（以下简称“完美世界公司”）。被诉侵权的武侠Q传游戏由北京火谷网络科技股份有限公司（以下简称“火谷网”）开发，昆仑乐享网络技术有限公司（以下简称“昆仑乐享公司”）经授权可在中国大陆等多个国家和地区独家运营该游戏。昆仑万维科技股份有限公司（以下简称“昆仑万维公司”）为涉案游戏的运营者。涉案游戏共有人物卡牌、武功卡牌、配饰卡牌和阵法卡牌等四类卡牌，经比对，涉案游戏在人物描述、武功描述、配饰描述、阵法描述、关卡设定等多个方面与涉案武侠小说中的相应内容存在对应关系或相似性。火谷网认可开发时借鉴和参考了权利人作品中的元素。一审法院认为，现有证据不能证明涉案游戏软件构成对权利人任意一部作品的改编。但火谷网、昆仑乐享公司和昆仑万维公司的行为构成对明河社及完美世界公司的不正当竞争。据此判令火谷网、昆仑乐享公司和昆仑万维公司停止侵权、消除影响，并赔偿明河社等经济损失16 319 658元。双方当事人均不服一审判决，提起上诉。北京市高级人民法院二审认定涉案游戏构成对权利人作品的改编，火谷网构成对明河社和完美世界公司享有权利作品移动终端游戏软件改编权的侵害。火谷网作为开发者，昆仑乐享公司、昆仑万维公司作为游戏运营者，

[1] 湖北省武汉市中级人民法院（2018）鄂01民初5015号民事判决书。
[2] 广东省高级人民法院（2018）粤民终137号民事判决书。
[3] 西藏自治区拉萨市中级人民法院（2019）藏01知民初6号民事判决书。
[4] 北京市高级人民法院（2018）京民终226号民事判决书。

三者应共同承担侵权责任。由于已经认定涉案游戏构成对权利人改编权的侵害，故不再适用反不正当竞争法对被诉侵权行为进行评述。据此判决驳回上诉、维持一审判决。

2. 手机游戏“换皮”侵害著作权纠纷案❶

苏州蜗牛数字科技股份有限公司（以下简称“蜗牛公司”）开发的手机游戏《太极熊猫》于2014年10月31日上线，成都天象互动科技有限公司（以下简称“天象公司”）、北京爱奇艺科技有限公司（以下简称“爱奇艺公司”）开发的手机游戏《花千骨》最早版本于2015年6月19日上线。蜗牛公司向苏州市中级人民法院提起诉讼，主张《花千骨》手机游戏“换皮”抄袭了《太极熊猫》游戏，即仅更换了《花千骨》游戏中的角色图片形象、配音配乐等，而在游戏的玩法规则、数值策划、技能体系、操作界面等方面与《太极熊猫》游戏完全相同或者实质性相似，侵害其著作权。一审法院确认，《花千骨》游戏与《太极熊猫》游戏相比，其中有29个玩法在界面布局和玩法规则上基本一致或构成实质性相似；另外《花千骨》游戏中47件装备的24个属性数值与《太极熊猫》游戏呈现相同或者同比例微调的对应关系；《花千骨》V1.0版游戏软件的计算机软件著作权登记存档资料中，功能模块结构图、功能流程图以及封印石系统入口等全部26张UI界面图所使用的均为《太极熊猫》游戏的元素和界面。同时，在新浪微博以及IOS系统《花千骨》游戏用户评论中，亦有大量游戏玩家评论两游戏非常相似。一审法院遂判令天象公司、爱奇艺公司停止侵权行为、消除影响，并赔偿蜗牛公司经济损失3 000万元。天象公司、爱奇艺公司不服，提起上诉。江苏省高级人民法院二审判决驳回上诉、维持一审判决。

3. “刀靶大捷雕塑”侵害著作权纠纷案❷

河北山人雕塑有限公司（以下简称“山人雕塑公司”）与河北中鼎园林雕塑有限公司（以下简称“中鼎雕塑公司”）是从事雕塑设计、制作和安装

---

❶ 江苏省高级人民法院（2018）苏民终1054号民事判决书。

❷ 贵州省高级人民法院（2019）黔民终449号民事判决书。

的专业机构。2017 年 12 月，山人雕塑公司与贵州省遵义市播州区三合镇人民政府（以下简称“三合镇政府”）商谈合作三合镇刀靶烈士陵园的雕塑工程，山人雕塑公司将创作完成的涉案作品“刀靶大捷”设计图及展板交给三合镇政府审阅，并按三合镇政府的要求进行数次修改，但双方最终未达成合意。后山人雕塑公司向贵州省遵义市中级人民法院提起诉讼，主张三合镇政府委托中鼎雕塑公司在刀靶烈士陵园设计、安装的被诉侵权雕塑侵害其著作权。遵义市中级人民法院一审判决由三合镇政府、中鼎雕塑公司共同向山人雕塑公司支付作品使用费 10 万元及合理支出费用 2 万元，并由中鼎雕塑公司赔礼道歉。山人雕塑公司、中鼎雕塑公司均不服一审判决，提起上诉。贵州省高级人民法院二审认定侵权行为成立，但同时认为，刀靶烈士陵园是进行革命传统教育和爱国主义教育的重要场所，从遵循利益平衡原则和有效利用资源的效益角度出发，被诉侵权雕塑不宜判决拆除。故可通过适当提高侵权赔偿标准对山人雕塑公司的权利予以充分救济的情况下，对山人雕塑公司主张停止侵害、拆除侵权雕塑的诉讼请求不予支持。据此，改判中鼎雕塑公司、三合镇政府等共同赔偿山人雕塑公司侵权赔偿和合理支出共 20 万元。

四、国际版权发展动态

2019～2020 年，国际版权保护工作不断深入，国际社会对于版权领域新出现的问题非常关注，积极探讨人工智能技术引发的版权保护问题。世界知识产权组织积极推动新的国际条约的起草工作，一些国家也对本国著作权法进行了修订。

（一）国际公约与区域性国际组织版权立法发展

1. WIPO 第二届知识产权与人工智能对话会议

2020 年 7 月 7～9 日，世界知识产权组织（WIPO）以网络方式组织召开第二届知识产权与人工智能对话会议。来自全球 130 个国家和地区的 2 000 多人参加了此次会议，其中包括来自成员方、学术机构、科学机构和私人组织的代表。其中来自各组织的 50 多名代表在会议上发表了讲话，强调了针对知识产权和人工智能进行讨论的及时性和重要性。2020 年 5 月 29 日发布的《经修订的关于知识产权政策和人工智能问题的议题文件》❶ 是知识产权与人工智能第二次对话会议的基础性文件，会议根据这一文件就已查明议题展开了讨论，其中与版权有关的议题❷总结如下。

（1）定义。世界知识产权组织认为“文学和艺术作品”与“作品”可以互替使用，其定义依据的是《保护文学和艺术作品伯尔尼公约》第 2 条（1979 年 9 月 28 日修订）。此外，世界知识产权组织还提出了“存在于版权作品中的数据”这一术语，该术语旨在区分不受版权保护的思想和受保护的思想表达。数据是一种表达方式，代表原创文学和艺术作品的数据受版权保护，也被称为“存在于版权作品中的数据”。

（2）作者身份与所有权。人工智能应用程序生成文学和艺术作品的能力日益增强。这种现象挑战了现有版权制度，冲击了版权制度尊重、奖励和激励人类创造力表达的宗旨。对人工智能生成作品版权归属所采取的政策立场，将涉及版权制度之所以存在的社会价值和制度宗旨。如果将人工智能生成的作品排除在版权保护资格范围之外，那么版权制度将被视为鼓励和偏向人类创造力高于机器创造力的工具。如果对人工智能生成的作品予以版权保护，那么版权制度将倾向于被视为偏向使消费者获取最大数量创意作品的工具，并且将人类和机器的创造力等同视之。本部分议题主要包括以下内容：人工智能生成作品是否应当获得版权保护；如果能，该作品是否为原创作品，权利人又是谁；是否应赋予人工智能法律人格；是否应为人工智能生成作品建立专门制度，例如较短的保护期等都是亟待解决的问题。

（3）侵权与例外。人工智能应用可以通过机械学习等人工智能技术从数据中学习，由此生成创意作品，用于训练人工智能应用的数据可能是受保护的创

❶ 世界知识产权组织关于知识产权政策与人工智能经修订的议题文件［EB/OL］.［2020-12-21］. https://www.wipo.int/meetings/en/doc_details.jsp?doc_id=499504.

❷ 有关议题内容来源于世界知识产权组织．经修订的关于知识产权政策和人工智能问题的议题文件［EB/OL］. https://www.wipo.int/edocs/mdocs/mdocs/en/wipo_ip_ai_2_ge_20/wipo_ip_ai_2_ge_20_1_rev.pdf.

意作品。那么如果用于学习的数据是受版权保护的作品，而人工智能对其使用未经授权，是否构成侵权；是否需规定对上述情况的例外或建立专门制度，例如强制集体管理等；文本和数据挖掘的现有例外规定又如何与之协调。

（4）深度仿冒。深度仿冒技术，即生成人类模拟肖像及特征（例如声音和外形）的技术，已经成为现实存在，并已投入使用。围绕深度仿冒技术产生了大量争议，特别是未经被仿冒者授权进行深度仿冒，以及由仿冒形象作出不实行动或发表不实观点的情况。一些人呼吁明令禁止或限制深度仿冒技术，另一些人则指出该技术可以将已故的受欢迎表演者或知名表演形象继续用于创造音像作品；事实上，有些人可能会授权此类使用。该部分议题主要包括如下研究内容：版权是否为监督深度仿冒技术的合理工具；深度仿冒是否享有版权，如果是，版权人是谁；是否应针对被用于深度仿冒的人创建合理的报酬制度。

（5）一般性政策问题。该部分主要是针对版权与人工智能相互关系问题向公众征求意见和建议，具体而言包括：是否需要构建一套分级社会政策来促进版权保护制度和人类创造的尊严而非鼓励人工智能创新，或者反之；如何在激励人类创造与推动技术进步之间找到平衡；人工智能生成的作品是否应归入公有领域或者其是否应从专门权利中受益，而非归入版权领域；对于同时包含版权作品和公有领域作品的混合训练数据集，是否有任何特别考虑；版权是否对于人工智能应用的看法已经显现或不可预见的影响。

2. WIPO《视听表演北京条约》生效

2020年1月28日，印度尼西亚政府代表向世界知识产权组织递交《视听表演北京条约》（以下简称《北京条约》）的批准书，成为该条约关键的第30名成员。依据条约的生效条款，其将在30个成员方批准、加入3个月后生效，因此《北京条约》于2020年4月28日正式生效。

《北京条约》是一项旨在保护表演者权利的国际版权条约，其处理表演者对视听作品的知识产权，特别是支持为受益人以视听形式固定的表演提供五种专有经济权利：复制权、发行权、出租权、向公众提供权、广播和向公众传播的权利。条约的生效，将全面提升国际社会对表演者权利保护的水平，充分保障视听表演者的权利，进一步激发其创造热情，丰富精神文化产品，推动视听产业健康发展，保护传统文化和民间文艺，促进文化多样性发展。

（二）部分国家版权法律制度修订

1.《美国数字千年版权法》第512条立法评估报告❶

（1）报告发布背景。自1998年《美国数字千年版权法》（DMCA）第512条立法以来，法院依据该条款作出了许多裁决；但囿于作品传播方式、版权保护技术以及与网络版权相关的商业模式的变化，已经远超20多年前的立法预期。美国版权局应众议院司法委员会的要求，从2015年起就展开了对“避风港制度”长达数年的调研。从获得的研究数据和实践反馈来看，美国版权局认为，既有的“避风港制度”已经无法满足立法预期，第512条制度内容处于应当被修正的情形，最终于2020年5月21日发布了针对DMCA第17章第512条的立法评估报告，为“避风港制度”变革提供新的思路和建议。

（2）报告主要内容。美国版权局在报告中阐明了第512条修正所应当遵循的五项原则，同时根据前期的调研，在衡量各方合理的利益诉求后给出了12项具体的建议和结论，主要内容如下：①适用“避风港制度”的主体资格内容需进行明确。②针对反复侵权者，美国版权局提出了相应的对策，即建议美国国会在修法时提供进一步的指导，将网络服务提供者制定并公开一个清晰的、成文的，且可通过公开途径获取的针对反复侵权者的惩戒政策作为其适用“避风港制度”的资格条件之一，并且对终止反复侵权人用户账号和相关服务的“适当情形”进行说明；并在没有权利人发出正式通知的情况下，就如何认定上述情形予以说明。③网络服务提供者的“知道标准”。面对这一问题，美国版权局从三方面提出了建议：首先，美国国会需要澄清“明知标准”与“红旗知道标准”的区别；其次，美国国会需要澄清“漠视标准”的适用范围；最后，美国国会需要澄清“侵权替代责任”的标准。④建议美国国会对代表性的侵权作品清单和信息定位相关问题予以定夺。⑤建议加大对

❶ 内容来源于Online Copyright Infringement Tracker Survey（9th Wave）[EB/OL]. https://www.copyright.gov/policy/section512/section-512-full-report.pdf.

虚假陈述，滥用通知和反通知的行为的惩戒力度。⑥建议美国国会考虑 Lenz 诉环球音乐公司案件的影响，并且考虑制定必要的成文化的法律表述。⑦建议美国国会撤销法条中关于通知的最低标准，转而制定监管程序，以便美国版权局制定更灵活的规则来适用未来不断发展的通知技术。此外，报告还涉及法条内的时限问题、传票问题、禁令救济问题、非法定形式的预防性工作以及其他利益方的建议等方面的内容。

2.《日本著作权法》2020 年新修正案

（1）修正案提出背景。近年来，日本互联网上的盗版猖獗，导致著作权受损问题频发，其中以盗版网站“漫画村”和盗版漫画链接搜索网站“遥远梦想之址”影响最大。2019 年 2 月，日本文化厅下属机构向其递交了一份调查报告，报告称盗版网站侵害版权所有者权益的事件呈现出日益增多的趋势，有必要予以严厉打击，同时呼吁政府扩大受版权法保护的网络作品形式的范畴，将现阶段仅限于视频和音乐的范围扩大至包含所有版权作品，同时还提议惩罚提供盗版作品链接的网站。在权衡多方利益之后，日本文化厅最终通过了该项提案，但同时声明会对禁止范围进行一定的限制。2019 年 11 月，日本文化厅就打击擅自公开人气漫画等的盗版网站召开了专家讨论会首次会议，讨论关于对包括漫画在内的所有著作物加以限制的最初方案，提出了缩小限制范围的新方案，包括把仅下载作品的一部分之类的轻微行为排除在外等。2020 年 3 月，日本政府在召开的内阁会议上通过了版权法修正案，并递交本届国会。6 月 5 日，该项修正案在日本国会获得通过。

（2）修正案的主要内容。修正案对互联网上盗版作品的打击主要采取了两项措施：①将从互联网下载盗版作品这一非法行为的适用范围，由音乐和视频扩大至漫画、杂志等所有享有著作权的作品。②将为运营提供盗版作品下载链接的 ReachSite 网站和手机应用软件列为违法。此外，修正案还采取了以下三项措施来保护著作物的正常、合法使用：①扩大复制著作物时著作权权利限制的对象，在原著作权法规定的照片、录音和视频之外，进一步加入了截屏、电脑图像化（CG），以及网上直播中录入视频的物体或声音。②新增行政手续相关的著作权权利限制制度，允许依据《特定农林水产品等名称保护相关法律》和《种苗法》登记地理信息或种苗品种时，在必要范围内复制著作物。③引入使用著作物权利的对抗制度，规定从著作权人处取得许可的著作物的使用权，即使没有履行登记等手续，也可对取得该著作物的著作权人或其他第三人拥有当然的对抗权利。

3.《南非版权法修正案》

（1）修法背景。南非现行版权法于 1978 年 6 月 20 日在议会表决通过，在 1997 年做过实质性修订，并且在之后也经历了三次修订，但随着电子信息技术的发展，南非版权法的部分内容已经不能适应数字时代的版权保护要求。2015 年 7 月，南非贸易工业部（DTI）在《政府公报》上公布了《南非版权法修正案》草案并发布了就该修正案向公众征求意见的通知。2017 年，该修正案草案进行了修订，同年 8 月，DTI 再次公布了对该法案征求意见的通知并举行了公众听证会。2019 年 3 月 28 日，南非议会上议院（全国省务会）通过《南非版权法修正案》，为总统签署该法案扫清了障碍。2020 年新冠肺炎疫情在全球爆发，南非也未能幸免。南非已采取了保护公众健康并阻止病毒传播的紧急措施。南非知识共享在 2020 年 3 月 26 日写给南非总统的信函中强调了修正案中的限制与例外对解决新冠肺炎疫情流行期间内容获取问题的重要性。但南非总统在 2020 年 6 月 16 日写给议会的信函中警告称，法案可能无法通过合宪性检验，因此会面临合宪性挑战。南非总统西里尔·拉马福萨将《版权法修正案》与《表演者保护修正案》退回议会并让议会作进一步考量。

（2）修改内容。修正案主要调整了以下重点内容：①图书馆内容。修正案的宗旨是促进知识获取，协助图书馆履行服务公众的使命，其采纳了南非和其他 12 个非洲国家签署的《2015 年开普敦宣言》中的原则，包括如下承诺：鼓励实施公平及平衡的版权法，以便所有人获取信息。修正案没有使用“数字化”一词，但允许图书馆、档案馆、博物馆和美术馆从事保存、数字处理和格式转换活动。②合理使用条款。法案允许因某些用途或目的在未经许可或支付费用或版税的情况下复制版权材料，并规定了一些限制情况。另外，法案规定在决定版权使用是否属于合理使用时应考虑一些因素，法案还规定了临时复制例外。③孤儿作品。修正案规定孤儿作品的版权所有权归国家所有。

4. 德国实施《欧盟数字化单一市场版权指令》法律草案

（1）草案提出背景。2019 年 5 月 17 日，欧盟在其官方期刊上公布了《欧盟数字化单一市场版权指令》（《DSM 指令》），并规定欧盟各成员国应当在 2021 年 6 月 7 日之前将《DSM 指令》的内容转换为国内法。德国为实施《DSM 指令》的内容，联邦司法和消费者权益保护部（BMJV）分别于 2020 年年初和 2020 年 6 月 24 日颁布了两份实施草案。2020 年 10 月 13 日，BMJV 将两份实施草案进行合并，统称为以使版权法适应数字单一市场要求的法律草案。❶

（2）草案内容。法律草案主要规定了如下内容：①上传平台的版权责任；②文本和数据挖掘以及跨境教学的法律许可；③延伸性的集体许可；④版权合同法的调整；⑤新闻出版商的辅助版权及出版商的参与；⑥公共领域视觉作品的复制品；⑦欧洲公民社会跨境访问广播内容的改进等。

❶ 参见 https：//www. bmjv. de/SharedDocs/Gesetzgebungsverfahren/Dokumente/RefE_ Urheberrecht. pdf? _ _ blob=publicationFile&v=7.

中国专利发展报告（2019～2020）

詹　映　韩振燕　董玥彤*

一、制度建设

（一）与专利有关的国家重大纲领性文件

2020年是贯彻党的十九大精神的承上启下的关键一年，也是全面建成小康社会和“十三五”规划收官之年。与此同时，《国家知识产权战略纲要》也进入了实施的最后一年，评估显示，“把我国建设成为知识产权创造、运用、保护和管理水平较高的国家”这一目标已基本实现。在党的十九届五中全会精神指导下，知识产权强国战略纲要的制定工作正在稳步推进，这份同国家“十四五”规划和2035年远景目标相协调、相一致的文件，将是中国面向新时代的又一份知识产权事业发展纲领性文件。2019～2020年，习近平总书记、党中央和国务院对知识产权工作作出了一系列重要指示和重要决策部署，出台了一系列重要纲领性文件，指引知识产权战略实施及领域改革工作的持续推进，全方位推动知识产权创造、运用、保护、管理和服务水平再上新台阶，推动知识产权事业在新的历史起点上高质量发展。

* 詹映，博士，中南财经政法大学知识产权研究中心教授；韩振燕、董玥彤，中南财经政法大学知识产权研究中心硕士研究生。

1.《中共中央关于制定国民经济和社会发展第十四个五年规划和二〇三五年远景目标的建议》

2020 年 10 月 29 日，中国共产党第十九届中央委员会第五次全体会议审议通过《中共中央关于制定国民经济和社会发展第十四个五年规划和二〇三五年远景目标的建议》（以下简称《建议》）。《建议》的核心用 12 个部分展现了“十四五”发展的重大任务，将创新摆在各项规划任务的首位，进行专章部署。《建议》指出，要坚持创新在我国现代化建设全局中的核心地位，把科技自立自强作为国家发展的战略支撑，要激发人才创新活力，健全创新激励和保障机制，完善科研人员职务发明成果权益分享机制。《建议》对加强知识产权保护工作提出了要求，健全的知识产权保护工作机制能够有效促进科技创新，为贯彻新发展理念、构建新发展格局、推动高质量发展提供有力保障。

2.《教育部、国家知识产权局、科技部关于提升高等学校专利质量促进转化运用的若干意见》

为应对高校专利存在的“重数量轻质量”“重申请轻实施”等问题，全面提升高校专利质量，促进高校专利实施，强化高价值专利的创造、运用和管理，教育部、国家知识产权局、科技部于 2020 年 2 月 3 日联合发布《关于提升高等学校专利质量促进转化运用的若干意见》。该文件指出，要以坚持质量优先、突出转化导向、强化政策引导为基本原则，重点做好完善知识产权管理体系、开展专利申请前评估、加强专业化机构和人才队伍建设、优化政策制度体系等四大方面的任务，在组织实施方面应做好完善工作机制、加强政策引导、实行备案监测、创新许可模式等四个方面的工作。

3.《2020 年深入实施国家知识产权战略加快建设知识产权强国推进计划》

为深入贯彻习近平新时代中国特色社会主义思想，全面贯彻落实党的十九大精神和党中央、国务院各项决策部署，深入实施国家知识产权战略，加快建设知识产权强国，明确 2020 年重点任务和工作措施，2020 年 5 月 13 日，国务院知识产权战略实施工作部际联席会议办公室印发《2020 年深入实施国家知识产权战略加快建设知识产权强国推进计划》，明确了深化知识产权领域改革、加大知识产权保护力度、促进知识产权创造运用、深化知识产权国际交流合作、加强顶层设计和组织实施五大重点工作，共提出100项具体举措，对全国知识产权战略实施工作作出部署。

4.《2020年地方知识产权战略实施暨强国建设工作要点》

2020年4月20日，国务院知识产权战略实施工作部际联席会议办公室印发《2020年地方知识产权战略实施暨强国建设工作要点》，从深化知识产权领域改革、严格保护知识产权、促进知识产权创造运用、优化知识产权服务、加强组织实施和保障等五个方面对各省、自治区、直辖市、新疆生产建设兵团2020年地方工作要点进行明确。

5.《推动知识产权高质量发展年度工作指引（2020）》

为全面落实党中央、国务院关于推动高质量发展的决策部署，国家知识产权局于2020年4月20日印发《推动知识产权高质量发展年度工作指引（2020）》（以下简称《指引》），确定了三个方面的重要任务：一是强化推动知识产权高质量发展的指标导向，二是强化推动知识产权高质量发展的政策护航，三是强化推动知识产权高质量发展的统计监测。该《指引》还明确了“2020年推动知识产权高质量发展任务清单”，从6个方面确定了19项具体重点任务，突出重点任务的针对性和可操作性，确保2020年知识产权各项工作落地见效。

6.《关于深化知识产权领域“放管服”改革、营造良好营商环境的实施意见》

为贯彻党中央、国务院关于深化“放管服”改革的决策部署，以知识产权制度优势推动营商环境的优化，国家知识产权局于2020年1月3日发布《关于深化知识产权领域“放管服”改革、营造良好营商环境的实施意见》。该《意见》以坚持问题导向、强化需求导向、突出效能导向为基本原则，从深化简政放权、创新监管方式、提高服务水平、强化组织领导四个方面提出了共16项具体措施，促进《优化营商环境条例》的贯彻实施工作，推动创新驱动发展和经济高质量发展。

7.《关于强化知识产权保护的意见》

2019年7月24日，中共中央总书记、国家主席、中央军委主席、中央全面深化改革委员会主任习近平主持召开中央全面深化改革委员会第九次会议，此次会议审议通过《关于强化知识产权保护的意见》（以下简称《意见》）。2019年11月中共中央办公厅、国务院办公厅印发了《意见》，这是首次以中共中央办公厅、国务院办公厅名义出台的知识产权保护工作纲领性文件，具有里程碑式重要意义。《意见》提出了强化制度约束、加强社会监督共治、优化协作衔接机制、健全涉外沟通机制、加强基础条件建设、加大组织实施力度等方面的一系列重要措施，明确要不断改革完善知识产权保护体系，综合运用法律、行政、经济、技术、社会治理手段强化保护，促进知识产权保护水平全面提升。《意见》为贯彻落实党中央、国务院关于强化知识产权保护的决策部署提供了重要保证，为各地区各部门开展知识产权保护工作提供了目标指向，是新时代强化知识产权保护的纲领性文件。

8.《关于新形势下加快建设知识产权信息公共服务体系的若干意见》

为认真贯彻落实中央关于构建便民利民知识产权公共服务体系的决策部署，推进知识产权公共服务体系建设，积极推动知识产权强国建设，国家知识产权局于2019年8月30日发布《关于新形势下加快建设知识产权信息公共服务体系的若干意见》，从建立健全便民利民的知识产权信息公共服务体系、强化知识产权信息公共服务体系的支撑保障以及组织实施等方面提出建设知识产权信息公共服务体系的具体措施。

（二）《中华人民共和国专利法》第四次修改

我国现行《专利法》于1985年施行，曾分别于1992年、2000年、2008年进行过三次修正。国家知识产权局于2014年下半年启动了《专利法》第四次全面修改起草工作，并于2015年4月公布《专利法修改草案（征求意见稿）》。2018年12月5日，《中华人民共和国专利法修正案（草案）》经国务院常务会议审议通过。同年12月23日，十三届全国人大常委会第七次会议对草案进行了第一次审议。2020年6月28日，十三届全国人大常委会第二十次会议进行了第二次审议。10月13日，十三届全国人大常委会第二十二次会议对专利法修正案草案三审稿进行分组审议。10月17日，十三届全国人大常委会第二十二次会议表决通过《全国人民代表大会常务委员会关于修改〈中华人民共和国专利法〉的决定》，国家主席习近平签署第55号主席令予以公布，新修改的《专利法》将于2021年6月1日正式实施。《专利法》第四次修改在以下几个方面有重大突破。

1. 加强对专利权人合法权益的保护

新修改的《专利法》加大了对侵犯专利权的赔偿力度，增加了惩罚性赔偿制度，提高了法定赔偿上限和下限，体现了对专利权人合法权益的严格保护。修改之后的侵权赔偿数额确定方式按照顺序依次为：权利人实际损失或侵权人非法获利、专利许可使用费的合理倍数、法定赔偿，其中法定赔偿的数额下限由1万元提高至3万元，上限由100万元提高至300万元。《专利法》新增惩罚性赔偿的规定："对故意侵犯专利权，情节严重的，可以在按照上述方法确定数额的一倍以上五倍以下确定赔偿数额。"❶ 此次修改将我国侵犯专利权的赔偿数额确定原则从原本的补偿性原则改为惩罚性原则，这一巨大制度突破对保护权利人的合法权益，严厉打击专利故意侵权行为，从根本上激励科技创新具有重大意义。❷ 对于确定赔偿数额的举证责任，《专利法》增加了以下条款进行完善："人民法院为确定赔偿数额，在权利人已经尽力举证，而与侵权行为相关的账簿、资料主要由侵权人掌握的情况下，可以责令侵权人提供与侵权行为相关的账簿、资料；侵权人不提供或者提供虚假的账簿、资料的，人民法院可以参考权利人的主张和提供的证据判定赔偿数额。"❸

发明专利在授权过程中进行实质审查时可能会造成不合理延迟，为弥补给专利权人造成的专利保护期损失，本次《专利法》修改增加了专利权期限补偿制度："自发明专利申请日起满四年，且自实质审查请求之日起满三年后

❶ 《中华人民共和国专利法》（2020修正）第71条。

❷ 惩罚性赔偿：加强专利保护的制度创新［EB/OL］.［2020-11-20］. https://www.cnipa.gov.cn/art/2020/11/4/art_2198_154569.html.

❸ 《中华人民共和国专利法》（2020修正）第71条。

授予发明专利权的，国务院专利行政部门应专利权人的请求，就发明专利在授权过程中的不合理延迟给予专利权期限补偿，但由申请人引起的不合理延迟除外。”❶ 修改后的《专利法》对于药品专利的专利期限补偿单独作出规定：“为补偿新药上市审评审批占用的时间，对在中国获得上市许可的新药相关发明专利，国务院专利行政部门应专利权人的请求给予专利权期限补偿。补偿期限不超过五年，新药批准上市后总有效专利权期限不超过十四年。”❷ 新《专利法》还增加了药品专利纠纷早期解决程序，对药品专利权人的特殊保护能够有效地促进制药领域的技术创新，更有利于促进制药行业加大研发投入。此外，修改后的《专利法》新增了申请专利和行使专利权应遵守的诚实信用原则，完善了诉前行为保全措施和专利行政保护，这些条款都体现了严格专利权人权益保护、鼓励科技创新的导向。

2. 促进专利实施和运用

本次《专利法》修改促进了专利实施和运用，主要体现在以下三个方面。

第一，完善职务发明制度。修改后的《专利法》明确赋予了单位对职务发明创造的专利申请及专利权的处置权：“该单位可以依法处置其职务发明创造申请专利的权利和专利权，促进相关发明创造的实施和运用。”❸ 同时鼓励对于职务发明创造的发明人或设计人实行产权激励：“国家鼓励被授予专利权的单位实行产权激励，采取股权、期权、分红等方式，使发明人或者设计人合理分享创新收益。”❹

第二，新增专利开放许可制度。修改后的《专利法》在第48～52条规定了开放许可声明及其生效的程序要件、被许可人获得开放许可的程序和权利义务以及相应的争议解决路径，以期通过政府公共服务解决专利技术供需双

❶ 《中华人民共和国专利法》（2020修正）第42条。
❷ 《中华人民共和国专利法》（2020修正）第42条。
❸ 《中华人民共和国专利法》（2020修正）第6条。
❹ 《中华人民共和国专利法》（2020修正）第15条。

方信息不对称问题。❶ 该制度有利于降低交易成本，提高专利转化效率，促进专利实施与运用。

第三，加强专利信息公共服务。本次《专利法》修改增加专利信息方面的规定，明确国务院专利行政部门负责专利信息公共服务体系建设的职责："国务院专利行政部门应当加强专利信息公共服务体系建设，完整、准确、及时发布专利信息，提供专利基础数据，定期出版专利公报，促进专利信息传播与利用。"❷ 这一规定对专利信息应用与服务体系从制度上予以总体安排，有利于专利信息的及时发布、传播和有效利用，对提高创新起点、减少重复研发、避免侵犯他人专利权、促进创新具有重要意义。❸

3. 完善专利授权制度

本次《专利法》修改对于专利授权制度的完善主要体现在以下三个方面。

第一，进一步完善外观设计保护相关制度。新《专利法》明确给予局部外观设计专利保护，将外观设计专利保护期限延长至15年，并增加外观设计专利申请国内优先权制度，申请人自外观设计在中国第一次提出专利申请之日起6个月内，又就相同主题在国内提出专利申请的，可以享有优先权。

第二，增加新颖性宽限期的适用情形。修改后的《专利法》在新颖性宽限期的适用情形中增加"在国家出现紧急状态或者非常情况时，为公共利益目的的首次公开"。❹ 新冠肺炎疫情发生以来，相关部门和创新主体出于疫情防控需要，紧急公开了一些与抗击新冠肺炎疫情相关的发明创造，对抗击疫情发挥了积极作用，此处修改既适应疫情防控的需要，促进相关发明创造在疾病治疗等方面的及时应用，也为今后在其他紧急状态或者非常情况下的适用

---

❶ 聚焦新修改专利法之你问我答（三）[EB/OL].[2020-11-20]. https://www.cnipa.gov.cn/art/2020/10/23/art_2199_153640.html.

❷ 《中华人民共和国专利法》（2020修正）第21条。

❸ 聚焦新修改专利法之你问我答（三）[EB/OL].[2020-11-20]. https://www.cnipa.gov.cn/art/2020/10/23/art_2199_153640.html.

❹ 《中华人民共和国专利法》（2020修正）第24条。

留有空间。❶

第三，完善专利权评价报告制度。专利侵权纠纷涉及实用新型专利或者外观设计专利的，除了应人民法院或者管理专利工作的部门的要求出具专利权评价报告，专利权人、利害关系人或者被控侵权人也可以主动出具专利权评价报告作为纠纷处理或案件审理的证据。

（三）行政法规

为配合专利法修改，国家知识产权局开展了《专利法实施细则》修改准备工作，形成《专利法实施细则修改建议》，2020 年 11 月 27 日，国家知识产权局将《专利法实施细则修改建议（征求意见稿）》（以下简称“征求意见稿”）及其说明予以公布，征求社会各界意见。

征求意见稿针对《专利法》修改内容完善了配套规定，并且根据实践需求完善了相关规定。《专利法》的配套修改内容主要涉及期限补偿相关条款、外观设计制度相关条款、开放许可相关条款、行政保护相关条款、机构改革相关条款等。基于实践需求的修改内容主要包括：与《专利合作条约》衔接的相关条款、完善外观设计制度相关条款、应对疫情等突发事件条款的完善、专利审查的提质增效相关条款、落实“放管服”要求相关条款、专利审查流程优化相关条款、完善加强行政保护相关条款。❷

（四）其他规范性文件

1.《专利审查指南》2020 年第一次修改

为全面贯彻党中央、国务院关于加强知识产权保护的决策部署，回应创新主体对进一步明确涉及人工智能等新业态新领域专利申请审查规则的需求，国家知识产权局于 2019 年 8 月正式启动《专利审查指南》（以下简称《指南》）第二部分第九章的完善性修改工作，形成《专利审查指南修改草案（征求意见稿）》，并于 2019 年 11 月 12 日至 12 月 11 日向社会公开征求意见。

---

❶ 聚焦新修改专利法之你问我答（五）[EB/OL].[2020-11-20]. https://www.cnipa.gov.cn/art/2020/10/26/art_2199_153712.html.

❷ 参见《〈专利法实施细则修改建议（征求意见稿）〉的说明》。

收到意见后，经整理、归纳、分析和论证，采纳合理意见，并据此对草案作进一步修改完善，形成《专利审查指南修改草案（送审稿）》。2019 年 12 月，《国家知识产权局关于修改〈专利审查指南〉的决定》经局务会议审议通过，并于 12 月 31 日由国家知识产权局第三四三号公告发布。新修改的《指南》于 2020 年 2 月 1 日起施行。❶

此次修改在《指南》第二部分第九章新增第 6 节："包含算法特征或商业规则和方法特征的发明专利申请审查相关规定"，下设 6.1、6.2 和 6.3 小节，分别为"审查基准""审查示例"以及"说明书及权利要求书的撰写"。此次修改细化了相关领域专利申请的审查规则，澄清了审查实践中很多疑难问题，进一步提高了专利审查质量和效率。

2.《专利审查指南》2020 年第二次修改

为全面贯彻习近平总书记关于加强知识产权保护的一系列指示精神，深化落实"放管服"改革的决策部署，积极回应经济科技快速发展对审查规则的新诉求，提高专利审查质量和审查效率，2020 年国家知识产权局开展《专利审查指南》全面修改工作。国家知识产权局分别于 2020 年 9 月 30 日和 11 月 10 日公布《专利审查指南修改草案（第一批征求意见稿）》《专利审查指南修改草案（第二批征求意见稿）》，征求社会各界意见。

国家知识产权局于 2020 年 12 月 11 日发布《国家知识产权局关于修改〈专利审查指南〉的公告（第 391 号）》，完善了第一批征求意见稿的修改内容，对《专利审查指南》进行修改，修改后的《专利审查指南》于 2021 年 1 月 15 日起施行。本次修改的主要内容如下：在第十章第 3.5 节新增一个小节，通过典型案例对药品专利申请的补交实验数据问题予以进一步规范；第 5.1 节关于化合物的新颖性的修改部分厘清了"提及即公开"和"推定不具备新颖性"二者之间的关系和界限，明确了相关举证责任；第 6.1 节完善了化合物创造性的审查标准，明确三步法对化合物创造性判断的指导作用以及

❶ 2020 年《专利审查指南》第二部分第九章修改解读［EB/OL］.［2020-11-22］. https://www.cnipa.gov.cn/art/2020/1/21/art_66_11475.html.

“预料不到的技术效果”的定位，修改原有化合物创造性判断示例并补充新的示例；第 9. 4. 2 节涉及对生物技术领域发明的创造性的修改，修改对于“预料不到的技术效果”过于绝对的表述方式，明确生物技术领域发明创造性审查的基本原则和方式，规范第 9. 4. 2 节中各保护主题的创造性审查思路。

第二批征求意见稿尚处于征求各界意见阶段，主要涉及以下几个方面的修改内容。

（1）初步审查部分修改内容。此部分修改涉及《指南》第一部分第一章至第三章，修改内容包括：申请文件修改替换页份数由两页修改为一页；将发明名称字数扩展至 60 个字；明确人工智能不能作为发明人，并不再对发明人具体的填写顺序进行固化规定；修改关于申请人资格审查的规定，简化现行《指南》中对于申请人资格审查的具体操作，一般情况下不作资格审查，在专利申请请求书的填表说明中增加姓名或名称应与证件号码一致的规定，取消“外国企业申请人在中国有经常营业所证明”及“可在中国居住一年以上的证明文件”两项证明文件；修改关于代表人的规定，规定“代表人可以代表全体申请人提交专利申请以及办理在专利局的其他手续”；明确了申请人填写的地址应与经常居所或营业所所在地一致，外国申请人填写地址应仅填写国别；修改电子申请序列表提交方式与分案申请的核实及递交时间相关内容；修改著录项目变更手续人、手续费及提交方式的相关内容；对实用新型、外观设计的初步审查内容进行完善；涉及委托书相关规定、本国优先权涉外转让、他人未经申请人同意而泄露内容的不丧失新颖性宽限期、简化更名证明文件等内容的修改。

（2）实质审查部分通用章节主要修改内容。此部分修改涉及《指南》第二部分第一章至第八章，修改内容包括：将违反法律的发明创造示例对应行为与违反的具体法律予以明确；修改“疾病的诊断和治疗方法”的审查规则；删除对引证外国专利文件的不同公开时间的要求；关于以说明书为依据的修改，包括支持判断的理由、功能或效果限定等部分内容；与新颖性审查有关的修改，增加互联网公开的定义和公开日的确定等内容，明确“招标投标”可能构成使用公开，修改《专利法》第 24 条关于新颖性宽限期的第三种情形；与创造性审查有关的修改，明确独立权利要求与从属权利要求创造性判断的关系，明确选择最接近的现有技术时的优先考虑因素，增加“重新确定的技术问题”的一种特殊情形，补充公知常识性证据的类型；关于检索报告中填写的文件类型的修改；关于对缺乏单一性申请的处理的修改；关于电子审批系统相关的修改。

（3）涉及计算机程序的发明专利申请审查部分主要修改内容。此部分修改涉及《指南》第二部分第九章，修改内容包括：完善和调整涉及计算机程序的发明专利申请的客体审查基准，适应性修改相关的审查示例；明确了计算机程序产品的保护；涉及计算机程序的发明专利申请的创造性审查的修改。

（4）中药领域发明专利申请审查的主要修改内容。本次修改在《指南》第二部分中新增第十一章：“中药领域发明专利申请审查的若干规定”，共包括六节。第一节“引言”针对本章的撰写目的和宗旨进行简要说明；第二节为“中药发明专利保护的客体”，涉及常见的可授予专利权的中药产品发明和中药方法发明的示例；第三节为“说明书和权利要求书”，包括“说明书的充分公开”以及“权利要求书的清楚和支持”两部分内容；第四节为“新颖性”，包括“中药组合物的组分用量配比”与“中药制药用途涉及的病与证”两部分内容；第五节为“创造性”，重点针对中药领域申请量占比较高的中药组合物发明的创造性审查给出了审查原则和方法；第六节为“实用性”，选取具有领域特点的“医生处方”以及“采用外科手术方法从动物体获取中药原料的方法”的相关发明作为实用性审查时的关注点予以规范。

（5）进入国家阶段的国际申请的初步审查和事务处理部分主要修改内容。此部分修改涉及《指南》第三部分第一章，修改内容包括：关于说明书和权利要求书译文的修改；关于提供在先申请文件副本的修改；关于援引加入的修改；关于改正译文错误费用和其他特殊费用的修改；关于国家阶段的著录项目变更的修改；关于缴费的特殊规定的修改。

（6）复审无效部分主要修改内容。此部分修改涉及《指南》第四部分，修改内容包括：关于审查决定的构成相关内容的修改，修改复审、无效决定案由撰写的要求，修改涉及外观设计的审查决定中决定的理由的相关规定；

关于无效案件审查方式相关内容的修改；关于无效程序中转送文件、无效宣告请求审查通知书的答复期限的修改；关于口头审理的确定相关内容的修改，明确口头审理的具体方式，修改无效案件当事人提出口头审理请求时合议组处理方式的规定，调整复审、无效案件当事人请求口头审理的理由部分的表述；关于外观设计审查相关内容的修改，修改外观设计实质相同的相关规定，修改整体观察、综合判断的规定，明确《专利法》第 23 条第 2 款包含单独对比的情形，增加外观设计组合对比时可以用于组合的现有设计特征的规定；文字的适应性调整。

（7）专利申请及事务处理部分主要修改内容。此部分修改涉及《指南》第五部分，修改内容包括：关于办理专利申请的形式中增加电子方式的修改；关于优化证明文件要求的修改；关于登记手续费用的相关修改；关于统一费用减缴相关内容的修改；关于增加退款情形的修改；关于增加通知书中涉及专利费用信息存在错误情形的处理的修改；关于不受理情形中对于委托专利代理机构要求的修改；关于整合并优化电子申请和纸件申请受理相关程序的修改；关于保密请求证明文件的修改；关于适应国防专利局名称变更的修改；关于增加解密国防专利接收和处理的修改；关于通知书名称及署名盖章的修改；关于邮路查询时效的修改；关于权利恢复的修改；关于延迟审查的修改；关于专利公报和单行本出版的修改；关于专利权质押登记公告内容的修改；关于增加证书颁发方式、专利证书改版、专利证书更换及错误更正的修改；关于终止期限监视的修改；关于完善电子申请用户注册相关内容、电子申请用户信息变更的修改。

3.《专利侵权纠纷行政裁决办案指南》

为贯彻落实党中央、国务院关于强化知识产权保护的决策部署，进一步加强专利权保护，维护创新者、专利权人与社会公众的利益，提高专利侵权纠纷行政裁决工作的效率与水平，2019 年 12 月 26 日，国家知识产权局印发《专利侵权纠纷行政裁决办案指南》。该《指南》由正文和附件两部分组成，其中正文分为五章，第一章对行政侵权纠纷、行政裁决、管辖等相关概念进行明确；第二章规范了办案程序；第三章明确了专利侵权行为认定的规则；

第四章对证据的审核认定作出了细化规定；第五章解释了各种类型专利的侵权判定以及侵权判定的相关原则。附件为专利侵权纠纷行政裁决案件办案文书表格，包括知识产权局办案用文书表格、知识产权局内部用文书表格、当事人用文书表格、专利侵权纠纷行政裁决案件办案笔录参考文本四种类型的文书表格。

4.《国家知识产权信息公共服务网点备案实施办法》

为贯彻落实《关于新形势下加快建设知识产权信息公共服务体系的若干意见》，统筹布局全国知识产权信息公共服务网点建设，国家知识产权局办公室于2020年11月5日印发《国家知识产权信息公共服务网点备案实施办法》。该《办法》由正文和附件两部分组成，正文分为总则、国家知识产权信息公共服务网点备案、省级知识产权信息公共服务网点认定、保障和管理、附则五个章节，明确了申请备案知识产权信息公共服务网点的服务机构应当具备的条件、备案材料等，同时对知识产权信息公共服务网点的管理工作做出安排；附件包括国家知识产权信息公共服务网点备案表及国家知识产权信息公共服务网点工作总结表两个表格。

5.《专利纠纷行政调解办案指南》

为贯彻落实党中央、国务院关于强化知识产权保护的决策部署，提升我国专利行政执法保护工作的水平，维护专利权人和社会公众的合法权益，国家知识产权局于2020年7月13日印发《专利纠纷行政调解办案指南》《查处假冒专利行为和办理专利标识标注不规范案件指南》《专利行政保护复议与应诉指引》。《专利纠纷行政调解办案指南》分为正文七个章节与附录三个调解专利纠纷案件文书参考文本。正文首先明确了基本概念、法律依据、管辖与受理范围、专利纠纷的类型等，接着规定了调解专利纠纷的程序，并就专利权属纠纷的行政调解、发明人或设计人署名权纠纷的行政调解、奖酬纠纷的行政调解、发明专利临时保护期使用费纠纷的行政调解分别进行具体规定，最后规定了专利侵权损害赔偿额的计算方法。

6.《查处假冒专利行为和办理专利标识标注不规范案件指南》

《查处假冒专利行为和办理专利标识标注不规范案件指南》共有5章18

节，分别就基本概念、查处假冒专利行为办案程序、查处专利标识标注不规范行为办案程序进行了详细规定，制定了不同情形下假冒专利行为、专利标识标注不规范行为的认定标准，同时附录了执法文书。该《指南》是在对《专利侵权判定和假冒专利行为认定指南（试行）》《专利行政执法操作指南（试行）》《专利标识标注不规范案件办理指南（试行）》三个文件进行梳理、整合的基础上，对欠缺内容进行补充完善后形成的，新制定的《指南》内容更为系统、完整，具有较强的逻辑性、条理性、可操作性，便于专利执法人员进行查询、掌握，有助于提高专利行政执法保护工作的效率和水平。

7.《专利行政保护复议与应诉指引》

《专利行政保护复议与应诉指引》分为专利行政保护复议指引、专利行政保护应诉指引以及办案文书参考文本三个部分。专利行政保护复议指引规定了专利执法行政复议概述及具体程序，后者包括专利执法行政复议的应对、处理、期间和送达等；专利行政保护应诉指引包括专利执法行政诉讼概述、专利执法行政诉讼案件的处理、结案等三个章节；办案文书参考文本列举了三类专利执法行政复议案件用文书表格，分别是知识产权局处理用、知识产权局内部用、当事人用的文书表格。《专利行政保护复议与应诉指引》是在对执法办案部门的实践经验加以提取、总结的基础上形成的文件，能够更好地指导、规范专利行政执法保护工作。

二、专利申请与审查

（一）专利申请和授权总体概况

2019 年，随着我国进一步推进知识产权强国建设，加强知识产权创造、保护与运用，我国主要知识产权指标稳中有进，呈现良好发展态势。其中，我国专利申请和授权总量持续增长，为提升知识产权质量效益、加快建设创新引领的产业体系提供充分保障，也为推动我国经济高质量发展、建成创新型国家提供有力支撑。

1. 专利申请概况

从专利申请量看，2019 年我国国家知识产权局共收到专利申请 438 万件，同比增长 1.3%。其中，国内专利申请量为 419.5 万件，占总量的 95.8%，同比增长 1.2%；国外在华专利申请量为 18.5 万件，占总量的 4.2%，同比增长 5.1%。

关于发明专利申请，2019 年我国发明专利申请 140.1 万件，同比下降 9.2%，其中，国内发明专利申请 124.4 万件，占总量的 88.8%，同比下降 10.8%；国外在华发明专利申请 15.7 万件，占总量的 11.2%，同比增长 6.0%。

关于实用新型专利申请，2019 年我国实用新型专利申请为 226.8 万件，同比增长 9.5%；其中，国内实用新型专利申请量为 226.0 万件，占实用新型专利申请总量的 99.6%，同比增长 9.5%；国外在华实用新型专利申请量为 0.8 万件，占实用新型专利申请总量的 0.4%，同比下降 0.3%。

关于外观设计专利申请，2019 年我国外观设计专利申请共 71.2 万件，同比增长 0.4%；其中国内外观设计专利申请量为 69.2 万件，占外观设计专利申请总量的 97.2%，同比增长 0.4%；国外在华外观设计专利申请量为 2.0 万件，占外观设计专利申请总量的 2.8%，同比增长 0.7%。❶

综合来看，2019 年我国实用新型和外观设计两类专利申请量依然呈现增长趋势，但增长率较 2018 年相比下降幅度较大，而 2019 年我国发明专利申请量相比于 2018 年下降 9.2 个百分点。从国外在华专利申请情况来看，国外在华发明专利申请量和外观设计申请量保持增长，但增长率较上年也呈下降趋势，国外在华实用新型专利申请量略有下降，下降 0.3 个百分点。

2. 专利授权概况

2019 年我国国家知识产权局共授权专利 259.2 万件，同比增长 5.9%。其

❶ 国家知识产权局．2019 年中国知识产权保护状况［EB/OL］．［2020－11－09］．https：//www.cnipa.gov.cn/art/2020/4/24/art_ 91_ 26332.html.

中，授权国内专利 247. 4 万件，占总量的 95. 5%，同比增长 6. 0%；受理国外在华专利申请 11. 7 万件，占总量的 4. 5%，同比增长 4. 6%。

关于发明专利授权量，2019 年发明专利授权量近 45. 3 万件，同比增长 4. 8%。其中，授权国内发明专利 36. 1 万件，占发明专利授权总量的 79. 7%，同比增长 4. 3%；授权国外在华发明专利 9. 2 万件，占发明专利授权总量的 20. 3%，同比增长 6. 6%。

关于实用新型专利授权量，2019 年我国共授权实用新型专利 158. 2 万件，同比增长 7. 0%。其中，授权国内实用新型专利 157. 4 万件，占实用新型专利授权总量的 99. 5%，同比增长 7. 0%；授权国外在华实用新型专利 0. 8 万件，占实用新型专利受理总量的 0. 5%，同比增长 10. 5%。

关于外观设计专利，2019 年我国共授权近 55. 7 万件，同比增长 3. 8%。其中，授权国内外观设计专利 53. 9 万件，占外观设计专利授权总量的 95. 5%，同比增长 4. 2%；授权国外在华外观设计专利 1. 7 万件，占外观设计专利申请总量的 4. 5%，同比下降 7. 1%。[1]

综合来看，2019 年我国专利授权量较 2018 年在不同专利类型上均有所增长，但增长幅度较小，增长率均不超过 7 个百分点。其中，国内外观设计、发明、实用新型专利授权增长率依次递增。与国内趋势较为一致，国外在华发明专利授权量和实用新型专利授权量有所增长，而外观设计专利授权量有所下降，下降 7. 1 个百分点。

（二）国内各地区专利申请受理和授权比较

1. 国内各地区专利申请受理结构情况对比

根据《2019 年国家知识产权局年报》，全国大多数地区的外观设计专利申请受理量占专利申请受理总量的比重较小，但也有少数地区外观设计专利申请受理量所占比重较大（见图 1、图 2），如香港（40. 2%）、广东（29. 1%）、江西（26. 0%）。发明专利是专利法保护的三大客体中创造性要求最高的一类，按

[1] 国家知识产权局 . 2019 年中国知识产权保护状况［EB/OL］.［2020 - 11 - 09］. https：//www. cnipa. gov. cn/art/2020/4/24/art_ 91_ 26332. html.

发明专利申请受理量所占比重排序，前五名依次是台湾（60.3%）、北京（57.5%）、上海（41.1%）、陕西（37.8%）、安徽（37.6%）。❶

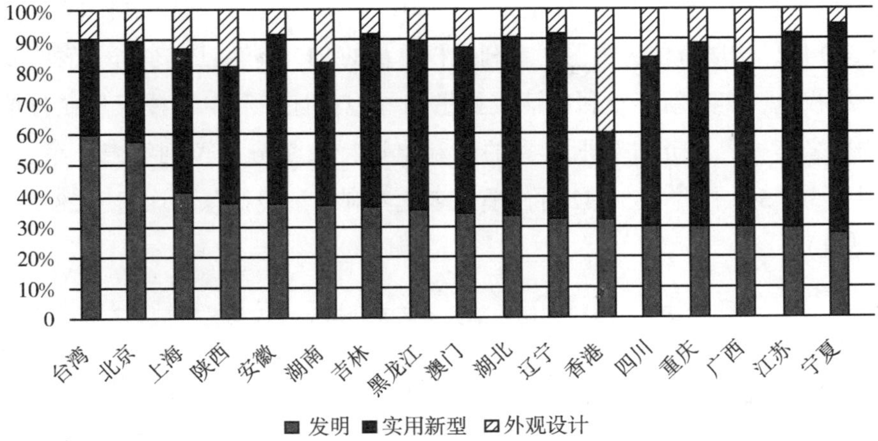

图1　2019年全国各地区专利申请受理结构（一）

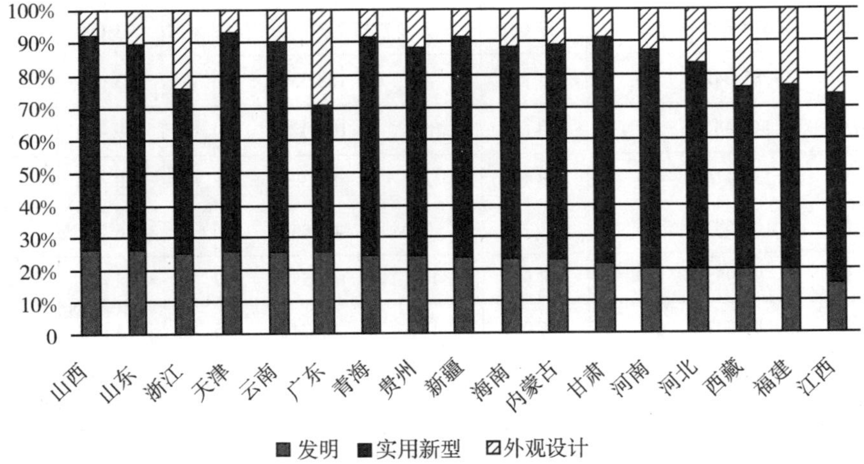

图2　2019年全国各地区专利申请受理结构（二）

❶　宁波、长春、南京、杭州、济南、成都、厦门、深圳8城市自1999年起单列统计，各城市统计数量已经计算在所属省内；新疆生产建设兵团自2008年起单列统计，其统计数量已经计算在新疆内。

2. 国内部分地区专利申请授权状况

我国国内专利授权总量稳步提升，增至247.4万件，同比增长6.0%。从国内部分地区专利申请授权量来看，2019年广东省专利申请授权量高达527 390件，位居首位，占国内专利授权总量的21.3%，且广东省的发明专利申请授权量、实用新型专利申请授权量和外观设计专利申请授权量在各地区中均排名第一。江苏省和浙江省的专利申请授权量分别位列第二、第三名，分别为314 395件与285 342件，前三名的专利申请授权总量均超过28万件❶（见表1）。

表1 2019年国内部分地区专利申请授权状况

地区	合计（件）	排序	发明（件）	排序	实用新型（件）	排序	外观设计（件）	排序
全国	2 474 406	—	360 919	—	1 574 205	—	539 282	—
广东	527 390	1	59 742	1	282 741	1	184 907	1
江苏	314 395	2	39 681	3	233 114	2	41 600	3
浙江	285 342	3	33 964	4	168 340	3	83 038	2
山东	146 481	4	20 652	6	106 429	4	19 400	6
北京	131 716	5	53 127	2	58 393	8	20 196	5
上海	100 587	6	22 735	5	61 640	6	16 212	9
福建	98 955	7	8 963	10	61 530	7	28 462	4
河南	86 247	8	6 991	13	65 341	5	13 915	10
安徽	82 524	9	14 958	7	57 511	9	10 055	13
四川	82 066	10	12 053	9	51 521	10	18 492	8

❶ 2019年国家知识产权局年报［EB/OL］.［2020-11-09］. https://www.cnipa.gov.cn/col/col2075/index.html.

（三）有效专利

1. 国内外有效专利概况

截至2019年年底，经国家知识产权局授权并维持有效的专利共计972.2万件，其中国内专利881.2件，占总量的90.6%，同比增长17.2%；国外在华专利91.0万件，占总量的9.4%，同比增长4.8%。[1]

截至2019年年底，已授权并维持有效的发明专利拥有量为267.1万件，同比增长12.9%。其中国内发明专利拥有量为192.6万件，占总量的72.1%，同比增长15.9%；国外在华发明专利拥有量为74.5万件，占总量的27.9%，同比增长5.8%。已授权并维持有效的实用新型专利拥有量为526.2万件，同比增长19.5%。其中国内实用新型专利拥有量为521.4万件，占总量的99.1%，同比增长19.6%；国外在华实用新型专利拥有量为4.8万件，占总量的0.9%，同比增长0.9%。已授权并维持有效的外观设计专利拥有量为179.0万件，同比增长11.1%。其中国内实用新型专利拥有量为167.2万件，占总量的93.4%，同比增长11.8%；国外在华实用新型专利拥有量为11.8万件，占总量的6.6%，同比增长2.7%。

对比国内外三种专利结构分布，可知截至2019年年底的国内有效专利构成结构不均衡，有效实用新型专利超过有效专利总量的一半，达到59.2%，而有效发明专利以及有效外观设计专利分别仅约占21.9%和19.0%。而国外在华有效专利同往年一样，仍以发明专利为主，实用新型专利占比最小。2019年国外有效专利中，发明专利占81.8%，外观设计专利占13.0%，实用新型专利占5.2%。

2. 国内各地区有效专利的分布状况

从国内各地区有效专利分布来看，广东省在有效专利总量以及各个分类型有效专利数量上均稳居首位，展现出广东省在专利申请、授权以及维持等方面的强劲活力，有效专利总量高达1 803 875件。有效专利总量紧随其后的

---

[1] 国家知识产权局.2019年中国知识产权保护状况［EB/OL］.［2020－11－09］. https://www.cnipa.gov.cn/art/2020/4/24/art_91_26332.html.

地区分别是江苏省（1 103 925 件）、浙江省（1 023 110 件）、北京市（653 053 件）、山东省（485 852 件）。广东、江苏和浙江三省的专利有效总量均突破 100 万件，位居全国前三名，与第四名及以后各地区的有效专利总量拉开较大差距（见表 2）。

表 2　2019 年国内部分地区专利有效状况

地区	合计（件）	排序	发明（件）	排序	实用新型（件）	排序	外观设计（件）	排序
全国	8 812 070	—	1 926 122	—	5 214 362	—	1 671 586	—
广东	1 803 875	1	295 869	1	960 233	1	547 773	1
江苏	1 103 925	2	242 803	3	732 163	2	128 959	3
浙江	1 023 110	3	160 609	4	584 454	3	278 047	2
北京	653 053	4	284 288	2	291 646	5	77 119	5
山东	485 852	5	100 892	6	319 432	4	65 528	6
上海	443 510	6	129 768	5	252 308	6	61 434	7
福建	321 070	7	43 791	11	194 986	7	82 293	4
安徽	302 010	8	74 812	7	193 140	8	34 058	13
四川	292 273	9	60 231	8	175 550	10	56 492	8
河南	255 966	10	33 524	13	180 601	9	38 054	10

（四）“一带一路”沿线国家专利授权状况

推进“一带一路”建设是“十三五”规划的重要内容，也是加快构建新发展格局的必经之路。2019 年第二届“一带一路”国际合作高峰论坛明确提出“更大力度加强知识产权保护国际合作”，标志着中国与“一带一路”沿线国家知识产权事业进入高质量发展的新阶段。❶ 充分利用“一带一路”搭建的优势平台，做好相关海外专利布局，是牢牢把握创新主动权和发展主动权的关键，也为“中国新一轮高水平对外开放日益跑出加速度”“实现全面开

❶ 2019 年我国在“一带一路”沿线国家知识产权布局保持良好发展势头［EB/OL］.［2020-12-03］. https：//www. cnipa. gov. cn/20200417144011733485. pdf.

放新图景”提供根本保障。

1. 我国在“一带一路”沿线国家专利授权状况

据初步统计数据显示，2019年，中国在签订“一带一路”协议的国家专利申请公开量为5 293件，同比增长8.5%，共进入24个国家。其中我国在韩国申请公开量最多，达到2 676件，占中国在沿线国家专利申请公开总量的50.6%；申请公开量排名第二至第五位的国家分别是越南（571件）、新加坡（557件）、俄罗斯（434件）、南非（355件），以上数据显示出我国海外专利申请国别高度集中的态势。从申请公开的专利技术领域看，中国在沿线国家专利申请公开量最多的技术领域为数字通信领域，公开量为840件；排名第二、第三位的是计算机技术和有机精细化学，分别为480件和287件。❶ 这充分显示出中国专利申请人海外专利布局质量驱动意识的不断增强。

2019年，中国在沿线国家专利授权公告量为3 557件，同比增长8.0%，共计进入22个国家。从授权专利的国别看，在韩国专利授权公告量为1 549件，居所有目标国之首，占中国在沿线国家专利授权公告量的43.5%；专利授权公告量排名第二至第五位的国家分别为俄罗斯（753件）、南非（343件）、波兰（205件）和新加坡（180件）。从被授权的专利技术领域看，计算机技术位居中国在沿线国家专利授权技术领域之首，公开量为369件；排名第二、第三位的是数字通信和电气机械设备领域，分别为328件和218件。❷ 以上数据充分显示出我国在海外专利布局方面的技术创新优势。

2. 国内企业在“一带一路”沿线国家专利申请量

2019年，中国在沿线国家专利申请人排名中，华为技术有限公司以786件专利申请位列中国居民申请人的首位，广东欧珀（OPPO）移动通信有限公司、平安科技（深圳）有限公司、华星光电技术有限公司、美的集团有限公

---

❶ 2019年我国在“一带一路”沿线国家知识产权布局保持良好发展势头［EB/OL］.［2020-12-03］. https://www.cnipa.gov.cn/20200417144011733485.pdf.

❷ 2019年我国在“一带一路”沿线国家知识产权布局保持良好发展势头［EB/OL］.［2020-12-03］. https://www.cnipa.gov.cn/20200417144011733485.pdf.

司分别以 166 件、127 件、108 件和 105 件位列第二至第五名。❶

（五）PCT 国际申请

1. PCT 国际申请概况

习近平总书记指出，创新是引领发展的第一动力，保护知识产权就是保护创新。自我国 1994 年正式成为《专利合作条约》（PCT）的成员以来，中国持续推动创新发展，扩大对外开放，深入实施专利质量提升工程，提高专利质量。全社会尤其是企业的创新能力和知识产权保护意识持续增强，对海外专利布局日益重视。据世界知识产权组织发布数据显示，2019 年，中国通过《专利合作条约》（PCT）途径提交的专利申请量达到 5.899 万件，跃居世界第一位。❷ 美国（5.784 万件）、日本（5.266 万件）、德国（1.9353 万件）和韩国（1.9085 万件）分别位列 PCT 国际专利申请量排名第二至第五位。

按照 PCT 国际专利申请人分类，中国企业和高校表现突出，中国知识产权国际影响力进一步提升。从企业分类看，2019 年，排名前十的企业申请人中包括 4 家中国企业：中国华为技术有限公司以 4 411件 PCT 国际专利申请排名第一，中国广东欧珀移动通信有限公司（1 927件）位列第五，京东方科技集团股份有限公司（1 864件）和平安科技（深圳）有限公司（1 691件）分别位列第六、第八。在高校方面，排名前十的高校中有 4 所来自中国，其中清华大学以 265 件位列第二，深圳大学以 247 件位列第三，华南理工大学以 164 件位列第五，大连理工大学以 141 件位列第七。❸

2. 国内地区 PCT 国际专利申请

2019 年，国家知识产权局共受理 PCT 国际专利申请 6.1 万件，同比增长

---

❶ 2019 年我国在“一带一路”沿线国家知识产权布局保持良好发展势头［EB/OL］.［2020-12-03］. https：//www. cnipa. gov. cn/20200417144011733485. pdf.

❷ 国新办举行 2019 年中国知识产权发展状况发布会［EB/OL］.［2020-12-04］. https：//www. cnipa. gov. cn/art/2020/4/23/art_ 1260_ 44129. html.

❸ 以全球化视野加强自主创新［EB/OL］.［2020-12-04］. https：//www. cnipa. gov. cn/art/2020/4/10/art_ 55_ 126189. html.

10.4%。其中，5.7万件来自国内，同比增长9.4%。自1994年起累计受理PCT国际专利申请37.4万件。2019年，国家知识产权局共完成国际检索报告5.6万件，同比增长6.2%。自1994年起累计完成PCT国际检索报告33.7万件。❶全国各地区PCT国际专利申请量排名中，广东省、北京市和江苏省排名前三（见表3）。

表3　2019年PCT国际专利申请受理量居前十的省（区、市）

排名	地区	受理量（件）	排名	地区	受理量（件）
1	广东省	24725	6	山东省	2927
2	北京市	7165	7	湖北省	2127
3	江苏省	6635	8	福建省	978
4	上海市	3173	9	台湾地区	635
5	浙江省	2955	10	香港特别行政区	611

（六）专利审查

1. 专利审查总体情况

2019年，三种专利审结案件量持续增长，共审结三种专利申请375万件，同比增长12%。其中发明专利结案102.3万件，实用新型专利结案198.1万件，外观设计专利结案74.4万件。受理三种专利申请优先审查案件4.1万件，其中发明专利申请3.5万件，同比增长32.5%；实用新型专利申请6278件；外观设计专利申请76件。

各审查部门扎实落实《提升发明专利审查质量和审查效率专项实施方案（2019~2022年）》工作部署，严格依法审查，把好授权确权关，持续提高审查质量和审查效率。持续实施专利质量提升工程，严格依法审查，强化专利审查质量局内外双监督、双评价质量管理工作机制，为营造更好的营商环境和创新环境提供重要保障。2019年度专利审查质量用户满意度指数为84.8，

❶ 2019年国家知识产权局年报［EB/OL］.［2020-12-04］. https://www.cnipa.gov.cn/col/col2075/index.html.

连续十年保持在满意区间。❶

2. PPH 专利审查高速路

2019 年，PPH（Patent Prosecution Highway）合作网络不断扩展，与我国国家知识产权局签署 PPH 合作协议的合作方增至 29 个，已启动的 PPH 试点项目增至 27 项。其中，启动与阿根廷的新试点项目，签署与挪威的新试点项目合作协议，计划签署与沙特阿拉伯的新试点项目合作协议。与冰岛、埃及的试点项目顺利延长，签署与新加坡、捷克的试点项目延长协议，IP5 的 PPH 也将延长三年，并签署与巴西的试点项目延长协议。此外，与非洲地区知识产权组织的项目磋商推进顺利。❷ 不断拓展专利审查高速路（PPH）对外合作网络，是加快专利审查进程、激励创新创造、强化知识产权源头保护的重要举措。

三、专利司法保护与行政保护

（一）专利司法保护状况

加强知识产权保护，是完善产权保护制度最重要的内容，也是提高我国经济竞争力最大的激励。❸ “发挥司法保护知识产权的主导作用”是知识产权保护体系中一以贯之的要求。2020 年 4 月，最高人民法院发布《中国法院知识产权司法保护状况（2019 年）》白皮书、2019 年中国法院十大知识产权案件和 50 件典型知识产权案例，分别从宏观与微观角度，总结概括过去一年知识产权司法保护工作新局面。同时，根据当前新形势、新任务的需要，发布《关于全面加强知识产权司法保护的意见》，为当前和今后一段时期知识产权司法保护工作指明方向。总体来看，我国知识产权司法保护水平全面提升，

---

❶ 2019 年国家知识产权局年报［EB/OL］.［2020－12－04］. https：//www.cnipa.gov.cn/col/col2075/index.html.

❷ 2019 年国家知识产权局年报［EB/OL］.［2020－12－05］. https：//www.cnipa.gov.cn/col/col2075/index.html.

❸ 最高人民法院关于全面加强知识产权司法保护的意见［EB/OL］.［2020－11－09］. http：//www.court.gov.cn/fabu-xiangqing-226491.html.

司法保护体系日臻完善，审判质效稳步提升，为知识产权强国建设提供有力司法服务和保障。

1. 司法审判概况

（1）民事司法审判。“人民法院充分发挥知识产权审判保护创新和维护公平竞争的职能作用，注重通过裁判激励科技创新，促进文化传播，维护竞争秩序，为创新主体提供明确、稳定、可预期的规则指引，让创新创业者坚定信心，提升社会创新活力。”2019 年，人民法院共新收一审、二审、申请再审等各类知识产权案件 481 793 件，审结 475 853 件，比 2018 年分别上升 44.16% 和 48.87%。其中，地方各级人民法院共新收专利一审案件 22 272 件，同比上升 2.64%；地方各级人民法院共新收知识产权民事二审案件 49 704 件，审结 48 710 件，同比分别上升 79.95% 和 85.29%。最高人民法院新收知识产权民事案件 2 504件，审结 1 976件，比 2018 年分别上升 174.26% 和 260.07%。[1]

（2）行政司法审判。各级人民法院强化对知识产权授权确权案件的司法审查力度，加强对行政执法行为合法性的司法监督。2019 年，全国地方各级人民法院共新收知识产权行政一审案件 16 134 件，审结 17 938 件，同比分别上升 19.11% 和 89.74%。在新收行政一审案件中，专利案件 1 661 件，同比上升 8.14%。最高人民法院新收知识产权行政案件 1 066件，审结 884 件，比 2018 年分别上升 70.83% 和 52.15%。人民法院审结的有关专利方面具有较大社会影响的知识产权行政案件有：三星电子株式会社、华为技术有限公司与国家知识产权局发明专利权无效宣告请求行政案；贝林格尔英格海姆法玛两合公司与国家知识产权局发明专利申请驳回复审行政纠纷案等。[2]

（3）刑事司法审判。人民法院充分发挥刑事审判职能，加大对知识产权犯罪行为的惩罚力度，遏制侵权行为发生。2019 年，地方各级人民法院共新

---

[1] 最高人民法院．中国法院知识产权司法保护状况（2019 年）[EB/OL]．[2020-11-09]．http：//www. court. gov. cn/zixun-xiangqing-226501. html.

[2] 最高人民法院．中国法院知识产权司法保护状况（2019 年）[EB/OL]．[2020-11-09]．http：//www. court. gov. cn/zixun-xiangqing-226501. html.

收侵犯知识产权刑事一审案件 5 242件，审结 5 075件，同比分别上升 21.37%和 24.88%。审结案件中，假冒专利刑事案件 1 件。

2. 健全司法保护体制，提高审判质效

2019 年，中国知识产权治理体系不断完善，司法保护体制逐步健全，审判质效的提高取得积极成效，进一步推进知识产权审判能力现代化。

（1）充分发挥最高人民法院知识产权法庭的审判职能作用。最高人民法院知识产权法庭作为统一审理全国范围内专利等技术类知识产权上诉案件的专门机构，于 2019 年 1 月 1 日正式办公，其设立既是深化依法治国实践、推进公正司法的重大改革举措，也是严格知识产权保护、推动知识产权高质量保护的重大制度创新。自 2019 年 1 月成立以来，最高人民法院知识产权法庭充分利用技术类知识产权案件“飞跃上诉制度”和二审集中管辖的优势，依法公正高效地审结了一批专业技术性较强的知识产权案件，有效实施“统一裁判标准系统工程”，进一步统一技术类知识产权案件裁判尺度，形成一批有统一法律适用标准的标杆案例，实现良好开局。

《最高人民法院知识产权法庭年度报告（2019）》显示，2019 年，法庭共受理技术类知识产权案件 1 945件，审结 1 433件，结案率 73.7%。法庭受理民事二审实体案件 962 件，审结 586 件，其中占比较高的纠纷类型为涉及侵害实用新型专利权纠纷（454 件）、侵害发明专利权纠纷（234 件），分别占受理民事二审实体案件的 47.2% 和 24.3%。在法庭受理的 241 件行政二审案件中，行政授权确权类案件 230 件，其中，占比较高的纠纷类型分别为发明专利权无效行政纠纷（80 件）、发明专利申请驳回复审行政纠纷（71 件），分别占受理行政授权确权案件的 34.8% 和 30.9%。据统计，法庭二审实体案件平均审理周期为 73 天，管辖权异议二审案件平均审理周期为 29.4 天。法官人均结案 39.2 件。从案源地区分析，北京知识产权法院（376 件）、广州知识产权法院（297 件）、上海知识产权法院（143 件）案源数量位居前三位。

从最高人民法院知识产权法庭审理案件的特点分析，法庭审理的专利民事案件的特点集中表现为以下三点：一是以权利要求解释与等同侵权判定为主要争议的案件较多；二是合法来源抗辩、现有技术抗辩、先用权抗辩为最常见的抗辩事由；三是具有商业维权色彩的关联案件占有一定比例。法庭审理的专利行政案件的特点突出表现为以下三点：一是涉发明专利、涉高新技术领域的案件多；二是多数案件以创造性判断为主要争点；三是驳回复审案件中自然人作为申请人的案件较多。❶

此外，最高人民法院知识产权法庭多措并举，提高审判质量效率。具体措施包括以下三个方面：一是建构"1+76"技术类知识产权审判格局。即形成以全国32个高级人民法院、44个中级人民法院作为技术类知识产权案件一审法院，以法庭为上诉机构的审判格局，充分发挥统筹联动的机制优势和整体效能，扩展纠纷化解渠道方式。在处理关联纠纷案件时，"上下一条线"，在全国范围内跨地域、跨程序一揽子化解纠纷，提高审判效率与案件裁判准确性、统一性。二是探索民事、行政案件"二合一"同步审理模式。通过将涉及同一专利侵权民事案件和专利无效宣告行政纠纷交由同一合议庭协同审理，形成侵权判断与权利效力判断两大诉讼程序和裁判标准的有效衔接，避免出现专利纠纷诉讼周期长、保护范围不一致等问题。三是建设"知己"裁判规则库。该规则库是我国首个专注于收录、整理、发布技术类知产案件裁判规则的数据库，收录知识产权法庭于2019年作出的最具典型意义和指导意义的一批裁判文书和裁判规则，并保持开放设计，以便未来的裁判规则不断补充到现有的规则体系之中。旨在推进大数据、人工智能等科技创新成果与技术类知识产权审判工作深度融合，用科技保证司法生产力，用信息化保障审判效率，促进裁判标准统一。❷

（2）知识产权审判"三合一"改革持续深化。2019年，人民法院贯彻落实《最高人民法院关于在全国法院推进知识产权民事、行政和刑事案件审判"三合一"工作的意见》，进一步巩固"三合一"改革工作成效，妥善处理知

❶ 最高人民法院知识产权法庭年度报告（2019）［EB/OL］.［2020-11-09］. http://www.court.gov.cn/zixun-xiangqing-225861.html.

❷ 最高人民法院知识产权法庭裁判规则库简介［EB/OL］.［2020-11-09］. http://www.court.gov.cn/zixun-xiangqing-225871.html.

识产权民事、行政、刑事交叉案件，提高知识产权司法保护的综合效能。浙江省各级法院自 2019 年 11 月 1 日起全面实施知识产权民事、行政、刑事“三合一”审判，审理知识产权刑事案件 260 件、行政案件 41 件；海南省高级人民法院开展知识产权刑事、行政案件指定管辖调研，明确知识产权案件“三合一”管辖机制。❶

3. 发布典型案例，加强案例指导

为充分发挥典型案例的示范引导作用、提升知识产权审判质效，增强裁判统一性，最高人民法院公布 2019 年中国法院十大知识产权案件和 50 件典型知识产权案例。在 2019 年中国法院十大知识产权案件中，有 1 件案例属于专利案件，即瓦莱奥清洗系统公司与厦门卢卡斯汽车配件有限公司、厦门富可汽车配件有限公司、陈某某侵害发明专利权纠纷案。该案的典型意义在于：一是允许就侵权判定问题先行作出部分判决并提起上诉，有助于节省司法资源、提高审判效率；二是首次探讨了判令停止侵害的部分判决制度和临时禁令制度的关系，倡导人民法院在作出部分判决的同时，支持专利权人关于责令停止侵权行为的保全申请；三是对于功能性特征认定标准进行详尽阐述，有助于澄清司法实践中的认识偏差。❷ 在 2019 年中国法院 50 件典型知识产权案例中，涉及侵害专利权纠纷、专利权权属纠纷及职务发明人奖励、报酬纠纷的民事案件有 5 件，专利行政案件有 2 件。

（二）专利行政保护状况

1. 行政保护概况

2019 年，全国专利行政，执法案件总量达 51 677 件，同比下降 33. 7%。其中专利纠纷案件总量为 38 866 件（含侵权纠纷案件 38 599件、其他纠纷案件 267 件），同比增长 9. 3%；查处假冒专利案件 12 811 件，同比下降 70. 0%。2019 年，全国 31 个省（区、市）中，专利行政执法案件量排名前三

---

❶ 中国法院知识产权司法保护状况（2019 年）［EB/OL］.［2020 - 12 - 01］. http：//www. court. gov. cn/zixun-xiangqing-226501. html.

❷ 2019 年中国法院 10 大知识产权案件和 50 件典型知识产权案例［EB/OL］.［2020-12-05］ http：//www. court. gov. cn/zixun-xiangqing-226511. html.

名的省份为浙江（14 018 件）、江苏（7 867件）、广东（6 824件）。

2. 加大专利执法力度

（1）主要目标。为加大知识产权行政执法保护力度，优化营商环境，国家知识产权局联合各有关部门印发《2019 年知识产权执法保护专项行动方案》《2019 年知识产权执法“铁拳”行动方案》《加强网购和进出口领域知识产权执法实施办法》等文件，组织开展相关执法保护专项行动，加大知识产权侵权假冒违法成本，指导全国严厉查处商标、专利、地理标志、特殊标志等侵权假冒违法行为，保持“严保护”高压态势。尤其针对重复侵权、恶意侵权等行为主体进行重点监管。据统计，2019 年全国共办理专利侵权纠纷行政裁决案件 3. 9 万件，同比增长 13. 7%，查处假冒专利违法案件 7300 余件，案值 0. 17 亿元。❶

（2）重要举措。一是通过强化知识产权保护技术支撑，提升保护效能。确定 22 个试点单位开展知识产权侵权纠纷检验鉴定试点，探索建立知识产权侵权纠纷检验鉴定工作体系，组织开展检验鉴定技术支撑工作机制和标准规范相关研究。在湖南长沙、江苏镇江等地方探索建立健全网络环境知识产权保护信息化治理新机制，充分发挥大数据、人工智能等信息技术在知识产权侵权假冒在线识别、实时监测、源头追溯方面的作用，提高打击知识产权侵权假冒行为的效率、力度及精准度，净化互联网交易环境。❷ 二是加强知识产权执法保护业务指导，健全行政裁决制度。《法治政府建设实施纲要（2015～2020 年）》要求：“有关行政机关要依法开展行政调解、行政裁决工作，及时有效化解矛盾纠纷。”为落实纲要的系列部署，国家知识产权局完善印发《专利侵权纠纷行政裁决办案指南》，修订《专利纠纷行政调解指南》《查处假冒专利和专利标识标注不规范行为办案指南》《专利执法行政复议和应诉指引》等专利执法规范性文件，指导健全专利行政裁决制度，发挥行政裁决工作

❶ 国家知识产权局 . 2019 年中国知识产权保护状况［EB/OL］.［2020 - 12 - 19］. https：//www. cnipa. gov. cn/art/2020/4/24/art_ 91_ 26332. html.

❷ 国家知识产权局对十三届全国人大三次会议第 3924 号建议答复的函［EB/OL］.［2020 - 12 - 01］. https：//www. cnipa. gov. cn/art/2020/9/9/art_ 516_ 152503. html.

“分流阀”的作用，实现司法、行政纠纷解决模式之间的良性互动。❶ 建立知识产权行政执法案例指导工作制度，组织评选 2018 年度和 2019 年度专利行政保护十大典型案例。❷

3. 加强行政保护协作

（1）加强省市间跨地区保护协作。自 2012 年十二省市建立知识产权行政保护协作机制以来，各成员单位积极推动协助调查、委托送达、协助执行等工作，推进形成执法互助、监管互动、信息互通等工作局面，在加强行政保护协作方面取得积极进展。❸ 落实“加强跨部门跨地区办案协作”的要求，形成知识产权行政保护合力，有效弥补司法保护的不足。

（2）加强各机构间协同保护体系构建。以江苏省为例，中国（苏州）知识产权保护中心（以下简称“苏州保护中心”）在运行仅一年时间里，累计办理假冒专利案件 300 件，专利侵权纠纷 32 件，电商专利侵权纠纷 441 件。以知识产权保护中心作为知识产权快速协同保护体系的核心载体，在中国（苏州）知识产权保护中心，苏州市中级人民法院知识产权审判巡回法庭、苏州市中级人民法院知识产权纠纷诉前调解中心、苏州市非诉服务知识产权分中心、苏州市知识产权仲裁庭等机构相继设立，助力知识产权纠纷多元化解决机制的形成。❹

4. 强化知识产权行政执法队伍能力建设

2019 年，市场监管总局先后举办知识产权执法稽查培训班、知识产权执法能力提升活动，系统讲授知识产权相关法律法规和执法办案实务，解读典

---

❶ 浅谈完善专利侵权纠纷行政裁决制度［EB/OL］.［2020-12-01］. https：//www.cnipa.gov.cn/art/2019/12/4/art_ 410_ 153354.html.

❷ 国家知识产权局关于政协十三届全国委员会第三次会议第 1348 号（科学技术类 067 号）提案答复的函［EB/OL］.［2020-12-01］. https：//www. cnipa. gov. cn/art/2020/9/29/art_ 516_ 152564. html.

❸ 十二省市知识产权行政保护协作会议召开［EB/OL］.［2020-12-01］. https：//www. cnipa. gov. cn/art/2020/11/18/art_ 53_ 154963. html.

❹ 落实“严、大、快、同”织牢知识产权保护网［EB/OL］.［2020-12-01］. https：//www. cnipa. gov. cn/art/2020/8/26/art_ 55_ 151191. html.

型案例，交流执法办案经验，强化知识产权行政执法队伍能力建设。同时，组织编写《知识产权行政执法典型案例评析》，制作知识产权执法网络课程，多措并举，努力提升知识产权执法能力。2019 年组织四期全国知识产权保护能力提升培训班，对各省（区、市）400 余名业务骨干进行系统培训。制定 2020 年知识产权执法保护能力提升培训计划，持续推进对各地保护能力提升培训工作的指导。[1] 以湖北省为例，湖北省举办全省专利侵权纠纷行政裁决能力提升培训班，重点围绕专利侵权纠纷行政裁决的法律法规、我国专利侵权纠纷行政裁决工作面临的形势和任务、法院审理专利侵权纠纷案件与专利侵权纠纷行政裁决的关系三个方面的内容进行培训，对提升整体专利侵权纠纷行政裁决能力具有重要意义。[2]

四、专利运用

（一）专利运用情况

1. 专利实施情况调查

（1）专利实施率。[3] 2019 年 12 月国家知识产权局发布的《2019 年中国专利调查报告》显示，[4] 我国有效专利实施率达到 55.4%，较上年提升 2.8 个百分点。不同类型专利权人专利实施率差异较大，其中企业的专利实施率相对较高，达 63.7%，高校相对较低，为 13.8%。从专利类型来看，有效外观设计专利实施率最高，达到 57.4%，有效发明专利实施率最低，为 49.4%（见表 4）。

---

[1] 国家知识产权局关于政协十三届全国委员会第三次会议第 1348 号（科学技术类 067 号）提案答复的函［EB/OL］.［2020-12-01］. https://www.cnipa.gov.cn/art/2020/9/29/art_516_152564.html.

[2] 湖北召开专利侵权纠纷行政裁决能力提升培训班［EB/OL］.［2020-12-01］. https://www.cnipa.gov.cn/art/2020/10/22/art_57_153621.html.

[3] 专利实施率=已实施件数/拥有的有效专利件数。专利实施是指专利权人以生产经营为目的的自行或许可他人制造、使用、许诺销售、销售、进口其专利产品，或者使用其专利方法以及使用、许诺销售、销售、进口依照该专利方法直接获得的产品，或者将专利权转让给他人。

[4] 国家知识产权局. 2019 年中国专利调查报告［EB/OL］.［2020-11-27］. https://www.cnipa.gov.cn/col/col61/index.html#mark.

表4 不同专利权人有效专利实施率

（%）

	企业	高校	科研单位	个人	总体
有效发明	62.1	16.8	31.1	29.8	49.4
有效实用新型	63.3	10.7	46.0	29.1	56.9
有效外观设计	67.0	5.5	63.2	43.9	57.4
合　计	63.7	13.8	38.0	36.8	55.4

报告显示，随着专利拥有量增加，专利权人的专利实施率呈现出先上升再下降的趋势。其中，拥有专利件数在10~29件的专利权人，其有效实用新型专利的实施率达到最高，为61.0%；拥有专利件数在30~99件的专利权人，其有效发明专利和有效外观设计专利的实施率达到最高，分别为69.1%和65.4%。企业登记注册类型不同，专利实施率也存在一定差异，外商投资企业专利实施率略高于内资企业和港澳台资企业，达到66.2%。不同规模企业的专利实施率有显著差异，企业规模越大，有效外观设计的专利实施率越高。对于有效实用新型专利和有效发明专利的实施率，大中型企业比较接近，略高于小型企业，明显高于微型企业。

（2）专利产业化率。❶《2019年中国专利调查报告》显示，有效专利的产业化率总体为38.6%，较上年提升2.3个百分点。从专利权人的类型看，企业有效专利产业化率最高，达45.2%；高校有效专利产业化率最低，仅为3.7%；从专利类型来看，有效外观设计专利产业化率相对较高，为42.8%，有效发明专利产业化率相对较低，为32.9%（见表5）。

拥有有效专利的件数不同，专利权人的有效专利产业化率差异也较为明显，其中拥有10~29件有效专利的专利权人的有效专利产业化率较高，达42.8%；拥有100件以上有效专利的专利权人有效专利产业化率较低，为13.6%。从企业登记注册类型看，内资企业的有效专利的产业化率较低，为

❶ 专利产业化率=用于生产出产品并投放市场的专利件数/拥有的有效专利数量。

表5　不同专利权人有效专利产业化率

（%）

	企业	高校	科研单位	个人	总体
有效发明	43.8	4.5	13.8	20.1	32.9
有效实用新型	44.1	2.9	23.3	19.2	39.2
有效外观设计	51.2	1.1	37.6	31.0	42.8
合　计	45.2	3.7	18.3	25.4	38.6

45.0%，而港澳台商投资企业和外商投资企业的产业化率略高，分别为46.8%和47.8%。在不同规模企业中，中型企业专利的专利产业化率最高，达50.6%；其他规模企业有效专利产业化率均未超过50%，其中微型企业有效专利产业化率最低，为34.1%。

（3）专利许可使用情况。❶《2019年中国专利调查报告》显示，专利许可率总体为6.1%。不同类型专利权人的有效专利许可率略有差异，其中科研单位的有效专利许可率最低，为2.0%。个人的专利许可率最高，达8.1%。从专利类型来看，有效外观设计专利许可率相对较高，占比为8.3%（见表6）。

表6　不同专利权人有效专利许可率

（%）

	企业	高校	科研单位	个人	总体
有效发明专利	6.0	4.0	2.5	8.2	5.5
有效实用新型	5.8	1.8	1.5	5.2	5.5
有效外观设计	7.2	0.8	0.8	10.3	8.3
合　计	6.1	2.9	2.0	8.1	6.1

根据权利人拥有有效专利数量进行区分，有效专利件数为3~9件的专

❶ 专利许可率=成功许可他人使用专利件数/所拥有的有效专利件数。

利权利人的许可率比例最高，为 6.8%；拥有 100 件及以上有效专利的专利权人，专利许可率最低，仅 3.4%。不同登记注册类型的企业专利许可率存在差异。港澳台商投资企业的有效发明专利许可率明显高于内资企业和外商投资企业。而外商投资企业的有效外观设计专利许可率又显著低于内资企业和港澳台商投资企业。有效实用新型专利的许可率三者差异不大，比较接近。不同规模企业专利许可率略有不同，大型企业的有效发明专利许可率最高，为 7.5%；中型企业的有效外观设计专利许可率较其他规模企业高，为 8.9%；小型企业的有效实用新型专利许可率较其他规模企业略高，为 6.2%。

（4）专利转让情况。[1]《2019 年中国专利调查报告》显示，我国有效专利转让率总体为 3.5%。不同类型专利权人的转让率具有一定差异，其中企业的有效专利转让率相对较高，为 3.7%，科研单位最低，为 1.3%（见表 7）。

表 7　不同专利权人有效专利转让率

（%）

	企业	高校	科研单位	个人	总体
有效发明专利	4.7	4.5	1.9	3.9	4.4
有效实用新型	3.4	1.7	0.5	3.2	3.2
有效外观设计	3.6	0.4	0.1	3.1	3.3
合　计	3.7	3.2	1.3	3.2	3.5

拥有不同专利件数的专利权人的专利转让率略有不同。拥有 1~2 件有效专利的专利权人的专利转让率相对较高，为 4.5%，其中有效发明专利的转化率高达 8.0%；拥有 100 件及以上有效专利的专利权人的专利转让率相对较低，仅为 2.8%，其中有效发明专利的转让率较有效实用新型和有效外观设计高，为 4.2%。不同登记注册类型企业的有效发明专利转让率差异较小，内资企业的有效实用新型专利和有效外观设计专利转让率相对较高，分别为 3.5%

[1] 专利转让率=成功转让他人专利件数/所拥有的有效专利件数。

和3.8%，而港澳台商投资企业的有效实用新型专利和有效外观设计专利的转让率仅为1.6%和0.9%。数据显示，不同规模企业的专利转让率略有不同，规模越大的企业的有效发明专利转让率越低，大型企业的有效发明专利转让率仅为3.3%，而微型企业的有效实发明专利转让率占比达到7.7%，中型企业的有效实用新型专利和有效外观设计专利的转让率较其他规模企业高，分别为3.9%和5.4%。

（5）专利作为财产作价入股情况。《2019年中国专利调查报告》显示，我国有效专利作价入股的比例为3.3%。不同类型专利权人专利作价入股比例差异较大，个人专利作价入股比例最高，达5.5%，其中个人有效外观设计作价入股比例较其他类型专利比例高，达6.5%。从专利类型看，有效外观设计专利的作价入股比例最高，达4.5%，有效发明专利的比例最低，为2.8%（见表8）。

表8　不同专利权人有效专利作价入股比例

（%）

	企业	高校	科研单位	个人	总体
有效发明专利	2.8	2.2	2.5	4.2	2.8
有效实用新型	3.2	1.8	0.6	4.3	3.2
有效外观设计	3.3	0.2	0.2	6.5	4.5
合　计	3.1	2.0	1.7	5.5	3.3

中型企业的专利作价入股比例高于其他规模企业，达4.2%，大型企业的专利作价入股比例最低，为2.3%。从专利拥有量看，拥有30~99件有效专利的专利人和拥有100件及以上有效专利的专利人的专利作价入股比例分别为最高和最低，分别是4.5%、1.7%。

（6）专利质押融资情况。扩大知识产权质押融资是2019年政府工作报告明确的年度重点任务之一。2019年6月26日，国务院总理李克强主持召开国务院常务会议，对知识产权质押融资工作作出新部署，要求支持扩大知识产权质押融资，以拓宽企业特别是民营小微企业、“双创”企业获得贷款渠道，将知识产权质押融资工作再次推进一大步。8 月 20 日，《中国银保监会、国家知识产权局、国家版权局关于进一步加强知识产权质押融资工作的通知》发布，从优化服务体系、加强服务创新、健全风险管理、完善保障工作四个方面对知识产权质押融资工作作出部署。2020 年 1 月 14 日，国家知识产权局在北京举办 2020 年首场例行新闻发布会，集中发布 2019 年专利、商标、地理标志、集成电路布图设计的年度统计数据。发布会指出，2019 年我国专利质押融资金额达 1 105亿元，同比增长 24.8%，质押项目 7 060项，同比增长 30.5%。❶ 其中杭州、宁波、厦门、成都、南京、西安、苏州、郑州、长沙等重点城市示范带动作用逐渐显现，26 个重点城市全年共完成专利质押 3 053 笔，同比增长 34%，占全国总量的 43.2%，共计融资 442 亿元。❷ 国家知识产权局于 7 月 9 日举办第三季度例行新闻发布会，发布 2020 年上半年主要工作统计数据及有关情况，我国 2020 年上半年专利质押金额达 651 亿元，同比增长 61%，质押项目数 4 171项，同比增长 54%。❸ 专利质押融资能够促进专利运用效益提升、缓解创新型中小微企业融资难问题，虽然我国的专利融资质押工作取得了一些进展，但仍存在“评估难”“风险难”“处置难”等问题，需要进一步探索。

2. 专利价值与价值实现

（1）专利预期收入。《2019 年中国专利调查报告》显示，权利人专利预期收入情况在 10 万～50 万元的占比高达到 25.5%，而权利人专利预期收入 500 万元以上的占比最低，只有 5.4%（见图 3）。

不同专利权人专利预期收入情况存在明显差异，高校和个人专利预期收

---

❶ 2019 知识产权主要数据发布：主要指标稳中有进　知识产权质量效益持续提升［EB/OL］.［2020-12-17］. https：//www. cnipa. gov. cn/art/2020/1/15/art_ 53_ 118039. html.

❷ 2019 年全国知识产权运营体系建设取得积极成效［EB/OL］.［2020-12-17］. https：//www. cnipa. gov. cn/art/2020/3/16/art_ 53_ 118185. html.

❸ 图文直播：国家知识产权局 2020 年第三季度例行新闻发布会［EB/OL］.［2020-12-17］. https：//www. cnipa. gov. cn/col/col2095/index. html.

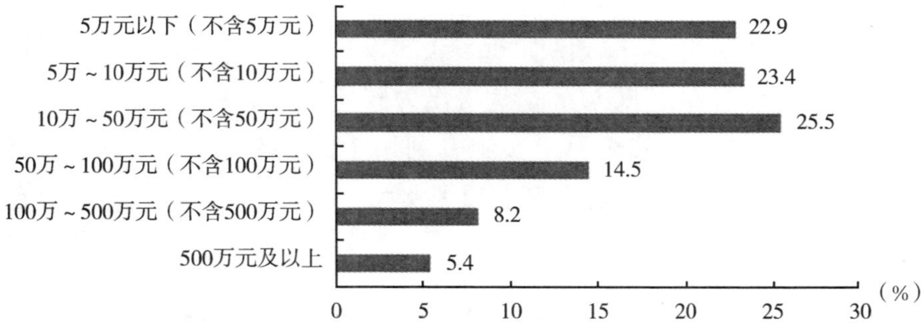

图 3　2019 年专利权人专利预期收入情况

入在 5 万元以下的占比偏高，分别为 53.4% 和 40.5%；企业和科研单位专利预期收入在 10 万~50 万元区间的占比较高，分别为 26.2% 和 54.0%。高校预期收入在 100 万元以上的占比最低，其中 100 万~500 万元与 500 万元以上的占比分别为 0.3% 和 0.2%，明显低于其他专利权人。

（2）已实施专利收益情况。《2019 年中国专利调查报告》显示，对于已实施的专利，专利权人收益在 10 万~50 万元的比例最高，为 16.9%，没有收益的占比为 2.5%（见图 4）。

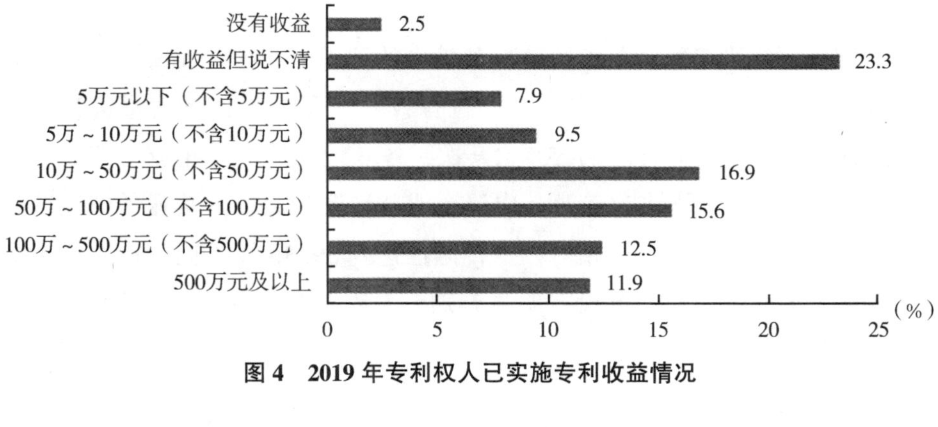

图 4　2019 年专利权人已实施专利收益情况

从专利类型来看，已实施发明专利收益较高，其中 15.4% 的发明专利收益在 500 万元以上，而实用新型专利和外观设计专利收益达 500 万元以上的占比分别为 9.2% 和 8.9%。外观设计专利收益在 10 万元以下的专利占比较高，为 26.3%。

（3）未实施专利带来的利益情况。《2019 年中国专利调查报告》显示，对于未实施专利的专利权人，将专利作为技术进行储备的比例最高，达 77.2%；超过一半的高校表示未实施专利用于完成专利评审或考核指标，41.6%的高校表示利用未实施专利获得了奖励，科研单位这两项比例分别为 48.6%和 42.1%（见表 9）。

表 9　不同类型专利权人未实施专利带来的利益分布情况

（%）

	企业	高校	科研单位	个人	总体
进行技术储备	80.1	63.9	89.0	63.0	77.2
对抗竞争对手提起的侵权指控	21.7	13.2	18.7	19.6	21.3
对竞争对手形成抑制或封锁	20.3	6.8	17.1	15.2	19.3
完成专利评审或考核指标	19.2	56.3	48.6	17.3	19.1
塑造形象，形成宣传效用	42.1	51.8	54.1	33.2	40.7
获得奖励等	17.6	41.6	42.1	23.4	18.8
其　他	4.0	0.2	7.5	4.9	4.1

不同登记注册类型企业未实施专利带来的利益分布情况无明显差异。首先，各登记注册类型企业未实施专利进行技术储备的占比均为最高，超过 79%，其中外商投资企业达 87.5%。其次，各登记注册类型企业均在塑造形象，形成宣传效用方面占比较高，内资企业和港澳台商投资企业的占比均达到四成以上，外商投资企业相对较少，但也达到 39.3%。不同规模企业未实施专利带来的利益分布情况没有明显差别，大致来看，规模越大的企业，各项指标比例均会越高一些。

3. 国际专利技术交易

（1）向外专利技术转移。[1]《2019 年中国专利调查报告》显示，成功向

[1] 转移包括对外权利转让和对外权利许可两种行为。

国外机构或个人转移过专利的企业专利权人仅占 0.7%。从企业登记注册类型来看，内资企业向国外机构或个人转移专利技术的比例最高，为 0.8%。不同规模企业向国外机构或个人转移专利技术的比例差距较大，大型企业的比例高达 7.5%，其他规模企业均未超过 1%。

欧洲是我国企业对外转移专利技术的主要阵地，40.5% 对国外转移过专利的企业都向欧洲的机构或个人转移过专利；对美国转移过专利的企业与对日本转移过专利的企业占比相差不大，分别为 28.8% 和 22.8%。

（2）国外专利技术使用。《2019 年中国专利调查报告》显示，1.5% 的企业使用过国外机构或个人的专利。不同类型企业使用国外机构或个人专利的比例差距较大，其中外商投资企业占比最高，为 8.5%；内资企业的比例最低，为 1.3%；港澳台商投资企业占比为 1.7%。从企业规模来看，大型企业使用国外机构或个人专利的比例显著高于其他规模企业，达 11.2%，其他规模企业比例均未超过 3%。

调查显示，欧洲同样是我国企业使用国外专利的主要来源地，在使用国外专利技术的企业中，从欧洲的机构或个人引进过专利的企业占比高达 43.7%；从美国引进过专利的企业占比与欧洲相差不大，为 40.0%；从日本引进过专利的企业占比较低，为 25.2%。

（3）专利技术引进情况。《2019 年中国专利调查报告》显示，有 8.9% 的企业反映遇到过专利技术引进难的情况，内资企业遇到专利引进难的情况的比例高于其他类型企业，为 9.1%；港澳台商投资企业和外商投资企业分别为 5.5% 和 7.4%。从企业规模来看，大型企业遇到专利技术引进难情况的比例较高，达 13.8%，中型企业、小型企业及微型企业的比例分别为 10.7%、7.8%、9.0%。

从专利技术的行业领域分布来看，材料技术领域企业遇到专利技术引进难的比例最高，达 40.3%，计算机与通信技术、电子技术领域遇到专利引进难的企业占比也高达 37.5%（见图 5）。

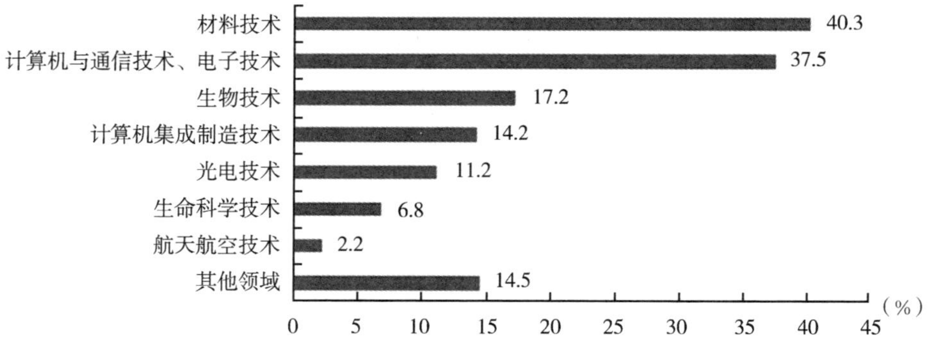

图5　专利技术引进难领域分布情况

（二）专利运用发展状况评价

1. 专利运用水平总体平稳

（1）专利实施状况稳步提升。2019年我国有效专利实施率、产业化率、许可率、转化率依次为55.4%、38.6%、6.1%、3.5%，较上年分别提升2.8、2.3、0.6、0.4个百分点，有效专利实施率和产业化率提升都较为明显。从不同专利类型看，2019年有效发明专利实施率、产业化率、许可率和转让率依次为49.4%、32.9%、5.5%、4.4%，较上年分别提升0.8、0.6、1.0、0.6个百分点。

（2）专利运用效益显著。2019年我国专利权人对专利实施的预期收益主要分布在50万元以下，对比专利实施情况，已实施专利收益中50万元以上的占比较该区间专利权人对专利的预期收益高出11.9个百分点，体现出我国专利运用效益显著。

2. 专利运用方式日趋多元

（1）不同成立时间企业专利运用模式差异化。成立时间一定程度上可以体现企业所处发展阶段，不同发展阶段企业专利运用模式存在差异。成立时间越长的企业专利实施率和专利产业化率越高，成立时间在21年以上的企业专利实施率和专利产业化率分别较企业总体高出3.1、2.4个百分点。成立时间越长的企业专利转让率越低，成立时间在21年以上的企业较5年以下企业低3.3个百分点。专利许可和作价入股方面，不同成立时间企业之间差异不大（见图6、图7）。

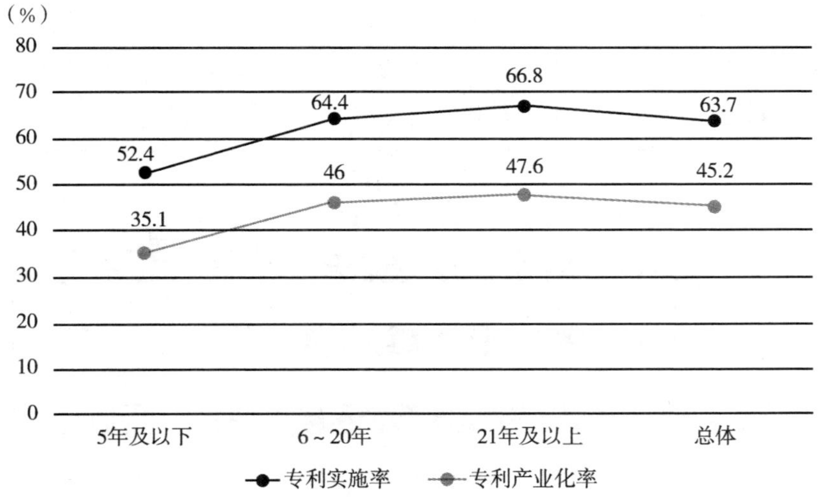

图6　不同成立时间企业专利实施率与专利产业化率比较

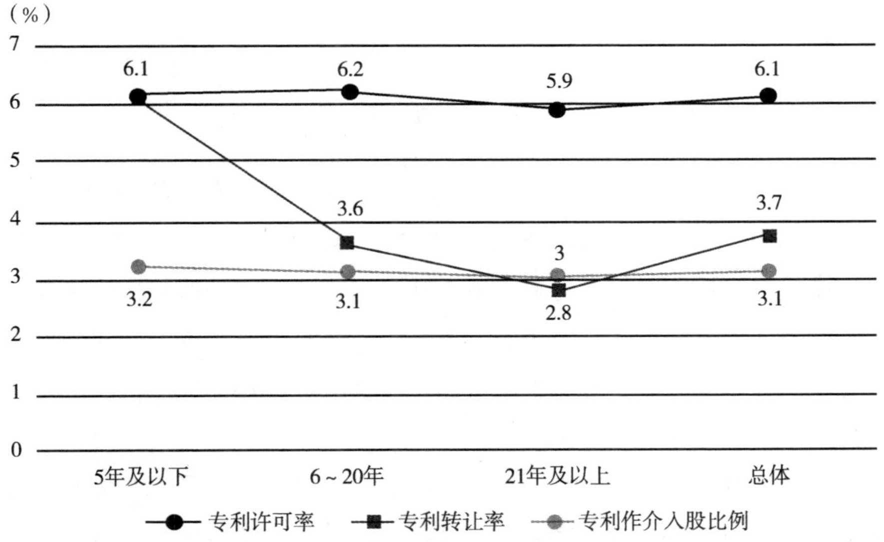

图7　不同成立时间企业专利许可率、转让率、作价入股比例比较

（2）专利是企业竞争优势主要来源。调查显示，近八成企业认为其所在行业需要依靠专利取得或维持竞争优势，其中以战略性新兴企业的占比最高。64.0%的企业认为，单件产品中所需专利数量不算多，但专利对于产品的市场份额维持极为重要；12.6%的企业认为本行业中单件产品中所需的专利数量极多，缺乏足够数量专利基本上无法在本行业生存（见图 8）。

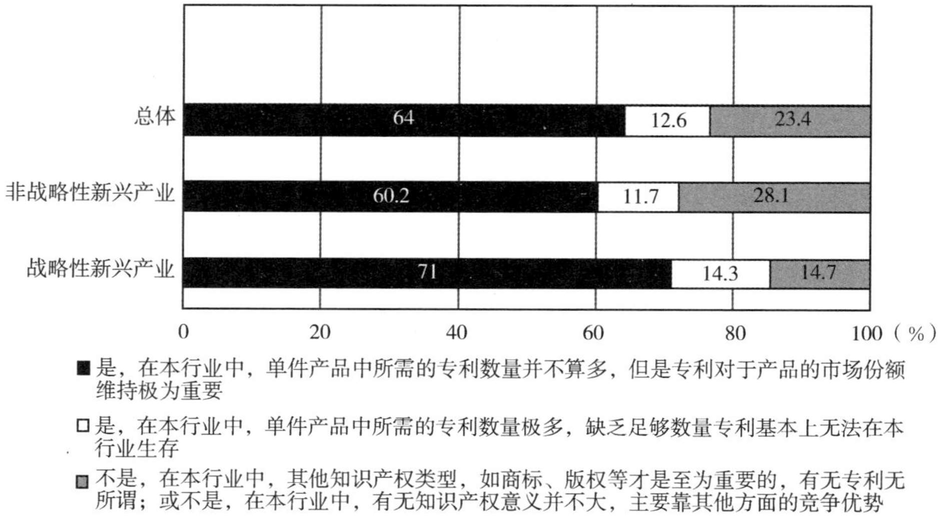

图 8　企业对知识产权维持竞争优势的看法

（3）技术储备是未实施专利主要利益。对于未实施专利的专利权人，选择将专利作为技术进行储备的比例为 77.2%，且对于企业、高校、科研单位和个人来说，将技术储备作为未实施专利发挥作用方式的这一选择占比均高于其他选择。拥有专利件数越多的专利权人，选择将未实施专利作为技术储备的比例越高，30 件以上专利拥有量的专利权人此项选择占比超过 9 成。

3. 制约专利实施因素多样

制约专利权人实施专利的因素是多样的，有“信息不对称造成专利权许可转让困难”“缺乏权威可信的专利交易平台”“管理部门的鼓励措施或服务不够”以及“自身缺乏实施该专利的技术条件”等。《2019 年中国专利调查报告》显示，不同专利权人对以上因素的认识存在明显差异。科研单位普遍认为“信息不对称造成专利权许可转让困难”是制约专利实施的因素之一，高达70.5%的科研单位选择了该选项；高校选择最多的制约因素是“自身缺乏实施该专利的技术条件”，占比达59.9%；企业选择各项制约因素的比例较为均衡，其中“信息不对称造成专利权许可转让困难”的选择比例略高于其他因素（见图9、图10、图11）。

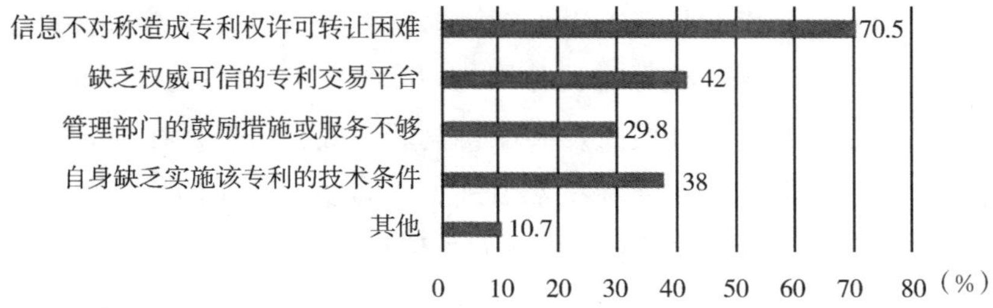

图9　科研单位认为制约专利权有效实施的因素

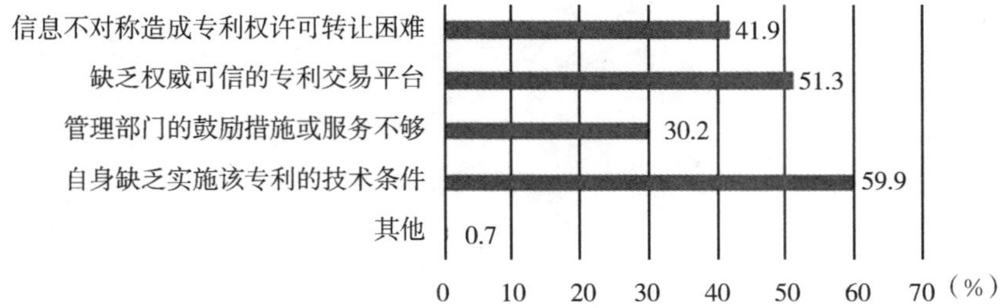

图10　高校认为制约专利权有效实施的因素

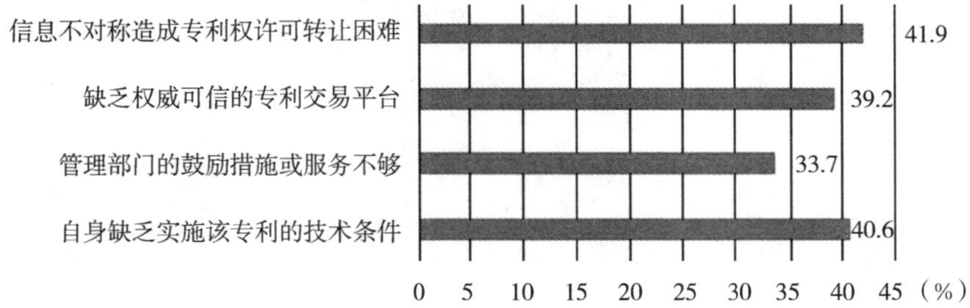

图11　企业认为制约专利权有效实施的因素

4. 国际专利技术交易存在局限

（1）我国专利技术转移引进多于输出。使用国外机构或个人的专利的企业占比为 1.5%，向国外机构或个人转让或许可过专利的企业占比为 0.7%，这表明我国专利技术引进的比例高于输出的比例，我国自主创新成果研发能力与推广能力有待加强。

（2）专利技术引进难。12.5% 的战略性新兴产业企业表示遇到专利技术引进难的问题，非战略性新兴产业这一比例为 7.0%，战略性新兴产业专利技术引进难度更高。遇到专利技术引进难情况较多的是材料技术领域和计算机与通信、电子技术领域，企业占比分别为 40.3%、37.5%。自“十三五”以来，我国战略性新兴产业高质量发展取得显著成效，但仍存在部分关键核心技术受制于人的情况。针对专利技术引进难的问题，我国仍需要加大研发投入，提升自主创新能力，降低核心技术对外依赖度。

中国商标发展报告（2019～2020）

彭学龙　王正中*

综观商标业和商标法律制度 2019～2020 年全貌，可以通过几个突出特征予以概括："知识产权强国计划稳步推进""商标授权确权更受关注""全面加强知识产权保护""学术研究高质量"。这些特征表明，我国知识产权事业不断发展，走出了一条中国特色知识产权发展之路，全社会尊重和保护知识产权意识明显提升。商标事业发展迅速，突出高质量发展，商标各项相关制度呈现出较好的发展态势，制度运行取得较为满意的成果。2019～2020 年商标法律制度发展详情报告如下。

一、商标法律规范建设

（一）国务院及各地方政府总体工作部署

1.《2020 年深入实施国家知识产权战略加快建设知识产权强国推进计划》（国知战联办〔2020〕5 号）（以下简称《知识产权强国推进计划》）（摘录）

经国务院知识产权战略实施工作部际联席会议同意，国务院知识产权战

* 彭学龙，中南财经政法大学知识产权研究中心副主任、教授、博士生导师；王正中，中南财经政法大学知识产权研究中心法学博士、深圳市人民检察院检察官助理。

略实施工作部际联席会议办公室于2020年5月13日印发《2020年深入实施国家知识产权战略加快建设知识产权强国推进计划》。文件覆盖深化知识产权领域改革、加大知识产权保护力度、促进知识产权创造运用、深化知识产权国际交流合作、加强顶层设计和组织实施等五方面共计100条计划，包括开展中国数字版权保护技术的国家标准立项研究，推进专利、技术和标准国际化、建立产业生态体系，促进人工智能、区块链等新技术在广播电视和网络视听版权保护领域的应用等。其中与商标工作直接相关的事项如下。

（1）持续深化企业名称登记管理改革，推进《企业名称登记管理规定》修订，强化企业名称规范管理，对驰名商标、知名企业字号、中华老字号等商业标识加强保护。（市场监管总局负责）

（2）推进专利、商标、商业秘密、反不正当竞争等领域的知识产权民事和刑事诉讼司法解释的起草工作。制定《关于办理侵犯知识产权刑事案件具体应用法律若干问题的解释（三）》，修订《关于办理侵犯知识产权刑事案件适用法律若干问题的意见》《关于公安机关管辖的刑事案件立案追诉标准的规定》（一）、（二）。（最高人民法院、最高人民检察院、公安部负责）

（3）加快出台商标侵权判断标准。健全知识产权行政执法保护业务指导体系，推进专利侵权纠纷行政裁决示范建设和知识产权侵权纠纷检验鉴定技术支撑体系试点工作。开展知识产权行政执法典型案例评选发布工作。建立专利侵权纠纷行政裁决与专利确权程序联动机制。（知识产权局负责）

（4）推进地理标志专用标志换标工作，推进地理标志产品保护示范区建设。加强特殊标志、官方标志的保护，做好北京冬奥会、冬残奥会的知识产权立体化保护。（知识产权局负责）

（5）针对商标专利侵权假冒等违法行为持续开展集中执法保护行动，聚焦重点市场、重点领域和重点产品，加大案件指导督查督办力度。（市场监管总局、知识产权局负责）

（6）严厉打击不正当竞争行为，加大对市场混淆、侵犯商业秘密等行为的监管执法力度，加大对处理跨区域市场混淆等重大案件的统一部署，探索商业秘密等知识产权保护新模式。（市场监管总局负责）

（7）优化商标审查质量评价指标体系，完善审查质量管理，将商标注册平均审查周期压减至4个月。深化商标注册便利化改革，推进商标评审、异议、撤销等业务的电子化。加快智能审查系统开发，加大人工智能技术在审查中的运用。（知识产权局负责）

（8）形成打击非正常专利申请和商标恶意注册、囤积行为的长效机制。推动地方全面取消实用新型、外观设计和商标申请注册环节的资助与奖励。（知识产权局负责）

（9）开展商标、地理标志区域品牌培育行动，大力实施地理标志运用促进工程，深入开展地理标志助力精准扶贫和商标品牌培育工作。（知识产权局负责）

（10）完善集体商标、证明商标注册管理制度，加强区域品牌建设，促进区域经济发展。（知识产权局负责）

（11）认真落实中美第一阶段经贸协议知识产权章节相关工作。做好中欧地理标志协定生效的技术准备。（商务部、外交部、知识产权局按职责分别负责）

《知识产权强国推进计划》与商标工作直接相关的事项分别从改革完善知识产权政策、完善法律法规规章、强化知识产权行政保护、提高知识产权审查质量和效率、强化知识产权质量导向、加强知识产权综合运用、深化知识产权国际交流与合作等方面部署。

2.《2020年地方知识产权战略实施暨强国建设工作要点》（国知战联办〔2020〕3号）（以下简称《地方工作要点》）（摘录）

2020年4月20日，国务院知识产权战略实施工作部际联席会议办公室发布关于印发《2020年地方知识产权战略实施暨强国建设工作要点》的通知。各地知识产权战略实施暨强国建设工作要点中与商标工作直接相关的事项如下。

北京市：

（1）探索建立商标、地理标志等规范化管理机制。

（2）研究制定专利、商标、地理标志保护等相关规范、标准，探索新领域、新业态、新模式的知识产权管理与保护规范。

（3）严格统一适用新商标法及商标授权确权审理指南，打击囤积商标、恶意抢注商标行为。

天津市：

开展打击侵犯知识产权和制售假冒伪劣商品专项行动，针对重点领域进一步加大案件查办力度。强化海关知识产权保护执法。

河北省：

加强对重大敏感、涉民族品牌、涉外侵犯知识产权案件的批捕、起诉工作指导，审慎处理涉外、涉冬奥敏感知识产权案件，对严重侵犯科技创新和知识产权的犯罪案件予以挂牌督办。

山西省：

（1）落实9个有条件的地市增设商标业务受理窗口。

（2）加大对商标、专利代理机构的监管力度。

（3）加强地理标志挖掘、培育、申报、运用等工作，助推地理标志精准扶贫、商标品牌兴农富农。

内蒙古自治区：

（1）落实商标注册便利化、专利事务“零跑腿”。

（2）实现企业名称变更与商标注册人名义变更一体化服务。

（3）推进地理标志运用促进工程项目实施，成立自治区地理标志标准化技术委员会。

（4）指导各类行业协会等组织注册集体商标、证明商标和地理标志商标，申请地理标志产品保护，推动民族传统奶制品区域公共品牌建设工作。

（5）鼓励支持知名企业开展马德里商标国际注册和PCT国际专利申请。

（6）做好知识产权战略实施工作厅际联席会议相关工作，统筹推进专利事业发展和商标品牌战略，完成知识产权强区建设任务目标，做好知识产权事业发展“十三五”规划总结评估和“十四五”规划编制工作。

（7）规范蒙古语言文字商标注册及商标蒙文翻译工作，加大蒙文《商标法》的宣传。

辽宁省：

开展2020年打击侵犯知识产权和制售假冒伪劣商品工作。

黑龙江省：

（1）深入推进专利、商标、地理标志等工作融合，提升工作整体效能。

（2）开展地理标志产品专用标志使用核准改革试点工作。

（3）加强对商标、专利行政执法业务指导，加大专利侵权纠纷行政裁决案件办理力度。

（4）举办全省制造业“龙江品牌”宣传推介、全省“质量月”和“质量开放日”活动。培育创建龙江中医药品牌。

江苏省：

（1）加强南京专利代办处、苏州分理处及各商标受理窗口业务能力建设，优化工作流程，压减办理周期。

（2）开展地理标志保护产品专用标志使用核准改革试点工作。

（3）实施地理标志培育项目，挖掘地理标志资源，促进地方特色经济发展。

浙江省：

健全侵权假冒线索智能发现机制。通过大数据、人工智能、区块链等技术手段探索创新网上网下一体化查处打击模式。

安徽省：

（1）推进专利和商标相关业务全流程网上办理，电子化审批。

（2）推动专利、商标代理服务机构行业自律，实施“双随机、一公开”监管。

（3）扎实推进地理标志保护产品专用标志使用核准改革试点工作。

（4）开展打击知识产权侵权假冒行为专项行动。

（5）继续打击商标囤积、专利违法违规代理行为。

（6）继续实施地理标志产品精准扶贫。

福建省：

（1）继续推进专利申请和商标注册便利化改革。

（2）对商标、专利等知识产权代理机构全面实施“双随机、一公开”监管。开展专利代理行业“蓝天”专项整治行动。

（3）全面落实地理标志产品专用标志使用核准改革试点方案。

（4）加强商标智慧化监管，建设商标分析决策和监测预警系统，加强维权保护。

（5）深入实施专利商标质量提升工程，聚力培育高价值核心专利及商标品牌。

（6）促进商标综合创新运用，持续推动商标专用权质押贷款工作，培育自主商标品牌，推进各类出口企业开展商标境外注册。

（7）深化地理标志精准扶贫，探索地理标志保护产品与地理标志商标工作有机融合。

山东省：

（1）推进专利商标代理机构“双随机、一公开”监管。

（2）推进专利、商标、地理标志电子申请系统应用，推进知识产权业务“一网通办”。

（3）开展知识产权海关保护专项行动。实施针对跨国公司的知名品牌重点保护工作。加强培塑关区出口知识产权优势企业。

（4）打击非正常专利申请和商标囤积、恶意注册行为。

河南省：

加强国内外知名地理标志产品的保护合作，做好相关地标产品中欧互认和宣传推介。鼓励各地县级政府加强地理标志培育，制订全省地理标志保护产品培育计划。

湖北省：

（1）不断加大侵权假冒行为惩戒力度，深入推进知识产权审判“三合一”审判机制改革，加强知识产权审判队伍建设。

（2）与 WIPO 联合开展马德里商标国际注册培训，指导企业进行商标国际注册。

（3）举办第二届地理标志大会暨品牌培育创新大赛。

(4) 着力培育和壮大老字号。

(5) 持续完善商标大数据分析系统，提升商标数据分析、应用、决策能力。

(6) 推进知识产权强省建设试点和品牌强省建设。

湖南省：

(1) 加大侵权假冒行为惩戒力度。积极开展专利侵权纠纷行政裁决。

(2) 推动地理标志精准扶贫和商标品牌富农工程。

(3) 推动将湖南省优秀地理标志逐步纳入中欧“100+100”互认互保范围。

(4) 初步搭建完成湖南省地理标志信息平台。

广东省：

(1) 指导省内商标受理窗口规范化、制度化建设，提高工作效率和服务水平。

(2) 加强商标品牌培育指导站建设，支持各地市在县区建立指导站。

广西壮族自治区：

(1) 组织开展专利商标领域“双随机、一公开”检查。

(2) 推进国家知识产权局地理标志运用促进工程项目实施。

海南省：

(1) 加快推进地理标志保护产品专用标志使用核准改革试点工作。

(2) 持续推进商标注册便利化改革。

(3) 大力挖掘地理标志，努力打造区域化品牌。

重庆市：

(1) 依法查处一批侵犯知识产权的大案要案，重点打击假冒驰名商标和涉外商标等情节严重、社会反映强烈的犯罪活动。

(2) 实施地理标志运用促进工程。

(3) 加强宣传策划，持续开展知识产权宣传周、专利周等活动。积极申办2020年第12届中国国际商标品牌节暨中华品牌商标博览会。

四川省：

（1）探索开展对商标恶意注册、非正常专利申请以及商业秘密、商务信息及其源代码保护的立法调研。

（2）推动落实《关于促进老字号改革创新发展的实施意见》，促进老字号改革创新发展。

贵州省：

（1）启动实施一批地理标志产业化促进项目。

（2）推动出台关于打造“黔系列”民族文化产业品牌的意见，助推“黔货出山”。

云南省：

（1）适时组织制定商标专利执法办案工作规范和办案指南。

（2）探索指导地理标志商标运用促进工程。实施地理标志运用促进工程项目2项。

西藏自治区：

（1）加强对商标抢注和恶意注册、非正常专利申请等行为的信用监管。

（2）推动《地理标志保护产品培育名录》建立工作。

（3）开展高价值专利、驰名商标、公用商标、地标保护产品的跟踪管理，提升运用能力。

（4）组织引导企业参加全国性、区域性品牌展览、博览、研讨等活动。

陕西省：

（1）修订《陕西省地理标志产品保护办法》。

（2）修订《陕西省人民政府关于推进商标战略的实施意见》。

（3）针对跨国公司的知名品牌实施重点保护。继续加强培塑出口知识产权优势企业。

（4）进一步强化对知识产权制假售假突出违法犯罪的打击整治，密切协作配合。

（5）大力开展绿色食品、有机产品、GAP认证，大力开展农产品地理标志登记保护。

（6）开展“2020年地理标志三秦行”活动。

甘肃省：

（1）对专利商标代理机构开展“双随机、一公开”等事中事后监管工作。

（2）组织开展针对商标、专利、地理标志、版权、植物新品种等领域知识产权专项执法行动。开展网络市场监管专项行动，继续开展反不正当竞争专项执法行动。

（3）启动实施甘肃省专利导航、商标品牌培育和地理标志运用促进等三大工程。

（4）进一步探索商标、专利质押贷款保险、补贴与风险共担工作机制。

（5）出台《地理标志品牌助力地方经济高质量发展的实施意见》。开展省级地理标志保护示范区创建工作和商标品牌示范区创建工作。开展知识产权精准扶贫工作。

（6）重点选择特色地理标志农业县区开展知识产权区域布局。

（7）整合商标、专利、地理标志项目和平台，统一服务窗口和办事流程，推动在定西、陇南及兰州新区设立商标注册申请受理窗口，大力推进商标注册和专利申请电子化。

（8）建立健全商标品牌指导站，将区域重点商标品牌纳入商标监测预警范畴。

（9）积极探索优化窗口流程，不断提高服务质量，做到“一口清”“一手落”。继续推行商标注册电子邮箱预先受理渠道，保证注册申请“只跑一趟”。

青海省：

（1）开展“双打”和商标专用权保护专项整治行动。组织开展关键领域、重点环节、重点群体知识产权行政执法专项行动。加大植物新品种权保护力度。持续开展海关部门知识产权“龙腾”专项行动。

（2）开展地理标志产品保护工程建设。

（3）强化企业用标意识，争创农牧业品牌，打造具有市场竞争力和市场占有率的强势品牌。

（4）加强专利、商标受理窗口建设。改造完成并全面采用青海商标受理窗口网上服务系统。

（5）继续开展2020年国内外青海品牌商品推介活动。

宁夏回族自治区：

（1）落实《宁夏回族自治区知识产权补助资金管理暂行办法》，集中统一管理专利、商标和地理标志产品涉及的资金补助项目。

（2）对专利商标代理机构实施“双随机、一公开”监管。

（3）建立驰名商标维权联系人名录。强化对地理标志保护产品及专用标志使用的监管。

（4）加强重大案件的督查督办和跨部门跨区域的执法协作。推进打击侵权假冒行政执法与刑事司法衔接。

（5）研究制定地理标志促进运用工作规划，实施地理标志试点工作。

新疆维吾尔自治区：

（1）加大知识产权犯罪打击力度。重点打击食品、药品、农资、服饰箱包等领域侵权假冒犯罪，以及跨区域实施制假售假的犯罪。

（2）继续做好知识产权优势示范企业相关工作。强化商标品牌建设，加大地理标志商标品牌工作推进力度。

新疆生产建设兵团：

（1）持续开展专利代理机构专项整治，打击非法代理，规范商标代理行为。

（2）深入开展专利、商标、版权、地理标志、植物新品种等领域专项整治行动。

（3）支持企业建立品牌管理体系。

（4）加大宣传报道力度，组织开展4·26知识产权宣传周、“专利周”“双创活动周”“品牌日”“绿色食品宣传月”“质量月”等活动。

通过以上对各地方《工作要点》中与商标工作直接相关的条款梳理可以看出，国务院知识产权战略实施工作部际联席会议办公室印发的《2020年地方知识产权战略实施暨强国建设工作要点》结合了各地方商标工作的特点，从深化知识产权领域改革、严格保护知识产权、促进知识产权创造运用、优化知识产权服务、加强组织实施和政策保障等方面对各地商标工作进行了部署。从《地方工作要点》的具体内容来看，绝大多数省市自治区有直接与商标有关的重点工作安排，包括落实商标注册便利化，探索对商标抢注、恶意注册的监管，加强对商标侵权违法活动的打击，实施地理标志运用促进工程，支持企业商标品牌建设，开展商标品牌宣传活动等，这些重点工作的安排，突出体现了各地方对于商标工作的重视。

（二）国家市场监督管理总局的工作布局

1.《国家市场监督管理总局2020年立法工作计划》（国市监法〔2020〕41号）

2020年是全面建成小康社会、实现第一个百年奋斗目标的决胜之年。市场监管总局的立法工作将以习近平新时代中国特色社会主义思想为指导，全面贯彻落实党的十九大和十九届二中、三中、四中全会精神，认真贯彻习近平总书记全面依法治国新理念新思想新战略，围绕中心、服务大局，以推动构建科学系统完备的市场监管制度体系为目标，加强重点领域立法，加大立法统筹协调力度，加快立法进程，着力提高立法质量和效率，深入推进市场监管规则融合，为市场监管工作长远发展筑牢法治根基。涉及商标的有：拟制修订《商标代理管理办法》（知识产权局）、《地理标志保护规定》（知识产权局）、《官方标志保护办法》（知识产权局）、《关于禁止仿冒知名商品特有的名称、包装、装潢的不正当竞争行为若干规定》（价监竞争局）、《驰名商标认定和保护规定》（知识产权局）、《集体商标、证明商标注册和管理办法》（知识产权局），其中《商标代理管理办法》《地理标志保护规定》《官方标志保护办法》已公开发布征求意见稿。

2.《2020年知识产权执法"铁拳"行动方案》（国市监稽〔2020〕66号）（以下简称《行动方案》）

为贯彻落实《关于强化知识产权保护的意见》（中办发〔2019〕56号），按照全国市场监管工作会议有关"加强知识产权执法"的要求，深入推进知识产权执法工作，国家市场监督管理总局制定《2020年知识产权执法“铁拳”行动方案》。

《行动方案》坚持以习近平新时代中国特色社会主义思想为指导，深入贯彻落实党的十九大和十九届二中、三中、四中全会以及中央经济工作会议精神，进一步完善知识产权执法体系，提高执法的时效性、专业性和系统性，加大行政处罚力度。针对侵权假冒高发多发的重点市场、重点领域和关系人民群众健康安全的重点商品，加强违法线索摸排，推进跨区域、全链条执法，强化案件督查督办，依法严厉查处违法行为，促进营商环境不断改善，为全面建成小康社会提供有力支撑。其中涉及商标执法的主要任务有以下几项。

（1）加强重点商品执法。围绕抗疫防护用品、食品、电子产品、家用电器、汽车配件、服饰箱包等重点商品，组织开展执法行动，严查商标侵权、假冒专利违法行为。针对涉农产品、特色产品，加大对地理标志侵权假冒案件的查办力度。加强涉及奥林匹克标志等官方标志和特殊标志的商品执法，做好重要展会、交易会、重大文体活动期间举报投诉的处置。

（2）加强实体市场执法。根据近三年案件查处和举报投诉情况，分析确定本地商标、专利、地理标志违法案件高发多发的实体市场，建立重点市场名录。健全对实体市场案源搜集摸排机制，通过明察暗访等多种方式加强线索摸排，及时组织开展专项执法行动，严厉查处商标侵权、假冒专利、侵犯地理标志等违法行为。在节假日等消费高峰时段，加大对农村和城乡接合部市场的执法检查，严厉查处侵权假冒违法行为，净化农村市场环境。

（3）加强电子商务执法。完善线上排查、源头追溯、协同查处机制，利用信息技术加强对网络销售行为的监测和排查，提高案件线索的发现、识别能力，推进线上线下结合、产供销一体化执法，全链条查处侵权假冒违法行为。加强执法部门与知识产权权利人、电商平台经营者、物流寄递企业的沟通协作，充分利用电商大数据资源、物流寄递信息为执法办案提供支持。调动电子商务平台经营者保护知识产权的积极性，督促其落实“通知—删除—公示”责任，并在执法办案中发挥好沟通联络、信息共享等协助作用。

（4）加强申请环节执法。按照《商标法》《规范商标申请注册行为若干规定》（市场监管总局令第 17 号），严厉打击不以使用为目的的恶意申请、以欺骗或者其他不正当手段申请注册等恶意申请商标注册行为，依法对申请人和商标代理机构的违法行为给予处罚。

（三）国家知识产权局的具体工作成果

1.《商标侵权判断标准》（国知发保字〔2020〕23 号）

为深入贯彻落实党中央、国务院关于强化知识产权保护的决策部署，加强商标执法指导工作，统一执法标准，提升执法水平，强化商标专用权保护，根据《商标法》《商标法实施条例》的有关规定，制定《商标侵权判断标准》（以下简称《标准》）。

（1）制定的必要性和意义。

按照《深化党和国家机构改革方案》要求及《国家知识产权局职能配置、内设机构和人员编制规定》，新组建的国家知识产权局负责对商标专利执法工作的业务指导，具体承担制定并指导实施商标权、专利权确权和侵权判断标准。商标侵权判断具有较强的专业性、法律性和复杂性，《商标法》对商标专用权保护的规定较为原则，实践中大量商标侵权行为发生在基层，一线执法人员需要更具操作性的规定指引。制定《标准》不仅基层一线有需求，社会各界也十分关注。随着互联网经济的发展，商标侵权形式日趋多样化、复杂化，通过制定《标准》，有利于完善商标保护规则体系，解决执法实践中面临的新情况、新问题，为执法部门依法行政提供具体操作指引，进一步提升商标执法保护水平，为市场主体营造透明度高、可预见性强的知识产权保护环境。

（2）制定的依据。

制定《商标侵权判断标准》，既是落实机构改革要求，也是落实《关于强化知识产权保护的意见》及其推进计划的具体举措。2018 年 8 月，中办、国办印发《国家知识产权局职能配置、内设机构和人员编制规定》，规定国家知识产权局负责“制定并指导实施商标权、专利权确权和侵权判断标准”。2019 年 11 月，中办、国办印发《关于强化知识产权保护的意见》，明确要求“制定完善行政执法过程中的商标、专利侵权判断标准”。中办、国办《2020～

2021年贯彻落实〈关于强化知识产权保护的意见〉推进计划》进一步提出“制定出台商标侵权判断标准”。

（3）《标准》的主要内容。

《标准》对多年来商标行政保护的有益经验与做法进行了系统梳理和提炼总结，并结合实践增加了创新性规定。《标准》共38条，对商标的使用、同一种商品、类似商品、相同商标、近似商标、容易混淆、销售免责、权利冲突、中止适用、权利人辨认等内容进行了细化规定。主要包括如下内容：

①商标的使用。明确了商标的使用通常情况下是判定商标侵权行为的前提要件；进一步细化了商标的使用定义，并列举了商标的使用具体表现形式；明确了商标的使用判定原则。

②同一种商品、类似商品。《标准》规定了同一种、类似商品的判定原则，并明确了《类似商品和服务区分表》在商标行政执法中的应有作用。

③相同商标、近似商标。《标准》在传统商标的基础上，增加了立体商标、颜色组合商标、声音商标等新型商标相同、近似的判断标准，同时，进一步明晰了《商标审查及审理标准》在商标行政执法中的应有作用。

④容易混淆。2014年实施的《商标法》首次提出容易混淆的规定，在研究行政规范性文件及司法解释的基础上，《标准》明确了容易混淆包含的两种情形以及判定容易混淆需考虑的相关因素。

⑤未经商标注册人许可。针对执法实践中存在的超出商标使用许可的类别、期限、数量而导致的有争议的侵权情形，《标准》明确规定未经商标注册人许可包括未获得许可和超出许可的类别、期限、数量等情形。

⑥商标侵权具体行为。《标准》结合执法实践，参照相关行政答复，参考司法解释，针对实践中多发易发的商标侵权行为的法律适用问题进行了规定，包括自行改变注册商标、多件注册商标组合使用、以攀附为目的附着颜色使用、在包工包料加工承揽中使用侵权商品、销售活动中附赠侵权商品、帮助侵权等情形，进一步明确了《商标法》的具体适用条款。

⑦销售免责。《标准》对销售商免除责任的相关要件进行了细化规定，明

确了不属于销售不知道的情形以及满足说明提供者的相关条件。

⑧商标与其他知识产权冲突的处理。《标准》规定了处理商标与其他知识产权冲突的原则，明确了以商标申请日为比较基准。

⑨在先使用商标抗辩。为规范在先使用的未注册商标使用，《标准》对有一定影响的商标、原使用范围等进行了细化规定。

⑩中止的适用。《标准》对可以适用中止的情形进行了细化规定。

⑪五年内实施两次以上商标侵权行为。《标准》对《商标法》第 60 条第 2 款规定的“五年内实施两次以上商标侵权行为”进行了细化规定，明确为同一当事人被商标执法相关部门、人民法院等认定侵犯他人注册商标专用权的行政处罚或者判决生效之日起，五年内又实施商标侵权行为。

⑫权利人辨认。《标准》规定了商标权利人应当对其出具的辨认意见承担法律责任，并明确了执法机关应审查出具辨认意见主体的合法性、辨认意见的真实性、关联性以及辨认意见被采纳为证据的前提条件。

2. 《商标代理管理办法（征求意见稿）》（国家知识产权局）（2020 年 9 月 24 日）

为了规范商标代理行为，保障委托人、商标代理机构和商标代理从业人员的合法权益，维护商标代理市场的正常秩序，促进商标代理行业健康发展，根据《商标法》《商标法实施条例》以及其他有关法律、行政法规的规定，制定《商标代理管理办法（征求意见稿）》（以下简称《办法》）。

（1）《办法》的起草背景和必要性。

《商标法》和《商标法实施条例》自颁布实施以来，在规范商标代理行为，引导商标代理机构规范经营，提升服务质量、促进行业发展等方面取得了良好的社会效果。但是，随着我国经济社会快速发展，商标代理领域也暴露出一些问题，主要体现在以下三个方面：一是商标代理行为不够规范。近年来，随着商标代理行业准入门槛降低，商标代理机构数量急剧增长，部分代理机构管理不规范、服务质量参差不齐，甚至出现了从事或者帮助委托人恶意抢注、囤积交易商标等违法行为，损害当事人合法权益，扰乱市场秩序，极大地损害了行业形象，给行业监管带来巨大挑战。二是涉及商标代理的法律规定有待完善。《商标法》和《商标法实施条例》中关于商标代理监管的规定总体上较为原则，缺乏具体的程序性规定，难以应对行业快速发展中出现的复杂问题，需要通过部门规章加以梳理和细化，为商标代理管理和监管工作提供明确的法律支撑。三是商标代理监管亟待加强。目前实践中对商标代理进行监管、处理商标代理机构违法行为时，存在监管手段少、监管力量弱、信用监管不足等问题，有待解决。

因此，为适应商标代理行业发展的现实需要，保障《商标法》和《商标法实施条例》的顺利实施，充分发挥主管部门作用，加强行业组织自律，推动商标代理行业走高质量发展之路，有必要制定本办法。

（2）《办法》的主要内容。

《办法》共 7 章 57 条，主要包括五个方面的内容。

①规范商标代理机构备案制度。为更好地维护委托人利益，督促商标代理机构及时依法备案，发挥备案制度的信息公开作用，《办法》在总结实践经验的基础上，规定了商标代理机构办理备案、变更备案、注销备案的要求，为代理机构提供了详细指引。对于未依法办理备案、变更备案或者注销备案，以及未妥善处理尚未办结的商标代理业务，损害委托人利益或者扰乱商标代理市场秩序的商标代理机构，设置了行政处罚。同时，规定国家知识产权局应当对备案信息进行公示，方便社会公众监督。（第 5~9 条、第 52 条）

②明确商标代理行为规范。为规范商标代理行为，提高商标代理服务质量，《办法》对商标代理机构和从业人员的行为规范作出明确规定。一是明确从事商标代理业务的基本原则，商标代理机构从事商标代理业务不得采取欺诈等不正当手段，不得有害于社会主义道德风尚或者有其他不良影响；商标代理机构及其法定代表人、股东、合伙人、实际控制人、高级管理人员不得申请注册或者受让其代理服务以外的其他商标，也不得通过另行设立市场主体等其他方式变相从事上述行为。二是要求商标代理机构建立健全质量管理、利益冲突审查、恶意申请筛查、档案管理等业务管理制度和运营制度。三是重申了商标代理机构及其从业人员应履行的义务，包括告知、保密、签字负责、及时送交相关材料等，明确商标代理从业人员不得同时在两个以上商标

代理机构从事商标代理业务，以更好地维护委托人利益。四是针对商标代理行业中存在的低价恶意竞争、虚假宣传等乱象，要求商标代理机构加强职业道德和职业纪律教育，组织业务学习，遵循自愿、公平和诚实信用原则收取费用，遵守在互联网平台上进行业务活动的相关规定。（第3条、第10~21条）

③丰富商标代理监管手段。《办法》借鉴专利代理、律师等行业的监管经验，通过建立商标代理机构信用监管制度，列入严重违法失信名单，并将信用信息集中向社会公示等措施加强信用监管。在对商标代理执业活动进行检查、监督的过程中，列举具体事项，规范程序要求，明确当事人的配合义务。同时，知识产权管理部门也将充分运用约谈、警示谈话等手段，进一步提升增强监管工作效能。任何人发现商标代理违法行为可以依法向负责商标执法的部门投诉或举报。(第29~40条)

④完善对商标代理违法行为的处理措施。为加强对商标代理违法行为的规制，办法对《商标法》第68条以及《商标法实施条例》第88条列举的商标代理违法行为进行了细化，将帮助申请注册与重大公共事件相关的商标、虚假宣传欺骗公众、帮助委托人转让恶意申请的注册商标等行为明确纳入监管范围。除依法对商标代理违法行为给予行政处罚外，办法还就相关部门决定停止受理商标代理机构办理商标代理业务、开展联合惩戒等处理措施进行了规定。(第41~54条)

⑤加强商标代理行业自律。为发挥商标代理行业组织自律作用，办法明确了商标代理行业组织的定位、职能和职责，包括制定行业自律规范，对会员实施考核、奖励和惩戒，开展业务培训，协助健全行业信用信息管理体系等。(第4条、第22~28条)

3.《地理标志保护规定（征求意见稿)》（国家知识产权局）（2020年9月24日）

（1）修订背景和必要性。

2017年10月1日施行的《民法总则》和2020年5月28日第十三届全国人民代表大会第三次会审议通过的《民法典》，均将地理标志作为与作品、专利、商标、商业秘密等并列的知识产权客体。

在地理标志专门保护方面，现行的《地理标志产品保护规定》由原国家质检总局于2005年制定实施，与之配套的规范性文件《国外地理标志产品保护办法》于2016年发布并于2019年进行了修订，上述规章和规范性文件在有效保护地理标志产品、促进地方经济发展方面起到了重要作用。截至2020年6月底，获得批准的地理标志产品累计2 385个，核准地理标志专用标志（以下简称“专用标志”）使用企业8 811家。

但是，由于规章制定时间较早，且一直未做修改，已不能满足地理标志保护的现实需求：一是审查程序相关规定不完善，尤其是撤销理由不够全面、缺少异议理由；二是权利保护较弱，侵权的法律责任不清晰；三是侧重对地理标志产品和专用标志的审核批准，使用管理的规定较少；四是国内外地理标志相关内容分列于上述规章和规范性文件中，缺乏统一性。

为实施《民法典》，解决上述问题，推动地理标志法律制度进一步完善，须尽快修订《地理标志产品保护规定》，在现行知识产权制度框架下完善地理标志法律规则，切实加强地理标志保护。

（2）修订思路和主要内容。

《地理标志保护规定（征求意见稿）》（以下简称《征求意见稿》）综合考虑现行规章和规范性文件的规定，在此基础上进行补充完善：一是明确多方主体及其权利义务；二是完善优化地理标志申请和审查程序；三是加强地理标志保护和地理标志产品质量监管；四是整合国内外地理标志相关规定，实现同等保护。

①调整规章名称和整体框架。依据《民法典》，将规章名称由《地理标志产品保护规定》修改为《地理标志保护规定》。《征求意见稿》由原规章的总则、申请及受理、审核及批准、标准制订及专用标志使用、保护和监督等6章调整为总则、申请、审查和认定、撤销和变更、管理、运用和使用、法律责任等7章，从原28条扩充为42条。

②明确多方主体的权利义务。地理标志的申请主体为县级以上人民政府指定的生产者协会或者保护申请机构。地理标志获得保护后，申请人应当采

取措施对地理标志产品名称和专用标志的使用、产品质量特色等进行管理。地理标志产品生产者有权使用地理标志产品名称和专用标志，应当按照相应标准或者管理规范组织生产。(第9条、第32~33条)

③规定不给予地理标志保护的情形。明确规定不给予地理标志保护的情形，包括产品或者产品名称违反法律、社会公德或者妨害公共利益，产品名称仅为产品的通用名称，与在先地理标志、商标权、动植物品种冲突等，并将其作为异议和撤销的理由。(第7条、第16条、第23条)

④完善优化地理标志申请和审查程序。将地理标志申请和专用标志使用申请两个程序合二为一，规定申请人在提出地理标志申请时可以一并提交申请使用专用标志的生产者或者中国经销商列表，切实减轻当事人负担；明确申请人对驳回申请的决定不服的可以请求复审，对复审决定不服的可以向人民法院起诉。(第10~11条、第21条)

⑤加强地理标志的保护。《征求意见稿》规定，任何单位或者个人使用产品名称或者产品描述使公众对产品产地来源产生误认、未经批准擅自在产品上使用专用标志或者与专用标志相似的标志使公众产生误认的，依照《产品质量法》进行处理；在产地范围之外的相同或者类似产品上使用受保护地理标志产品名称构成侵权，由市场监督管理部门予以制止和罚款。(第35~36条)

⑥强化地理标志产品质量监管责任。为保持地理标志产品的质量特色，除了申请人和生产者应当承担相应义务外，产地范围所在的地方人民政府应当建立并实施受保护地理标志的产品标准体系、检测体系和质量保证体系；地方知识产权管理部门应当对本行政区域内受保护地理标志的产品质量特色、产品的标准符合性等方面进行日常监管。同时，规定了申请人或者生产者未履行相关义务时的罚则。(第28~29条、第37~38条)

⑦统筹国内外地理标志保护。明确外国人、外国企业或者外国其他组织申请地理标志依据本规定办理。考虑到外国地理标志申请的特殊性，规定外国申请人申请地理标志时还应当提交在所属国或者地区获得地理标志保护的官方证明文件等，并可以委托依法设立的专利代理机构、在国家知识产权局备案的商标代理机构或者依法设立的律师事务所办理。（第8条、第11条、

第 14 条）

4.《官方标志保护办法（征求意见稿）》（国家知识产权局）（2020 年 9 月 28 日）

（1）起草背景和必要性。

目前官方标志的保护是依据《商标法》进行的，《商标法》明确规定官方标志不得作为商标使用，并且不能获得商标注册，擅自使用要承担法律责任，但是缺少对官方标志的保护范围及保护要求的细化规定。《保护工业产权巴黎公约》有关于成员方给予外国官方标志国内保护的规定，但在实践中外国官方标志在我国获得保护时缺少明确的处理程序。此外，需要进一步明确商标与官方标志相同或近似时的处理措施，以保护社会公共利益，营造良好营商环境。

（2）起草思路。

《官方标志保护办法（征求意见稿）》（以下简称《征求意见稿》）的起草思路主要着眼于以下三点：一是明确官方标志的保护范围和保护途径，增强官方标志保护的可操作性；二是规定官方标志的保护程序，实现国内外官方标志的同水平保护；三是梳理《商标法》对官方标志保护的法律适用，细化《商标法》第 52 条规定的执法部门，确保官方标志在商标审查全流程获得保护。

（3）主要内容。

《征求意见稿》共 14 条，包括四方面内容：

①明确官方标志范围。官方标志主要指《商标法》第 10 条第 1 款第（1）项至第（4）项所述的标志。（第 2 条）

②确定国内官方标志的备案和获得保护的程序。除了法律、行政法规有明确规定的官方标志外，国务院有关主管部门及其他部门或者组织所使用的官方标志需要依据《商标法》获得保护的，可以向国家知识产权局进行官方标志备案。备案时需要提交标志图样和说明等材料，国家知识产权局对符合规定的标志进行备案和公告。（第 3～5 条）

③确定国际官方标志获得保护的程序。国家知识产权局依据中国加入的有关国际协定，通过国际局处理国际官方标志的保护事务。国务院有关主管

部门及其他部门或者组织所使用的官方标志需要获得国际保护的，在提交备案材料时一并说明，由国家知识产权局通知国际局处理。对于国际局通知需要在中国获得保护的外国政府或者国际组织的官方标志，符合规定的，国家知识产权局于12个月内予以公告；不符合规定的，12个月内向有关国家或者国际组织提出异议。（第6~8条）

④明确官方标志的法律保护措施。商标不得与官方标志相同或者近似，注册商标与官方标志相同或近似的，国家知识产权局根据《商标法》规定分别做出依法驳回、不予注册、宣告无效的决定；未注册商标与官方标志相同或者近似的，由行为人所在地或行为发生地县级以上市场监督管理部门根据《商标法》规定予以行政处罚。（第9~12条）

二、商标授权确权和行政保护

（一）全国商标授权确权概况

商标注册申请周期缩短、商标注册官费降低使得商标注册更为便捷，但与此同时，也出现了恶意抢注、囤积商标等问题，这些问题严重扰乱了市场经济秩序以及经济管理秩序。2019年4月23日，第十三届全国人民代表大会常务委员会第十次会议通过对《中华人民共和国商标法》作出修改的决定，本次修订共涉及6个条款，其中4条是对商标恶意注册行为的规制，贯穿整个商标申请注册和保护程序，为打击商标注册行为提供了直接、明确、可操作性的依据。该决定于2019年11月1日起正式施行，商标恶意注册行为将迎来重击，有助于我国商标注册的规范发展。

2020年1月14日，国家知识产权局在京举办2020年首场例行新闻发布会，集中发布2019年专利、商标、地理标志、集成电路布图设计的年度统计数据。在商标方面，2019年，我国商标注册申请量为783.7万件。商标注册量为640.6万件，其中，国内商标注册617.8万件。截至2019年年底，有效商标注册量达2 521.9万件，同比增长28.9%。平均每4.9个市场主体拥有1件注册商标。对比2018年，我国商标注册申请量为737.1万件。商标注册量为 500.7 万件，其中，国内商标注册 479.7 万件。截至 2018 年年底，我国国内有效商标注册量（不含国外在华注册和马德里注册）达到 1 804.9 万件，每万户市场主体商标拥有量达到 1 724 件。

2019 年，收到中国申请人提交马德里商标国际注册申请 6 491 件。截至 2019 年年底，我国申请人马德里商标国际注册有效量为 3.8 万件。2019 年各省市马德里商标国际注册申请量最多的为广东省，申请数量为 1 413件；其次是江苏省，申请数量为 891 件；第三位是山东省，申请数量为 836 件。青海和宁夏均无马德里商标国际注册申请量。

2019 年，共审结商标注册申请 825.3 万件，商标注册平均审查周期缩短至 4.5 个月。受理商标异议申请 14.4 万件，完成异议案件审查 9.0 万件。共收到各类商标评审案件申请 36.1 万件，结案 33.7 万件。2019 年是“商标审查质量提升年”，面对案件量不断攀升、法律适用难度增加等多重考验，国家知识产权局商标局认真贯彻落实国务院关于深化“放管服”改革要求，以深化商事制度改革为引领，将加强知识产权保护和优化营商环境作为重要着力点，持续推进商标评审工作便利化，充分保护当事人合法权益。2019 年累计各类评审案件申请收文 360 996 件，同比增长 15.17%。其中驳回复审申请收文 302 096 件，同比增长 10.86%；涉及双方当事人的复杂案件申请收文 58 900 件，同比增长 43.86%。按换算工作量计算，同比增长 28.88%。

在地理标志方面，2019 年，国家知识产权局发布了统一的地理标志专用标志，批准保护地理标志产品 5 个，注册地理标志商标 462 件，核准使用地理标志产品专用标志企业 301 家。截至 2019 年年底，累计批准地理标志产品 2 385 个，注册地理标志商标 5 324 件，核准专用标志使用企业 8 484 家。

根据商标申请数据统计，从区域分布情况来看，2019 年，广东省国内商标注册量遥遥领先，商标注册量总计为 118.77 万件，占比为 18.54%。第二、第三名分别是浙江省的 61.05 万件，北京市的 47.46 万件。从行业分布情况来看，申请量较多的 5 个类别依次为第 35 类（广告，商业经营，商业管理等）、第 30 类（咖啡，茶，面粉和谷类制品，糕点和甜食等）、第 9 类（科学装置及仪器、计算设备等）、第 25 类（服装，鞋，帽）和第 43 类（提供餐饮，住宿服务等)。排在第1位的第35类申请量是第25类的2.5倍，说明商业服务已经取代服装等传统行业成为我国商标申请最集中的领域。从企业申请份额看，2019年商标申请量加速向头部代理机构集中，TOP10机构总量相比2018年增长1/3。2019年，阿里巴巴科技（北京）有限公司申请数量排第一，申请总量为577 732件。第二、第三名分别是北京梦知网科技有限公司的267 675件，北京细软智谷知识产权代理有限责任公司的150 343件。

（二）部分省市商标发展和行政保护状况

1. 北京市

在2019年国家营商环境评价中，北京市“知识产权创造、保护和运用”指标名列全国第一。全市商标申请量为54.66万件，商标注册量为47.46万件，有效商标注册量达192.2万件。共有平谷大桃、大兴西瓜等地理标志产品13件，核准使用地理标志保护产品专用标志的企业总数53家。

在保护方面，知识产权行政执法力度进一步加大。北京市知识产权局共受理专利侵权案件310件，其中电商专利侵权案件202件。北京市市场监管系统就打击侵犯知识产权和假冒伪劣案件共立案2 072件，结案2 065件，罚没款1.3亿元。

2. 上海市

上海商标申请量43.88万件，同比增长7.31%，新增商标注册量36.10万件，同比增长23.76%。上海有效商标注册量达到147.26万件，同比增长28.13%。上海共拥有地理标志商标16件，地理标志保护产品8个。

在行政执法方面，2019年，上海市市场监管系统共查处商标违法案件1 799件，处罚款1 402万元，没收各类侵权商标标识和商品共计21万余件(只)，移送涉嫌商标犯罪案件52件。

3. 深圳市

2019年，深圳市商标申请和注册量保持增长趋势，全市商标申请量500 905件，同比增长3.96%；商标注册量395 243件，同比增长20.90%；截至2019年年底，深圳累计有效注册商标量1 396 734件，同比增长36.11%，有效注册商标量居全国大中城市第三名。

2019 年，深圳市知识产权行政部门严格执法，加大知识产权保护力度，为创新发展营造良好氛围。深圳市市场监督管理局深化市、区、所三级联动执法体系改革，设立知识产权稽查处统筹大要案办理和新领域执法，组织“护航”“雷霆”“剑网”等系列专项行动，全年查处侵权案件 1 787 件，同比增长 46%，结案 1 734 件，增长 60.26%，罚没款 5 183.78 万元，移送公安机关涉嫌犯罪案件 49 件，其中商标案件 718 件、专利案件 1 051 件、版权案件 18 件。

4. 江苏省

2019 年，江苏省商标申请量 495 166 件，注册量 407 715 件，有效商标注册量 1 582 236 件，马德里国际商标申请量 838 件，均稳步增长。2019 年，江苏省新增地理标志商标 26 件，新增农产品地理标志 18 个，截至 2019 年年底，江苏省地理标志商标注册总量达 324 件，有效地理标志产品为 91 件，登记保护农产品地理标志总量为 79 个。

2019 年，江苏省知识产权局组织省、市、县三级联动开展“双打”“铁拳”、地理标志保护等专项行动。全省共查处商标违法案件 2 558 件，罚没款 4 807.97 万元。

5. 四川省

2019 年，四川省商标注册便利化改革不断深化，新增 2 个商标受理窗口，累计 7 个。其中，成都商标受理窗口在全国 212 个地方商标受理窗口中，商标注册申请量持续排名全国第一。2019 年，四川省知识产权拥有量持续增长，新增商标注册 22.51 万件，同比增长 35.6%；有效注册商标量累计 83.27 万件，同比增长 31.8%。马德里商标国际注册申请量为 44 件，累计 539 件。全省新增专利申请 13.15 万件，PCT 专利申请 444 件，专利授权 8.21 万件。全省新增地理标志 61 件，累计拥有地理标志 844 件。累计推荐 22 件地理标志纳入中欧地理标志合作协定清单。

在商标行政保护方面，2019 年，四川省各级行政执法机关不断加大执法力度，深入开展各项专项行动。查处各类商标违法案件 1 364 件，案值 1 261.48 万元，移送司法机关 15 件，查处侵犯驰名商标权益的案件 56 件。

成都海关共采取知识产权保护措施 283 批次，涉及侵权商标 20 余个，作出行政处罚决定 6 起。

6. 山东省

2019 年，山东省注册商标申请量为 46.5 万件，比上年增长 16.6%；核准注册 37.2 万件，比上年增长 47.2%，新增核准注册量占全省有效注册商标的 28.7%。全省有效注册商标 129.8 万件，比上年末增长 35.2%，总量列全国第六位。拥有注册商标的市场主体 39 万户，比上年末增长 7.3 万户和 23.0%；每百户市场主体、企业拥有注册商标分别为 12.5 件和 42.4 件，比上年末分别增加 1.9 件和 5.7 件。新增地理标志商标 59 件，全省已有地理标志商标 737 件，覆盖全省 100 多个县（市、区）、180 多个类别的特色产品，总量连续 9 年居全国首位。地理标志保护产品 79 个，有 10 件产品被纳入中欧地理标志互认互保产品。新增马德里商标国际注册申请 836 件，申请量位居前 3 位的市依次为菏泽 220 件、济南 164 件、青岛 98 件；全省马德里国际注册商标有效量 8 146 件，比上年末增长 24.2%，居全国第一位。

围绕地理标志、展会、电子商务领域、民营企业、涉外知识产权保护五个工作重点，开展知识产权保护专项行动、知识产权执法“铁拳”行动、春茶地理标志专项保护行动和秋季地理标志专项保护行动等，2019 年查处商标违法案件 1 225 件、地理标志产品侵权案件 16 件。

（三）全国商标行政保护典型案例

为深入贯彻党中央、国务院关于强化知识产权保护的决策部署，全面加强专利商标行政保护，指导提升办案质量与效率，有力震慑侵权假冒行为，积极营造良好的营商环境，国家知识产权局组织开展了 2019 年度知识产权行政保护典型案例评选活动。案例评选经过地方推荐、网络投票和专家评审等环节，最终确定专利行政保护典型案例和商标行政保护典型案例各 10 个。其中商标行政保护十大典型案例如下所述。

1. 四川省德阳市市场监督管理局查处侵犯“长城”等注册商标专用权案

2019 年年初，四川省德阳市市场监督管理局根据举报，对石某等人制售假冒知名品牌润滑油情况进行调查。经查，举报属实，并基本掌握了假冒注册商标润滑油的生产加工点、仓储点及经销商分布情况。4月10~12日，市、区两级市场监督管理部门抽调40名办案骨干人员联合组成多个办案组，同时对生产、加工、仓储、经销点开展突击检查，对13个制售假冒润滑油窝点展开全链条打击。经统计，制假售假网络涉及四川省12个市（州）及河北省有关地区，依法查扣假冒“长城”“昆仑”“美孚”“壳牌”等13个注册商标的润滑油产品5 000余桶，假冒注册商标标识1.3万余张，外包装5 000余套，制假工具23台（个），查封库存润滑油原油近30吨，非法经营额1 100余万元。由于该案涉案金额巨大，根据《最高人民检察院、公安部关于公安机关管辖的刑事案件立案追诉标准的规定（二）》的相关规定，2019年5月24日，德阳市市场监督管理局将该案依法移送公安机关。

该案涉及多个知名品牌，涉案金额巨大，销售地域广泛，包括四川、河北两省10余个市（州）。办案机关在较短时间内查清了当事人的违法事实，并及时移送公安机关，从生产源头上打击了商标侵权行为，取得了良好的社会效果。办案机关及时启动行刑衔接机制，部门间高效协作，为案件成功查办提供了有效保障。

2. 湖北省十堰市市场监督管理局查处侵犯康明斯有限公司相关注册商标专用权案

第8439222号和第8439221号商标是康明斯有限公司的注册商标，核定使用的商品为第7类“用于发动机及引擎的汽油滤清器；用于发动机及引擎的柴油滤清器；用于发动机及引擎的空气滤清器；涡轮压力机”等商品以及第12类“车辆油箱盖；摩托车；小型机动车；自行车、三轮车用打气筒；架空运输设备；商品装卸手推车；公共马车；车辆轮胎；补内胎用全套修理工具”等商品。上述商标专用期限分别为2013年9月28日至2023年9月27日、2013年5月7日至2023年5月6日。2019年6月25日，湖北省十堰市市场监督管理局根据举报，对十堰市金固汽车密封件制造有限公司仓库进行现场检查，发现大量带有康明斯有限公司第8439221号注册商标的发动机修理包、汽缸体、连杆瓦等商品。当事人不能提供合法取得的购进凭证。由于涉案案值达1 800万元，根据《最高人民检察院、公安部关于公安机关管辖的刑事案件立案追诉标准的规定（二）》第 70 条，当事人涉嫌销售假冒注册商标商品犯罪。2019 年 7 月 1 日，十堰市市场监督管理局将该案依法移送公安机关。

该案涉案金额巨大，社会影响恶劣。办案机关依法将案件移送公安机关，对整治规范汽车及零配件销售市场可产生广泛的社会效应。同时，该案作为一起保护涉外商标权利人合法权益的典型案件，充分体现了我国对中外商标权利人合法权益的同等保护。

3. 吉林省蛟河市市场监督管理局查处侵犯中国绿色食品发展中心证明商标专用权案

第 892120 号商标是中国绿色食品发展中心注册在第 29 类“豆制品”及第 30 类“食盐”等商品上的证明商标。该商标注册公告日期为 1996 年 11 月 7 日，经过续展，商标专用期限为 2016 年 11 月 7 日至 2026 年 11 月 6 日。2018 年 3 月 12 日，吉林省蛟河市市场监督管理局接到举报：大连瓦房店五岛粉洗盐厂（后名称变更为大连齐澺制盐厂）生产的五岛牌深井岩盐精制盐，其外包装左上方使用了与涉案商标相近似的标志，涉嫌商标侵权。经与中国绿色食品发展中心核实，五岛牌深井岩盐精制盐产品使用的图案未经权利人许可。经查，涉案人未经权利人许可在食盐商品上使用与第 892120 号证明商标近似的标志，容易导致相关公众对商品的特定品质产生误认，构成《商标法》第 57 条第（2）项规定的商标侵权行为。另外，办案机关共查获涉案商品 65.64 吨，案值 25.06 万元。根据《商标法》第 60 条第 2 款的规定，办案机关作出了没收侵权商品、罚款 50.12 万元的行政处罚。当事人不服，先后向蛟河市人民法院、吉林市中级人民法院提起行政诉讼。2019 年 6 月 24 日，二审法院作出终审判决，维持行政处罚决定。

该案是一件保护证明商标的典型案例。涉案绿色食品标志为 1994 年《集体商标、证明商标注册和管理办法》实施后首批获准注册的证明商标。该案为加强证明商标的保护积累了经验。同时，办案机关从保障人民群众食品安全的高度出发，措施及时，调查充分，定性准确，处罚决定得到了两审法院的支持，体现了案件承办人员较高的业务素质和较强的政治责任感。

4. 广东省深圳市市场稽查局查处侵犯“华为”等注册商标专用权集群案

2019年年初，根据华为公司投诉的市场上侵权假冒手机及零配件问题，深圳市市场稽查局于4月10日联合公安部门开展专项整治行动。经核查，涉案当事人极客修网络手机维修平台总部设在重庆，是由重庆天极云服科技有限公司创办运营的以O2O模式开展数码设备维修服务的平台，主营业务为手机维修、电脑维修以及数码产品回收，维修点遍布全国。该公司主要采用线上接单、线下门店维修的方式为客户提供涉及华为、三星、苹果等多个知名品牌电子产品的维修服务。2019年9月4日，经过近3个月的摸排、分析、调证、研判及侦查，深圳市市场稽查局联合深圳市公安局经侦局发起收网行动。在各地配合下，全国执法机关累计突击检查目标点59个，查获假冒品牌手机配件12万多个，刑拘31人，总涉案金额高达3亿元。

该案展示了知识产权保护联合执法行动的丰硕成果。行政机关与公安机关协同办案，形成执法合力，对案件的源头精准追溯，对侵权商品的生产、仓储、销售、维修等环节全链条打击，集中、高效地打掉了涉及全国的网络侵权团伙，有力震慑了知识产权违法犯罪行为，有效净化了市场环境，切实维护了权利人和消费者的合法权益。

5. 江西省九江市市场监督管理局查处侵犯“公牛及图”注册商标专用权案

第7218670号商标是公牛集团股份有限公司在第9类“电开关；电器插头；插头、插座及其他接触器（电接头）光电开关（电器）；贵重金属电器插头”等商品上的注册商标，商标专用期限为2010年10月28日至2020年10月27日。

2019年8月19日，江西省九江市市场监督管理局根据权利人投诉，对个体工商户周某经营的五金店铺进行现场检查，发现标注“上海公牛鸿业贸易有限公司”字样、标志的各种型号电开关7 900个及插座183个。经权利人辨认，上述商品并非其生产或授权生产。经查，当事人自2016年8月起，与上海公牛鸿业贸易有限公司保持供销关系，但未建立进销货台账和详细账目，未提供进货合同、发票等能够证明货物来源的进货凭据。上海公牛鸿业贸易有限公司持有第15684397号注册商标，核定使用商品为“内部通信装置；电度表；电源材料（电线、电缆）；分线盒（电）”等；第6249950号注册商标，核定使用商品为“电源材料（电线、电缆）；电开关；断路器；插座、插头和其他连接物（电器连接）”等。办案机关认定，涉案开关和电插座上标注的标志，与权利人的第7218670号注册商标近似，权利人商标知名度较高，相关公众容易产生混淆，当事人上述使用商标行为构成《商标法》第57条第（3）项规定的侵权行为，且不属于《商标法》第60条第2款规定的免责情形。根据《商标法》第60条第2款的规定，九江市市场监督管理局对周某作出责令立即停止侵权行为、没收侵权产品、罚款5万元的行政处罚。同时将上海公牛鸿业贸易有限公司涉嫌违法线索通报当地市场监督管理部门。

该案是典型的商标组合使用侵犯他人注册商标专用权案件。涉案商品虽使用了注册商标，但通过组合使用方式恶意攀附他人注册商标商誉，且当事人不符合免责规定。办案机关定性准确，执法迅速，并将相关线索通报给商品生产商所在地执法机关，溯源打击商标侵权行为。

6. 上海市嘉定区市场监督管理局查处侵犯颜色组合商标专用权案

第18961112号颜色组合商标是上银科技股份有限公司在第7类“机器人（机械）、机器导轨、机器联动装置、机器传动装置、轴承（机器零件）、线性轴承、机械绕轴装置”商品上的注册商标。商标注册申请书中说明：“色号：红485，绿347；黑6”。“线性滑轨”主要包含“刮油片”“滑块”“端盖”“滑轨”四部分，“刮油片”为红色，“端盖”为绿色，“滑块”侧面为黑色。商标专用期限为2017年2月28日至2027年2月27日。2019年5月6日，上海市嘉定区市场监督管理局根据权利人举报，对上海廉叠五金机电有限公司进行检查，现场查获涉嫌侵犯第18961112号颜色组合注册商标的线性滑轨产品322个。当事人自2019年4月起陆续购入不同型号规格的线性滑轨产品335个，至被查处时已销售13个，违法经营额11 355元。现场查获商品总体表现形式均为滑块两端“刮油片”为红色，“端盖”为绿色，“滑块”侧面为黑色，其颜色组合排列方式、使用位置及整体视觉效果上与商标注册人的颜色组合商标近似，容易导致混淆。当事人的上述行为构成《商标法》第57条第（3）项规定的侵权行为。2019年6月4日，嘉定区市场监督管理局依据《商标法》第60条的规定，作出责令当事人立即停止侵权行为、没收侵权商品、罚款1万元的行政处罚。

该案涉及非传统商标的保护。执法人员充分考虑颜色组合商标的特殊性，结合商标图样及商标注册申请说明，正确厘定颜色组合商标的保护范围，对当事人的侵权行为定性准确。该案为今后办理此类案件积累了经验，具有较强的借鉴意义。

7. 福建省莆田市市场监督管理局查处故意为侵犯他人注册商标专用权提供便利条件案

2019年5月16日，福建省莆田市市场监督管理局执法人员依法对福建德邦物流有限公司拱辰分公司进行检查，发现当事人揽收标有耐克勾形图形注册商标运动鞋34双、CONVERSE注册商标运动鞋16双、PUMA及图注册商标拖鞋20双、PUMA及图注册商标凉鞋12双及ADIDAS注册商标运动鞋85双，提供快递及物流服务。根据现场查获的营业单据，当事人因侵权所产生的营业收入为302元。办案机关认为，当事人明知承运物品为侵犯注册商标专用权商品而提供运输服务，符合《商标法实施条例》第75条规定的情形，构成《商标法》第57条第（6）项所规定的故意为侵犯他人商标专用权行为提供便利条件，帮助他人实施侵犯商标专用权行为的违法行为。当事人曾因相同违法行为在2018年受过行政处罚，故在法定罚款幅度内应予以从重处罚。依据《商标法》第60条第2款的规定，莆田市市场监督管理局作出责令立即停止商标侵权行为、没收侵权商品、罚款16万元的行政处罚。

随着互联网经济的发展，商标侵权行为在快递、物流等运输环节多发、易发。该案中，涉案物流公司故意为商标侵权行为提供运输便利条件，属于帮助他人实施侵犯商标专用权行为的违法行为，且当事人曾因相同行为受过行政处罚，应予以从重处罚。该案的查处有利于增强物流公司的知识产权意识，提升运输环节的知识产权保护水平。

8. 北京市丰台区市场监督管理局查处侵犯“雨虹及图”注册商标专用权案

第1258881号商标是北京东方雨虹防水技术股份有限公司在第19类“防火水泥涂盖层；防水卷材”等商品上的注册商标，该商标注册公告日期为1999年3月28日，经过续展，商标专用期限为2019年3月28日至2029年3月27日。2018年12月28日，北京市丰台区市场监督管理局接到丰台区人民检察院移转的检察意见书，对李某等三人涉嫌销售假冒注册商标商品罪的行为因犯罪情节较轻不予起诉，建议对李某等三人违反行政管理法规的行为审查处理。经查，当事人于2017年9月至2018年4月25日，从上门推销人员处购进1379卷“雨虹 YUHONG”牌防水卷材，至被查处时已销售861卷，违法经营额19.39万元。经权利人辨认，上述商品并非其生产或授权生产。当事人的行为构成《商标法》第57条第（3）项规定的侵犯注册商标专用权的行为。依据《商标法》第60条第2款规定，办案机关作出没收侵权商品、罚款97.03万元的行政处罚。

行政机关在行政执法中，认为案件涉嫌犯罪，需要追究刑事责任的，应及时将案件移送司法机关；同理，司法机关在办理案件中，认为案件虽构成侵权，但尚不够追究刑事责任的，应及时将案件移送行政机关。本案中，在检察机关对当事人不予起诉后，行政机关按照《商标法》对其予以行政处罚，行刑密切配合，无缝衔接，依法严厉打击商标侵权行为，为深化知识产权领域“两法衔接”工作机制进行了有益实践，积累了宝贵经验。

9. 河南省漯河市市场监督管理局查处侵犯“旺旺”等注册商标专用权案

第4150497号商标是宜兰食品工业股份有限公司在第30类“饼干；煎饼；谷类制品；方便面；米果”等商品上的注册商标。该商标注册公告日期为2006年9月21日，经过续展，商标专用期限为2016年9月21日至2026年9月20日。第10666226号“图12”商标是宜兰食品工业股份有限公司在第30类“饼干；糕点；谷粉制食品；谷类制品；方便面；以谷物为主的零食小吃；以米为主的零食小吃”等商品上的注册商标，商标专用期限为2013年5月21日至2023年5月20日。2018年12月，漯河市市场监督管理局根据举报，对漯河市东方食品有限公司进行检查，发现其生产的“旺福旺大礼包”和“旺e旺大礼包”共计3 222箱，案值8.7万元，至被查处时尚未售出。当事人将与权利人上述注册商标近似的标志或图案作为商品包装装潢使用，误导消费者，属于《商标法实施条例》第76条规定的情形，构成《商标法》第57条第（2）项规定的侵犯注册商标专用权的行为。2019年2月1日，漯河市市场监督管理局依据《商标法》第60条规定，作出责令当事人立即停止侵权行为，没收、销毁侵权商品，罚款18万元的行政处罚。

该案件属于典型的将与他人注册商标近似的标志、图形作为商品名称或者包装装潢使用，误导公众的商标侵权行为。该案中，办案机关执法迅速，定性准确，处罚有力，有效制止了侵权违法行为，维护了商标权利人的合法权益，营造了良好的营商环境。

10. 湖南省郴州市苏仙区市场监督管理局查处侵犯“东来顺”注册商标专用权案

第1007534号商标是北京东来顺集团有限责任公司在第42类“提供饮食供应”服务上的注册商标。该商标注册公告时间为1997年5月14日，经过续展，商标专用期限为2017年5月14日至2027年5月13日。2019年4月10日，湖南省郴州市苏仙区市场监督管理局执法人员根据举报对郴州市永根东来顺酒楼进行检查。经查，该酒楼于2007年8月7日依法注册成立，2014年5月，当事人重新装修店面，自行设计并委托他人制作了图文组合标识，在日常使用的餐牌、餐巾盒及名称为“永根餐饮连锁”的微信公众号等商业活动中使用。2016年5月26日，当事人以“东来顺”为店招入驻美团平台。当事人未经许可，擅自在其招牌、日常经营和对外宣传中使用与注册商标近似的商标。办案期间，经督促，当事人更换招牌并注销原营业执照后重新注册新公司。办案机关依据《商标法》第60条第2款，对当事人作出责令立即停止侵权行为、销毁侵权标识、罚款5万元的行政处罚。

该案中，办案人员在线下涉嫌侵权现场和线上互联网平台同时取证，及时处罚，并督促当事人更换企业字号，从源头上解决字号与商标权冲突问题，有力地保护了老字号服务商标的合法权益，同时打击了餐饮等服务行业存在的仿冒知名商标的不良风气。

三、商标司法保护

（一）全国知识产权司法审判总览

2019 年，人民法院共新收一审、二审、申请再审等各类知识产权案件 481 793 件，审结 475 853 件（含旧存），比 2018 年分别上升 44.16% 和 48.87%。

2019 年，最高人民法院新收知识产权民事案件 2 504 件，审结 1 976 件，比 2018 年分别上升 174.26% 和 260.07%。地方各级人民法院共新收知识产权民事一审案件 399 031 件，审结 394 521 件，分别比 2018 年上升 40.79% 和 44.02%。其中，新收专利案件 22 272 件，同比上升 2.64%；商标案件 65 209 件，同比上升 25.41%；著作权案件 293 066 件，同比上升 49.98%；技术合同案件 3 135 件，同比上升 16.98%；竞争类案件 4 128 件，同比下降 1.25%；其他知识产权民事纠纷案件 11 221 件，同比上升 49.95%。地方各级人民法院共新收知识产权民事二审案件 49 704 件，审结 48 710 件，同比分别上升 79.95% 和 85.29%。

2019 年，人民法院审结的具有较大社会影响的知识产权民事案件有：厦门卢卡斯汽车配件有限公司等与法国瓦莱奥清洗系统公司等侵害发明专利权案；本田技研工业株式会社与重庆恒胜鑫泰贸易有限公司等侵害商标权案；和睦家医疗管理咨询（北京）有限公司与福州和睦佳妇产医院等侵害商标权及不正当竞争案；河北山人雕塑有限公司与河北中鼎园林雕塑有限公司等侵害著作权案；等等。

2019 年，最高人民法院新收和审结知识产权行政案件 1 066 件和 884 件，比 2018 年分别上升 70.83% 和 52.15%。地方各级人民法院共新收知识产权行政一审案件 16 134 件，比 2018 年上升 19.11%。其中，专利案件 1 661 件，同比上升 8.14%；商标案件 14 457 件，同比上升 20.56%；著作权案件 16 件，与 2018 年持平。审结一审案件 17 938 件，同比上升 89.74%。地方各级人民法院新收知识产权行政二审案件 7 304 件，审结 5 942 件，比 2018 年分别上升 104. 88% 和 84. 71%。其中，维持原判 4 791 件，改判 1 026 件，发回重审 4 件，撤诉 613 件，驳回起诉 132 件。

2019 年，人民法院审结的具有较大社会影响的知识产权行政案件有：三星电子株式会社、华为技术有限公司与国家知识产权局发明专利权无效宣告请求行政案；北京康智乐思网络科技有限公司与国家知识产权局、厦门美柚股份有限公司商标权无效宣告请求行政案；等等。

2019 年，地方各级人民法院共新收侵犯知识产权刑事一审案件 5 242 件，同比上升 21. 37%。其中，侵犯注册商标类刑事案件 4 982 件，同比上升 21. 01%。地方各级人民法院共审结侵犯知识产权刑事一审案件 5 075件，同比上升 24. 88%。在审结的侵犯知识产权刑事一审案件中，假冒注册商标刑事案件 2134 件，同比上升 15. 23%；销售假冒注册商标的商品刑事案件 2 279 件，同比上升 32. 19%；非法制造、销售非法制造的注册商标标识刑事案件 423 件，同比上升 38. 69%。地方各级人民法院共新收涉知识产权的刑事二审案件 808 件，同比上升 18. 30%；审结 807 件，同比上升 20. 81%。

2019 年，人民法院审结的具有较大社会影响的知识产权刑事案件有：杨某凤、杨某淦等犯假冒注册商标罪、销售假冒注册商标的商品罪案；林某某等犯侵犯商业秘密罪案；许某某等犯假冒注册商标罪案；等等。

（二）部分法院商标司法审判情况

1. 北京市

2019 年，北京市三级法院共受理各类知识产权民事、行政案件 80 165 件，同比增长 35. 7%，其中知识产权民事案件共 57 124 件，占比 71. 3%；知识产权行政案件共 23 041 件，占比 28. 7%；共审结各类知识产权案件 79 769 件，同比增长 42. 6%，其中，审结知识产权民事案件 55 803 件、知识产权行政案件 23 966 件。

目前商标授权确权行政案件已成为北京市高级人民法院（以下简称“北京高院”）受理案件的主要类型，为统一该类案件的裁判标准，北京高院制定并发布《商标授权确权行政案件审理指南》，进一步统一司法行政尺度，为创新主体提供稳定可预期的司法环境和行为指引。

2. 上海市

2019 年，上海法院共受理知识产权民事、行政、刑事案件 23 580 件、审结 23 510 件，同比分别增长 3.97% 和 6.28%。其中，一审著作权纠纷案件、商标权纠纷案件同比分别上升 5%、20.56%，增速趋缓；一审特许经营合同纠纷、专利权纠纷案件同比分别增长 140.81%、91.14%，增幅明显；一审不正当竞争纠纷案件 268 件，同比下降 67.04%。

在案件总量持续增长态势下，上海法院审判质效保持良好，同期结案率 99.70%，同比上升 2.25%；一审案件服判息诉率 95.97%，同比上升 1.44%；民商事案件调撤率 75.83%，同比上升 11.18%；入选指导性案例 1 件，公报案件 3 件，中国知识产权十大案件 1 件和典型性案件 4 件。2019 年，上海法院审理了一批大标的额、有较大社会影响和新类型疑难复杂案件。曾经引发业界和社会关注的假冒“科颜氏”等注册商标罪、销售假冒注册商标的商品罪案，《鬼吹灯》“同人作品”著作权侵权及不正当竞争案，《热血传奇》游戏著作权及不正当竞争纠纷案，“小黄人”动画形象著作权纠纷案等，均入选“2019 年上海法院知识产权司法保护十大案件”。

在被告人许某某、鲁某某等 9 人犯假冒注册商标罪、王某犯销售假冒注册商标的商品罪一案中，涉及多名被告人因假冒、销售假冒世界知名品牌“科颜氏”化妆品，一审、二审法院准确认定共犯，严格适用刑罚，分别被判处有期徒刑四年六个月至一年四个月不等的实刑，并分别被判处高额罚金。二审当庭宣判后，法国驻中国大使馆通过外交照会上海市高级人民法院，对上海法院的司法保护工作表示感谢。

3. 广东省

2019 年，广东法院共审结一审知识产权各类民事、刑事、行政案件分别为 125 694 件、1 450 件、69 件，同比分别增长 56.56%、17.41% 和 13.11%。著作权、商标权和反不正当竞争案件增幅较大，分别达 66.27%、40.48%、47.44%。调解了一批社会关注度高、疑难新型案件。在 2019 年“全国十大知识产权案件”和“50 件典型案例”评选中，“快播案”等 7 个案件入选，数量居全国首位；"非诚勿扰案""去哪儿案"入选《世界知识产权组织知识产权典型案例集》。

在案件数大幅提高的情况下，广东法院持续推动构建知识产权纠纷多元化解机制、组建速裁审判团队，进一步提高办案效率。一审案件中共有63 733 件为调撤结案、调撤率为 50. 70%，通过速裁程序结案数近 3 万件。广东法院通过加大民事侵权赔偿、强化诉讼保全措施、发布律师调查令等方式，持续加大侵犯知识产权行为打击力度。2019 年，广东法院审结的专利案件平均判赔数额为 47. 59 万元，同比增长 140. 84%，广州、深圳两地法院结案赔偿数额超 1 000万元的案件达 19 件；深圳知识产权法庭 2019 年共发出诉讼禁令 6 份、涉案金额超 1 亿元。

知识产权司法保护在营造法治化、国际化营商环境，服务"双区"创新驱动发展中的独特作用日益凸显。2019 年，审结专业技术性较强的知识产权民事一审案件 6 925 件，同比增长 10. 76%。其中深圳两级法院审结 2 851 件，同比增长 26. 26%。同时，近年来，越来越多国际知名企业在解决知识产权纠纷时选择在广东提起诉讼。2019 年，广东省共审结涉外、涉港澳台知识产权民事一审案件 688 件、1881 件，同比分别增长 49. 24%、24. 24%。

4. 江苏省

2019 年，江苏法院受理与审结的知识产权案件数量均持续稳定上升，共审理各类知识产权案件 20 249 件，同比上升 1. 56%，其中民事案件19 503 件，刑事案件 717 件，行政案件 29 件；审结 17 706 件，同比上升4. 6%，其中民事案件 17 123 件，刑事案件 557 件，行政案件 26 件。2019 年，新收知识产权案件 18 798 件。其中，新收一审知识产权案件 17 289 件，包括民事案件 16 688 件，同比下降 5. 8%；刑事案件 583 件，同比上升 34. 6%；行政案件 18 件，同比上升 80%。新收二审知识产权案件 1 474 件，包括民事案件 1 429 件，刑事案件 40 件，行政案件 5 件。新收申请再审复查案件 34 件以及再审案件 1 件。

从案件类型来看，一审案件中涉著作权纠纷数量占比依然稳居首位，互联网领域新型纠纷多发频发，涉商标权及技术类纠纷数量呈现不同程度下降，涉特许经营权纠纷增幅较大。在新收的16 688件一审知识产权民事案件中，涉著作权纠纷7 298件，占43.7%。其中，侵害信息网络传播权纠纷案件数在2018年极速增长的基础上，2019年仍呈现高增长态势，增幅达132.65%。涉商标权纠纷5 179件，占31%，同比下降14.1%。涉专利、技术秘密等技术类民事案件1 777件，占10.6%，同比下降31.6%。特许经营权纠纷985件，占6%，同比上升54.5%。

5. 浙江省

2019年，浙江法院共新收一审、二审、再审等各类知识产权案件31 877件，审结33 749件。其中，新收和审结知识产权民事一审案件27 706件和29 538件，民事二审案件3 666件和3 704件，民事再审案件（含申诉）84件和82件。新收和审结知识产权刑事一审案件346件和352件，对629人作出有罪判决并生效。新收知识产权行政一审案件24件，审结31件，同时审查执结了一批涉知识产权的非诉行政执行案件。

从案件数量来看，民事案件收案量首次出现负增长，刑事案件收案量呈增长趋势，行政案件收案量回落。知识产权民事一审案件收案量从2018年的28 276件下降至27 706件，近五年来首次出现负增长，全省法院积极开展诉源治理，初步扭转了多年来案量高位运行的态势。知识产权刑事一审案件收案量近五年来首次出现上升，同比增长34.63%，刑事打击力度进一步加大。知识产权行政一审案件收案量则从2018年的28件下降至24件，同比下降14.29%。

从民事案件类型看，著作权案件占比仍最大，不正当竞争案件同比升幅最高；从刑事案件类型看，涉商标类知识产权刑事案件占绝对多数；从行政案件类型看，知识产权行政案件主要集中在涉商标及专利两类。在新收的知识产权民事一审案件中，著作权案件16 838件，占60.77%，同比下降0.98%；专利权案件4 246件，占15.33%，同比下降14.03%；商标权案件5 256件，占18.97%，同比上升1.35%；不正当竞争及垄断案件428件，占1.54%，同比上升35.87%；特许经营案件553件，占2.00%，同比上升7.59%；技术合同案件106件，占0.38%，同比下降38.73%；其他知识产权案件 279 件，占 1.01%。在新收的知识产权刑事一审案件中，假冒注册商标罪案件 168 件，占 48.55%；销售假冒注册商标的商品罪案件 114 件，占 32.95%；非法制造、销售非法制造的注册商标标识罪案件 49 件，占 14.16%；侵犯著作权罪案件 12 件，占 3.47%；侵犯商业秘密罪案件 3 件，占 0.87%。在新收的知识产权行政一审案件中，商标权案件 12 件，专利权案件 8 件，分别占 50% 和 33.34%。在审结的知识产权行政一审案件中，原告撤诉 15 件，驳回诉讼请求 13 件，确认被诉行政行为违法 2 件，撤销行政行为 1 件。

（三）典型司法案例与案例简评

1. 2019 年中国法院十大知识产权案件

（1）瓦莱奥清洗系统公司与厦门卢卡斯汽车配件有限公司、厦门富可汽车配件有限公司、陈某某侵害发明专利权纠纷案［最高人民法院（2019）最高法知民终 2 号民事判决书］；

（2）本田技研工业株式会社与重庆恒胜鑫泰贸易有限公司、重庆恒胜集团有限公司侵害商标权纠纷案［最高人民法院（2019）最高法民再 138 号民事判决书］；

（3）上海俊客贸易有限公司与原国家工商行政管理总局商标评审委员会、姚某某商标权无效宣告请求行政纠纷案［北京市高级人民法院（2018）京行终 137 号行政判决书］；

（4）明河社出版有限公司、完美世界（北京）软件有限公司与北京火谷网络科技股份有限公司、昆仑乐享网络技术有限公司、昆仑万维科技股份有限公司侵害改编权及不正当竞争纠纷案［北京市高级人民法院（2018）京民终 226 号民事判决书］；

（5）平衡身体公司与永康一恋运动器材有限公司侵害商标权纠纷案［上海市浦东新区人民法院（2018）沪 0115 民初 53351 号民事判决书］；

（6）深圳市腾讯计算机系统有限公司与谭某某因恶意提起知识产权诉讼损害责任纠纷案［广东省高级人民法院（2019）粤民终 407 号民事判决书］；

（7）苏州蜗牛数字科技股份有限公司与成都天象互动科技有限公司、北京爱奇艺科技有限公司侵害著作权纠纷案［江苏省高级人民法院（2018）苏民终 1054 号民事判决书］；

（8）杭州莫丽斯科技有限公司、奥普家居股份有限公司与浙江风尚建材股份有限公司、浙江现代新能源有限公司、云南晋美环保科技有限公司、盛某某侵害商标权及不正当竞争纠纷案［浙江省高级人民法院（2019）浙民终 22 号民事判决书］；

（9）河北山人雕塑有限公司与河北中鼎园林雕塑有限公司、遵义市播州区三合镇人民政府、遵义众和诚农业开发有限公司、贵州慧隆建设工程有限责任公司、贵州慧隆建设工程有限责任公司遵义分公司侵害著作权纠纷案［贵州省高级人民法院（2019）黔民终 449 号民事判决书］；

（10）厦门德乐盟科技有限公司、厦门兴恒昌贸易有限公司、杨某凤、杨某淦假冒注册商标罪、销售假冒注册商标的商品罪案［福建省厦门市中级人民法院（2018）闽 02 刑终 632 号刑事判决书］。

2. 2019 年中国法院 50 件典型知识产权案例中商标权纠纷案件

（1）和睦家医疗管理咨询（北京）有限公司与福州和睦佳妇产医院、福州和睦佳妇产医院有限公司侵害商标权及不正当竞争纠纷案［最高人民法院（2018）最高法民再 428 号民事判决书］；

（2）克诺尔·伯莱姆斯股份公司与衡水永信制动材料有限公司、衡水永泽制动材料有限公司、克诺尔制动系统有限公司、亚东实业（国际）有限公司、北京辉门进出口有限公司、赵某某侵害商标权及不正当竞争纠纷案［河北省高级人民法院（2019）冀知民终 43 号民事判决书］；

（3）成都马路边餐饮管理有限公司与延吉市马路边边麻辣烫饭店侵害商标权纠纷案［吉林省延边朝鲜族自治州中级人民法院（2019）吉 24 知民初 4 号民事判决书］；

（4）巴音郭楞蒙古自治州库尔勒香梨协会与北京华联综合超市股份有限公司哈尔滨第一分公司、北京华联综合超市股份有限公司侵害商标权纠纷案［黑龙江省高级人民法院（2019）黑民终 610 号民事判决书］；

（5）埃克森美孚公司、美孚石油有限公司与嘉兴市大众油业有限公司、上海彬恒贸易有限公司侵害商标权及不正当竞争纠纷案［上海市高级人民法院（2016）沪民终 35 号民事判决书］；

（6）汕头市澄海区建发手袋工艺厂与迈克尔高司商贸（上海）有限公司、迈可寇斯（瑞士）国际股份有限公司、浙江银泰百货有限公司、北京京东世纪贸易有限公司侵害商标权纠纷案［浙江省高级人民法院（2018）浙民终 157 号民事判决书］；

（7）江西省国窖赣酒有限公司与江西省赣酒酒业有限责任公司侵害商标权及不正当竞争纠纷案［江西省高级人民法院（2017）赣民终 286 号民事判决书］；

（8）七波辉（中国）有限公司与超日（福建）体育用品有限公司、丁某某、王某某侵害商标权及不正当竞争纠纷案［山东省高级人民法院（2019）鲁民终 728 号民事判决书］；

（9）湖南银成医考教育科技有限公司与怀化医诚文化传播有限公司侵害商标权及不正当竞争纠纷案［湖南省高级人民法院（2019）湘知民终 642 号民事判决书］；

（10）广东佳宝集团有限公司与新兴县鲜仙乐凉果实业有限公司侵害商标权及不正当竞争纠纷案［广东省高级人民法院（2019）粤民终 1861 号民事判决书］；

（11）长春市朝阳区王记酱骨头炖菜馆与海南东北王记酱骨餐饮有限公司侵害商标权及不正当竞争纠纷案［海南省第一中级人民法院（2019）琼 96 民初 206 号民事判决书］；

（12）上海冠生园食品有限公司与重庆红伊人食品有限公司、南岸区雅福链食品超市侵害商标权及不正当竞争纠纷案［重庆自由贸易试验区人民法院（2019）渝 0192 民初 6600 号民事判决书］；

（13）浙江欧诗漫集团有限公司与汕头市澄海区莉露化妆品有限公司、鱼池口佳嘉日化商行侵害商标权纠纷案［甘肃省兰州市中级人民法院（2018）甘 01 民初 1299 号民事判决书］；

（14）许某某等假冒注册商标罪、王某销售假冒注册商标的商品罪案［上海市高级人民法院（2019）沪刑终 106 号刑事裁定书］。

3. 2019 年中国法院十大知识产权案件中商标案件简介

（1）“HONDAKIT” 定牌加工侵害商标权纠纷案。

本田技研工业株式会社与重庆恒胜鑫泰贸易有限公司、重庆恒胜集团有限公司侵害商标权纠纷案［最高人民法院（2019）最高法民再 138 号民事判决书］。

本田技研工业株式会社（以下简称“本田株式会社”）获准注册“HONDA”等三枚涉案商标，分别核定使用在第 12 类车辆、摩托车等商品上。后海关查获重庆恒胜鑫泰贸易有限公司（以下简称“恒胜鑫泰公司”）委托瑞丽凌云货运代理有限公司申报出口的标有“HONDAKIT”标识的摩托车整车散件 220 辆，申报总价 118 360 美元，目的地缅甸，该批货物系由缅甸美华公司授权委托重庆恒胜集团有限公司（以下简称“恒胜集团公司”，与恒胜鑫泰公司系母子公司关系，法定代表人均为万某）加工生产。本田株式会社遂以恒胜鑫泰公司、恒胜集团公司侵害其商标权为由，向云南省德宏傣族景颇族自治州中级人民法院提起诉讼。经审理，一审认定构成侵权，判决恒胜鑫泰公司、恒胜集团公司立即停止侵权行为并连带赔偿本田株式会社经济损失人民币 30 万元。恒胜鑫泰公司及恒胜集团公司不服，提起上诉。云南省高级人民法院二审认为本案被诉行为属于涉外定牌加工行为，故不构成商标侵权，并判决撤销一审判决，驳回本田株式会社的诉讼请求。本田株式会社不服，向最高人民法院申请再审。最高人民法院裁定提审本案后，判决撤销二审判决，维持一审判决。

长期以来，出口被誉为拉动中国经济增长的“三驾马车”之一，而涉外定牌加工则是重要的出口贸易模式。涉外定牌加工贸易中商标侵权问题备受国内外关注，各地法院涉及此问题的案件较多，判决的结果及理由不尽一致。最高人民法院在本案中明确，商标使用行为是一种客观行为，通常包括许多环节，如物理贴附、市场流通等，是否构成商标法意义上“商标的使用”应当依据商标法作出整体一致的解释，不应该割裂一个行为而只看某个环节，要防止以单一环节遮蔽行为过程，要克服以单一侧面代替行为整体。在法律适用上，要维护商标法律制度的统一性，遵循商标法上商标侵权判断的基本规则，不能把涉外定牌加工这种贸易方式简单地固化为不侵犯商标权的除外情形。同时，对于没有在中国注册的商标，即使其在外国获得注册，在中国也不享有注册商标专用权，与之相应，中国境内的民事主体所获得的所谓“商标使用授权”，也不属于我国商标法保护的商标合法权利，不能作为不侵犯商标权的抗辩事由。该案判决正确反映了“司法主导、严格保护、分类施策、比例协调”的知识产权司法政策导向，有利于营造高质量发展的知识产权法治环境，对今后类似案件的审理具有借鉴意义。

（2）“MLGB”商标权无效宣告请求行政纠纷案。

上海俊客贸易有限公司与原国家工商行政管理总局商标评审委员会、姚某某商标权无效宣告请求行政纠纷案［北京市高级人民法院（2018）京行终137号行政判决书］。

涉案商标“MLGB”由上海俊客贸易有限公司（以下简称“上海俊客公司”）申请注册。在法定期限内，姚某某针对涉案商标，向原国家工商行政管理总局商标评审委员会（以下简称“商标评审委员会”）提起注册商标无效宣告申请。商标评审委员会认为，涉案商标的字母组合在网络等社交平台上广泛使用，含义消极、格调不高，用作商标有害于社会主义道德风尚，易产生不良影响。上海俊客公司虽称涉案商标指称“My life is getting better”，但并未提交证据证明该含义已为社会公众熟知，社会公众更易将“MLGB”认知为不文明用语。商标评审委员会据此裁定宣告涉案商标权无效。上海俊客公司不服，向北京知识产权法院提起行政诉讼。北京知识产权法院判决驳回上海俊客公司的诉讼请求。上海俊客公司不服一审判决，提起上诉。北京市高级人民法院认为，网络环境下已有特定群体认为“MLGB”具有不良影响的含义，应认定涉案商标含义消极、格调不高。据此判决驳回上诉，维持一审判决。

近年来，人民法院坚持在知识产权司法裁判中体现正确的价值导向，增强司法的道德底蕴，提高公众对裁判的认同感，传播知识产权司法保护的正能量。商标法禁止具有不良影响的标志作为商标使用，避免具有不良影响的商标进入市场环境、在知识产权司法裁判中体现正确的价值导向，是人民法院担负的重要职责。本案终审判决的作出，对于净化网络环境、制止以擦边球方式迎合“三俗”行为均具有良好的示范效应，充分发挥了司法裁判对主流文化意识传承和价值观引导的职责作用。此外，二审判决还进一步拓展了此类案件的审理思路，明确了人民法院在判断商标是否具有不良影响的过程中，应当考量的判断主体、时间节点、判断标准以及举证责任等。本案裁判对于人民法院在类似案件审理过程中准确理解和正确适用《商标法》第10条第1款第（8）项关于“其他不良影响”的规定，具有指导意义。

（3）“MOTR”侵害商标权纠纷案。

平衡身体公司与永康一恋运动器材有限公司侵害商标权纠纷案［上海市浦东新区人民法院（2018）沪0115民初53351号民事判决书］。

平衡身体公司是核定使用在健身器材等商品上的“MOTR”商标（涉案商标）的注册人，也是全球从事运动器材生产销售的知名厂商，并在中国拥有多项发明专利及注册商标。永康一恋运动器材有限公司（以下简称“永康一恋公司”）在某展览会上推销使用了涉案商标的健身器材，并通过微信商城等多种方式进行实际销售。平衡身体公司以侵害商标权为由，对永康一恋公司提起诉讼，并主张适用惩罚性赔偿。后经法院查明，在本案被诉侵权行为发生前，永康一恋公司就曾侵犯平衡身体公司的知识产权，经平衡身体公司发送警告函后，双方签订和解协议，且永康一恋公司明确承诺不再从事侵权活动。据此，上海市浦东新区人民法院判令永康一恋公司停止侵权行为，并鉴于其重复侵权的情形，适用3倍惩罚性赔偿标准，确定永康一恋公司承担300万元的赔偿责任。该案判决后，双方均未上诉。

该案系适用知识产权侵权惩罚性赔偿标准的典型案例，体现了人民法院严厉打击重复侵权、持续侵权等恶意侵权行为、加大侵权惩处力度的坚定信心。人民法院在判决中明确指出，被告不信守承诺、无视他人知识产权的行为，是对诚实信用原则的违背，侵权恶意极其严重。为保护商标权人的合法权益，严惩侵权行为，维护市场秩序，对权利人的诉讼请求应当予以全额支持。该案判决后，得到社会各界的高度评价，《法制日报》在头版显著位置以“贸易战背景下体现中国‘大国担当’”为标题载文称，此案的判决体现了中国打击知识产权违法犯罪的决心，也体现了中国营造良好营商环境的大国自信。

（4）“奥普”侵害商标权纠纷案。

杭州莫丽斯科技有限公司、奥普家居股份有限公司与浙江风尚建材股份有限公司、浙江现代新能源有限公司、云南晋美环保科技有限公司、盛林君侵害商标权及不正当竞争纠纷案［浙江省高级人民法院（2019）浙民终 22 号民事判决书］。

杭州莫丽斯科技有限公司（以下简称“莫丽斯公司”）是核定使用在排风一体机等商品上的“奥普”商标的权利人。经授权，奥普家居股份有限公司（以下简称“奥普家居公司”）可排他性使用上述商标。被诉侵权行为发生前，莫丽斯公司的“奥普”商标已有作为驰名商标被保护的记录。浙江现代新能源有限公司（以下简称“现代公司”）于 2006 年受让取得使用在金属建筑材料商品上的“AOPU 奥普”商标后，通过许可浙江风尚建材股份有限公司（以下简称“风尚公司”）等在扣板商品及包装、经销店门头、厂房、杂志广告、网站上大量使用“AOPU 奥普”等标志，且辅以“正宗大品牌”“高端吊顶专家与领导者”等文字进行宣传并实现迅速扩张，在此期间还对莫丽斯公司进行了多次侵权诉讼和行政投诉。后莫丽斯公司或其关联企业对现代公司享有的商标提出无效宣告请求，人民法院于司法审查过程中撤销了商标行政机关维持该商标权有效的决定。莫丽斯公司、奥普家居公司以风尚公司、现代公司等上述行为侵害其商标权并构成不正当竞争行为为由，提起诉讼。浙江省杭州市中级人民法院一审认为，涉案商标构成驰名商标，风尚公司等在金属吊顶商品上使用“AOPU 奥普”等标志的行为构成对涉案商标的复制、摹仿，不正当利用了“奥普”商标的市场声誉，损害了驰名商标权利人的利益。且现有证据可证明，风尚公司等在本案中的侵权获利已远超法定赔偿上限。一审法院遂判令风尚公司等停止侵权并赔偿经济损失及合理费用共计 800 万元。浙江省高级人民法院二审维持一审判决。

该案是加大知名品牌保护力度、遏制恶意注册行为的典型案例。二审裁判以鼓励诚实竞争、遏制仿冒搭车为导向，根据商标的知名度与显著性，充分利用现有法律手段，强化知名品牌保护，严厉打击不诚信的商标攀附、仿冒搭车行为，并对双方长达十余年的使用争议作出了明确的市场划分，净化了市场竞争环境，有力规范了商标使用行为。此外，此案还充分体现了人民法院强化民事诉讼在民行交叉纠纷解决中的引导作用这一司法政策导向，充分运用诚实信用、保护在先权利、维护公平竞争、禁止权利滥用等原则作出公正裁判，对引导后续商标权行政纠纷的正确解决发挥了积极作用。

（5）厦门德乐盟科技有限公司等假冒注册商标罪、销售假冒注册商标的商品罪案。

厦门德乐盟科技有限公司、厦门兴恒昌贸易有限公司、杨某凤、杨某淦假冒注册商标罪、销售假冒注册商标的商品罪案［福建省厦门市中级人民法院（2018）闽02刑终632号刑事判决书］。

厦门德乐盟科技有限公司（以下简称“德乐盟公司”）、厦门兴恒昌贸易有限公司（以下简称“兴恒昌公司”）购入假冒“SKF”“FAG”“NSK”“NTN”“INA”“HRB”“ZWZ”“Koyo”等注册商标的轴承对外销售。两被告单位在未经权利人许可的情况下，使用激光打码一体机、角磨机、封口机等工具设备，擅自将与前述注册商标相同的商标标识打印在其购入的无商标标识的轴承上进行销售；还将购入的国产其他品牌轴承的商标抹除后，擅自将与前述注册商标相同的商标标识打印在轴承上进行销售。两被告单位未经注册商标所有人许可，在同一种商品上使用与其注册商标相同的商标，且假冒两种以上注册商标，非法经营数额达285万余元；还销售明知是假冒注册商标的商品，已销售金额206万余元，未销售侵权产品价值151万余元，数额巨大。杨某凤、杨某淦系两被告单位直接负责的主管人员。厦门市思明区人民法院以假冒注册商标罪、销售假冒注册商标的商品罪分别判处德乐盟公司、兴恒昌公司罚金35万元、230万元，对杨某凤、杨某淦分别判处有期徒刑5年、4年并处罚金。杨某凤、杨某淦不服该判决提起上诉。厦门市中级人民法院审理本案的过程中，还受理被害单位斯凯孚（中国）有限公司基于同一知识产权侵权行为对杨某凤、杨某淦等提起的民事诉讼。杨某凤、杨某淦与被害单位达成和解协议，并履行赔偿义务，被害单位撤回对民事案件起诉，并在刑事案件中对杨某凤、杨某淦的侵权行为表示谅解。针对本案，厦门市中级人民法院认为，杨某淦具有自首、立功等法定从轻或减轻情节，杨某淦实施的是侵害财产性权益的犯罪，其在二审期间积极赔偿被害单位经济损失，取得被害单位谅解，降低了犯罪行为的社会危害性，具备酌定从轻处罚情节，并结合杨某淦的具体犯罪行为及其在共同犯罪中地位、作用等因素考量，决定对杨某淦依法减轻处罚。综合考量杨某淦的具体犯罪性质、犯罪情节、到案后的认罪、悔罪表现及人身危险性、对社会的影响等具体情况，厦门市中级人民法院二审认为杨某淦具备适用缓刑的条件，决定对其宣告缓刑，改判杨某淦犯假冒注册商标罪，判处有期徒刑 2 年，并处罚金 10 万元；犯销售假冒注册商标的商品罪，判处有期徒刑 2 年，并处罚金 10 万元；数罪并罚，决定执行有期徒刑 3 年，缓刑 5 年，并处罚金 20 万元；维持原审其他项判决。

该案充分运用知识产权案件“三合一”审判机制，就同一侵权行为的事实认定和法律适用作出统一的司法判定，妥善处理了基于相同事实的刑事案件和民事案件，是知识产权案件“三合一”审判机制的鲜活运用，凸显了审理机制创新促进知识产权司法保护发展的成果。同时，本案二审法院对犯罪事实进行全面审查，并对共同犯罪中上诉人的地位作用，立功的构成以及数罪并罚适用缓刑时应综合考量的因素等法律问题进行了充分阐述，对于同类案件的裁判具有借鉴意义。

四、商标法学术研究

以中国知网检索主题词“商标”限定 2019~2020 年度 CSSCI 期刊，查询结果为 69 篇，剔除与商标法没有直接关联的文献，筛选结果为 64 篇。若将文献限定为法学 CSSCI 期刊，所得结果为 12 篇，如表 1 所示。如果涵盖《知识产权》《电子知识产权》《交大法学》《法律适用》《科技与法律》等 CSSCI 扩展版期刊，虽然商标研究的主题类型并没有扩充太多，但是在细节和具体问题上更深入，更具有针对性，更具有问题意识。

表 1　2019~2020 年商标法领域法学 CSSCI 期刊文献

序号	作者	标题	期刊名称	期、页	主题
1	李雨峰	未注册在先使用商标的规范分析	法商研究	2020，37（1）：185-196	从商标权的理论基础出发，对在先使用商标和注册商标之间的关系进行厘清，将商标权的基础追溯为先占，认为注册和使用都是先占的表现形式。这一认识可以统合使用取得商标权和注册取得商标权的基础，为商标法提供共同的合法性根基
2	王太平	自己注册商标侵权抗辩研究	现代法学	2020，42（1）：59-71	尽管避免注册商标之间的冲突和维护注册商标的识别功能是商标法的重要目标，合理设置自己注册商标侵权抗辩之条件及其法律后果将有助于实现最优的制度效果
3	魏丽丽	商标恶意抢注法律规制路径探究	政法论丛	2020（1）：113-124	为有效规制恶意抢注，应当结合相关立法的功能定位选择多元化法律规制路径，并从明确恶意抢注商标不予注册、规定未经实际使用的注册商标不得转让、限制恶意抢注商标的请求权方面对我国商标立法以制度完善
4	王莲峰	新《商标法》第四条的适用研究	政法论丛	2020（1）：102-112	“不以使用为目的”是作为“恶意”的定语或者修饰语，两者并非同等要件，无须同时满足；申请人具有“恶意”才是商标申请予以驳回的主要条件。恶意即为违背诚实信用原则，构成商标禁止注册的绝对事由
5	孔祥俊	论非使用性恶意商标注册的法律规制——事实与价值的二元构造分析	比较法研究	2020（2）：54-71	“不以使用为目的的恶意商标注册”构成一种独立和独特的绝对禁注事由，它立足于遏制不正当占用商标资源和扰乱商标注册秩序，有独特的调整对象、适用范围和法律定位要划清彼此之间的界限。它以“不以使用为目的”和“恶意”为事实和价值的二元构成要素，两者均具有独特的内涵和功能

续表

序号	作者	标题	期刊名称	期、页	主题
6	吕炳斌	商标财产化的负面效应及其化解	法学评论	2020，38（2）：55–67	商标财产化在实践中产生了一些负面效应，有必要予以纠正。在认知上，需要打破绝对权理念之拘束。在实践中，停止侵害的禁令救济的绝对化适用需加以纠正；混淆之扩张需谨慎对待。此外，还需提升商标性使用的地位
7	吕炳斌	商标侵权中“商标性使用”的地位与认定	法学家	2020（2）：73–87，193	从理论上而言，“商标性使用”对应于商标财产化的程度。商标性使用的判断标准应采用“行为人主体标准”，行为人的主观意图并非不可知悉，在法律构造上需要进行的是主观判断的客观化努力
8	姚鹤徽	消费者心理认知视角下商标反淡化保护的反思与完善	政法论坛	2020，38（4）：48–60	研究消费者的心理认知状态，透过消费者面对商标时的微妙的心理变化，将商标淡化转化为法律上可以界定的事实和适用范围清晰、判断标准明确的规则
9	魏森	论商标法对表达自由的保护	法律科学（西北政法大学学报）	2020，38（4）：150–162	我国商标立法关注的重点在于商标专用权，对公共利益的考量明显不足，对公众表达自由的保护却未有只言片语。立法上的这种偏向使得商标权和表达自由这两种法益所受到的保护严重失衡。商标立法和相关实践亟须做出适当改变
10	田晓玲	我国商业标识法律保护制度的协调与完善	现代法学	2020，42（4）：197–209	以法益保护模式为标准，较为清晰地界分《商标法》和《反不正当竞争法》对商业标识的保护界限。二者分工合作，共同维护公平竞争秩序，以保护商业标识所有人的利益和消费者的合法权益
11	王国柱	论商标故意侵权的体系化规制	东方法学	2020（5）：140–150	应当将“故意”的认识因素限定为“明知”，并将“明知”区分为“实际明知”和“推定明知”。应当为故意侵害商标权益的行为一体设置相应的惩罚性赔偿责任

续表

序号	作者	标题	期刊名称	期、页	主题
12	孔祥俊	商标使用行为法律构造的实质主义——基于涉外贴牌加工商标侵权案的展开	中外法学	2020，32（5）：1283-1307	涉外贴牌加工商标侵权判断应当以构成商标使用为坐标，以商标法效力范围内的市场活动为事实依据，形成原则与例外并存互补和相互协调的定性格局，恰当地实现相关利益平衡

第一类：商标恶意注册的法律规制研究。

王莲峰：《新〈商标法〉第四条的适用研究》［《政法论丛》2020（1）］，王莲峰：《规制商标恶意注册的法律适用问题研究》［《中州学刊》2020（1）］，魏丽丽：《商标恶意抢注法律规制路径探究》［《政法论丛》2020（1）］，孔祥俊：《论非使用性恶意商标注册的法律规制——事实与价值的二元构造分析》［《比较法研究》2020（2）］，张凌寒、胡泽宇：《商标恶意注册行为规制中的诚实信用原则适用》［《法律适用·司法案例》2020（6）］，郑悦迪：《商标注册制度中的“使用意图”要求比较研究》［《知识产权》2020（4）］，董慧娟、贺朗：《新“商标法”背景下恶意注册之类型化及规制——以商标审查程序为重点》［《电子知识产权》2020（6）］，姚建军：《不以使用为目的囤积注册商标违反诚信原则——以“优衣库”系列案为切入点》［《法律适用·司法案例》2020（16）］。2019年11月1日实施的新《商标法》对于规制商标恶意申请注册行为有了新的规定，这几篇文章都是围绕我国现存的商标恶意申请注册问题展开，主要研究内容包括：对新《商标法》第4条适用问题的研究；《商标法》《侵权责任法》《反不正当竞争法》多元化法律规制路径研究；对《商标法》第4条“不以使用为目的”“恶意”两要素的含义与价值研究；对“使用意图”要求的比较法研究；诚实信用原则在商标恶意注册行为规制中的适用问题研究等。

第二类：商标使用相关问题研究。

吕炳斌：《商标侵权中“商标性使用”的地位与认定》［《法学家》2020（2）］，孔祥俊：《商标使用行为法律构造的实质主义——基于涉外贴牌加工商标侵权案的展开》[《中外法学》2020（5）]，孙国瑞、董朝燕：《论商标权人的商标使用义务》[《电子知识产权》2020（2）]，咸晨旭：《论节目名称商标侵权纠纷中“商标性使用”的判定——从“奇葩说”商标侵权案谈起》[《电子知识产权》2020（2）]。这几篇文章主要围绕商标侵权纠纷中的标识使用行为是否构成商标性使用展开，主要的研究内容包括：商标权人的商标使用义务；商标性使用在商标侵权中的地位；商标性使用的界定；界定范围内使用行为的法律评价和定性。

第三类：商标法基本概念和基本范畴研究。

李雨峰：《未注册在先使用商标的规范分析》[《法商研究》2020（1）]，姚鹤徽：《消费者心理认知视角下商标反淡化保护的反思与完善》[《政法论坛》2020（4）]，魏森：《论商标法对表达自由的保护》[《法律科学（西北政法大学学报）》2020（4）]，刘维：《论混淆使用注册商标的反不正当竞争规制》[《知识产权》2020（7）]，程德理：《立体商标获得显著性认定研究》[《同济大学学报（社会科学版）》2020（3）]，杨祝顺：《商标混淆可能性判定中的消费者注意程度》[《电子知识产权》2020（5）]，苏和秦、梁思思：《论商标的指示性合理使用》[《知识产权》2020（3）]，胡骋：《论非传统商标的显著性认定：价值立场与论证框架》[《知识产权》2020（1）]，王华钰：《对我国商标反向混淆侵权问题的反思》[《四川师范大学学报（社会科学版）》2020（1）]，胡骋：《规范商标类别确认——基于限制商标权隐形扩张的考量》[《同济大学学报（社会科学版）》2020（3）]。商标法的基本概念以及基本范畴一直是学术界关注的焦点、难点，以上几篇文章内容均属于对商标基本概念以及基本范畴的研究，包括：混淆可能性、淡化可能性、商标显著性、商标合理使用、商标在先使用、商标权利限制等。以上几篇文章为这些基本理论的研究提供了新的视角与思路，弥补了商标立法的不足。

第四类：侵权损害赔偿问题研究。

王莲峰、蹇佳伶：《商标侵权惩罚性赔偿的法律适用研究——基于我国123件判决书的实证分析》[《电子知识产权》2020（5）]，胡海容、王世港：《我国商标侵权适用法定赔偿的新思考——基于北京知识产权法院2015～2019

年判决的分析》[《知识产权》2020（5）]，广东省深圳市福田区人民法院课题组、王欣美：《商标侵权惩罚性赔偿的制度构建》[《知识产权》2020（5）]，孙卿轩、李晓秋：《我国商标侵权惩罚性赔偿司法实践的问题、反思与改进建议》[《大连理工大学学报（社会科学版）》2020（4）]，李晓秋、孙卿轩：《我国商标侵权损害赔偿数额认定的新思考——基于我国知识产权法院150份司法判决的分析》[《山东社会科学》2020（8）]，苏和秦、庄雨晴：《商标惩罚性赔偿的司法适用及反思》[《电子知识产权》2020（9）]，欧阳福生：《商标侵权惩罚性赔偿制度适用困境及制度重构——基于711个案例的实证分析》[《学海》2020（6）]。近年来，侵权赔偿问题已经成为商标侵权问题研究的热点，包括法定赔偿以及惩罚性赔偿等。法定赔偿是商标侵权损害赔偿的重要组成部分，但司法实践表明，法定赔偿的适用比例畸高，法定赔偿数额和支持率呈现不稳定的趋势。在2013年《商标法》第三次修订时首先在知识产权领域引入惩罚性赔偿责任，商标惩罚性赔偿在商标侵权诉讼中适用甚少且适用不规范的问题突出，未能充分发挥遏制侵权行为的预期作用。以上几篇文章比较清晰地对上述问题予以论证，并提出制度构建与完善建议。

第五类：商标授权确权与行政程序研究。

李超光：《位置商标的注册可能性辨析——从“阿迪达斯三道杠”到“红色鞋底”》[《电子知识产权》2020（1）]，杨静：《商标授权确权中地域性原则的重构——基于中美实践的比较》[《知识产权》2020（3）]，熊文聪：《词与物：地名的不可商标性反思》[《交大法学》2020（2）]，詹爱岚、沈建娅：《商标注册“不良影响”条款的规制目的与判定标准：基于中欧立法及司法实践的比较》[《电子知识产权》2020（5）]，廖直东、姚凤民：《地区间商标行政保护的策略互动研究》[《当代财经》2020（6）]，李永超：《中国地理标志的行政法律保护——评〈地理标志商标典型案例评述〉》[《地理科学进展》2020（7）]，张灿：《论商标授权确权案件中域外证据的形式要求》[《电子知识产权》2020（10）]，徐瑛晗：《动态商标形式审查要件研究》[《电子知识产权》2020（10）]，杨建军、彭菲：《商标注册中“不良影响”的司法认定》[《陕西师范大学学报（哲学社会科学版）》2020（5）]，何莹、林星成：

《位置商标概念重塑与规范完善——以“红鞋底”案切入》［《科技与法律》2020（5）］。商标授权确权程序包括相关程序问题以及相关实体问题，以上几篇文章主要涉及的是商标授权确权程序中的相关实体问题，包括：商标标志构成要素；“不良影响”的判断；“地名不得作为商标”条款的反思等。还有几篇文章涉及商标的行政法律保护以及地区间商标行政保护的一些策略问题研究。

第六类：商标侵权相关问题研究。

王太平：《自己注册商标侵权抗辩研究》［《现代法学》2020（1）］，王国柱：《论商标故意侵权的体系化规制》［《东方法学》2020（5）］，赖利娜、李永明：《涉外贴牌加工商标纠纷案件的侵权认定研究——以2001~2019年的典型案例为样本》［《知识产权》2020（7）］，郑志：《民刑交叉视角下的假冒注册商标罪客观要件研究》［《知识产权》2020（5）］，徐明：《我国商标恶意诉讼的司法规制优化研究——以民事抗辩权为展开进路》［《知识产权》2020（11）］，张鹏：《品质保证功能在商标侵权判断中的地位》［《知识产权》2020（10）］，韦稼霖、朱冬：《体系化思维下混淆在商标侵权判定中的定位》［《电子知识产权》2020（10）］，孙山：《诚实信用原则条款在商标救济程序中的体系化适用》［《南大法学》2020（3）］。商标侵权不仅侵害了商标权人的私权，同时还扰乱了市场竞争的秩序。与商标侵权相关的一些问题一直是学术研究的热点，以上几篇文章从不同的切入点研究与商标侵权有关的问题，这些学术研究有助于更好地保护商标权益，遏制商标侵权行为，具有理论与实践意义。

中国反不正当竞争法发展报告（2019~2020）

宁立志　赵　丰　等*

综观2020年，我国反不正当竞争法学术研究和制度建设稳步发展，尤其是有关商业秘密的规章和司法解释密集出台，着力解决了商业秘密保护执法和司法中的诸多难题，也与2019年《反不正当竞争法》实现了衔接。同时，反不正当竞争部际联席会议的正式建立为我国反不正当竞争工作提供了新的指导机制。而在2020年抗击新冠肺炎疫情和互联网产业迅猛发展的背景下，防疫物资生产经营领域和互联网平台经济中的不正当竞争问题频发，也为我国反不正当竞争法律制度的完善和相关学术研究提供了新的契机。

一、反不正当竞争法律制度的新发展

（一）商业秘密保护司法解释、规章的制定

1. 制定背景

2020年1月15日，中美两国经贸代表团在平等和相互尊重的基础上，于美国首都华盛顿正式签署第一阶段经贸协议，其中第一章就提出要加强两国

* 宁立志，武汉大学法学院教授、博士生导师、武汉大学知识产权与竞争法研究所所长；赵丰，武汉大学法学院/知识产权与竞争法研究所博士研究生。在报告撰写过程中，武汉大学法学院/知识产权与竞争法研究所硕士研究生成琳、唐静思、孙慕野、袁雅婧做了大量资料收集与整理工作，特此鸣谢。

商业秘密的保护。协议签订之前，为了回应美方对于我国知识产权保护问题的关切，增加谈判筹码，我国已于2019年对实施不到两年的2017年《反不正当竞争法》又围绕商业秘密条款进行了第二次修订，这次修订主要是对第9条商业秘密的认定、第17条侵犯商业秘密行为的民事责任、第21条侵犯商业秘密行为的行政责任等条款进行了修改，并于第32条增加规定了侵犯商业秘密案件民事诉讼程序中举证责任的转移。可以说，2019年的修订加强了我国对商业秘密的法律保护，也对维护竞争秩序、促进经济健康发展具有重大意义，但由于修订时间紧、周期短、任务重，部分条款仍存在一定的不足，亟待通过制定相关司法解释和行政规章予以完善。

此前我国关于商业秘密保护的规章和解释主要是1995年《关于禁止侵犯商业秘密行为的若干规定》（以下简称《商业秘密若干规定》）和2007年《关于审理不正当竞争民事案件应用法律若干问题的解释》（以下简称《不正当竞争解释》），但二者制定时间较早，难以适应如今的商业秘密保护形势，与2019年《反不正当竞争法》也存在一定冲突。为了有效衔接2019年《反不正当竞争法》，2020年我国相继出台了一系列有关商业秘密的规章和司法解释，具体包括：国家市场监督管理总局于9月4日公布《商业秘密保护规定（征求意见稿）》；最高人民法院于9月12日出台《关于审理侵犯商业秘密民事案件适用法律若干问题的规定》（以下简称《商业秘密民事案件司法解释》），并在此前于8月31日与最高人民检察院联合发布《关于办理侵犯知识产权刑事案件具体应用法律若干问题的解释（三）》[以下简称《知识产权刑事案件司法解释（三）》]。

2. 主要内容

本次修订涉及三份法律文件，包括1部部门规章和2部司法解释。

（1）《商业秘密保护规定（征求意见稿）》。

《商业秘密保护规定（征求意见稿）》共6章39条，从商业秘密界定、侵犯商业秘密行为、对涉嫌侵犯商业秘密行为的查处和法律责任等方面对商业秘密保护进行了系统规定。

在第二章中，第5条将商业秘密概括为“不为公众所知悉、具有商业价值并经权利人采取相应保密措施的技术信息、经营信息等商业信息”，与2019年《反不正当竞争法》的规定一致，并于第6~8条分别解释了“不为公众所知悉”、“具有商业价值”和“采取相应保密措施”这三个构成要件的含义。第9条、第11条明确了“权利人”和“侵权人”的含义，第10条规定了职务开发的商业秘密的归属。

第三章对《反不正当竞争法》第9条中规定的侵犯商业秘密的情形进行了具体化：一是对以盗窃等方式非法获取商业秘密的情形予以细化；二是对“披露”“使用”等概念予以界定；三是对“保密义务或者违反权利人有关保守商业秘密要求”予以界定；四是对“限制性使用商业秘密”予以界定；五是对通过教唆、引诱、帮助等方式侵犯他人商业秘密的情形予以细化；六是对第三人构成侵犯商业秘密的情形予以明确；七是对“客户名单”作为商业秘密保护的情形予以明确；八是对反向工程等不构成侵犯商业秘密的情形予以明确。❶

第四章规定了对涉嫌侵犯商业秘密行为的查处程序，在原规定的基础上增加了对权利人举报时提交材料的要求、委托鉴定、案件中止、证据保全等内容。其中，第21条规定了行政执法程序的启动方式，明确权利人举报时需“提供初步证据合理表明其商业秘密被侵犯”，但并不要求发生了损害结果，并降低了证明标准，规定只要权利人能证明存在商业秘密被侵犯的风险即可，减轻了权利人的举证责任；第28条增设了责令停止侵权申请，即使案件事实尚未查清，权利人提出申请并出具保证书后也可要求市场监督管理部门责令涉嫌侵权人停止销售利用权利人商业秘密生产的产品。

第五章“法律责任”对《反不正当竞争法》第21条在商业秘密侵权案件中的适用进行了细化，明确了商业秘密侵权中“情节严重”的认定标准、责令停止违法行为、合法来源抗辩、违法所得数额认定时“权利人因被侵权所受到的实际损失”“侵权人因侵权所获得的利益”等术语的内涵，并为权利人

❶ 国家市场监督管理总局．关于《商业秘密保护规定（征求意见稿）》的说明［EB/OL］.［2020-12-19］. http：//www. moj. gov. cn/news/content/2020-09/04/zlk_ 3255343. html.

所受损害的数额提供了较为清晰易行的计算方法。依据《商业秘密保护规定（征求意见稿）》，市场监督管理部门认定商业秘密侵权“情节严重”，可从侵权数额、损害后果、事后补救以及社会影响等方面进行判断。

（2）《关于审理侵犯商业秘密民事案件适用法律若干问题的规定》。

《商业秘密民事案件司法解释》第 1 条明确了技术信息、经营信息的具体范围，将“算法、数据、计算机程序及其有关文档等信息”纳入了技术信息的范畴。第 2~7 条对商业秘密的上述构成要件进行了解释，明确公知信息加工所得的新信息、阶段性成果可以成为商业秘密的客体，并规定了采取保密措施的时间要求（在被诉侵权行为发生以前）和具体措施类型，并在第 7 条明确了商业秘密的商业价值可以由其“不为公众所知悉”而产生。第 8~10 条则解释了《反不正当竞争法》第 9 条中“以其他不正当手段获取权利人的商业秘密”“使用商业秘密”“保密义务”等概念的含义，第 11 条明确了员工、前员工的范围，第 12~13 条规定了“接触+实质性相同”作为认定商业秘密侵权的考虑因素，第 14 条明确了反向工程不能构成“在先非法获取商业秘密”的抗辩理由。第 21 条还规定了民事诉讼过程中，当事人或者案外人可以申请法庭采取保密措施。

（3）《关于办理侵犯知识产权刑事案件具体应用法律若干问题的解释（三）》。

《知识产权刑事案件司法解释（三）》第 4 条解释了侵犯商业秘密罪的构成标准；第 5 条规定了侵犯商业秘密的损失数额和违法所得数额的计算方法，明确了合理使用费、销售利润损失、研发成本、实施商业秘密的收益以及侵权所得利益等参考因素；第 6 条增加了刑事诉讼过程中的保密措施。

3. 规范评价

《商业秘密保护规定（征求意见稿）》《商业秘密民事案件司法解释》和《知识产权刑事案件司法解释（三）》分别从行政、民事、刑事三个角度对商业秘密保护问题进行调整，明确了商业秘密的定义以及相关概念的含义、规范了商业秘密的行政查处程序、完善了商业秘密侵权责任中损害赔偿的计算方法，有效衔接了 2019 年《反不正当竞争法》中的商业秘密条款，对商业秘密保护的执法、司法实践提供了指引，增强了我国商业秘密保护规范的可操作性。

（1）完善了“具有商业价值”的界定标准。

价值性作为商业秘密的构成要件之一，过去在法律中一直未能得到较为详细的规定，此前的司法解释和规章也只是进行了定义式的简单解释，并且认为商业秘密的价值性要求该信息能为权利人带来竞争优势，这对权利人主张并证明其商业秘密的价值性构成了较大阻碍，实践中执法机关和法院都存在淡化价值性认定的趋势。

《商业秘密保护规定（征求意见稿）》第7条列举了“具有商业价值”的具体情形，规定可从经济收益、对生产经营的影响、信息获取成本等方面认定商业信息的价值性，并且规定“涉嫌侵权人以不正当手段获取或者试图获取”也可反向推定其具有商业价值。这一规定降低了“具有商业价值”的认定标准，凡是被实施侵权措施的商业信息都可以据此被认定为具有价值性，这实际上免除了权利人对价值性的举证义务。这是由于，依据《反不正当竞争法》第32条，权利人须在商业秘密民事案件中提供侵权的初步证据，《商业秘密保护规定（征求意见稿）》第21条也要求权利人在向市场监督管理部门举报时需提供初步证明材料，既然已有初步证据证明存在商业秘密侵权行为，自然也就符合上述“具有商业价值”的判断标准。

另外，从《商业秘密民事案件司法解释》第7条来看，如今立法者对价值性的理解已经不再局限于能够带来竞争优势，而是吸收了TRIPS协议第39条的规定，承认商业信息可以因其具有秘密性而获得商业价值，并由此引申出保密的阶段性成果也能够成为商业秘密的客体。这样一来，法律就为技术研发成果提供了更为严密的保护，即使是尚未完成甚至可能研发失败，也可以受到商业秘密保护，对促进技术创新、优化营商环境有着重要意义。

（2）具体化“采取保密措施”的认定标准。

《商业秘密保护规定（征求意见稿）》第8条对“采取保密措施”列举了8种具体情形，并且于第2款、第6~8款着重强调了企业管理商业秘密中利用保密协议防止员工、前员工泄露商业秘密，与实践中大量存在的员工、前员工泄露商业秘密的情况相适应，提示企业强化对员工保守商业秘密的管理措施。《商业秘密司法解释》第6条也对“采取保密措施”进行了规定，规定权利人可采取事前、事中的保密措施，也认可权利人在事后采取的保密措施，“要求离职员工登记、返还、清除、销毁其接触或者获取的商业秘密及其载体，继续承担保密义务”。这不仅对“采取保密措施”的认定进行了具体化，使之更具操作性，也在实质上减轻了权利人对保密措施的举证责任，在新司法解释下，权利人仅需证明其在事前、事中或者事后的任何一个环节采取了保密措施，即可认定其主张的商业信息满足保密性要求。

（3）细化了侵犯商业秘密的行为类型。

《商业秘密保护规定（征求意见稿）》第12～16条和《商业秘密民事案件司法解释》第8～10条对《反不正当竞争法》第9条规定的5种侵犯商业秘密行为进行了细化，补充了《反不正当竞争法》中的规范空白，增强了法律法规在认定商业秘密侵权行为上的适用性，也为企业自身加强商业秘密保护、预防商业秘密侵权提供了参考。

值得关注的是，《商业秘密保护规定（征求意见稿）》第12条在“以不正当手段获取权利人的商业秘密”中增加了“破坏”的情形。信息时代，以数据方式存在的商业秘密比传统的商业秘密信息更易被篡改和破坏，互联网环境下的商业秘密侵权理应受到法律法规的重点关注。依据《商业秘密保护规定（征求意见稿）》第12条第3款，植入电脑病毒破坏权利人存储于电子信息系统的商业秘密的，也属于以不正当手段获取他人商业秘密。这一规定表明，我国对商业秘密的保护已经不仅局限于对商业秘密权属的保护，而且更加关注其有用性和完整性，即使不是为自己使用而单纯破坏他人的商业秘密，同样要承担商业秘密侵权责任。

（4）进一步明确了商业秘密侵权赔偿数额的计算方法。

《反不正当竞争法》第17条规定了不正当竞争民事赔偿数额的计算方法：民事赔偿数额，依照权利人因被侵权所受到的实际损失确定；实际损失难以计算的，按照侵权人因侵权获得的利益确定；前述两项均无法确定的，由人民法院依据侵权行为的情节确定500万元以下的赔偿。对于情节严重的恶性侵权行为，法院还可判处 1~5 倍的惩罚性赔偿。

《商业秘密保护规定（征求意见稿）》第 35 条明确了“权利人因被侵权所受到的实际损失”和“侵权人因侵权所获得的利益”的计算方法，包括利润总额、预期利润与被侵害后使用同一信息所得利益的差额、商业秘密许可价款、商业秘密本身商业价值的一定比例等方式。《商业秘密民事案件司法解释》第 20 条在上述方法之外还确定了侵权人主观过错、侵权行为的性质、情节、后果等考虑因素。

尽管目前对数额计算方法已经有了较为详细的规定，并进一步统一了各机关对商业秘密侵权行为的法律责任认定标准，但本次修订仍未能解决“侵权所得数额”与商业秘密侵权的行政责任中“违法所得”在适用上的矛盾。二者虽分属两种责任形式，但都是依靠侵权人实施侵犯商业秘密行为所得利益计算具体数额，且均具有惩罚性色彩，在目标上具有同质性，由此，有学者认为惩罚性赔偿在适用时还应当考虑公法中关于处罚的基本原则。[1] 在同时适用以“侵权所得数额”为基准的惩罚性赔偿和没收违法所得的情形，实际上是对侵权人的同一侵权行为给予两次处罚，既与一事不再罚原则相悖，也有违过罚相当原则。在《商业秘密保护规定（征求意见稿）》的后续修改中，建议增加惩罚性赔偿与没收违法所得的衔接性规定，对于法院已经适用惩罚性赔偿的，执法机关不再没收违法所得；对于已经被实施没收违法所得处罚的，法院可酌情减轻或免除其惩罚性赔偿责任。

（5）增设诉讼中的保密措施。

《商业秘密民事案件司法解释》第 21 条和《知识产权刑事案件司法解释（三）》第 6 条分别规定了民事和刑事案件审理过程中的保密措施，二者都规定采取诉讼中保密措施须依申请，程度以必要为限，违反保密措施须承担相应责任，构成犯罪的，依法追究刑事责任。商业秘密的价值很大程度上依托于其秘密性，为了防止商业秘密在诉讼过程中的二次泄露，我国诉讼法规定当事人可申请不公开审理和不公开质证，但这种方式只能防止案外人窥探商

---

[1] 朱广新．惩罚性赔偿制度的演进与适用［J］．中国社会科学，2014（3）：104-124.

业秘密，却无法制止当事人在诉讼期间实施侵犯商业秘密的行为或者借诉讼来刺探他人的商业秘密。规定诉讼中的保密措施，就是为了防范诉讼参与人泄露或使用其在诉讼期间获知的商业秘密，为权利人提供更加全面的商业秘密保护，减少实践中权利人为了避免商业秘密扩散而不愿提起诉讼维护自身商业秘密的情形。

但上述司法解释对保密措施具体内容的规定仍不明确，前者未作规定，后者也仅列举了签署保密承诺书一种类型，缺乏具体指引，只能由法院自行裁量确定。国外审判实践中确立了一种保密令制度，是指“在知识产权案件的诉讼过程中，为保护当事人的商业秘密而在披露程序中就披露对象及披露内容加以限制或禁止的一种法庭指令”❶。实际上，我国福建厦门的司法机关自 2011 年起就已经开始实施保密令制度，法庭可依职权或依申请作出保密令，限制或禁止阅读、摘抄或复制，并对违反保密令的行为人依照民事诉讼法有关妨碍民事诉讼强制措施的规定对其拘留、罚款，情节严重的，还可追究其刑事责任。❷ 与保密承诺书相比，保密令具有更强的隔离效果，不是通过保密承诺阻止行为人泄露或不当使用商业秘密，而是将行为人与商业秘密隔离，使其无法在诉讼中阅读或复制商业秘密内容，以从源头上达到防止二次泄露的目的。保密令的保护作用更强，但也在一定程度上损害了对方当事人和一般公众的知情权，需要在法律规范下谨慎适用，建议在后续司法解释中增加规定保密措施的具体类型及其适用条件、适用程序和救济问题。

（二）反不正当竞争部际联席会议制度建立

2020 年 11 月 12 日，经由市场监管总局请示，国务院办公厅发布《国务院办公厅关于同意建立反不正当竞争部际联席会议制度的函》，该函的发布标志着反不正当竞争部际联席会议制度（以下简称“联席会议制度”）的正式建立，而这也是该制度的首次设立。

---

❶ 李晓，冀宗儒．知识产权诉讼中的保密令制度比较研究［J］．知识产权，2015（11）：122-129.

❷ 郑良，陈旺．厦门推行知产审判保密令制度［N］．人民法院报，2011-01-23.

1. 立法支撑

我国 2017 年、2019 年《反不正当竞争法》第 3 条规定："国务院建立反不正当竞争工作协调机制，研究决定反不正当竞争重大政策，协调处理维护市场竞争秩序的重大问题。"该条确立了国务院对重大市场竞争问题的决策权，为反不正当竞争工作协调机制的建立提供了立法支撑。

2. 建立过程

联席会议制度采取由上至下的建立模式，由中央层面率先建立，地方各级根据中央精神和各地情况自行建立。国务院办公厅于 2020 年 11 月 12 日回函市场监管总局，在中央层面建立了反不正当竞争部际联席会议制度；而在地方层面，各地的联席会议制度大多仍处于酝酿阶段，福建省于 2020 年 11 月 19 日发文表示建立反不正当竞争厅际联席会议制度❶，具体制度建构与中央层面的内容基本相同。

3. 制度内容

根据国务院办公厅的回函，联席会议制度内容包括主要职能、成员单位、工作规则、工作要求四大部分，具体如下。

（1）主要职能。联席会议有六大主要职能，包括宏观指导、重大政策研究与推进、指导督促、（全国）重大问题协调，以及热点问题和典型违法活动治理、促进部门协作和进行宣传普及工作等。

（2）成员单位。中央层面的联席会议成员单位包括市场监管总局、中央网信办、教育部、工业和信息化部、公安部、民政部、司法部、住房城乡建设部、农业农村部、文化和旅游部、国家卫生健康委、人民银行、广电总局、银保监会、证监会、国家中医药局、国家药监局等 17 个部门。

（3）工作规则。联席会议将根据工作需要定期或不定期召开会议，专题研究特定事项时，可视情况召集部分成员单位参加会议，也可邀请其他相关部门、地方和专家参加。

---

❶ 中国市场监管报．福建建立反不正当竞争厅际联席会议制度［EB/OL］．［2020-12-09］．http：//www.samr.gov.cn/xw/df/202011/t20201125_323870.html.

（4）工作要求。市场监管总局承担牵头工作，各成员单位按照职责分工研究问题、制定措施、积极参加、加强沟通等。

4. 制度评价

反不正当竞争部际联席会议制度的建立有利于强化竞争政策的基础性地位，有利于各部门间形成完善的沟通机制，促进反不正当竞争工作的协调开展，改善反不正当竞争执法层面权限不明的问题。

该制度是对时代需要和现实问题的回应。党的十九届四中全会提出，要“强化竞争政策基础地位，落实公平竞争审查制度，加强和改进反垄断和反不正当竞争执法”。联席会议制度通过推进重大政策的研究和落实，组织开展不正当竞争热点问题和典型违法行为的治理，可以有效促进反不正当竞争各相关部门之间的沟通与协调，进而强化基于规则的竞争政策的基础地位，在制度型开放的过程中与世界接轨，使《反不正当竞争法》真正起到“促进社会主义市场经济健康发展，鼓励和保护公平竞争，制止不正当竞争行为，保护经营者和消费者的合法权益”的作用。[1]

该制度一定程度上弥补了《反不正当竞争法》的缺陷。根据《反不正当竞争法》的规定，我国目前的反不正当竞争执法体制为“交错复合型”，执法环节存在权责交叉、多头执法的问题。[2] 此外，《反不正当竞争法》中的一般条款对“经营者”身份特征的严格限定，使得《反不正当竞争法》无法根据现实状况的变化及时调整和适应。由于修法仍需一定时间，建立联席会议制度作为应急性的措施，有利于建立完善的沟通机制，促进反不正当竞争工作的协调开展，改善目前执法权责不明的现状，也有利于根据形势变化将新型不正当竞争行为纳入调整范围，从而在法律尚未完善之时发挥补缺的作用。

同时，该制度也存在一些疏漏，如未将国家知识产权局列为成员单位。

---

[1] 21世纪经济报道．社论：加强反不正当竞争执法统筹协调，完善公平竞争制度［EB/OL］．［2020-12-17］．http：//www. 21jingji. com/2020/11-21/0NMDEzNzlfMTYwNzQ0Nw. html.

[2] 宁立志．《反不正当竞争法》修订的得与失［J］．法商研究，2018（4）．

知识产权是重要的竞争工具之一，许多不正当竞争纠纷涉及知识产权。而在联席会议的成员单位中，有市监总局下属的国家药监局，却没有同为市监总局下属的国家知识产权局。这对于处理数量众多的涉及知识产权的不正当竞争纠纷造成了一定程度的障碍。

（三）防疫物资领域的不正当竞争问题

在2020年抗击新冠肺炎疫情的大背景下，防疫物资生产经营领域的不正当竞争问题十分突出。国家市场监督管理总局曾公布多起相关典型案例，涉及假冒侵权、价格违法和虚假宣传等多种类型。

1. 防疫物资领域的主要不正当竞争行为

（1）假冒侵权。根据《反不正当竞争法》第6条之规定，经营者不得实施擅自使用与他人有一定影响的商品名称、包装、装潢等相同或者近似的标识的混淆行为，引人误认为是他人商品或者与他人存在特定联系。在疫情发展迅速的一、二月份，许多经营者通过使用相同或近似名称或标识假冒知名防疫产品，有些构成市场混淆的不正当竞争行为，有些甚至侵犯他人的商标专有权。涉及的防疫产品以口罩、消毒用品等为主，如销售假冒“3M”、日本YOSHIDA等知名品牌的口罩。

（2）价格违法。在防疫物资领域，哄抬价格、价格欺诈等价格违法行为较为常见。据《市场监管总局关于新型冠状病毒感染肺炎疫情防控期间查处哄抬价格违法行为的指导意见》的规定，强制搭售、大幅提高配送费用，以及超过正常进销差价率的行为都被认定为哄抬价格。价格欺诈在疫情中通常以价格承诺为体现形式，经营者往往声称自己销售的防疫物资为“市场最低价”，但无任何证据证明。[1]

（3）虚假宣传。疫情期间部分经营者明知其销售的口罩、药品等防护物资不符合疫情防护标准，仍以虚假宣传方式对外宣传其防护物资达到防护标

---

[1] 如海南一九堂药品连锁经营有限公司及其28家分店价格欺诈案。市场监管总局“联合双打行动”典型案例（第二批）［EB/OL］.［2020-12-17］. www.samr.gov.cn/xw/zj/202002/t20200224_312056.html.

准等，或对外宣传其防护物资具备某种实际上并不具备的功能和效用，从而欺骗消费者购买该防疫商品。[1] 比如将工业防尘口罩宣传为医用口罩，将普通无纺布或纱布口罩宣传为熔喷布口罩，将连花清瘟等抗病毒药品宣传为对新冠肺炎具有预防作用的特效药等。

2. 法律责任适用

《反不正当竞争法》第 17 条对不正当竞争行为的民事责任作了一般规定，规定了侵权责任及相应的赔偿数额计算方法；第 18～26 条对具体不正当竞争行为的行政责任分别进行了规定；第 31 条对刑事责任作出了总括性规定，即构成犯罪的，依法追究刑事责任。第 27 条则对民事、行政和刑事责任的承担顺序作出了规定，即经营者应承担多种责任但其财产不足以支付时，民事责任优先。这些规定均适用于防疫物资领域的不正当竞争。

（1）民事责任。

对于销售、生产假冒口罩、消毒用品等防疫物资的假冒混淆行为，根据《反不正当竞争法》第 17 条规定，给他人造成损害的，应当承担侵权责任，难以确定数额的应给予权利人一定数额的赔偿；存在合同关系的，也可承担继续履行、采取补救措施或者赔偿损失等违约责任；此外，消费者可依据《中华人民共和国消费者法权益保护法》向经营者主张退还商品价款、要求赔偿损失或惩罚性赔偿。

对于价格违法行为，《价格法》第 41 条规定了经营者退还多付部分、承担赔偿责任等民事责任。《价格违法行为行政处罚规定》第 16 条规定了限期退还多付价款的民事责任，并规定若经营者不退还或不按规定退还该价款，由政府价格主管部门予以没收，若消费者等要求退还，经营者仍需依法承担民事责任。

对于虚假宣传行为，若给他人造成损害，也应依据《反不正当竞争法》

---

[1] 如上海又慕食品有限公司涉嫌虚假宣传、哄抬物价、销售不符合保障人体健康和人身、财产安全国家标准的口罩案，该公司虚假宣称其所经营的口罩“功能：防雾霾 防尘 防病菌 防二手烟 防汽车尾气”“安全标准：中国 GB2626-2006 标准”“防护等级：KN90”。市场监管总局“联合双打行动”典型案例［EB/OL］.［2020-12-17］. www. samr. gov. cn/xw/zj/202002/t20200214_ 311639. html.

第17条承担侵权责任；由于经营者对其不符合防疫标准的防疫用品宣传达到了规定的标准吸引消费者购买其产品，其间也存在违约行为，也有可能承担相应的违约责任；若涉及公益诉讼，民事责任的承担方式可能还包括损害赔偿、赔礼道歉、发布警示公告和召回已销售商品。

（2）行政责任。

对于假冒侵权的混淆行为，《反不正当竞争法》第18条根据情节严重程度规定了责令停止违法行为、没收违法商品、罚款、吊销营业执照等行政责任。对于价格违法行为，《价格法》第40条对价格违法行为的行政责任类型作出了一般性规定，《价格违法行为行政处罚规定》则作出了一系列具体规定。以哄抬价格为例，《价格违法行为行政处罚规定》第6条根据情况分别规定了不同的罚款幅度和处罚种类。在疫情迅速发展的2020年1月下旬，多地市场监管局对情节较重的哄抬价格案件顶格作出300万元的罚款。[1]《市场监管总局关于新型冠状病毒感染肺炎疫情防控期间查处哄抬价格违法行为的指导意见》第7条明确规定了在无违法所得情况下，认定“情节较重”或者“情节严重”的具体情形，包括捏造虚假信息、引发群众恐慌等7种情形。对于虚假宣传行为，《反不正当竞争法》第20条规定了责令停止违法行为、罚款、吊销营业执照三种行政责任。

（3）刑事责任。

防疫物资领域的不正当竞争行为还有可能构成刑事责任。《关于依法惩治妨害新型冠状病毒感染肺炎疫情防控违法犯罪的意见》具体规定了涉及刑事责任的情形，结合我国法律规定，防疫物资领域的假冒侵权行为根据具体情形不同，涉嫌构成生产、销售伪劣产品罪，生产、销售假药罪，生产、销售

---

[1] 市场监管总局．哄抬口罩价格典型案件［EB/OL］．［2020-12-17］．www.samr.gov.cn/xw/zj/202001/t20200129_310831.html.

不符合标准的医用器材罪和销售假冒注册商标的商品罪等❶；价格违法行为主要涉嫌非法经营罪；而虚假宣传行为则涉嫌虚假广告罪。司法实践中，有的法院根据《刑法》第37条第1款的规定，对违法经营者采取了“从业禁止”的措施，禁止被告人一定时间内从事防疫物资生产经营活动。❷

（四）互联网平台中的不正当竞争问题

1.《规范促销行为暂行规定》❸ 的分析与解读

促销已成为市场竞争中的重要经营方式，原《关于禁止有奖销售活动中不正当竞争行为的若干规定》难以全面体现上位法新要求，市场监管规则仍需完善，制定一部规范促销行为的专门性规章的需求十分迫切。为了有效规制促销活动，国家市场监督管理总局出台了《规范促销行为暂行规定》（以下简称《暂行规定》），自2020年12月1日起施行。《暂行规定》共六章31条，分别为总则、促销行为一般规范、有奖销售行为规范、价格促销行为规范、法律责任和附则，刷单行为、其他虚假宣传等不正当竞争行为也被纳入规制范围。

“刷单”是一种典型的虚假宣传方式。在电商平台交易中，由于销售量和好评率构成了潜在购买者选择购买某商品的重要标准，通过刷单来迅速提高销售量和好评率无疑成了商家提升竞争优势的捷径。我国现有法律法规并没有对互联网平台中的“刷单行为”进行明确定义，一般来说，它是指在网络交易过程中，交易双方通过虚构商品、虚构价格或虚构交易评价的手段，以提升卖家商誉或提高卖家搜索排名等市场竞争力的行为，最常见的为虚构交

❶ 需特别说明，生产、销售《医疗器械分类目录》中的医用防护口罩、医用外科口罩等医疗器械，且不符合国家标准和行业标准，足以严重危害人体健康的，依生产、销售不符合标准的医用器材罪定罪处罚；生产、销售《医疗器械分类目录》中的医疗器械，不符合国家标准和行业标准但不足以危害人体健康，或生产、销售没有列入《医疗器械分类目录》的其他物品，如普通一次性口罩等，如果以次充好，以不合格产品冒充合格产品，销售金额在5万元以上，依生产、销售伪劣产品罪定罪处罚；如果行为人生产、销售医疗器械行为或生产、销售伪劣商品行为同时构成销售假冒注册商标的商品罪，依处罚较重的规定定罪处罚。

❷ 案例：生产假冒口罩，获刑并处禁止从业五年［EB/OL］.［2020－12－20］. https://new.qq.com/rain/a/20201208A0B8X800.

❸《规范促销行为暂行规定》于2020年10月29日由国家市场监督管理总局第32号令公布。

易评价。刷单又可分为正向刷单和反向刷单，前者为卖家雇用他人为自己的店铺刷单，常表现为虚构正面交易评价，以进一步虚构商品人气和销售业绩。后者为卖家雇用他人为竞争者的店铺刷单，包括虚构负面交易评价、大量明显刷单使得竞争者受到平台处罚或引起消费者的误解，以提升自己的相对竞争优势来促销。

在《暂行规定》出台前，对于刷单行为，《反不正当竞争法》第 8 条对购买刷单服务的经营者和组织刷单的经营者都有相应规定。[1]《中华人民共和国电子商务法》第 15 条规定，电子商务经营者不得以虚构交易、编造用户评价等方式进行虚假或者引人误解的商业宣传，欺骗、误导消费者。

《暂行规定》第二章“促销行为一般规范”中第 5 条对于“刷单行为”进行了规制，其对促销信息的真实性提出了原则性的要求：“经营者开展促销活动，应当真实准确，清晰醒目标示活动信息，不得利用虚假商业信息、虚构交易或者评价等方式作虚假或者引人误解的商业宣传，欺骗、误导消费者或者相关公众。”该条与《电子商务法》第 17 条的规定相契合，对“刷单”“刷量”“刷信誉”等违法行为进行重点打击。

依《暂行规定》第 23 条，经营者实施刷单行为应由市场监管部门按照《反不正当竞争法》第 20 条以虚假宣传行为进行处罚：责令停止违法行为，处 20 万元以上 100 万元以下的罚款；情节严重的，处 100 万元以上 200 万元以下的罚款，可以吊销营业执照。经营者违反《反不正当竞争法》第 8 条规定，属于发布虚假广告的，依照《中华人民共和国广告法》的规定处罚，包括责令停止违法行为、罚款和吊销营业执照三种方式。

2.《市场监管总局关于加强网络直播营销活动监管的指导意见》[2] 的分析与解读

近年来，“直播带货”的营销模式已成为商家进行电子商务推广的重要渠

---

[1] 《中华人民共和国反不正当竞争法》第 8 条：经营者不得对其商品的性能、功能、质量、销售状况、用户评价、曾获荣誉等作虚假或者引人误解的商业宣传，欺骗、误导消费者。经营者不得通过组织虚假交易等方式帮助其他经营者进行虚假或者引人误解的商业宣传。

[2] 《市场监管总局关于加强网络直播营销活动监管的指导意见》（国市监广〔2020〕175 号）。

道之一，而这一营销模式中存在诸如假冒伪劣、虚假宣传、数据造假等许多不正当竞争行为。此外，网络直播营销活动兼具电子商务、宣传促销、导购卖货等多重特点，又通过互联网直播的形式进行，涉及主体较多，法律关系复杂，模式多种多样。在这一背景之下，对网络直播营销活动进行监管，明确其中各主体的法律义务和责任十分必要。❶

网络直播营销活动的法律定性一直以来都存在争议，法律法规也未对其概念和性质作出规定。值得借鉴的是，《互联网直播营销信息内容服务管理规定（征求意见稿）》第 22 条对互联网直播营销信息内容服务进行了定义，指通过互联网网站、应用程序、小程序等，以视频直播、音频直播等形式向社会公众推销商品或服务的活动。也有学者指出“直播带货”是指主播以互联网直播的形式，通过实时性的语言、形象、使用感受向消费者宣传、推广商品或服务，以吸引消费者作出购买决策的运营模式。❷

《市场监管总局关于加强网络直播营销活动监管的指导意见》（以下简称《直播监管指导意见》）第二部分第 2 条规定商品经营者通过网络直播销售商品或提供服务应当按照《反不正当竞争法》履行相应的义务和责任，第 3 条规定网络直播者采用网络直播方式为商品或服务作宣传，应当真实、合法，符合《反不正当竞争法》规定。第四部分第 9 条对依法查处不正当竞争违法行为作出了规定：针对网络直播营销中虚构交易或评价、网络直播者欺骗和误导消费者等不正当竞争问题，依据《反不正当竞争法》处理，重点查处实施虚假或者引人误解的商业宣传、帮助其他经营者进行虚假或者引人误解的商业宣传、仿冒混淆、商业诋毁和违法有奖销售等违法行为。

由《直播监管指导意见》的内容可知，网络直播营销活动中的商品经营者和网络直播者的行为都应受《反不正当竞争法》的规制，查处重点是虚假宣传、仿冒混淆、违法有奖销售和商业诋毁的不正当竞争行为。无论网络直

❶ “市场监管总局关于加强网络直播营销活动监管的指导意见”解读［EB/OL］.［2020-12-17］. http：//gkml. samr. gov. cn/nsjg/xwxcs/202011/t20201109_ 323221. html.

❷ 孟雁北 . 直播带货中主播商业宣传行为的规制研究［J］. 人民论坛，2020（25）.

播营销具有何种特殊性，其本质都属于商业行为，因而对于“直播带货”中存在的不正当竞争行为，相应地受《反不正当竞争法》第6条、第8条、第10条、第11条等相关规定的规制。

《直播监管指导意见》对于网络直播者，除了要求其宣传应当真实、合法，符合《反不正当竞争法》有关规定外，还规定其直播内容构成商业广告的，应按照《广告法》规定履行广告发布者、广告经营者或广告代言人的义务和责任。例如，应当遵循《广告法》中规定的禁止类用语和表达，以及对保健食品等特殊商品的广告禁止规定。可见，《直播监管指导意见》对一般直播营销和商业广告进行了规范上的区分。这对于以网络直播方式进行商品代言的明星而言，其同时受到《反不正当竞争法》和《广告法》的双重约束，且不得再以直播为借口拒绝承担《广告法》上广告代言人的义务和责任。但是具体到执法、司法实践中，如何判断直播者的直播内容构成商业广告仍需进一步界定。一方面，相较于传统广告可多次播放，网络直播营销具有一次播放的特点；另一方面，直播营销模式具有随机性和临场性，主播对于某一商品宣传和推广的内容往往是临场发挥而形成的，与传统广告内容是事先固定在图像和视频中的形式并不相同。因此，若直播者的直播内容构成广告，并要求其在口语化、临场化的直播中按照《广告法》的规定进行表达，可能有些苛刻。

3. 网络账号群控的反不正当竞争法规制

在腾讯诉搜道网络和聚客通不正当竞争纠纷案[1]中，杭州互联网法院（杭州铁路运输法院）将“群控”描述为自动化、批量化操作微信的行为，包括朋友圈内容自动点赞、群发微信消息、微信被添加自动通过并回复、清理僵尸粉、智能养号；监测、抓取微信用户账号信息、好友关系链信息以及用户操作信息（含朋友圈点赞评论、支付等）存储于其服务器，攫取数据信息。

群控行为具备鲜明的违法特征，一是其违反了平台规则，危及网络平台

---

[1] 杭州铁路运输法院（2019）浙8601民初1987号民事判决书。

的安全、稳定、效率，妨碍、破坏平台的正常运行；二是群控技术与人的竞争显而易见地破坏了正常的竞争秩序，将其他竞争者置于极为不利的竞争地位；三是损害了平台的数据权利、用户的使用体验和其他账号流量运营者的利益。❶

对网络账号群控进行反不正当竞争法的规制，应先考虑《反不正当竞争法》第二章中是否有具体条款能够与之对应，再考虑是否适用《反不正当竞争法》第 2 条。

具体而言，使用群控软件批量操作微信可能构成《反不正当竞争法》第 12 条第 2 款第（4）项所规定的其他妨碍、破坏其他经营者合法提供的网络产品或者服务正常运行的行为；❷ 而使用群控软件进行刷量行为，若其实质目的系使得相关公众对网络产品的交易数量和关注度产生虚假认知以吸引消费者，则可能构成《反不正当竞争法》第 8 条的虚假宣传。❸

若依据《反不正当竞争法》一般条款处理，应当对市场竞争行为主体、行为违反诚信的商业道德或商业习惯、主观过错以及损害正当竞争者的利益等不正当竞争的要素进行分析。这四个要素中的核心是行为是否违反商业习惯或商业道德，此处的商业习惯或道德，既包括灵活的认定规则，也包含成熟的、有高度共识的类型化规则；而对于尚未形成明晰的商业习惯或道德的情况，裁判者需在利益权衡之后，根据数字经济背景下的实践特点提出应然的标准。❹

---

❶ 刘云于东南大学互联网新型不正当竞争法律问题研讨会上的发言［EB/OL］.［2020-12-17］.“中外刑事法前沿”公众号，https：//mp. weixin. qq. com/s/9tWKzXYMZsJJuX9CIGFWwA.

❷ 如腾讯诉搜道网络和聚客通不正当竞争纠纷案，参见杭州铁路运输法院（2019）浙 8601 民初 1987 号民事判决书。

❸ 如爱奇艺诉杭州飞益信息科技有限公司、吕某、胡某不正当竞争纠纷案，参见上海知识产权法院（2019）沪 73 民终 4 号民事判决书。

❹ 张吉豫，等．观点集萃：互联网新型不正当竞争法律问题［EB/OL］.［2020-12-17］.“人大版权”公众号，https：//https：//mp. weixin. qq. com/s/HN9Xwxmyjl-UKgHH84llhg.

二、反不正当竞争行政执法与司法保护情况

（一）反不正当竞争行政执法情况

1. 反不正当竞争行政执法总体情况❶

截至2020年12月20日，2020年全国反不正当竞争执法文书共计有465篇在中国市场监管行政处罚文书网公布（以处罚依据为《中华人民共和国反不正当竞争法》为关键字进行检索）。

就不正当竞争案件发生的地域来看，东部沿海地区与西部地区呈现出明显的地域差异，在公开的465篇文书中，上海市各级市场监督管理局作出的行政处罚文书为141篇，占全部文书的30.32%，其次是江苏省与浙江省，分别占比16.13%和6.88%。

就作出的具体处罚来看，考虑到新冠肺炎疫情对市场经济环境造成的冲击以及对企业生产经营的影响，执法机关在自由裁量的范围内大多会减轻处罚，并主动适用《反不正当竞争法》第25条之规定❷，体现出行政执法的灵活性和人文关怀。

2. 典型案例

（1）瑞幸财务造假涉嫌虚假交易案。❸

2020年4月，市场监管总局对瑞幸咖啡（中国）有限公司、瑞幸咖啡（北京）有限公司（以下合称“瑞幸公司”）涉嫌虚假交易等不正当竞争行为开展调查。

经查，2019年4~12月，瑞幸公司为获取竞争优势及交易机会，在多家

---

❶ 相关信息见中国市场监管行政处罚文书网（http：//cfws. samr. gov. cn/index. html），2020年12月20日访问。

❷ 《中华人民共和国反不正当竞争法》第25条：经营者违反本法规定从事不正当竞争，有主动消除或者减轻违法行为危害后果等法定情形的，依法从轻或者减轻行政处罚；违法行为轻微并及时纠正，没有造成危害后果的，不予行政处罚。

❸ 中国市场监管报．市场监管总局对瑞幸咖啡（中国）等45家公司不正当竞争行为作出行政处罚［EB/OL］．［2020-12-20］．http：//www. cicn. com. cn/zggsb/2020-09/23/cms131095article. shtml.

第三方公司帮助下，虚假提升瑞幸咖啡2019年度相关商品销售收入、成本、利润率等关键营销指标，并于2019年8月至2020年4月，通过多种渠道对外广泛宣传使用虚假营销数据，欺骗、误导相关公众，违反《反不正当竞争法》第8条第1款“经营者不得对其商品的性能、功能、质量、销售状况、用户评价、曾获荣誉等作虚假或者引人误解的商业宣传，欺骗、误导消费者”的规定，构成虚假宣传行为。

经查，北京车行天下咨询服务有限公司、北京神州优通科技发展有限公司、征者国际贸易（厦门）有限公司等43家第三方公司，为瑞幸公司实施虚假宣传行为提供实质性帮助，违反《反不正当竞争法》第8条第2款“经营者不得通过组织虚假交易等方式，帮助其他经营者进行虚假或者引人误解的商业宣传”的规定，构成帮助虚假宣传行为。

2020年9月18日，市场监管总局及上海、北京市场监管部门，对瑞幸咖啡（中国）有限公司、瑞幸咖啡（北京）有限公司及北京车行天下咨询服务有限公司、北京神州优通科技发展有限公司、征者国际贸易（厦门）有限公司等45家涉案公司作出行政处罚决定，处罚金额共计6 100万元。

（2）杭州微××云数据淘宝信息技术店组织虚假流量刷单案。❶

当事人通过微××网站和流量刷单专用软件两种方式，为一些直播平台上的商家提供增加虚假粉丝量、点赞数、围观人数等服务，同时为不符合平台开通直播间要求的店铺商家提供开通服务（1钻以上的店铺经营者才能开通直播权限，称为“上钻”）。

当事人借用杭州微××云数据淘宝信息技术店的名义注册开通微××网站并备案，网站核心服务模块是代理嵌套其他网站运营接口服务。当事人通过充值获得代理权限，再为招徕的商家提供流量刷单服务。网络交易平台上的店铺经营者通过微××网站充值，充值费用进入当事人收款账户。店铺经营者充

---

❶ 中国市场监管报．直播带货背后的流量刷单应如何认定？——以全国立案查处组织流量刷单平台第一案为例［EB/OL］．［2020－12－20］．http：//www. cicn. com. cn/zggsb/2020－10/24/cms131787article. shtml.

值以后可在微××网站上自主下单自助开展流量刷单，网站按照刷单数量扣除相应款项后自动执行刷单指令。

当事人使用“易语言”程序制作专用流量刷单软件，可以为商家用户提供虚增围观人数、评论数、点赞数等服务。当事人组织人员，开发专用软件，租用服务器，并将程序安置在服务器上。商家下载软件客户端，通过购买卡号密码的形式，以月卡、季卡的方式获取软件一个月或一个季度的使用权限。商家自行运行软件，实现程序化提升自己店铺直播账号关联的虚假的粉丝量、点赞数、围观人数和评论数。

当事人接到“上钻”服务订单后，组织人员通过子账号进入该店铺，虚建店铺商品，模拟真实买家下单，虚构交易。当交易量达到平台开通直播间要求的251单，也就是店铺达到1钻级别后，当事人将虚建的商品删除。之后，当事人帮助该店铺进行直播申请，申请成功后，即完成“上钻”服务。

当事人通过组织虚假交易、虚假流量刷单等方式，帮助其他经营者提升网店等级，提升直播间的粉丝量、点赞数、围观人数等，违反了《反不正当竞争法》第8条第2款的规定情形，属于帮助虚假宣传行为。根据《反不正当竞争法》第20条第1款之规定，浙江省金华市市场监管局责令当事人停止违法行为，并处罚款50万元。

（3）江苏首起违规促销案。[1]

2020年12月8日，江苏省常州市市场监管局根据举报线索，组织天宁区市场监管局查处一起违规促销案。该案为江苏省查处的首起违规促销案。

经查，当事人系常州市一家规模较大的装潢设计公司，从2020年11月下旬开始通过电台广播、微信公众号、户外电子屏等途径对外发布含有“您定装修，我送奔驰。96万元豪礼送送送”等内容的抽奖信息。当事人称，10月1日至12月31日，在当事人处签约施工的客户均可参与抽奖活动。该活动共分5个奖项：特等奖奖品为价值30万元的奔驰汽车一辆（非使用权）；一

---

[1] 中国市场监管报．常州查处江苏首起违规促销案［EB/OL］．［2020-12-20］．http：//www.cicn.com.cn//2020-12/10/cms133510article.shtml.

等奖奖品为红木沙发两套，每套价值 12.8 万元；二等奖奖品为皇宫椅 3 对，每对价值 5.88 万元；三等奖奖品为电瓶车 10 辆，每辆价值 2880 元；四等奖奖品为蚕丝被 30 条，每条价值 2 680 元；五等奖奖品为红木靠背椅 50 张，每张价值 2 380 元，且奖券可叠加使用。当事人所设置的抽奖式有奖销售最高奖金额远远高于 5 万元。由于当事人行为涉嫌违反《反不正当竞争法》及《规范促销行为暂行规定》的有关规定，天宁区市场监管局已立案，目前该案正在进一步调查处理中。

（4）四川成都十七岁贸易有限公司违法有奖销售案。❶

四川成都十七岁贸易有限公司（以下简称“十七岁公司”）在某直播平台销售商品时，因违法有奖销售被成都市天府新区市场监管局罚款 15 万元。这是成都市市场监管局印发《关于开展网络直播带货乱象专项整治和规范管理工作的通知》以来，整治直播带货乱象开出的首张罚单。

成都市天府新区市场监管局执法人员接到消费者投诉称，十七岁公司在某直播平台销售商品时主要销售牙膏、海盐皂等日化用品，但在直播中还展示了 12 部苹果手机、10 台 iPad 平板电脑和一张购买苹果手机的发票，声称购买商品就有 70 台苹果手机和 20 台 iPad 平板电脑等礼物赠送，但消费者购买日化用品后并未获赠手机。后经执法人员查实，十七岁公司在直播中出示的购买手机票据为伪造，组织直播的饶某不能提供上述手机、平板电脑的购买地点，没有制定有奖销售规则并对外公布，也不能提供奖品赠送证据，只是想通过此种宣传达到销售商品的目的。成都市天府新区市场监管局认为，十七岁公司的上述行为违反了《反不正当竞争法》第 10 条第（1）项、第（2）项的规定，构成违法有奖销售行为，责令十七岁公司停止违法行为，并处罚款 15 万元。

❶ 中国市场监管报．成都整治直播带货开出首张罚单［EB/OL］．［2020-12-20］．http：//www.cicn.com.cn/zggsb/2020-11/26/cms133021article.shtml.

（5）虚假宣传一次性医用口罩案。[1]

衡水市某公司与一印度尼西亚籍男子联络，以每只3.5元人民币的价格从该印尼男子处购进NEO牌HIJAB型一次性非医用防护口罩1.4万只，并给予其4.9万元人民币。该印度尼西亚籍男子从印度尼西亚雅加达市发货，通过国际航空联邦快递经北京首都机场海关进口，于2020年2月29日送至当事人处。衡水市某公司自2020年2月12日开始，在微信群中将上述一次性非医用口罩宣称为一次性医用口罩，以每只3.7~3.9元不等的价格对外进行销售，截至案发共销售13 150支，合计销售额为49 750元。

衡水市某公司虚假宣传行为违反了《反不正当竞争法》第8条，依据《反不正当竞争法》第20条之规定，衡水市市场监督管理局高新技术产业开发区分局责令其停止违法行为，并处罚款20万元。

本案系在疫情防控中通过虚假宣传行为牟利，其违法性与社会危害性均十分明显。

（二）反不正当竞争司法保护情况

1. 反不正当竞争司法保护总体情况[2]

2019年，人民法院共新收一审、二审、申请再审等各类知识产权案件481 793件，审结475 853件（含旧存，下同），比2018年分别上升44.16%和48.87%。

（1）不正当竞争民事司法审判。2019年，地方各级人民法院共新收和审结知识产权民事一审案件399 031件和394 521件，分别比2018年上升40.79%和44.02%。其中，新收竞争类案件4128件，同比下降1.25%。[3]

[1] 参见衡水市高新技术产业开发区市场监督管理局衡高市监处字〔2020〕05号行政处罚决定书。

[2] 2020年全国收案、结案情况须待最高人民法院发布，撰写本章时，正值2020年与2021年交替之际，最高人民法院尚未发布《中国法院知识产权司法保护状况（2020）》白皮书，2019年白皮书于2020年4月21日发布，2020年白皮书预计将在2021年4~5月发布，届时可查询到相关数据。目前可查询到的新收及审结案件数据统计截至2019年12月31日。

[3] 最高人民法院《中国法院知识产权司法保护状况（2019）》白皮书［R/OL］.［2020-12-20］. http://www.court.gov.cn/zixun-xiangqing-226501.html.

2019 年度人民法院审结的具有较大社会影响的知识产权民事案件中，和睦家医疗管理咨询（北京）有限公司与福州和睦佳妇产医院等侵害商标权及不正当竞争案、本田技研工业株式会社与重庆恒胜鑫泰贸易有限公司等侵害商标权案、河北山人雕塑有限公司与河北中鼎园林雕塑有限公司等侵害著作权案等涉及不正当竞争。

（2）不正当竞争刑事司法审判。2019 年，地方各级人民法院共新收和审结侵犯知识产权犯罪一审案件 5 242 件和 5 075 件，分别比 2018 年上升 21. 37% 和 24. 88%。在审结的侵犯知识产权犯罪一审案件中，侵犯商业秘密罪案件 39 件，与上一年度持平。❶

2. 不正当竞争行为案件分类统计

截至 2020 年 12 月 20 日，2020 年全国不正当竞争民事一审案件有 2 532 篇文书在中国裁判文书网公布，较上一年度有较大幅度增长。在公开的文书中，商业贿赂不正当竞争纠纷案件文书 771 篇，占比约 30. 45%；侵害商业秘密案件文书 293 篇，占比约 11. 57%，该类案由中，包含侵害技术秘密纠纷 64 篇和侵害经营秘密纠纷 41 篇；仿冒纠纷案件文书 270 篇，占比约 10. 66%，该类案由中，包含擅自使用知名商品特有名称、包装、装潢纠纷案件 148 篇，擅自使用他人企业名称、姓名纠纷案件 71 篇，伪造、冒用产品质量标志纠纷案件 5 篇；商业诋毁案件文书 57 篇，占比约 2. 25%；虚假宣传案件文书 50 篇，占比约 1. 97%；串通投标不正当竞争案件文书 14 篇，占比约 0. 55%；有奖销售案件文书 3 篇，占比约 0. 12%；此外，有 1074 篇文书未明确划入上述几类案由类别。❷

3. 典型反不正当竞争案例

（1）浙江蚂蚁小微金融服务集团股份有限公司、重庆市蚂蚁小微小额贷

---

❶ 最高人民法院《中国法院知识产权司法保护状况（2019）》白皮书［R/OL］.［2020－12－20］. http：//www. court. gov. cn/zixun－xiangqing－226501. html.

❷ 数据来源于中国裁判文书网 https：//wenshu. court. gov. cn/“高级检索”功能中“案由”选项，可能存在对于部分三级案由项下四级案由之和小于三级案由数量以及部分文书未明确划分案由等问题。上述问题未有官方解释，在此对读者表示歉意。

款有限公司诉苏州朗动网络科技有限公司不正当竞争纠纷案。❶

2020年4月26日，杭州铁路运输法院就原告浙江蚂蚁小微金融服务集团股份有限公司（以下简称“蚂蚁金服”）、重庆市蚂蚁小微小额贷款有限公司（以下简称“蚂蚁微贷”）诉被告苏州朗动网络科技有限公司（以下简称“朗动公司”）不正当竞争纠纷一案作出判决，认定朗动公司在企查查上发布、推送有关蚂蚁微贷清算的误导性信息构成不正当竞争，判令朗动公司赔偿蚂蚁金服、蚂蚁微贷经济损失及合理费用60万元，并为其消除影响。

2019年5月5~6日，朗动公司运营的企查查通过发布和向特定用户推送的方式，发布了针对蚂蚁微贷清算的企业信息，引发媒体广泛关注，媒体均围绕蚂蚁微贷是否存在清算行为进行了报道，还涉及蚂蚁金服及其旗下花呗产品，短时间内新闻搜索达千万条以上。该条清算信息系企查查抓取自全国企业信用公示系统的公共数据，但系蚂蚁微贷2014年企业年度报告出现的历史信息。

法院审理后认为，公共数据是促进经济发展的重要生产要素，应当鼓励市场主体对公共数据的利用和挖掘。同时，对公共数据的利用应当合法、正当，不得损害国家利益、社会利益和其他主体合法权益，特别是不能损害数据原始主体的合法权益。

本案中，朗动公司运营的企查查平台，构建了以企业数据为内容的大数据生态系统。蚂蚁微贷作为原始数据主体，朗动公司利用信息抓取技术，从全国企业信用公示系统抓取涉及蚂蚁微贷的企业数据，经过分类整理供企查查用户查询，因此，朗动公司推送的企业信息的准确性和时效性将直接影响蚂蚁微贷的企业声誉和竞争性优势。朗动公司推送的涉及蚂蚁微贷的清算信息，因推送方式的设置问题，引发公众将历史清算信息误认为即时信息；在推送内容的准确性上，也与作为其数据来源的全国企业信用公示系统存在偏差。

---

❶ 参见杭州铁路运输法院（2019）浙8601民初1594号民事判决书。一审宣判后，苏州朗动网络科技有限公司提起上诉，目前本案正在二审审理中。

朗动公司采取容易引人误解的方式推送涉及蚂蚁微贷清算信息的行为，造成蚂蚁金服、蚂蚁微贷商誉上的损失。此外，朗动公司在其公开声明中，并未对蚂蚁微贷清算信息是历史信息，且推送内容不完整的问题予以纠正，造成媒体的新一轮关注，进一步扩大了误导性信息对蚂蚁金服、蚂蚁微贷的负面影响。朗动公司的行为构成不正当竞争，应当承担相应的民事责任。

法院认为，考虑到大数据行业还处于起步阶段，相关的行业规则、技术能力尚未成熟完善，需要给大数据产业发展创造适度的张力，为其发展营造足够宽松的发展空间，因此在侵权赔偿责任的承担上不宜为其苛以过重的责任。故依照反不正当竞争法的相关规定作出了前述判决。该案首次确立了公共数据使用的基本原则，厘清了公共数据合法使用的边界。

（2）欧宝公司诉施富公司侵害商标权及不正当竞争案。❶

2020 年 5 月 12 日，广州知识产权法院公开宣判欧宝公司诉施富公司侵害商标权及不正当竞争案，首次以判决形式明确平行进口行为不构成商标侵权和不正当竞争。

德国 OBO 公司是 OBO 注册商标的权利人。OBO 公司通过订立排他许可使用合同的方式，许可欧宝公司在中国大陆开展相关产品销售业务。2018 年 4 月，欧宝公司发现施富公司从新加坡进口 OBO 品牌防雷器产品至中国销售，于是起诉至广州市南沙区人民法院，认为施富公司的行为侵害涉案商标权且构成不正当竞争，要求施富公司停止侵权、消除影响、赔偿损失。

南沙区人民法院一审认为施富公司不构成商标侵权和不正当竞争。欧宝公司不服一审判决，上诉至广州知识产权法院。

广州知识产权法院依法审理后作出终审判决认为，涉案产品是合法来源于商标权人的正品，施富公司未损毁、遮盖商标标识，未变更产品质量和包装，不侵害涉案商标权。同时，施富公司寻求低价产品降低经营成本、追求商业利润的行为不具有反不正当竞争法上的可责性，行为过程未违反诚实信

---

❶ 羊城晚报．广东法院首次以判决形式明确：平行进口行为不构成商标侵权和不正当竞争［R/OL］．［2020-12-20］．http：//ep.ycwb.com/epaper/ycwb/html/2020-05/13/content_ 4_ 264162.htm.

用原则和公认商业道德，不构成不正当竞争，二审法院依法予以维持。

据相关资料显示，此次判决是广东法院首次对平行进口侵权定性问题作出明确回应，通过及时回应社会关切、依法划定行为边界，进一步明晰涉平行进口案件的裁判思路，在侵权判定、法律适用和社会影响等方面均具有探索和首创意义，引发广泛关注。

长期以来，相关行业和社会公众对平行进口行为的认知，普遍存有模糊和争议，无法对民事行为的合法性进行恰当衡量和准确预期。本案作为典型的平行进口知识产权纠纷案，是广东法院第一次以判决形式明确平行进口行为不构成商标侵权和不正当竞争。本案判决准确划定侵权行为和正当使用行为边界，及时回应行业和社会公众司法期待，为相关市场主体提供明确稳定的行为预期，对于推动外贸行业繁荣健康发展具有重要意义。

（3）深圳市腾讯计算机系统有限公司、腾讯科技（深圳）有限公司诉数推公司、谭某不正当竞争纠纷案。[1]

2020 年 4 月 26 日，重庆市第五中级人民法院对腾讯公司诉数推公司和谭某不正当竞争一案一审公开宣判，认定二被告提供虚假刷量服务行为构成不正当竞争，判决二被告立即停止不正当竞争行为，赔偿腾讯公司经济损失和合理费用支出共计 120 万元，并刊登道歉声明、消除不正当行为对腾讯公司造成的不良影响。

2017 年 12 月 25 日，谭某开始运营“企鹅代商网”为客户提供虚假刷量服务，后利用 qiehy. com 域名开设了多个关联分网站，均从事有偿刷量、刷单业务。2019 年 7 月，谭某又个人独资成立数推网络公司，登记运营网站，专门从事有偿刷量、刷单业务，直至 2019 年 11 月被诉后上述网站关停。

其间，数推公司及谭某运营的上述网站借助其他网络营销平台，针对腾讯公司旗下网站提供的产品或服务，包括天天快报、腾讯视频、腾讯微视、

[1] 中国法院网．网上提供虚假刷量服务行为构成不正当竞争——重庆二被告被判赔偿腾讯公司 120 万元［EB/OL］．［2020－12－20］．https：//www. chinacourt. org/article/detail/2020/08/id/5402804. shtml；重庆市第五中级人民法院（2019）渝 05 民初 3618 号民事判决书。一审宣判后，原被告双方均未上诉。

QQ 空间、QQ 名片、微信及微信公众号等，或者其他运营商网站的产品或服务，以虚假提高内容信息的点击量、点赞量、浏览量、阅读量、粉丝量为目的，向客户有偿销售并提供虚假刷量服务。

重庆市第五中级人民法院经审理认为，被告数推公司及谭某针对原告腾讯公司的互联网产品或服务及其内容信息，以及其他互联网经营者的互联网产品或服务，有偿提供虚假刷量服务，违背诚实信用原则和商业道德，损害互联网经营者或用户和消费者合法权益，其行为特征符合《反不正当竞争法》第 12 条第 2 款第（4）项关于“经营者不得利用技术手段，通过影响用户选择或者其他方式，实施……其他妨碍、破坏其他经营者合法提供的网络产品或者服务正常运行的行为”的规定，为不正当竞争行为，应当纳入反不正当竞争法予以规制。同时，二被告主观上存在共同实施不正当竞争行为的意思联络，客观上分工合作，构成共同侵权，应承担赔偿责任。法院遂依法作出前述判决。

本案是全国首次适用《反不正当竞争法》第 12 条（“互联网专条”）的案件，该案对互联网虚假刷量行为的规制提供了具体思路，作出了有益探索。

（4）深圳市腾讯计算机系统有限公司、腾讯科技（深圳）有限公司等与广州点云科技有限公司侵害作品信息网络传播权纠纷案。[1]

2020 年 8 月 12 日，杭州互联网法院对全国首例涉 5G 云游戏侵害作品信息网络传播权及不正当竞争纠纷两案宣判。

原告腾讯计算机公司、腾讯科技公司是涉案 5 款游戏的合法运营方和维权方。广州某科技有限公司未经授权，将涉案游戏置于其云服务器中，供公众在网页版、移动端以及 PC 端使用“菜鸡”云游戏平台获得涉案游戏，侵害二原告对涉案游戏享有的信息网络传播权，同时，其将用户流量复制到其平台上，利用涉案游戏为“菜鸡”云游戏平台做引流宣传，通过销售秒进卡、

[1] 中国法院网．全国首例涉 5G 云游戏侵权案宣判 英雄联盟等 5 款游戏获赔 258 万元［EB/OL］．［2020-12-20］．https：//www. chinacourt. org/article/detail/2020/08/id/5400925. shtml；杭州互联网法院（2020）浙 0192 民初 1329、1330 号民事判决书。一审宣判后，原被告双方均未上诉。

加时卡提供云游戏排队加速、加时的有偿服务，提供“上号助手”的无偿服务，限制二原告的涉案游戏画质、功能及信息链接等行为，挤压了二原告的盈利空间及商业机会，威胁二原告的用户数据安全，构成不正当竞争。

关于云游戏模式下不正当竞争行为的认定，法院经审理认为：

第一，从复制流量、引流宣传行为来看，用户选择通过“菜鸡”云游戏平台操作涉案游戏，实质进入的仍是“腾讯”平台涉案游戏操作系统本身，即使将PC端用户转化为其他客户端用户，整体的用户数量和流量亦仍体现在涉案游戏中，并不会因“云”模式的转变造成用户数量和流量的此消彼长，该种引流宣传行为能够为著作权项下权利的损害后果所涵盖，不构成不正当竞争。

第二，从秒进卡、加时卡有偿增值服务及限制涉案游戏画质来看，“云+”与“互联网+”“平台+”模式均是网络产业新兴的商业模式，本身具有中立性，不具有专属性，并非被诉行为不正当性的事由体现。被告赋予用户对画质自主选择权客观上确实降低游戏画质分辨率，影响游戏玩家的体验感，鉴于这种行为所带来的负面评价并不针对腾讯平台提供的网络服务质量，仍应作为信息网络传播行为的损害后果评价。

第三，就“上号助手”的无偿服务而言，是否在云游戏平台使用“上号助手”服务系供用户自行选择的结果，用户数据本身所产生的利益并不当然属于二原告的合法权益，退一步而言，即使“上号助手”功能存在威胁数据安全的较大可能性，损害的也是用户账号、密码的相关信息权利，相关诉的利益亦与二原告无涉。

第四，就限制游戏功能及信息链接而论，被告在未经许可的情况下直接采用技术手段对二原告提供的产品和服务进行干预和限制，包括限制营销宣传、资讯广告、周边商品交易等，用户对此行为不知情且并非出于主动选择，具有不正当性和可责性，显然会对腾讯平台普遍使用的游戏运营模式和盈利方式造成干扰和影响，进而挤压了腾讯平台的商业机会和盈利空间，直接导致二原告对相关游戏的合法利益受损，构成《反不正当竞争法》第12条第2款第（4）项规定的不正当竞争行为。

法院一审判决广州某科技有限公司停止在相关平台提供《英雄联盟》《穿越火线》《地下城与勇士》《逆战》《QQ 飞车》5 款游戏，删除与上述游戏有关的用户数据，合计判决赔偿 258 万元。

该案系全国首例涉及 5G 云游戏著作权及不正当竞争案件，该案判决对云游戏模式下信息网络传播侵权的审查标准，以及著作权保护与反不正当竞争保护边界作出了有益探索，在充分保障游戏权利人合法权益的基础上，鼓励技术创新和新业态发展，维护自由和公平竞争的市场秩序，对于推动云游戏产业的健康有序发展具有重要意义。

（5）腾讯科技（深圳）有限公司、深圳市腾讯计算机系统有限公司诉深圳市某网络科技有限公司著作权侵权和不正当竞争系列案。[1]

2020 年 3 月，广东省深圳市南山区人民法院审结全国首例认定开发、运营虚假微信截图生成软件构成著作权侵权和不正当竞争的系列案件。

案件原告为腾讯科技（深圳）有限公司（以下简称腾讯科技公司）、深圳市腾讯计算机系统有限公司（以下简称腾讯计算机公司），被告为深圳市某网络科技有限公司（以下简称某网络公司）。原告腾讯科技公司开发了微信软件，并授权原告腾讯计算机公司进行运营。

被告某网络公司运营的某截图网站以及某截图、某对话生成器等 9 款手机应用软件可以让用户通过自行编辑生成包括微信首页、微信对话、微信红包、微信转账、微信钱包、好友申请等一系列与微信场景界面相同或实质性近似的虚假界面截图。

南山区人民法院经审理认为，涉案“微信表情、微信支付图标、微信红包详情页、微信红包气泡、微信图标”在颜色与线条的搭配、比例，图形与文字的排列组合等方面均体现出一定的个性化选择和独创性表达，具有审美意义，构成美术作品，受著作权法保护。被告未经许可，在其经营的“某截

[1] 中国法院网．开发运营虚假微信截图生成软件 某公司被判赔 75 万［EB/OL］．［2020-12-20］．https：//www.chinacourt.org/article/detail/2020/04/id/4884003.shtml．一审宣判后，原被告双方均未上诉。

图”网站及涉案9款应用软件中均提供了与两原告享有权利的作品完全相同或仅有细微差别的图案，使前述软件的用户可以在其选定的时间和地点获得与涉案美术作品相同或实质性近似的页面，侵害了原告依法享有的信息网络传播权，应当承担相应的民事责任。

同时，被告作为软件的开发者、运营者，利用两原告享有的竞争优势和独创性的智力成果，向消费者提供了一款虚假截图的制作、生成工具，其行为违反了诚实信用原则和公认的商业道德，具有反不正当竞争法意义上的不正当性，严重损害两原告的竞争利益，亦损害了消费者的合法利益以及正常的市场竞争秩序。

法院判决被告某网络公司立即停止在涉案应用软件中侵害原告腾讯科技公司、腾讯计算机公司信息网络传播权的行为，立即停止在涉案应用软件中的不正当竞争行为，并向两原告赔偿经济损失及合理开支共计75万元。

该系列案件是全国首例认定开发、运营虚假微信截图生成软件构成著作权侵权和不正当竞争的案件，对应用软件设计元素作品认定的难点问题以及互联网企业经营模式反不正当竞争法保护的新型问题提供了解决范式。微信软件与人们的日常生活密切相关，该系列案件判决对与现实生活有密切联系的法律问题作出了明确的司法回应，为网络黑灰产业链上游治理提供了知识产权解决方案，有效维护了互联网行业的市场竞争秩序。

（6）上海陆家嘴国际金融资产交易市场股份有限公司、上海陆金所互联网金融信息服务有限公司诉西安陆智投软件科技有限公司不正当纠纷案。❶

外挂软件抢购自家平台上的理财产品，上海陆家嘴国际金融资产交易市场股份有限公司（以下简称“陆金所公司”）、上海陆金所互联网金融信息服务有限公司（以下简称“陆金服公司”）以其构成不正当竞争为由，将软件运营方西安陆智投软件科技有限公司（以下简称“陆智投公司”）起诉至

❶ 中国法院网．上海陆金所提起不正当竞争之诉 获赔50万元［EB/OL］．［2020-12-20］．https：//www.chinacourt.org/article/detail/2020/08/id/5398453.shtml．一审宣判后，原被告双方均未上诉。

法院。2020 年 8 月6 日，上海市浦东新区人民法院对该案进行了一审公开宣判：判决陆智投公司立即停止相关不正当竞争行为，刊登声明消除对原告造成的不利影响，并赔偿两原告经济损失及维权合理开支共计人民币 50 万元。

两原告认为，被告提供的一款代购工具系外挂软件，用户通过该软件输入两原告会员账号、登录密码、交易密码等信息的前提下，无须关注两原告平台发布的债权转让产品信息即可根据预设条件实现自动抢购，并先于手动抢购的会员完成交易的行为不仅破坏了两原告平台的公平交易规则，剥夺了其他会员的公平交易机会，也令两原告通过会员制度建立的市场优势损失殆尽。同时，被告利用代购工具创造的不公平交易机会，吸引、抢占两原告的客户资源，借此推广其他多款理财产品与理财工具，有违基本的商业道德。

法院审理后认为，对于不正当竞争之诉成立与否的判别，不以同业竞争关系为前提，而应着眼于经营者实施的特定行为是否具有市场竞争属性，是否造成了损害并具有不正当性。

本案中，两原告平台发布的债权转让产品虽不属于定期发布的常规金融产品，但因投资周期较短、手续费用相对优惠等因素颇受用户欢迎，数量少、热度高、随机性强是其主要特点。用户为抢购特定的债权转让产品必须投入持续性的全面关注，这正是两原告作为一种营销模式推出该类产品所期待的结果，而这种结果能为两原告带来可观的流量利益。

被告公司运营的陆智投抢购服务，实质是由软件系统代替人工方式为用户抢购两原告平台的债权转让产品。债权转让产品的抢购实质上属于平台用户间的利益竞争，但被告通过运营抢购服务介入其中并为部分用户提供抢购优势的行为，已造成平台流量利益的减损、用户潜在交易机会的剥夺和平台营商环境的破坏三方面的损害结果。陆智投的抢购服务还具有不正当性，不仅因为它对两原告平台规则的颠覆破坏了产品抢购的公平基础，还因为该抢购服务刻意规避两原告的监管机制，反映了被告对该行为所持的主观故意。

综上，被告公司经营的陆智投抢购服务，通过为两原告平台用户提供不正当抢购优势的方式，妨碍两原告债权转让产品抢购业务的正常开展，对两原告及平台用户的整体利益造成了损害，不正当地破坏了两原告平台公平竞争的营商环境，构成不正当竞争，对该行为应给予反不正当竞争法上的否定评价。

（7）凤凰卫视公司、天盈九州公司诉凤凰佳艺公司侵害商标权、不正当竞争纠纷案。❶

因认为凤凰佳艺（北京）文化传媒有限公司在经营活动特别是网站宣传中，使用的“凤凰”及相关标识，与凤凰卫视商标有限公司享有注册商标专用权、北京天盈九州网络技术有限公司享有使用权的注册商标“凤凰卫视”“鳳凰衛視”及相关标识、“鳳凰網”近似，凤凰卫视公司和天盈九州公司以侵害商标权、不正当竞争为由，将凤凰佳艺公司诉至法院。2020 年 8 月 3 日，据北京市海淀区人民法院通报，法院一审认定被告构成商标侵权和不正当竞争，一审判决凤凰佳艺公司立即停止侵权、消除影响，并赔偿经济损失 500 万元。

两原告诉称，凤凰卫视公司依法享有“凤凰卫视”“鳳凰衛視”及相关标识、“鳳凰網”商标的注册商标专用权，并许可天盈九州公司使用。凤凰卫视公司运营的凤凰卫视自 1996 年 3 月 31 日启播，是华语媒体中最有影响力的电视媒体之一。天盈九州公司运营的凤凰网前身是 1998 年创办的凤凰卫视官方网站，是一个以互联网资讯门户为核心，涵盖宽频、手机、无线互联网服务的全新媒体企业，是全球领先的跨平台网络新媒体公司。经过 20 余年的发展，凤凰卫视公司注册的“凤凰卫视”“鳳凰衛視”及相关标识、“鳳凰網”商标，已经成为家喻户晓的品牌，在一般消费者中享有极高的知名度。

凤凰佳艺公司未经许可，擅自在其网站、举办的会议、公司招牌、人员名片等处，使用“凤凰”等标识，从事新闻通讯、新闻报道、新闻记者、节目制作等服务，导致相关公众对相关服务的来源产生混淆，侵害了两原告的注册商标专用权及使用权。同时，凤凰佳艺公司擅自使用包括“凤凰”字样

---

❶ 中国法院网．因“凤凰”等商标被侵权 凤凰卫视起诉获赔 500 万［EB/OL］．［2020-12-20］．https：//www.chinacourt.org/article/detail/2020/08/id/5391348.shtml．一审宣判后，原被告双方均未上诉。

的“凤凰佳艺（北京）文化传媒有限公司”“香港凤凰通讯社有限公司”“凤凰通讯社有限公司”企业名称，并进行虚假宣传，构成不正当竞争。故两原告诉至法院，请求法院判令被告立即停止侵权、刊登声明、消除影响、赔偿原告经济损失 1000 万元。

被告辩称，凤凰佳艺公司具有独立的名称、经营范围和对外标识，与两原告经营的品牌、商标不具有关联性，两原告认为凤凰佳艺公司侵犯其商标权并存在不正当竞争的主张，没有事实和法律依据。凤凰佳艺公司自成立以来尚未实际经营，两原告要求赔偿经济损失、赔礼道歉等诉求，没有事实和法律依据。

法院经审理后认为，被控侵权标识“凤凰”与原告注册商标中显著识别部分“凤凰”的字形、读音及含义完全相同，已经构成高度近似商标；从图形的构图要素及各要素组合后的整体结构进行比对，被控侵权标识与原告使用的注册商标构成近似商标。

被控侵权标识在整体结构上，基本是原告商标旋转 90°后的镜像呈现，凤凰佳艺公司提供的服务与原告注册商标核定使用的服务，属于类似服务，系在类似服务上使用近似标识的行为。从相关公众的认知角度来看，由于涉案商标经两原告的大量使用，已经与其形成稳定对应关系，被告的经营外观以及对被控侵权标识在媒体服务上的使用方式，极易导致相关公众混淆误认，且凤凰佳艺公司在对外宣传中，也积极将“凤凰通讯社”与“凤凰卫视”“凤凰网”相联系，系主动追求相关公众将两者混淆误认的结果，该行为构成侵犯商标权。

凤凰卫视公司是自 1996 年成立以来一直使用的企业名称，其中的核心字号“凤凰”经过原告多年的使用及宣传，已经在传媒领域产生很强的显著性，在传媒行业中，已经与原告之间建立起稳定的、唯一对应的关系。原告公司与被告公司同属传媒行业，凤凰佳艺公司在其企业名称中，使用原告已经具有较高知名度的“凤凰”字号，在其经营网站上使用“凤凰通讯社有限公司”以及实际并不存在的“香港凤凰通讯社有限公司”企业名称，与原告“凤凰”核心字号高度相似。凤凰佳艺公司及其法定代表人多次在公开场合声明“凤凰通讯社是继凤凰集团的凤凰卫视和凤凰网诞生之后又一个与之并行的，具有国际影响力和竞争力的新闻媒体机构”及“凤凰通讯社是继凤凰集团的凤凰卫视和凤凰网之后诞生的集网络、影视、杂志等于一身的立体综合体”，被告法定代表人还对外宣称，被告与原告“是一起的，都在凤凰集团旗下”，已经构成虚假宣传。

凤凰佳艺公司的以上行为显然是为了借助地理印象，使相关公众对原告与被告公司的经营服务及其关联性，产生混淆或误认，意欲利用原告知名度及这种联想达到误导相关公众的效果，以非法争夺原告市场利益，构成不正当竞争。

综合考虑被告侵权时间长、范围广、侵权情节恶劣以及原告涉案商标及企业字号具有较高知名度等因素，法院综合判定凤凰佳艺公司承担相应的经济损失赔偿额。

最终，法院一审判决凤凰佳艺公司立即停止侵犯两原告注册商标专用权及使用权的行为；立即停止在其经营场所及提供服务产品上，使用含有“凤凰”字样的“凤凰通讯社”“香港凤凰通讯社有限公司”及“凤凰通讯社有限公司”企业名称及停止宣传其经营的“凤凰通讯社”是凤凰集团旗下与凤凰卫视和凤凰网并行新闻媒体机构之类用语的虚假宣传不正当竞争行为；停止在其企业名称中使用含有“凤凰”字样的不正当竞争行为；刊登声明、消除影响并赔偿两原告经济损失共500万元。

（8）腾讯计算机公司、腾讯科技公司诉被告浙江某网络公司、杭州某科技公司不正当竞争纠纷案。❶

2020年6月2日，杭州互联网法院就原告腾讯计算机公司、腾讯科技公司诉被告浙江某网络公司、杭州某科技公司不正当竞争纠纷一案进行一审宣判，判令两被告停止涉案不正当竞争行为，赔偿两原告经济损失及合理费用

---

❶ 中国法院网．首例涉微信数据权益认定不正当竞争案宣判［EB/OL］．［2020-12-20］．https：//www. chinacourt. org/article/detail/2020/06/id/5264431. shtml．截至2020年12月20日，未在公开渠道检索到浙江某网络公司、杭州某科技公司提起上诉的有关信息。

260 万元，并为其消除影响。

原告腾讯计算机公司、腾讯科技公司分别是微信软件的著作权人和微信产品的经营者。两被告开发、运营的“某群控软件”，利用 Xposed 外挂技术将该软件中的“个人号”功能模块嵌套于个人微信产品中运行，为购买该软件服务的微信用户在微信平台中开展商业营销、管理活动提供帮助。两原告认为，两被告的行为妨碍微信平台的正常运行，损害了两原告对于微信数据享有的数据权益，构成不正当竞争。

关于被控侵权软件擅自收集微信用户数据，存储于自己所控制的服务器内的行为是否属于《反不正当竞争法》第 2 条规定的不正当竞争行为，杭州互联网法院认为，两原告主张数据权益的微信平台数据，可以分为两种数据形态：一是数据资源整体，二是单一数据个体。网络平台方对于数据资源整体与单一数据个体所享有的是不同的数据权益。

就微信平台数据资源整体而言，微信产品数据资源系两原告投入大量人力、物力，经过长期经营积累聚集而成的，该数据资源能够给两原告带来商业利益与竞争优势，两原告对于微信平台数据资源应当享有竞争权益。如果两被告破坏性使用该数据资源，则构成不正当竞争，两原告有权要求获得赔偿。

就微信平台单一数据个体而言，两原告所主张其享有数据权益的数据是指微信用户账号数据、好友关系链数据、用户操作数据。由于网络资源具有“共享”的特质，单一用户数据权益的归属并非谁控制谁享有，使用他人控制的用户数据只要不违反“合法、正当、必要、不过度、征得用户同意”的原则，一般不应被认定为侵权行为。但如果危及了微信产品用户的个人数据安全，两原告对于两被告侵害微信产品用户个人数据安全的行为应当有权请求予以禁止。

首先，本案被控侵权软件具有收集、存储及监控微信产品数据功能，即使两被告经过微信平台中相关经营性用户的授权许可或者经营性用户对于自己提供于微信平台的信息享有数据携带权，但上述微信数据并非相关经营性用户单方信息，还涉及微信平台中作为经营性用户微信好友的其他微信用户个人账号数据以及经营性用户与其微信好友通过相互交集而共同提供的用户数据，两被告擅自将该部分并不知情的微信用户的数据移作由自己存储或使用，也不符合用户数据可携带的基本要求，构成对微信用户信息权益的侵害。其次，两原告的个人微信产品作为社交平台，其主要功能是帮助用户与其他用户相互交换信息、交流情感进行交际。微信用户对于其个人微信数据具有很高的敏感性及安全性要求。两被告的被诉行为已危及微信产品用户信息安全，势必导致微信用户对微信产品丧失应有的安全感及基本信任，减损微信产品对于用户数据流量的吸引力，进而会恶化两原告既有数据资源的经营生态，损害两原告的商业利益与市场竞争优势，实质性损害两原告对于微信产品数据资源享有的竞争权益。

因此，法院认为，被控侵权软件批量化操作微信、发布商业活动信息已妨碍、破坏了两原告合法提供的网络产品与服务的正常运行，属于《反不正当竞争法》第 12 条第 2 款第（4）项所规定的妨碍、破坏其他经营者合法提供的网络产品或者服务正常运行的行为，构成不正当竞争。

该案由微信群控软件引发，系杭州互联网法院宣判的首例涉及微信数据权益认定的不正当竞争案。该案判决明确了网络平台对于其所控制的用户信息享有不同性质的数据权益，同时厘清了网络平台不同数据权益间的权利边界。

（9）杭州迪火科技有限公司诉北京三快科技有限公司侵犯商业秘密与不正当竞争纠纷案。❶

2020 年 8 月 27 日，北京知识产权法院就原告杭州迪火科技有限公司（以下简称“二维火”）起诉北京三快科技有限公司（以下简称“美团”）涉嫌侵犯商业秘密与不正当竞争案作出判决：

①被告立即停止涉案不正当竞争行为；

---

❶ 腾讯网．二维火胜诉！就美团不正当竞争行为，北京知产法院终下判决书——美团赔偿二维火 210 万元整！［EB/OL］．［2020-12-20］．https：//new. qq. com/omn/20200904/20200904A0GCZX00. html；北京知识产权法院（2018）京 73 民初 960 号民事判决书。

②被告于本判决生效之日起 10 日内赔偿原告杭州迪火科技有限公司经济损失 200 万元及合理支出 10 万元。

从立案之日起历时两年，这场 SaaS（Software-as-a-Service 的缩写名称，意思为软件即服务，即通过网络提供软件服务）数据安全之争终于有了阶段性结果。

2018 年二维火向北京、杭州两地法院提起诉讼，认为美团涉嫌窃取二维火及商家的经营数据，构成不正当竞争，要求美团赔偿合计金额高达 1.02 亿元。二维火在诉讼请求中声称，美团小白盒“非法侵入”其运营的二维火智能收银一体机系统，“劫持”该系统和商户的第三方支付流量，构成不正当竞争。二维火认为，商户使用了二维火开发的“智能收银一体机系统”，就应当同时使用与之配套的二维火收款程序。二维火也因此可以向金融支付通道抽取支付金额 3.5‰的佣金。

杭州市中级人民法院于 2019 年 7 月 22 日公布的杭州迪火科技有限公司与北京三快科技有限公司不正当竞争纠纷案的判决结果为：驳回杭州迪火科技有限公司的全部诉讼请求，案件受理费 24.68 万元由二维火负担。❶

但针对相同事实，北京知识产权法院认为：首先，二维火开发的“智能收银一体机”系统并非一般的安卓系统平台，而是基于安卓系统专门为商户收款而设计的智能收银系统，且二维火在其系统中设置了具有排他性的软件安装包代码规则，这意味着二维火不允许其他软件在未经其同意的情况下随意进入该系统并篡改其代码数据，尤其是与其系统具有相同收银功能的其他软件系统。其次，美团开发的“美团小白盒”插件安装于二维火的系统后，并非基于用户的操作被动启动，而是通过监控二维火的收款程序运行，以悬浮窗的形式依附于“二维火收银”App 之上，且随着用户进行“结账”操作而自动跳出，具有诱导用户使用“美团收款”的明显意图。再次，用户在点击美团悬浮窗或特定按键后，支付页面会自动跳转至美团支付的操作页面，

❶ 参见杭州市中级人民法院（2018）浙 01 民初 3166 号民事裁定书，杭州迪火科技有限公司不服该判决，已上诉至最高人民法院，目前尚在审理过程中。

二维火的收款程序随之中断，明显起到了妨碍二维火收款系统正常运行的效果。最后，虽然美团的“美团收款”程序在表现形态上确如其所称，系经用户授权且自主选择而运行，但根据 2017 年《反不正当竞争法》第 12 条第 2 款第（1）项规定，经营者在他人合法提供的网络产品或服务正在运行的过程中，如需插入链接或强制进行目标跳转，应经该网络产品或服务经营者同意。而在本案中，“美团小白盒”插件插入并强制进行目标跳转的行为均未经二维火同意。综上，北京知识产权法院认定美团的上述行为已构成“利用技术手段，通过影响用户选择或者其他方式，实施妨碍、破坏其他经营者合法提供的网络产品或者服务正常运行的行为”，违反了 2017 年《反不正当竞争法》第 12 条的规定，构成不正当竞争行为。

本案在京、杭两地同时起诉却得到了截然相反的判决结果，引起广泛讨论与各界关注。我国法院对此类出于竞争目的而进行技术介入的行为作出明确统一的司法判断十分重要，未来最高人民法院的判决势必会对数据合规和 SaaS 市场健康有序运行产生深远影响。

（10）百度网讯科技有限公司诉梦西游网络科技有限公司不正当竞争纠纷案。[1]

因认为苏州梦西游网络科技有限公司（以下简称“梦西游公司”）利用技术手段提供百度文库需用下载券下载的文档和付费文档的下载服务，北京百度网讯科技有限公司（以下简称“百度公司”）将梦西游公司诉至法院，要求消除影响并赔偿经济损失及合理开支共计 300 万元。

2020 年 9 月 22 日，北京市海淀区人民法院审结此案，判决梦西游公司赔偿百度公司经济损失 200 万元及合理开支 3 万元。

原告百度公司诉称，梦西游公司通过天猫网中的店铺“梦西游网络科技”，利用其提供的插件向用户提供百度文库需用下载券下载的文档（以下简

---

[1] 腾讯网．首例在线文库文档下载不正当竞争纠纷案，百度胜诉获赔 200 万［EB/OL］．［2020-12-20］．https：//new. qq. com/omn/20200922/20200922A0673400. html．一审宣判后，梦西游网络科技有限公司已提起上诉，目前该案二审正在审理中。

称“用券文档”）和付费文档的下载服务，并据此牟利。上述行为直接导致百度文库用户数量的减少和浏览量的降低，妨碍、破坏了百度公司合法提供的网络产品的正常运行，给百度公司造成重大经济损失，构成不正当竞争。

被告梦西游公司辩称：百度公司没有证据证明通过梦西游公司的服务下载了百度文库的文档，至多只是下载了与百度文库文档内容相同的文档，鉴于该文档是从网络中下载，故该下载并未侵犯百度公司的任何权益。百度公司并不享有反不正当竞争法所保护的合法权益，双方当事人亦不存在竞争关系，梦西游公司提供了可以合法下载与百度文库文档内容相同文档的可能方法，足以说明被诉行为不具有不正当性。百度公司没有证据证明由于被诉行为导致其遭受用户减少、流量减少等损害。

法院经审理认为，百度公司作为百度文库的开发者和运营者，通过正当、合法经营积累起百度文库文档和用户等经营资源，并据此获得经营收益、市场份额及竞争优势，上述合法权益应受到反不正当竞争法的保护。

关于被诉行为是否具有不正当性，法院认为梦西游公司实施的被诉行为使用户无须上传和分享文档，直接影响了百度文库通过非 VIP 用户上传文档获取文档资源这一重要渠道；同时，还打破了百度公司对用户下载文档设置的相关限制，使服务购买者无须遵循百度文库产品在文档下载方面的运营规则，即可无差别地获得相关文档，破坏了百度文库产品和服务的正常运行。且梦西游公司在明知其行为具有不当性的情形下，采用隐蔽手段持续使用百度公司的重要经营资源进行牟利。被诉行为直接造成百度文库用户和文档资源的流失，进而影响到百度文库的用户流量，损害了百度文库基于流量可以获得的增值收益和竞争优势。同时，被诉行为还影响了用户购买百度文库 VIP 会员的积极性，从而直接造成百度公司会员收入的减少。根据《反不正当竞争法》第 12 条第 2 款第（4）项的规定，被诉行为构成不正当竞争。

本案是全国首例提供在线文库文档下载服务不正当竞争纠纷案，通过本案裁判有力地保护了在线文库产品经营者的合法权益，依法惩治了利用技术手段妨碍他人合法产品和服务正常运行的不当行为，亦是对网络黑灰产中新型不正当竞争行为的一次有力打击，有效维护了互联网行业的竞争秩序。

三、反不正当竞争法学术研究情况

2020年，是反不正当竞争法领域十分活跃的年份。在制度层面，如前文所述，为加强商业秘密保护，激励研发与创新，衔接《反不正当竞争法》，《商业秘密保护规定（征求意见稿）》《关于审理侵犯商业秘密民事案件适用法律若干问题的规定》等纷纷公布；而后，为进一步加强对反不正当竞争工作的组织领导和统筹协调，国务院办公厅同意建立反不正当竞争部际联席会议制度。在实务层面，重大案件频现，如瑞幸财务造假涉嫌虚假交易案、首例涉微信数据权益认定不正当竞争案等都引发学界关注。因此，为了更好地呈现学术研究对社会现实的思考与回应，从而反映2020年反不正当竞争法领域的学术研究成果，本报告检索并统计核心法学期刊2020年收录的反不正当竞争法领域的相关研究成果，概括整体情况，提炼其中的代表性观点，以作年度总结。

（一）2020年反不正当竞争法领域研究成果汇总

本报告共统计了25种期刊，包括《中国社会科学》《知识产权》和《中文社会科学引文索引》（CSSCI）来源期刊（2019~2020）中的23本法学类期刊。需要说明的是，由于《知识产权》刊发的论文主要为知识产权与市场竞争类文章，具有极强的代表性，为了更好地反映反不正当竞争法领域的学术研究状况，故将此刊作为统计来源之一。

通过在中国知网文献库、北大法宝法学期刊库以及各期刊官方网站的检索（以下检索结果为截至2020年12月30日各网站收录论文的情况），共收集到2020年发表的反不正当竞争法领域论文29篇，如表1所示。从表1可以看出，《知识产权》为本年度发表“反不正当竞争法”论文数量最多的期刊，其数量为6篇，由此亦可体现《知识产权》期刊对该领域的关注。其余期刊发表的论文一般为1~3篇，有部分期刊并未发表“反不正当竞争法”的文章。

表 1　2020 年反不正当竞争法领域各期刊刊文数量统计*

序号	期刊	数量（篇）	序号	期刊	数量（篇）
1	知识产权	6	14	政法论丛	1
2	现代法学	4	15	中国刑事法杂志	0
3	法律科学	3	16	中国社会科学	0
4	法学评论	2	17	政治与法律	0
5	法学	2	18	政法论坛	0
6	东方法学	2	19	清华法学	0
7	法学杂志	2	20	行政法学研究	0
8	法商研究	2	21	环球法律评论	0
9	中国法学	1	22	法学研究	0
10	华东政法大学学报	1	23	法学论坛	0
11	法制与社会发展	1	24	法学家	0
12	中外法学	1	25	当代法学	0
13	比较法研究	1	共　计		29

* 截至 2020 年 12 月 31 日，《中国社会科学》第 12 期、《法学研究》第 6 期、《中国刑事法杂志》第 6 期、《法学》第 12 期、《知识产权》第 12 期暂未发布，故此统计表未予纳入统计。

2020 年，反不正当竞争法领域研究成果丰硕。学者们不仅扎根基础理论研究，且瞄准社会热点、聚焦实务痛点，充分体现了反不正当竞争法学者的社会责任担当。

根据论文的内容与主旨，可以将这 29 篇论文划分为五个主题，分别是“反不正当竞争法的定位与发展”“传统不正当竞争行为”“互联网不正当竞争行为”“数据与反不正当竞争法”“政府与市场关系探究”，具体参见表 2。

表 2　2020 年反不正当竞争法领域各主题论文数量统计

主题	数量（篇）
反不正当竞争法的定位与发展	8
传统不正当竞争行为	11
互联网不正当竞争行为	3

续表

主题	数量（篇）
数据与反不正当竞争法	4
政府与市场关系探究	3
共　计	29

如表2所示，其中以“反不正当竞争法的定位与发展”为主题的论文达8篇，主要分为两个部分：其一是《反不正当竞争法》应当如何定位及如何实现其与不同法律制度之间的衔接；其二是《反不正当竞争法》中如“不正当竞争判断标准”“商业道德”“竞争观”等基础问题的深入探讨。同时，有多达11篇的论文以“传统不正当竞争行为”为主题进行研究，主要的研究对象是“市场混淆制度”和“商业秘密制度”，呈现的是学界对于“未注册商标”“商业标志混淆判断”“商业秘密保护”等问题的思考。另外，有3篇论文持续关注“互联网不正当竞争行为”，与往年在“认定理念”“适用条文”“裁判模式”等问题的思考方向不同，2020年度学界更多聚焦新出现的互联网不正当竞争行为。有4篇论文关注“数据与反不正当竞争法”，对学界白热化讨论的“数据”“数据权益”“数据确权”等问题，学者们从反不正当竞争法的角度对数据规制进行了深入分析。还有3篇论文从国家治理理念出发，在反不正当竞争法的语境之下对“市场与政府关系”进行了探讨（见表3）。

表3　2020年反不正当竞争法领域学术研究成果汇总

序号	期刊	刊期	作者	作者单位	标题	主题
1	中外法学	第1期	张占江	上海财经大学法学院	反不正当竞争法属性的新定位——一个结构性的视角	反不正当竞争法的定位与发展
2	法学评论	第4期	郭传凯	山东大学法学院	走出网络不正当竞争行为规制的双重困境	反不正当竞争法的定位与发展
3	法律科学	第6期	陈耿华	西南政法大学经济法学院	论竞争法保障消费者利益的模式重构	反不正当竞争法的定位与发展

续表

序号	期刊	刊期	作者	作者单位	标题	主题
4	知识产权	第 6 期	王艳芳	最高人民法院知识产权庭	商业道德在反不正当竞争法中的价值与标准二重构造	反不正当竞争法的定位与发展
5	知识产权	第 6 期	张伟君 庄雨晴	同济大学法学院	“《商标法》优先适用论”辨析	反不正当竞争法的定位与发展
6	现代法学	第 6 期	陈耿华	西南政法大学经济法学院	我国竞争法竞争观的理论反思与制度调适——以屏蔽视频广告案为例	反不正当竞争法的定位与发展
7	法学	第 9 期	王晨竹	上海交通大学凯原法学院	竞争法与反倾销法的功能性冲突及协调路径	反不正当竞争法的定位与发展
8	知识产权	第 10 期	黄武双 谭宇航	华东政法大学知识产权学院	不正当竞争判断标准研究	反不正当竞争法的定位与发展
9	政法论丛	第 1 期	魏丽丽	河南财经政法大学知识产权学院	商标恶意抢注法律规制路径探究	传统不正当竞争行为
10	法商研究	第 1 期	李雨峰	西南政法大学民商法学院	未注册在先使用商标的规范分析	传统不正当竞争行为
11	东方法学	第 2 期	吴元元	西南财经大学法学院	在所有与使用之间：商誉保护的制度逻辑——以广药集团与加多宝公司系列争讼为中心	传统不正当竞争行为
12	现代法学	第 3 期	汤文平	暨南大学法学院	从个案规范到民法法典化——以“乔丹案”对司法解释及民法典草案的影响为例	传统不正当竞争行为
13	知识产权	第 3 期	苏和秦 梁思思	北京万慧达（上海）律师事务所	论商标的指示性合理使用	传统不正当竞争行为
14	现代法学	第 4 期	田晓玲	西南政法大学民商法学院	我国商业标识法律保护制度的协调与完善	传统不正当竞争行为
15	中国法学	第 4 期	刘继峰	中国政法大学民商经济法学院	反不正当竞争法中“一定影响”的语义澄清与意义验证	传统不正当竞争行为

续表

序号	期刊	刊期	作者	作者单位	标题	主题
16	法学杂志	第5期	陶乾	中国政法大学法律硕士学院	论竞价排名服务提供者注意义务的边界	传统不正当竞争行为
17	知识产权	第6期	王太平	广州外语外贸大学法学院	我国普通未注册商标与注册商标冲突之处理	传统不正当竞争行为
18	知识产权	第7期	刘维	上海交通大学凯原法学院	论混淆使用注册商标的反不正当竞争规制	传统不正当竞争行为
19	法学杂志	第9期	周澎	中南财经政法大学知识产权研究中心	中美商业秘密保护问题及对策研究	传统不正当竞争行为
20	现代法学	第3期	王晓晔	深圳大学法学院	论电商平台“二选一”行为的法律规制	互联网不正当竞争行为
21	华东政法大学学报	第3期	王迁	华东政法大学知识产权学院	论规制视频广告屏蔽行为的正当性——与“接触控制措施”的版权法保护相类比	互联网不正当竞争行为
22	法学	第8期	袁波	上海财经大学法学院	电子商务领域“二选一”行为竞争法规制的困境及出路	互联网不正当竞争行为
23	法商研究	第1期	丁晓东	中国人民大学法学院	论数据携带权的属性、影响与中国应用	数据与反不正当竞争法
24	东方法学	第1期	韩旭至	华东政法大学法律学院	数据确权的困境及破解之道	数据与反不正当竞争法
25	法律科学	第2期	丁晓东	中国人民大学法学院	论企业数据权益的法律保护——基于数据法律性质的分析	数据与反不正当竞争法
26	法律科学	第2期	杨翱宇	清华大学法学院	数据财产权益的私法规范路径	数据与反不正当竞争法
27	法学评论	第1期	孙晋	武汉大学法学院	习近平关于市场公平竞争重要论述的经济法解读	政府与市场关系探究
28	比较法研究	第2期	张晨颖	清华大学法学院	竞争中性的内涵认知与价值实现	政府与市场关系探究
29	法制与社会发展	第6期	金善明	中国社会科学院法学研究所	竞争治理的逻辑体系及其法治化	政府与市场关系探究

（二）2020 年反不正当竞争法领域研究成果代表性观点

根据上述统计划分的主题，本报告结合论文的具体内容及主旨将每一主题下的代表性观点、主要内容归纳如下。

1. 反不正当竞争法的定位与发展

对于《反不正当竞争法》的定位问题，张占江副教授❶认为，在司法实践中，对不正当竞争行为的认定存在两个显著的问题：其一，简单地套用权利侵害式侵权认定范式；其二，以空泛的道德评价作为不正当竞争认定的标准。上述问题很大程度上可以归结为学界对反不正当竞争法属性定位产生了偏差。要对反不正当竞争法的竞争法属性进行重构，就要摒弃对特定主体营业利益（竞争优势）进行“权利化”保护的侵权法思维，而以“竞争秩序保护”为中心建立不正当竞争（“不正当”）认定的标准和方法。作为经济法的反不正当竞争法，既要预防国家赋予自身干预职能过多，又要将私法性的制度融入整体经济秩序的规范体系之中。从这一意义上讲，反不正当竞争法是意思自治和国家干预的内在统一，是公法与私法“关联交错的场合”。

在《反不正当竞争法》定位问题上，论及“保护消费者”价值理念时，陈耿华博士❷在文中从制度变迁的视角阐明了反不正当竞争法中存在保护消费者利益这一价值理念的缘由，在检视并反思原有保护模式的不足后，其认为，反不正当竞争法应直接保护消费者利益，并据此提出相应制度安排建议。文章分析指出，受反不正当竞争法最初立法动因、特定经济社会发展阶段特点及立法技术等影响，该法形成保障消费者利益的独特方式。文章进而从以下几个方面证成反不正当竞争法应直接保护消费者利益：经济层面上，互联网经济的商业模式愈发突出“用户本位主义”；实践层面上，当前经营者利益与消费者利益的冲突不断升级；观念层面上，消费者整体权利意识得到提高。陈耿华博士提出，要从权益主体、权益内容及权益救济三个维度构建反不正

❶ 张占江. 反不正当竞争法属性的新定位——一个结构性的视角［J］. 中外法学，2020（1）.

❷ 陈耿华. 论竞争法保障消费者利益的模式重构［J］. 法律科学，2020（6）.

当竞争法的消费者利益保护体系。黄武双教授、谭宇航博士[1]在《不正当竞争判断标准研究》中，对于修订后的《反不正当竞争法》仍未赋予消费者诉权的问题发表了看法。他们认为，无论这种立法安排是否妥当，至少表明立法者对反不正当竞争法的定位——能够因不正当竞争行为而获得私法救济的主体是经营者，消费者利益保护是间接的，通过在私法上救济经营者、在公法上惩罚行为人来实现。消费者利益的保护，应当通过更好地解释、执行《消费者权益保护法》等法律，或游说立法者在反不正当竞争法中赋予消费者诉权实现。

在《反不正当竞争法》定位主题下，关于《反不正当竞争法》与其他法律的关系，郭传凯博士[2]认为，《反不正当竞争法》中的互联网条款将网络不当竞争行为纳入《反不正当竞争法》体系之中进行规制，造成了架空反垄断法及反不正当竞争法规制宽泛化的双重困境。以网络不正当竞争行为的规制为契机，《反垄断法》与《反不正当竞争法》的关系应当被充分关注。双重困境的克服要充分激活《反垄断法》在网络竞争领域的规制作用，并且对《反不正当竞争法》的网络条款进行限缩适用。王晨竹博士[3]认为，在全球市场一体化不断深化及各个国家广泛实行竞争法域外适用的背景下，竞争法与反倾销法外延效应的彼此互动展现出更为明显的功能性冲突。在未来的区域贸易中，中国在安排竞争法与反倾销法的协调机制中需要注意遵循竞争法和反倾销法的冲突和协调规律，依据不同国家和区域的现实情况制定策略，做好面对新责难和新挑战的准备。针对目前学界所流行的商标法保护规则优先于反不正当竞争法规则适用的观点，张伟君、庄雨晴两位学者[4]认为这主要是受到德国法的影响，并提出我国《商标法》等知识产权专门法的适用并不排斥《反不正当竞争法》的适用，《商标法》等知识产权专门法无法制止的行为依然有可能依据《反不正当竞争法》得以禁止。“《商标法》优先适用论”

---

[1] 黄武双，谭宇航．不正当竞争判断标准研究［J］．知识产权，2020（10）．

[2] 郭传凯．走出网络不正当竞争行为规制的双重困境［J］．法学评论，2020（4）．

[3] 王晨竹．竞争法与反倾销法的功能性冲突及协调路径［J］．法学，2020（9）．

[4] 张伟君，庄雨晴．“《商标法》优先适用论”辨析［J］．知识产权，2020（6）．

不能绝对化，更不可被滥用。我国知识产权司法实践应该走出“《商标法》优先适用论”的误区，应确立《商标法》与《反不正当竞争法》“平行适用原则”。

在《反不正当竞争法》基本问题的新发展方面，王艳芳博士❶认为，自由、公平和效率是反不正当竞争法的基本价值取向，商业道德则是反不正当竞争法的基本评判标准。反不正当竞争法中的商业道德异于世俗道德，我国当下许多对竞争行为正当性的评价标准通常被赋予过多其他的指标，例如公正理念等。这很可能会导致对行为的判断标准被泛道德化，从而不适当地扩张了行为的认定范围。因此，反不正当竞争法中的商业道德应定位于商业伦理。商业伦理并非抽象的“镜花水月”，其同样具备特定的价值观，即与反不正当竞争法的基本价值取向保持一致，追求的不仅仅是一般意义上的公平，同时更重要的是积极的效率。尤其要按照自由和效率的价值取向进行认定或者创制，最大限度地维护竞争自由以及契合市场精神。而无论是价值取向还是商业伦理，都要求奉行模仿自由原则，司法裁判者应当慎用不劳而获的判断标准，以防阻碍市场创新和活力。特别是有必要遏制以“搭便车”、不劳而获等为名，不适当地扩张适用范围、压缩创新空间和干预正当竞争，给予市场成果自由利用的充分机会与空间。黄武双教授、谭宇航博士❷有感于当前关于不正当竞争判断标准尚未形成共识，分歧较为严重的情况，探讨当前经济环境下不正当竞争的判断标准，提出了“竞争利益—竞争行为—竞争损害—竞争评估”范式，即判断一项竞争行为是否不正当时，需要依次考虑三个构成要件。第一，原告是否存在值得保护的竞争利益。此时竞争利益应为特定的、合法的、具备优势的。第二，原被告之间是否存在具体竞争关系。在竞争关系不断地被拓宽、弱化，乃至摒弃的背景下，要考虑的是具体竞争关系的存在，不要求经营者提供的产品或产品类别完全相同，应参酌“经营模式的近似程度”“用户群体的重合程度”两个因素。第三，被告的竞争行为是否

❶ 王艳芳．商业道德在反不正当竞争法中的价值与标准二重构造［J］．知识产权，2020（6）．

❷ 黄武双，谭宇航．不正当竞争判断标准研究［J］．知识产权，2020（10）．

使原告竞争利益受损。在自由竞争的市场经济体制中，经营者无权要求对其市场地位、顾客来源或赢利机会的保护像保护绝对权利一样，使其免受竞争者的侵害，而是必须将其部分损害作为自由竞争的自然结果而予以容忍，仅享有准财产权或财产性权益。在司法审判中，前述三点若成立，就可初步证明被告的竞争行为具有不正当性。考虑到反不正当竞争法具有市场调控法的“底色”，还需结合比例原则，考虑消费者、其他市场参与主体的利益，对竞争行为作进一步评估。在竞争观方面，陈耿华博士❶认为，我们应该树立动态的竞争观。以屏蔽视频广告行为为例，如若采用静态竞争观，通常会基于屏蔽、过滤他人广告行为损及经营者利益而认定行为具有不正当性。相反，如果植入动态竞争观，问题的答案将有所不同。依照竞争优胜劣汰机制，有市场则有竞争，有竞争则伴随损害，这里的竞争损害尤为常态，不带有是非色彩，应予中性评判，不能因为有损害结果就简单推导出竞争行为具有非正当性。

2. 传统不正当竞争行为

针对《反不正当竞争法》重要组成部分的市场混淆规制制度，学者们结合审判实践予以深入研究。在商业标识方面，刘继峰教授❷注意到，立法者一方面将《反不正当竞争法》中的“假冒他人注册商标”直接删除，另一方面从《商标法》中引入了“一定影响”这个新概念，替换原《反不正当竞争法》中的“知名”和“特有”。立法者的这种做法使长期以来商业标识混淆认定方法上的可参考性和独立性被削弱了。刘继峰教授从语义学上分析得出，由于语境从《商标法》转到了《反不正当竞争法》，即使是同一词语，在法域不同的情况下，意义也发生了转变，那么，“商业标识不正当竞争行为”与“商标先用权及商标侵权行为”的认定也会存在差异。田晓玲副教授❸以法益保护理论为指导，试图厘清《商标法》和《反不正当竞争法》保护商业标识

❶ 陈耿华．我国竞争法竞争观的理论反思与制度调适——以屏蔽视频广告案为例［J］．现代法学，2020（6）．

❷ 刘继峰．反不正当竞争法中“一定影响”的语义澄清与意义验证［J］．中国法学，2020（4）．

❸ 田晓玲．我国商业标识法律保护制度的协调与完善［J］．现代法学，2020（4）．

的界限，其认为，驰名商标跨类使用、反向假冒和域名抢注不属于侵犯商标权的行为，应当纳入《反不正当竞争法》调整范围。《反不正当竞争法》应当在混淆类不正当竞争行为之外，增加淡化和阻碍竞争两类针对商业标识的不正当竞争行为类型。如此，《商标法》和《反不正当竞争法》各司其职，相互配合，商业标识或可得到周延、恰当之保护。对于商标恶意抢注行为，魏丽丽副教授❶基于我国现行多部法律对商标恶意抢注行为的规制进行了探讨，在适用《反不正当竞争法》进行规制时，其提出了适用该法的优势与边界，其优势在于《反不正当竞争法》的积极性、主动性，其边界在于竞争关系的存在以及利用恶意抢注商标实施不正当竞争行为，同时，《反不正当竞争法》规制商标恶意抢注时，需要以恶意抢注不正当竞争行为民事责任、行政责任的承担为中心。对于普遍存在的转售环节商标使用行为，苏和秦、梁思思❷两位律师基于对国内司法案例的总结，认为对于转售商在店招上单独使用权利人商标的行为，法院在裁判时存在裁判思路上的分歧。为了解决这些分歧，在我国《商标法》将来的修订中，应注意两种指示性使用行为的区别，并对指示性合理使用的概念作出明确规定。作者认为，此种转售环节的使用行为具有引起相关公众误认其与权利人存在特定联系的间接混淆的可能性，已经构成对商标的侵权。同时，在权利人商标和字号相同或相似的情况下，未经许可在店招上使用他人商标的行为还可能构成擅自使用他人有一定影响的企业名称（字号）的不正当竞争行为。在注册商标和未注册商标的关系问题上，李雨峰教授❸认为，理论与实务界对在先使用商标和注册商标之关系、在先使用商标的法律构造等的认识也存在差别，基于对注册取得商标权制度的维护和对商标使用的强调，商标法上形成了三种效力不同的商标权益，即注册商标权益、在先使用商标权益、其他商标权益，而这三种商标权益在权能和效力范围上存在一定差别。王太平教授❹认为，在普通未注册商标与注册

❶ 魏丽丽．商标恶意抢注法律规制路径探究［J］．政法论丛，2020（1）．

❷ 苏和秦，梁思思．论商标的指示性合理使用［J］．知识产权，2020（3）．

❸ 李雨峰．未注册在先使用商标的规范分析［J］．法商研究，2020（1）．

❹ 王太平．我国普通未注册商标与注册商标冲突之处理［J］．知识产权，2020（6）．

商标之间冲突的处理方面，《反不正当竞争法》与《商标法》的规定存在潜在的冲突，因此，必须从普通未注册商标保护的中国语境和维护注册取得商标权体制的价值取向出发，结合在后注册商标是否存在不正当抢注、注册时间等因素，综合考虑诚实信用、保护在先权利、制止市场混淆等原则，合理解释《反不正当竞争法》第6条与《商标法》第59条第3款，公平处理冲突。刘维副教授❶分析了混淆使用商标适用《反不正当竞争法》第6条第（4）项的法教义学基础、比较法基础，发现该项是禁止混淆条款，应当作为《商标法》第58条的具体指向。《反不正当竞争法》第6条第（4）项不会与《商标法》第57条的规定相抵触，能够廓清与攀附注册商标行为的边界，同时，《反不正当竞争法》第6条是专为制止商业标识仿冒的混淆条款，无论注册商标还是未注册商标，只要以致人混淆的方式实施商业标识的仿冒，均可纳入该条的范围。对于市场混淆中的"搭便车"现象，汤文平教授❷以"乔丹案"为例，从法政策角度对"搭便车"进行了重估，认为"搭便车"未必就是侵权，其正当性扎根于人类行为的基本策略，扎根于名人光环形成及维护的特殊规律，当然也扎根于公平竞争与商业自由的平衡机制。陶乾副教授❸文章讨论的重点是，当行为人将与他人商标或企业名称对应的相同或相似的文字作为搜索引擎竞价排名关键词或者将其包含在相应的搜索结果中，发生市场混淆后，竞价排名服务提供者的注意边界的确定问题。其认为，虽然从一定程度上说，非权利人设定他人商标或商号为关键词具有"搭便车"的色彩，但如果"搭便车"行为并未产生负面的外部效果，不需要法律的特别干涉。在商品包装装潢方面，吴元元教授❹以事后反思性视角审视广药集团与加多宝公司系列争诉，司法应当对系争标的所承载的、作为稀缺文化资产的商

❶ 刘维．论混淆使用注册商标的反不正当竞争规制［J］．知识产权，2020（7）．

❷ 汤文平．从个案规范到民法法典化——以"乔丹案"对司法解释及民法典草案的影响为例［J］．现代法学，2020（3）．

❸ 陶乾．论竞价排名服务提供者注意义务的边界［J］．法学杂志，2020（5）．

❹ 吴元元．在所有与使用之间：商誉保护的制度逻辑——以广药集团与加多宝公司系列争讼为中心［J］．东方法学，2020（2）．

誉进行公正合理的确权，以确保未来的市场主体有足够的激励进行商誉创造，并充分发挥商誉应有的经济、社会功能。在针对红罐包装装潢之争中，其认为正是加多宝而非广药集团成就了红罐凉茶价值惊人的商誉，因此，由其商誉创造所决定，加多宝所产产品符合“知名商品”的构成要素，其自行设计并注册的红罐包装装潢理应受到《反不正当竞争法》的保护，而包装装潢的法律归属端在于商誉及其创造者。

在商业秘密议题中，周澎博士❶从制度演进、规制内容、司法保护以及执法水平等角度对中美商业秘密保护进行了比较分析，现行《反不正当竞争法》虽对商业秘密的外延进行了扩张，也增加了惩罚性赔偿的规定，但商业秘密保护立法仍存在制度体系化的需求。

3. 互联网不正当竞争行为

随着时代进步与技术的不断发展，互联网领域新型不正当竞争行为也日渐多发，学界对此也颇多关注。例如，关于电商平台“二选一”的问题，王晓晔教授❷在文中首先探讨了电商平台“二选一”行为对市场的影响和规制现状，其指出，虽然我国目前出现了适用《反不正当竞争法》规制“二选一”行为的案件，但在适用上存在一定的问题。首先，电商平台的“二选一”行为明显损害了其他平台的利益，其本质上是排除、限制竞争的行为，与《反垄断法》有着更加直接和密切的关系。其次，虽然电商平台“二选一”的行为适用《反不正当竞争法》的门槛较低，因为不需要认定企业的市场支配地位，但是根据《反不正当竞争法》第12条，涉及互联网不正当竞争行为的审理需要对相关“技术手段”进行调查取证。最后，《反不正当竞争法》规定的法律责任对于处于寡头垄断状态下的我国电商平台没有实质性的威慑力。袁波博士❸认为，尽管《反不正当竞争法》是规制电子商务领域“二选一”行为的竞争法依据之一，但我国《反不正当竞争法》相关条文缺乏可执

❶ 周澎．中美商业秘密保护问题及对策研究［J］．法学杂志，2020（9）．

❷ 王晓晔．论电商平台“二选一”行为的法律规制［J］．现代法学，2020（3）．

❸ 袁波．电子商务领域“二选一”行为竞争法规制的困境及出路［J］．法学，2020（8）．

行性或可适用性：首先，我国《反不正当竞争法》第12条即“互联网专条”旨在规范网络竞争行为，但该条款是采用案例群类型化的方法提炼而成，依此对“二选一”的行为进行规制的可能性不大；其次，《反不正当竞争法》第2条的适用条件已经被严格限定，尽管“二选一”行为对市场竞争或消费者利益的损害明显，但其未必构成对诚实信用原则和公认的商业道德的违反。郭传凯博士❶认为，无论是“二选一”还是其他排挤行为，一般只有在经营者滥用市场力量的前提下才能危害市场竞争秩序，继而进入《反垄断法》的规制视阈，而不涉及市场力量滥用的“二选一”“屏蔽对手”等行为必须具备真正的不正当性才可以被《反不正当竞争法》规制。如果经营者仅仅希望消费者排他地接受其提供的产品而要求消费者进行“二选一”，或者以不能享受某种优惠为筹码“强迫”消费者关闭、修改竞争者的服务，抑或在一定限度内屏蔽了竞争对手的广告信息等行为，很可能属正常的竞争行为而不具备可责性。王迁教授❷关注的是视频广告屏蔽软件所引发的问题，视频网站的免费用户通过软件的使用，跳过视频网站在播放影视剧之前播放的视频广告。王迁教授认为，屏蔽广告行为类似于受版权法保护的“接触控制措施”，《反不正当竞争法》不会赋予这种行为正当性，因为法律需要保护由商业模式实现的视频网站从广告中获得报酬的利益。同时，“保护消费者利益”和“实质性非侵权用途”规则均不能成为视频广告屏蔽软件开发方的抗辩理由。

4. 数据与反不正当竞争法

数据的法律规制问题，是近年学界讨论的热点。韩旭至博士❸从物权法、合同法、知识产权法、竞争法、个人信息保护法等诸多规范中对数据进行考察，当前，适用竞争法保护企业数据是司法实务中经常采取的路径。然而，适用竞争法的缺陷在于，激活本属于释义规定的《反不正当竞争法》第2条具有极大的不确定性，六大要件亦将通过《反不正当竞争法》保护数据权益

❶ 郭传凯．走出网络不正当竞争行为规制的双重困境［J］．法学评论，2020（4）．

❷ 王迁．论规制视频广告屏蔽行为的正当性——与“接触控制措施”的版权法保护相类比［J］．华东政法大学学报，2020（3）．

❸ 韩旭至．数据确权的困境及破解之道［J］．东方法学，2020（1）．

的门槛大大提高，将无法实现维护数据支配权的诉求。通过对若干国内外经典案例进行分析后，韩旭至博士认为，一般条款的适用取决于个案衡量的非常规操作，不宜成为一种专门的保护模式，否则将有损司法的正当性和安定性，更有“向一般条款逃逸”的危险。不得不适用一般条款进行裁判，恰好说明法律制度供给存在严重危机，现有体系无法回应数据权利问题。丁晓东副教授❶关注到，欧盟颁布的《一般数据保护条例》首次在立法中确立了数据携带权，赋予个体无障碍地获取与转移个人数据的权利。在文中，丁晓东副教授论述了数据携带权之于市场竞争影响的两面性，一方面，数据携带权可以对抗“锁定效应”促进市场竞争，一定程度上避免“赢家通吃”局面的出现；另一方面，可能促进用户更为便利地将数据从小企业迁移到大企业，这反而会加剧数据垄断。此外，如果一个企业可以通过用户数据携带权而轻易获取另一个企业的商业秘密，那么就等于在法律上承认未经对方许可获取商业秘密不属于不正当竞争，这种推论显然不符合人们对商业秘密保护与反不正当竞争的一般认知。除此之外，丁晓东副教授❷还认为在互联网与大数据时代，数据已经成为企业的重要资产，对企业数据权益应当进行合理保护，但对企业数据不宜进行绝对化与排他性的财产权保护，而应当进行类型化与场景化保护。例如，对于非公开的企业数据，应当提供商业秘密保护；对于半公开的数据库数据，应当提供类似欧盟的数据库特殊权利保护；对于公开的网络平台数据，应当采取竞争法保护，避免恶性搭便车行为。丁晓东副教授也指出，竞争法对于企业数据的保护虽然面临规则不确定的问题，但《反不正当竞争法》的这一缺点也正是其优点所在，相比其他传统私法，《反不正当竞争法》可以更为场景化地对数据争议做出判断。不同于丁晓东副教授，杨翱宇博士❸将数据分为非公开数据和公开数据。前者可受商业秘密制度保护，对作为当前主要研究对象的后者如何保护尚无共识，因此，应在数据之上创建

---

❶ 丁晓东. 论数据携带权的属性、影响与中国应用［J］. 法商研究，2020（1）.

❷ 丁晓东. 论企业数据权益的法律保护——基于数据法律性质的分析［J］. 法律科学，2020（2）.

❸ 杨翱宇. 数据财产权益的私法规范路径［J］. 法律科学，2020（2）.

具备有限排他性的准财产权，在现有法律体系之下，应保留《民法总则》第127条，在《反不正当竞争法》第9条有关商业秘密的规定之后新增一个条文，对数据准财产权保护作出规定，以此在条文逻辑上形成对非公开数据和公开数据的完整保护。

5. 政府与市场关系探究

孙晋教授❶以习近平总书记系列重要讲话和中央会议精神为基础，对市场公平竞争和竞争法治重要论述进行全面梳理后，总结出习近平总书记重要论述的核心原则就在于正确处理政府与市场的关系，如何正确处理二者关系是影响竞争法治乃至市场经济发展的核心问题所在。政府与市场关系的正确处理为竞争性发展和竞争法治建设提供了核心指导原则，围绕该原则实现竞争法治在宏观和微观层面都有不同的要求和体现。在宏观方面，构建统一开放、竞争有序的市场体系是基本要求，而竞争政策基础地位的确立是实现该要求的应然选择；在微观方面，应着力通过做“减法”即减轻企业的竞争负担和做“加法”即增加企业的竞争机会相结合的方式，共同保障企业自由竞争，同时注重以竞争法和公平竞争审查制度规制行政性垄断来保障企业公平竞争。张晨颖副教授❷从澳大利亚、欧盟、美国及跨域视角对“竞争中性”进行多元化解读后，得出竞争中性在国内法、国际层面诞生的背景、所表达的意义、规制对象、适用范畴各有不同的结论。而中国语境下，“竞争中性”的内涵归根结底是寻找政府与市场关系的边界。在此基础上，张晨颖副教授认为，在政府与市场共同构建的二维象限下，竞争中性应当因循五对矛盾关系实现其进路。这五对矛盾分别是：竞争政策与产业政策、国有企业与私营企业、大企业与小企业、内资企业与外资企业、本地企业与外地企业。竞争中性的原则及其在以上五对矛盾中的具体适用，可以回答何时需要政府干预市场、如何判断政府干预适度的问题。因此，要构建实现竞争中性的三层次制度体系以实现中国的竞争中性，这三项制度及其体系是：以公平竞争审查制度为主

---

❶ 孙晋．习近平关于市场公平竞争重要论述的经济法解读［J］．法学评论，2020（1）．

❷ 张晨颖．竞争中性的内涵认知与价值实现［J］．比较法研究，2020（2）．

导，以竞争法律制度为基石，以中小企业帮扶制度、国有企业改革为辅助。金善明博士[1]指出，当前，我国经济已转向高质量发展阶段，试图依靠传统思维和方法再现经济增长的想法或做法已显得不合时宜，因而转换竞争治理范式、确立竞争为经济增长的内生驱动机制成为客观趋势和必由之路。竞争是市场经济的核心机制，是现代国家获得经济增长与繁荣的最有效手段。因此，在处理政府与市场关系上，应不断培育和完善经济增长的内生驱动机制，充分发挥市场的资源配置作用，改变现有的经济增长模式过度依赖政府的主导作用而忽视竞争应有效用的情况。

[1] 金善明．竞争治理的逻辑体系及其法治化［J］．法制与社会发展，2020（6）．

第二编

地区知识产权创新发展报告

北京市知识产权首善之区建设与发展报告（2019～2020）

张　鹏*

2019 年，北京市加快建设知识产权首善之区，在知识产权创造、运用、保护、管理和服务各方面成效显著，开创了知识产权战略实施和知识产权强市建设新局面。知识产权的创造水平大幅提高，运用效果显著增强，保护状况持续优化，服务能力明显提升，人才队伍不断壮大，知识产权与经济发展深度融合，成为全国知识产权创造运用的龙头、国际交往的窗口、服务资源的高地。2020 年是《北京市人民政府关于实施首都知识产权战略的意见》《北京市人民政府关于加快知识产权首善之区建设的实施意见》《关于深入实施首都知识产权战略行动计划（2015～2020 年）》《北京市"十三五"时期知识产权（专利）事业发展规划》的收官之年，也是"十四五"知识产权工作的奠基之年，还是"初步建成知识产权首善之区"战略目标的验收之年，也是全面谋划知识产权强国战略发展背景下北京市知识产权战略部署的谋划之年。北京市深入学习贯彻党的十九届五中全会精神，北京市委办公厅、北京市政府办公厅联合印发《关于强化知识产权保护的行动方案》，系统谋划知识产权强国建设背景下北京市知识产权工作的

---

* 张鹏，法学博士、博士后，华东政法大学博士后，中南财经政法大学知识产权研究中心研究员，北京市中伦律师事务所合伙人，北京理工大学法学院硕士生导师。

愿景、措施与任务。面向“十四五”时期，北京市将重点服务好国家服务业扩大开放综合示范区和中国（北京）自由贸易试验区建设，加快建设国际知识产权枢纽，助力全国政治中心、文化中心、国际交往中心、科技创新中心等“四个中心”建设。

一、“数”说2019：北京市初步建设成为知识产权首善之区

2019年，北京市在知识产权创造、运用、保护、管理和服务各方面取得显著成绩，“初步建成知识产权首善之区”的战略目标基本实现，北京市在2019年国家营商环境评价中“知识产权创造、保护和运用”指标名列全国第一，已经初步建成全国知识产权创造的核心区、知识产权保护的示范区、知识产权商用化的先行区、知识产权服务的集聚区、知识产权工作体制机制的创新区、知识产权国际交流的窗口区。

（一）北京市初步建成全国知识产权创造的核心区

北京市知识产权创造优势明显，已经成为全国知识产权创造的核心区。根据《中国知识产权指数报告2019》，北京知识产权创造综合实力已经连续十年位居全国第一。

2019年，北京市专利申请量达到226 113件，同比增长7.05%，其中发明专利申请量达到129 930件，同比增长10.42%，发明专利占比全国（不含港澳台）最优。2019年，北京市专利授权量达到131 716件，同比增长6.66%，其中发明专利授权量53 127件，同比增长13.09%，通过《专利合作条约》（PCT）途径提交的专利年度申请受理量（以下简称“PCT专利申请量”）达到0.72万件。2019年，北京市有效发明专利量达到284 288件，同比增长17.82%，每万人发明专利拥有量达到132件，同比增长17.86%，位居各省（自治区、直辖市）第一名，同时也已经达到全国平均每万人口发明专利拥有量13.3件的近10倍。

2019年，北京市商标申请量达到546 590件，商标注册量达到474 645件，商标有效注册量达到1 921 978件。北京市作品著作权登记量达

到 100. 31 万件。农业植物新品种申请量达到 726 件，植物新品种授权量达到 266 件。2019 年，共有平谷大桃、大兴西瓜等地理标志产品 13 件，核准使用地理标志保护产品专用标志的企业总数 53 家。❶

（二）北京市初步建成全国知识产权保护的示范区

北京市知识产权保护不断加强，已经初步建成全国知识产权保护的示范区。2019 年，北京市各级法院共受理各类知识产权民事、行政案件 80 165 件，审结案件 79 769 件。其中，北京知识产权法院受理案件 22 580 件，审结案件 23 682 件。北京互联网法院受理知识产权类案件 32 046 件，审结知识产权类案件 30 832 件。2019 年，北京市检察机关受理审查逮捕涉嫌侵犯知识产权犯罪案件 206 件，批准逮捕侵犯知识产权犯罪案件 138 件。

2019 年，北京市知识产权局共受理专利侵权案件 310 件，其中电商专利侵权案件 202 件。2019 年，北京市市场监管系统就打击侵犯知识产权和假冒伪劣案件共立案 2 072 件，结案 2 065 件。2019 年，北京海关共立案 72 起，查获侵权商品 2211 批次 17. 6 万件。❷

（三）北京市初步建成知识产权商用化的先行区

北京市知识产权运营方式丰富，已经初步建成知识产权商用化的先行区。2019 年 1 月，北京市知识产权局发布《北京市知识产权运营试点示范单位认定与管理办法》（京知局〔2019〕5 号），原《北京市知识产权运营试点示范单位认定和管理办法（试行）》同时停止执行。相比而言，正式的管理办法简化了申报条件，取消了申请知识产权运营试点单位需要注册或者登记满一年的规定，取消了律师事务所申请知识产权运营试点、示范单位时应当满足相应注册资本的规定，同时扩大了优先认定范围，加强了对知识产权运营试点、示范单位的管理。

2019 年，共认定高智科创知识产权运营（北京）有限公司、腾讯云计算

❶ 王正志．中国知识产权指数报告 2019［M］．北京：中国财政经济出版社，2019：17-26.

❷ 北京市知识产权局．2019 年北京知识产权保护状况白皮书［EB/OL］．［2020-04-21］．http：//zscqj. beijing. gov. cn/art/2020/4/21/art_ 6016_ 516950. html.

（北京）有限责任公司等23家单位为北京市知识产权运营试点单位，北京大学、清华大学、中国移动通信集团有限公司等10家单位为北京市知识产权运营示范单位。2020年，共认定中际联合（北京）科技股份有限公司、北京达佳互联信息技术有限公司、北京博奥晶典生物技术有限公司等15家单位为北京市知识产权运营试点单位，共认定北京航空航天大学、中国信息通信研究院、北京知识产权运营管理有限公司等10家单位为北京市知识产权运营示范单位。

2019年10月，中关村科技园区管理委员会、中国人民银行营业管理部、中国银行保险监督管理委员会北京监管局、北京市知识产权局联合印发《关于进一步促进中关村知识产权质押融资发展的若干措施》，进一步支持知识产权质押融资，引导银行、担保公司运用大数据、云计算等金融科技手段提升对高价值发明专利等核心知识产权的综合评估能力，开展知识产权收益权质押（担保）、线上批量授信、知识产权交易履约担保等新型业务模式，不断扩大信贷和担保规模。

（四）北京市初步建成知识产权服务的集聚区

北京市知识产权服务业高端集聚，已经初步建成知识产权服务的集聚区。据统计，就存量而言，截至2019年年底，全国获得专利代理师资格证人数达到4.7918万人，执业专利代理师为2.0192万人，专利代理机构达到2 691家（不含港澳台地区）。其中，北京、广东、江苏、上海及浙江五地的专利代理机构数量分别为661家、452家、240家、176家和161家，位列全国前五。就增量而言，2019年，全国新设专利代理机构524家，其中广东、北京、江苏分别以新设102家、90家、67家位列前三。专利代理师主要分布在北京、广东、江苏及上海四地，其中北京地区执业专利代理师数量排名第一，共8 403人，占全国执业专利代理师总数的41.6%，取得专利代理师资格的人数同样排名第一，共1.3335万人。中华全国专利代理师协会公布的2019年第三期诉讼代理人名单数据显示，截至2019年年底，中华全国专利代理师协会累计推荐了2 755名诉讼代理人。其中北京人数最

多，达到1 450人，占总人数的52.63%。❶

（五）北京市成为知识产权工作体制机制的创新区

北京市知识产权领域改革不断深化，已经成为知识产权工作体制机制创新区。据统计，目前我国地方层面机构改革结果分为四类：重新组建知识产权局，整合商标管理职责和地理标志管理职责；整合知识产权局职责，组建市场监督管理局，市场监督管理局加挂知识产权局的牌子；组建市场监督管理局，同时将知识产权局作为市场监督管理局的部门管理机构；组建市场监督管理局，知识产权局作为市场监督管理局内设处级局。其中，北京市是上述第一类机构改革方式的唯一代表。重新组建的北京市知识产权局整合了北京市工商行政管理局的商标管理职责、北京市质量技术监督局的原产地地理标志管理职责，并且北京市知识产权局作为北京市政府的直属机构。

同时，北京市市场监督管理局与北京市知识产权局加强知识产权保护方面的执法协作，专门签署《知识产权保护合作备忘录》，明确责任分工，主动加强沟通协调，加大联合执法力度，优化协作衔接机制，完善信息共享渠道，加强人才交流培训力度，推动专利、商标、地理标志、商业秘密等知识产权全要素执法融合，共同打击知识产权侵权假冒伪劣行为，进一步深化知识产权监管和执法协作，有效织密知识产权执法网络，推动知识产权执法向纵深开展，完善知识产权保护“北京模式”。

（六）北京市成为知识产权国际交流的窗口区

北京市知识产权国际交流持续拓展，已经成为知识产权国际交流的窗口区。2019年4月24日，国家知识产权局与世界知识产权组织（WIPO）举行了在华建设技术与创新支持中心（TISCs）谅解备忘录签字暨首批TISCs授牌仪式。WIPO总干事弗朗西斯·高锐和国家知识产权局局长申长雨对首批7家TISCs机构进行了授牌。北京市两家单位——中关村科技园区丰台园、北京东

❶ 国家知识产权局运用促进司．全国专利代理行业发展状况（2019年）[EB/OL]．[2020-10-10]．http：//www.iprchn.com/cipnews/news_ content.aspx？newsId=125175.

方灵盾科技有限公司成为首批在华 TISCs 机构。TISCs 是 WIPO 发展议程框架下的项目，旨在帮助发展中国家知识产权和创新用户提升技术信息检索能力，更快地掌握行业动态和新技术信息。

北京市积极开展 2019 年企业海外知识产权预警项目行业预警项目，对接细分行业企业，了解海外知识产权布局中关键技术关点、出口目标市场国以及知识产权争议焦点等情况，开展知识产权布局分析、侵权风险分析、技术状况分析等服务，进行海外知识产权信息检索，分析国外该产业知识产权发展现状及趋势，研究、分析重要市场国家相关产业政策，综述北京市该产业典型企业海外知识产权布局现状，为企业海外知识产权预警提供支撑。还有，北京市知识产权局和北京第二外国语学院签署战略合作协议，共同推动首都"一带一路"知识产权领域国际交流与合作，开展"一带一路"知识产权高层次人才教育合作，共同研究"一带一路"国家知识产权热点难点问题，推动"一带一路"知识产权跨文化交流，促进知识产权志愿服务进校园。双方将建立组织机制和工作机制，保障协议各项内容的落实。

综上所述，北京市已经初步建设成为知识产权首善之区。对比政策文件提出的发展愿景，《北京市人民政府关于加快知识产权首善之区建设的实施意见》提出，"到 2020 年，知识产权的创造水平大幅提高，运用效果显著增强，保护状况持续优化，服务能力明显提升，人才队伍不断壮大，知识产权与经济发展深度融合，成为全国知识产权创造运用的龙头、国际交往的窗口、服务资源的高地，初步建成知识产权首善之区"。就"初步建成知识产权首善之区"的具体指标而言，《北京市人民政府关于加快知识产权首善之区建设的实施意见》进一步明确，"到 2020 年，每万人发明专利拥有量达到 80 件，通过《专利合作条约》（PCT）途径提交的专利年度申请量达到 13 000 件，商标注册量达到 55 万件，作品著作权登记量达到 83 万件，知识产权质押融资年度金额达到 100 亿元，知识产权服务品牌机构达到 100 家"。如前所述，截至 2019 年，北京市每万人发明专利拥有量达到 132 件，PCT 专利申请量达到 0.72 万件，商标注册量达到 47 万件，作品著作权登记量达到 100.31 万件，知识产权质押融资年度金额超过 66 亿元，知识产权服务品牌机构达到 72 家

（2020 年达到 101 家）。由此可见，PCT 专利申请量、商标注册量、知识产权质押融资年度金额与《北京市人民政府关于加快知识产权首善之区建设的实施意见》提出的目标存在一定差距，其余指标均达到政策目标要求，考虑到上述指标在 2020 年的新发展，可以认为，北京市已经初步建设成为知识产权首善之区。

二、"事"说 2020："十三五"收官与"十四五"开局背景下的知识产权高质量发展

2020 年是"十三五"收官与"十四五"开局的关键之年，积极促进知识产权高质量发展具有至关重要的意义。2020 年，北京市全面加强制度建设，强化政策供给，一系列制度和政策值得深入总结和凝练。

（一）北京市全力提升知识产权治理能力，推动知识产权融合发展

2020 年 3 月 27 日，北京市第十五届人民代表大会常务委员会第二十次会议审议通过《北京市优化营商环境条例》，围绕优化营商环境、推进首都治理体系和治理能力现代化部署包括知识产权保护在内的一系列制度政策。

2020 年 8 月 22 日，北京市委办公厅、北京市人民政府办公厅联合印发《关于强化知识产权保护的行动方案》，强调严格保护、统筹协调、重点突破、同等保护，坚持首善标准，弘扬首创精神，体现首都特色，完善行政执法、司法审判、多元调解、商事仲裁、法律服务、社会监督、行业自律"七位一体"的知识产权保护格局，构建规范管理和严格执法有机衔接的知识产权保护模式，促进保护能力和水平整体提升。《关于强化知识产权保护的行动方案》明确要求，积极推进知识产权保护与促进立法工作，完善各类知识产权保护配套制度，加大行政机关查处侵权行为的力度，对重复侵权、故意侵权及严重妨碍执法的行为，依法严肃处理，强化民事司法保护，有效落实惩罚性赔偿制度，制定类型化裁判赔偿规则，依法合理确定侵权赔偿数额，探索通过参考第三方评估情况合理确定知识产权损失标准。此外，进一步要求依托京津冀知识产权合作机制，联合开展侵权假冒线索移送、调查取证、执法

协查、结果互认及信息共享，构建跨区域协作治理体系。

北京市知识产权局加强制度建设，印发《北京市知识产权局行政处罚裁量权适用规定（试行）》和《北京市知识产权局行政处罚裁量基准表（试行）》，不断规范知识产权行政保护的裁量权。

（二）北京市持续深化知识产权领域改革，推动首都高质量发展

2020 年 1 月 1 日，《北京市促进科技转化条例》正式施行，对强化全国科技创新中心功能，打通科学技术转化现实生产力的关键环节，推动首都资源优势转化为发展优势，加快构建高精尖产业结构，实现高质量发展，具有重要意义。[1] 该条例所涉及的科技成果类型包括专利技术、计算机软件、技术秘密、集成电路布图设计、植物新品种、新药、设计图、配方等。《北京市促进科技转化条例》坚持改革导向、市场导向和问题导向，立足上位法预留的立法空间、创新主体成果转化的立法诉求、北京市建设首善之区和创新发展的内在需求，改革职务科技成果权属制度，建立高校院所负责人勤勉尽责制度和知识产权、技术经济等职称专业考核制度，完善市属国有企业考核制度，激发高校院所科技成果转化动力、发挥企业科技成果转化主体作用、强化成果转化服务机构桥梁价值，打通科技成果转化的政策通道，赋予科技成果完成人所有权、实施转化权，赋予高校院所自主实施转化权，明晰项目主管部门介入权。明确科技成果转化奖励和报酬标准，可以将科技人员的奖酬标准提高到不低于 70%，同时，国有企业、高校院所给予科技人员奖励和报酬的支出不受本单位工资总额和绩效工资总量限制。

深入贯彻落实《北京加强全国科技创新中心建设总体方案》，印发《北京市中小企业知识产权集聚发展示范区认定和管理办法（试行）》，开展北京市中小企业知识产权集聚发展示范区的认定和管理，提升企业知识产权创造、运用、管理和保护水平；出台《北京市知识产权运营试点示范单位认定与管理办法》和《北京市知识产权试点示范单位认定与管理办法》，加快培育知识

---

[1] 北京市科学技术委员会.《北京市促进科技成果转化条例》解读［EB/OL］.［2019-11-29］. http：//www. beijing. gov. cn/ywdt/jiedu/zxjd/t1607880. html.

产权强企和知识产权运营能力强、成效好、具有示范效应的知识产权运营机构，促进企事业单位提升创新能力和知识产权创造、保护和运用能力，加快高精尖经济结构构建，推动首都高质量发展。

（三）北京市统筹推进知识产权强市建设，推动京津冀协同发展

2020 年，北京市加强统筹协作，积极促进知识产权运用，推进知识产权强市建设。北京市知识产权局联合北京市地方金融监督管理局、北京市科学技术委员会、北京市经济和信息化局、北京市财政局、中关村科技园区管理委员会、中国银行保险监督管理委员会北京监管局共同印发《北京市知识产权保险试点工作管理办法》，遵循“政府引导、市场主导”的原则，多方协同推进知识产权保险试点工作。

2020 年，北京市市场监督管理局制定《关于建设京津冀知识产权保护体系和快速维权机制的工作方案》，北京市知识产权局联合天津市知识产权局、河北省知识产权局共同制定《京津冀维权中心知识产权保护联动服务推进计划》，不断完善京津冀执法协作平台，加强京津冀三地知识产权侵权案件的情报交流、信息共享和执法协作，有力打击跨省知识产权侵权行为。

（四）北京市推进知识产权“一区一特色”工作，推动中关村创新发展

北京市首次编制国土空间分区规划，按照不同区县的定位积极推进知识产权“一区一特色”工作。

中关村科技园区以服务“三城一区”为工作重心，以深入实施中关村知识产权行动方案为工作主线，加强工作创新，不断优化服务，在知识产权保险与金融服务工作融合创新、知识产权证券化等方面开展更多探索。在专利质押融资方面，搭建交流平台，促进融资需求与金融服务的精准对接，初步构建形成以知识产权价值实现为核心，以贴息政策为引导，评估、担保、运营、贷款、保险、投资多种业务模式高度融合的中关村知识产权金融服务新生态。在专利申请优先审查方面，在全国率先实现专利申请优先审查推荐“全程网上办”，不断优化专利申请优先审查推荐服务，将专利授权的周期缩短 2/3 以上，一大批高精尖产业领域的专利申请得到优先审查推荐，促进了创新成果的转化，助力北京全国科技创新中心建设。

综上所述，随着北京市知识产权治理能力和治理水平的不断提高，北京市知识产权综合实力稳居全国前列。依据国家知识产权局近5年的统计数据，我国地区专利申请不均衡，专利申请量前五的省份（直辖市）集中于经济发达地区，分别是广东省、江苏省、浙江省、山东省、北京市，占当年国内专利申请总量约55%。我国商标申请量前五的省份（直辖市）由高至低分别为广东省、浙江省、北京市、江苏省、上海市，占国内每年商标申请总量的51%。我国版权创新活跃的省份（直辖市）分别为北京市、上海市、江苏省、广东省、四川省。从上面统计中可以看出，国内知识产权创造集中于广东省、浙江省、北京市、江苏省、上海市，占全国知识产权创造总量的一半。

三、展望2021：重点服务好国家服务业扩大开放综合示范区和中国（北京）自由贸易试验区建设

2019～2020年，北京市深化知识产权领域改革，不断加强知识产权保护运用，知识产权综合实力明显提升，已经初步建成知识产权首善之区。2021年，将是“十四五”的开局之年，建议开展全面系统的战略谋划，提出新一轮发展目标与政策措施。特别是，建议北京市2021年重点围绕服务好国家服务业扩大开放综合示范区和中国（北京）自由贸易试验区建设，部署知识产权政策，推进知识产权工作。

（一）重点服务好国家服务业扩大开放综合示范区建设

2020年9月，国务院批复同意北京市建设国家服务业扩大开放综合示范区。[1] 批复要求，立足首都城市战略定位，服务国家重大战略，在风险可控前提下，精心组织，大胆实践，在扩大服务业对外开放、建设更高水平开放型经济新体制方面取得更多可复制可推广的经验，为全国服务业开放发展、创新发展提供示范引领。同时要求，国务院有关部门要按照职责分工，积极支

[1] 国务院关于深化北京市新一轮服务业扩大开放综合试点建设国家服务业扩大开放综合示范区工作方案的批复［J］. 国务院公报，2020（26）：85-91.

持北京市深化新一轮服务业扩大开放综合试点、建设国家服务业扩大开放综合示范区。这将对北京市知识产权服务业发展具有重大影响，迫切需要通过重大政策、重大工程、重大项目的方式深入落实。为了服务好国家服务业扩大开放综合示范区建设，笔者建议采取如下政策措施。

第一，关键：鼓励企业承接国际服务外包，打造完整的知识产权服务链。北京市知识产权服务业高端聚集，具有打造完整的知识产权服务链、促进知识产权服务业全面提升的基础条件。通常认为，知识产权服务业发展的思路是，以开放促改革，以改革促发展。深化知识产权领域改革，扩大服务业开放，促进规模扩大和能力提升相协调、总体布局与重点发展相统筹、充分竞争与规范经营相统一，推动知识产权服务业高质量发展，着力提升服务经济科技发展的能力水平，为实施创新驱动发展战略、建设知识产权强国提供强有力支撑。❶ 从知识产权服务业发展的整体思路出发，在国家服务业扩大开放综合示范区建设背景下，有必要鼓励企业承接国际服务外包，促进知识产权服务的国内市场与国际市场的协调统一，打造链条完整、内容全面、打通国际国内的知识产权服务链。

第二，基础：增加知识产权公共服务供给，提升知识产权公共服务获取便利性。知识产权公共服务，就是强调知识产权政府管理部门的服务职能，使用公共权力或者公共资源，创新服务载体和服务形式，丰富服务产品和服务内容，满足人们生活、生存与发展的直接需求，促进经济社会的健康发展。❷ 知识产权服务业的发展和知识产权公共服务息息相关，迫切需要处理好公共服务和社会服务的关系、知识产权服务的供给与需求关系，在提供知识产权公共服务的同时，加大知识产权服务业培育力度；以为产业发展提供知识产权公共服务为重点，兼顾为企业提供知识产权公共服务，尤其是为中小企业提供知识产权公共服务；全面调查梳理知识产权服务的需求，根据知识产权服务的需求优化知识产权服务的供给，实现知识产权服务的供需平衡。

---

❶ 刘菊芳．论改革开放背景下知识产权服务业发展［J］．中国发明与专利，2018（8）：57-68.

❷ 吴离离．浅析我国知识产权公共服务体系的构建［J］．知识产权，2011（6）：63-66.

完善知识产权信息公共服务体系，为社会提供公共服务。搭建知识产权基础信息公共服务平台，实现现有各类知识产权基础信息平台的互联互通，实现知识产权基础信息的共享共用，促进知识产权信息传播。建设中外知识产权基础信息库、知识产权检索与服务系统等信息平台，探索具有产业特色的全国知识产权运营与产业化服务平台。建立知识产权信息产业服务体系，为产业提供公共服务。实施专利导航试点工程，加强重点领域专利预警和知识产权分析评议，探索知识产权运营促进产业创新发展的新模式，加强知识产权协同运用，形成资源集聚、流转活跃的知识产权市场环境。建设知识产权非营利化服务体系，提供基础公共服务。加强知识产权维权援助与举报投诉服务平台建设，形成多层次的知识产权维权援助工作体系。做好重大涉外知识产权案件的指导工作，积极帮助我国企业应对海外知识产权纠纷，探索开展知识产权侵权事先协助调查，帮助当事人获取证据等深层次服务。加强知识产权营利化服务体系，积极培育和发展知识产权服务业。加强知识产权服务标准化体系建设，组织实施全国知识产权服务业统计调查，推动知识产权服务业集聚区建设和品牌机构培育。

第三，切入点：对外开放专利代理业务，试点外国专利代理机构在华设立常驻代表机构。2020 年 12 月 23 日，国家知识产权局印发《关于同意在北京、江苏等地区开展专利代理对外开放有关试点工作的函》（国知办函运字〔2020〕1154 号），同意在北京开展专利代理对外开放试点工作，试点内容包括开展外国人参加专利代理师资格考试、外国专利代理机构在华设立常驻代表机构工作，试点期限为 3 年。批复规定了试点地区外国人参加专利代理师资格考试的条件；规定了外国专利代理机构设立常驻代表机构可为我国企业提供知识产权高端培训、知识产权许可和转让、海外知识产权投资和预警、海外知识产权争端和突发事件的应急援助、海外知识产权纠纷的咨询和调解等服务。

第四，突破点：运用知识产权服务业的扩大开放和国际化发展，促进知识产权运用和技术转移转化。《国务院关于深化北京市新一轮服务业扩大开放综合试点建设国家服务业扩大开放综合示范区工作方案的批复》要求，深化科技成果使用权、处置权、收益权改革，探索形成市场化赋权、成果评价、收益分配等制度，同时在中关村国家自主创新示范区特定区域开展技术转让所得税优惠政策试点，探索建立公允的知识产权评估机制，完善知识产权质押登记制度、知识产权质押融资风险分担机制以及质物处置机制，推进知识产权保险试点。建议对接这些政策要点，对知识产权的所有权、使用权、处置权、收益权等权能进行配置，通过知识产权权能的配置和归属的设计，充分调动创新创造者的积极性，有效激励创新。优化财政资助项目的知识产权归属与权能配置，建立财政资助项目形成的知识产权信息公开机制，赋予高等院校、科研机构对其享有的知识产权的处置权和收益权，促进财政资助项目形成的知识产权成果高效运用；优化职务知识产权归属与利益分配制度，包括职务发明制度、职务作品制度和职务植物新品种制度，有效平衡单位与创新创造者之间的关系。同时，运用知识产权服务业的扩大开放和国际化发展，拓展服务内容，将服务范围从国内延伸到国际，提升知识产权服务资源的跨境调度水平，促进知识产权运用和技术转移转化。

（二）重点服务好中国（北京）自由贸易试验区建设

2020年9月21日，国务院印发《中国（北京）自由贸易试验区总体方案》。9月24日，中国（北京）自由贸易试验区正式揭牌。9月28日，中国（北京）自由贸易试验区高端产业片区正式挂牌。《中国（北京）自由贸易试验区总体方案》明确要求，“强化知识产权运用保护。探索研究鼓励技术转移的税收政策。探索建立公允的知识产权评估机制，完善知识产权质押登记制度、知识产权质押融资风险分担机制以及质物处置机制。设立知识产权交易中心，审慎规范探索开展知识产权证券化。开展外国专利代理机构设立常驻代表机构试点工作。探索国际数字产品专利、版权、商业秘密等知识产权保护制度建设。充分发挥中国（中关村）知识产权保护中心的作用，建立专利快速审查、快速确权和快速维权的协同保护体系”。为了深入落实《中国（北京）自由贸易试验区总体方案》，服务好中国（北京）自由贸易试验区，笔者建议采取如下政策措施。

第一，基础：完善企业主导、多方参与的专利协同运用体系，提升企业知识产权运用能力，形成资源集聚、流转活跃的专利交易市场体系。国家建立专利导航产业发展工作机制，开展专利布局，在关键技术领域形成专利组合，构建支撑产业发展和提升企业竞争力的专利储备。国家推动专利联盟建设，加强专利协同运用，建立具有产业特色的全国专利运营与产业化服务平台。

第二，关键：完善知识产权协同运用制度。向全社会及时免费公开知识产权申请、授权、执法、司法判决等信息。国家鼓励各地区、各有关行业建设符合自身需要的知识产权信息库，支持全社会在研发规划、管理、评估等整个过程中对相关信息的应用。培育和发展市场化知识产权信息服务，引导社会资金投资知识产权信息化建设。还要完善企业主导、多方参与的专利协同运用体系，提升企业知识产权运用能力，形成资源集聚、流转活跃的专利交易市场体系。国家建立专利导航产业发展工作机制，开展专利布局，在关键技术领域形成专利组合，构建支撑产业发展和提升企业竞争力的专利储备。国家推动专利联盟建设，加强专利协同运用，建立具有产业特色的全国专利运营与产业化服务平台。

第三，保障：建立专利快速审查、快速确权和快速维权的协同保护体系。充分发挥中国（中关村）知识产权保护中心的作用，建设知识产权快速维权机制，构建知识产权快速授权、快速确权、快速维权的工作机制。加强知识产权综合执法，构建高效便捷、综合可及的知识产权保护体系，依法加强涉及知识产权的市场监督管理。完善执法协作、侵权判定咨询与纠纷快速调解机制，查处有重大影响的知识产权侵权假冒行为，全面公开知识产权行政执法信息，实现全流程材料全面公开，强化执法队伍建设。同时，加强确权程序与侵权纠纷处理程序的衔接，积极改进民行交叉案件的审判机制，加强行政与司法的高效衔接，避免循环诉讼，加快纠纷的实质性解决。

第四，切入点：降低知识产权流转的交易成本，提高知识产权流转的交易安全。由于知识产权具有客体的非物质性，相对于有形财产权而言，其交易成本更高，交易安全更加难以保障，迫切需要从法律制度层面加以规范。一方面，就知识产权交易成本而言，探索建立公允的知识产权评估机制，解决交易主体之间的信息不对称；设立知识产权交易中心，降低知识产权交易中的搜寻成本。另一方面，完善知识产权质押登记制度、知识产权质押融资风险分担机制以及质物处置机制，降低知识产权交易的风险，保障知识产权交易安全。

综上所述，2019~2020年，北京市深化知识产权领域改革，在知识产权创造、运用、保护、管理和服务各方面成效显著，初步建成知识产权首善之区。作为“十四五”开局之年的2021年，建议北京市2021年重点围绕服务好国家服务业扩大开放综合示范区和中国（北京）自由贸易试验区建设，部署知识产权政策，推进知识产权工作，加快建设国际知识产权枢纽，助力全国政治中心、文化中心、国际交往中心、科技创新中心等“四个中心”建设。

江苏省知识产权强省建设与发展报告（2019~2020）

梅术文　王　鑫*

2019年，江苏知识产权强省建设迈出坚实步伐，在建设知识产权强国征程中发挥引领示范作用。江苏省紧密围绕省委省政府“打造全国最完善的知识产权保护和服务体系”“构建具有国际水准的知识产权保护高地”的目标要求，推动知识产权工作深度融入全省先进制造业集群建设、“一带一路”交汇点建设、长江经济带建设等重大国家战略体系，为建设“强富美高”新江苏提供有力支撑。2020年是“十三五”的收官之年，也是引领型知识产权强省建设的关键之年，需要完成“基本建成引领型知识产权强省，知识产权发展主要指标达到国际先进水平，对经济社会发展的支撑作用大幅提升，成为知识产权强国建设的示范引领区”的发展目标。江苏省以知识产权高质量发展为总导向，坚持稳中求进总基调，自觉践行新发展理念，聚焦支撑创新发展，聚力优化营商环境，强化知识产权保护，全面提升知识产权综合能力，为江苏高质量发展走在全国前列提供更加有力的知识产权支撑。❶

---

* 梅术文，法学博士，南京理工大学知识产权学院教授，博士生导师，江苏省版权研究中心主任，知识产权与区域发展协同创新中心秘书长；王鑫，南京理工大学知识产权学院硕士研究生。

❶ 江苏省部署2020年度知识产权工作［EB/OL］.［2020-12-03］. http：//zscqj. jiangsu. gov. cn/art/2020/4/23/art_ 75875_ 9055006. html.

一、2019年江苏省知识产权强省建设的具体成效

（一）知识产权管理体制改革顺利完成

2019年，在江苏省委省政府统一部署下，江苏省知识产权管理体制进行了深化改革，全省知识产权系统职能、机构、人员得到充实加强，实现知识产权管理体制和运行机制的历史性重构，为知识产权治理体系和治理能力现代化打下了坚实基础。江苏省调整成立省知识产权和商标战略实施工作领导小组，成员单位数量由28家增加至33家。江苏省、市、县三级知识产权机构改革全部到位，机构设置和职能配置与国家基本保持对应、上下贯通。江苏省知识产权局实现职能、编制、人员增加。全省13个设区市、96个县（市、区）市场监管局均加挂知识产权局牌子。市、县两级共有知识产权行政管理人员730名，较机构改革前的435名增加67.82%。加快推进专利、商标、地理标志等知识产权管理要素有机融合，把专利、商标、地理标志的管理职能融入知识产权规划、创造、运用、保护、服务等各个环节，重构业务体系。通过整合政策措施、计划项目和工作平台，打通原有专利、商标、地理标志信息孤岛，完成商标品牌数据系统迁移、市场主体信息资源共享，增设商标受理窗口，提供一站式服务。版权管理职能划归宣传部门后，版权管理坚持守正创新，坚持保护与发展并重，全方位推进版权工作理念、内容、方式、机制创新，不断开创版权工作新局面。

（二）知识产权创造运用稳中调优

2019年，江苏省专利申请量为594 249件，同比降低1.01%，其中，发明专利申请量为172 409件，同比降低13.28%，占全省专利申请量的29.01%。PCT专利申请量为6 635件，同比增长20.64%。专利授权量为314 395件，同比增长2.41%，其中，发明专利授权量为39 681件，同比降低5.56%，占全省专利授权量的12.62%。全省万人发明专利拥有量达30.16件，同比增加3.71件。企业专利申请量、授权量占总量的比重分别达79.34%和79.35%，比2018年年底提高6.44个百分点和2.27个百分点，结构进一步优

化。第二十一届中国专利奖获奖项目 113 项，再创新高。全省商标申请量为 495 166 件，同比增长 2.09%；商标注册量为 407 715 件，同比增长 25.67%。有效商标注册量 1 582 236 件，马德里国际注册商标申请量为 838 件，均稳步增长。全省新增地理标志商标 26 件，新增农产品地理标志 18 个，全省地理标志商标注册总量达 324 件，有效地理标志产品为 91 件，登记保护农产品地理标志总量为 79 个。全省作品登记 246 607 件，同比降低 18.39%，新增登记人 12 470 位，同比增加 35.19%，登记作品质量和登记积极性进一步提高。全省完成著作权合同登记 1 116件，其中图书版权引进合同登记 730 份，电子出版物版权认证 25 件，一般作品转让和许可合同备案 361 份。全省农业植物品种权累计申请量 1 694件，授权量为 909 件。全省完成知识产权技术合同 49 622 项，成交额达 1 675.59亿元，同比增长 45.37%。全省完成专利转让 30 062 件，居全国第三位，其中高校院所专利转让 2 673 件，居全国第一位。江苏创新推动知识产权大数据在金融领域运用，全省 56 家银行、12 家融资担保机构、27 家金融投资机构开展知识产权金融服务。在全国率先推出“互联网+知识产权”质押融资模式，全省通过专利权、商标权质押融资 88.6 亿元，融资企业数量全国第一。全国首单商标被侵权保险在江苏落地。

（三）知识产权服务提质增效

2019 年，江苏省新设专利代理机构 67 家，全省主营机构总数达 240 家，占全国专利代理机构总数的 8.92%，机构总量与增加数量均居全国第三。[1] 全省新增专利代理机构及分支机构共 130 家，总数达 459 家。专利审查协作江苏中心完成实审结案 19.3 万件，继续保持全国第一。南京专利代办处及苏州分理处全年受理专利申请 13.1 万件，98.67% 的专利申请业务通过网上办理，纸件专利申请受理由 4 个工作日压缩到 2 个工作日，专利费减备案审核时间由 25 个自然日压缩到 5 个工作日，各项业务“零差错”，窗口服务“零投诉”。举办全省专利代理机构贯标及执业规范培训，制定代理机构违规行为约谈、投诉举报受理、行政处罚等工作指引，落实“证照分离”改革，对江苏

[1] 国家知识产权局运用促进司．全国专利代理行业发展状况（2019 年）［R］.

自贸区内设立专利代理机构实行“告知承诺”制。组织专利代理行业统计调查，开展“蓝天”专项整治行动，启用“互联网+监管”系统。组织专利代理机构开展全面自查和信用承诺，316 家机构、1 336名专利代理师签署信用承诺书。全年核查专利代理业违规线索 843 条，约谈专利代理机构 111 家，责令整改 114 家，实地检查 10 家，列入经营异常名单 2 家；全省立案 8 件，结案 4 件，作出处罚决定 4 件，罚款 50. 24 万元。江苏国际知识产权运营交易中心“一站式全产业链服务云”正式上线，中高知识产权运营交易平台完成全国高校 90 余万件有效专利的基础性标引。❶ 有效整合商标、专利、地理标志、企业登记等信息资源，全省商标受理窗口由 4 家增至 7 家。2 个世界知识产权组织技术与创新支持中心（TISC）、1 个国家高校知识产权信息服务中心、11 个高校图书馆专利信息传播与利用基地加快发展。

（四）最严格知识产权保护多维推进

2019 年，江苏法院受理与审结的知识产权案件数量均持续稳定上升，共审理各类知识产权案件 20 249 件（包括 2019 年新收的一审、二审案件数，以及上一年度旧存案件数），同比上升 1. 56%，其中民事案件 19 503 件，刑事案件 717 件，行政案件 29 件；审结 17 706 件，同比上升 4. 6%，其中民事案件 17 123 件，刑事案件 557 件，行政案件 26 件。在新收的 16 688 件一审知识产权民事案件中，涉著作权纠纷 7 298件，占 43. 7%。其中，侵害信息网络传播权案件数在 2018 年极速增长的基础上，2019 年仍呈现高增长态势，增幅达 132. 65%。涉商标权纠纷 5 179件，占 31. 0%，同比下降 14. 1%。涉专利、技术秘密等技术类民事案件 1 777件，占 10. 6%，同比下降 31. 6%。特许经营权纠纷 985 件，占 6%，同比上升 54. 5%。❷ 在一审审结的 16 255 件知识产权案

❶ 江苏省知识产权局 2019 年度部门决算公开［EB/OL］.［2020-12-01］. http：//zscqj. jiangsu. gov. cn/art/2020/8/21/art_ 76203_ 9460559. html.

❷ 2019 年江苏法院知识产权司法保护状况［EB/OL］.［2020-12-02］. http：//www. jsfy. gov. cn/art/2020/04/22/25_ 100050. html.

件中，2 个案例入选世界知识产权组织首部 30 件典型案例集。[1] 2019 年，江苏法院实施最严格的知识产权司法保护。近 30% 一审知识产权民事案件通过判决结案，其中赔偿数额在 50 万～300 万元的有 147 件，300 万～500 万元的有 13 件，500 万～1000 万元的有 5 件，1000 万元以上的有 4 件。在“小米”商标被侵权案中，依法适用惩罚性赔偿，全额支持权利人 5 000 多万元的诉讼请求。依法扩大创新客体保护范围，审结“花千骨”游戏作品侵权案，游戏规则的特定呈现方式在国内首次得到判决保护。[2] 全省检察机关批准逮捕侵犯知识产权犯罪案件 318 件 527 人，提起公诉 540 件 1340 人，其中批准逮捕假冒注册商标案件 125 件 212 人、提起公诉 240 件 574 人；批准逮捕销售假冒注册商标的商品案件 148 件 224 人、提起公诉 242 件 601 人；批准逮捕非法制造、销售非法制造的注册商标标识案件 17 件 30 人、提起公诉 35 件 113 人；批准逮捕侵犯著作权案件 26 件 58 人、提起公诉 20 件 45 人；批准逮捕侵犯商业秘密案件 2 件 3 人、提起公诉 3 件 7 人。江苏省知识产权局组织省、市、县三级联动开展“双打”“铁拳”、地理标志保护等专项行动，全省共查处商标违法案件 2 558件，罚没款 4 807. 97万元；查处假冒专利案件 4 352件，处理专利侵权纠纷 3 511件，继续保持全国前列，3 件案例入选全国专利商标十大典型案例。开展专利真实性“双随机、一公开”检查，检查专利产品 28 256 件，查处案件 101 件，责令整改企业 153 家。南京海关以开展“龙腾行动 2019”为抓手，在关区各海关投入更多的执法力量和执法资源，执法威慑进一步提升，截至 2019 年 12 月底，关区海关共查获侵权嫌疑案件 232 起，查获侵权嫌疑货物 7 641批次，涉案货物数量 2 026. 33万件，价值 1 010. 38万元。省版权局与省公安厅、省互联网信息办公室、省通信管理局联合开展打击网络侵权盗版“剑网 2019”专项行动，全省侵权盗版案件立案 303 起，其中行政处罚 141 起，罚没额合计 230 余万元，刑事案件 47 起，调解案件 115 起。省公安

[1] 江苏省高级人民法院工作报告（2019 年）［EB/OL］.［2020-12-02］. http：//www.jsfy.gov.cn/art/2020/01/17/9_99470.html.

[2] 2019 年江苏省法院审判执行工作情况通报［EB/OL］.［2020-12-02］. http：//www.jsfy.gov.cn/art/2020/01/08/25_99402.html.

厅精心组织保护知识产权“护航行动”，扎实推进“云端 2019”专项行动。截至 2019 年 12 月底，全省公安机关共立案查处侵权假冒案件 2 867 起，破案 1 877起，抓获犯罪嫌疑人 6 210人，捣毁侵权假冒窝点 772 处，涉案金额 25. 8 亿余元。常州保护中心升格，南京保护中心新增生物医药审查领域，苏州保护中心投入运行，徐州保护中心、南通保护中心建设进展顺利，省级知识产权保护中心进入申报程序。全省 2 个国家级快速维权中心、8 个国家级维权援助中心及其 55 个分支机构基本完成转隶，实现平稳过渡。各类知识产权保护机构向社会提供咨询服务 6 164次，受理维权援助申请 177 件，调解纠纷 128 件，移送举报投诉案件 321 件。

（五）企业和产业知识产权管理成效突出

2019 年，江苏省调整优化知识产权强企行动计划工作内容，针对产业集群骨干企业、高新技术企业、民营科技企业，开展专利、商标、地理标志综合培训、指导和服务，全省新增知识产权管理贯标企业 2 026家，省级知识产权战略推进计划企业 71 家，国家知识产权示范企业 57 家、优势企业 174 家。累计建成 48 家省级和 141 家市县级高价值专利培育示范中心，基本形成覆盖全省的高价值专利培育体系。其中，已建成的省级高价值专利培育示范中心总计产出 PCT 专利 600 余件，参与或制定国家和行业标准近 200 个，专利产品销售收入达 820 多亿元。南京海关结合“龙腾”行动，以生产、研发企业及具备核心竞争力的企业为主，以在国际市场被侵权或被侵权风险高的企业为重点，开展对重点行动企业的重新确认及新企业遴选工作。截至 2019 年 12 月底，全省共有 22 家行动重点企业参与“龙腾行动 2019”，同比增加 7 家企业。

（六）知识产权宣传与人才培养取得积极效果

2019 年，江苏省紧扣“庆祝中华人民共和国成立 70 周年”“4·26 世界知识产权日”，以及《商标法》《关于强化知识产权保护的意见》颁布实施等重要节点，加强宣传策划，强化政策解读，开展主题宣传，集中发布《江苏知识产权发展与保护状况白皮书》《知识产权十大典型案例》，举办知识产权审判“三合一”改革十周年的新闻发布会，通报江苏“三合一”改革十年来的主要措施与成效。开展“我最喜爱的江苏商标品牌”公益调查，承办全国首场知识产权保护交流推广活动，推动国家地理标志专用标志在南京首发，营造了“尊重知识、崇尚创新、诚信守法”的知识产权文化氛围。全年培训企业高管2 500余人、知识产权工程师2 700余人，培训满意度测评达95%。评出知识产权专业高级职称人员36名，总数达276人。南京理工大学知识产权学院招收知识产权硕士和博士研究生131名，同比翻番。专利代理师考前培训班考试通过率达61%，位居全国前列。基本完成一线执法工作人员培训全覆盖。❶

二、2020年江苏省知识产权强省建设的政策引领

（一）知识产权本体政策

2月13日，江苏省知识产权局、中国银行江苏省分行联合印发《关于加强知识产权金融服务疫情防控重点保障企业和支持小微企业复工复产的通知》，重点支持疫情防控所需物资的生产、供应、运输、销售，以及重要生活必需品生产、相关重要原辅材料生产、重要设备制造及配套、重要医用物资收储、重要科技项目研发、重要知识产权创造运用保护，为应对疫情提供相关信息通信设备和服务系统所需的融资需求。对全省疫情防控重点保障企业和拥有有效知识产权的高成长性小微企业，支持其通过知识产权质押等方式获得融资，并给予专项额度、优惠利率、特事特办、线上办理等方面的支持。❷

2月25日，江苏省知识产权局印发《关于深入推进知识产权服务业集聚发展区建设工作的通知》，结合集聚区建设工作实际，提出七点要求：（1）构

---

❶ 2019年江苏省知识产权发展与保护状况白皮书（中英文版）[EB/OL].[2020-12-01]. http://zscqj.jiangsu.gov.cn/art/2020/4/26/art_75904_9058836.html.

❷ 江苏省知识产权局 中国银行江苏省分行关于加强知识产权金融服务疫情防控重点保障企业和支持小微企业复工复产的通知[EB/OL].[2020-12-04]. http://zscqj.jiangsu.gov.cn/art/2020/2/17/art_75908_8975413.html.

建开放融合发展的协同创新平台；（2）打造高端化、规模化、国际化综合服务链；（3）发展知识产权服务新产品、新业态、新模式；（4）建立知识产权服务机构动态管理机制；（5）强化集聚区建设工作责任落实；（6）发挥国家级集聚区示范效应；（7）加强省级集聚区的建设管理。❶

3月2日，江苏省知识产权局印发《2020年全省知识产权人才工作要点》，提出应大力开展知识产权人才培训，深入推进人才培养载体建设，优化完善人才评价与管理，着力提高全省知识产权人才队伍整体素质，为引领型知识产权强省建设提供坚实人才支撑。❷

3月6日，江苏省知识产权局印发《2020年规范性文件制定计划的通知》，确定2020年省知识产权局制定规范性文件2个，分别为《江苏省专利商标行政执法规程》和《江苏省地方专利代理机构服务国防建设管理办法》。❸

3月10日，江苏省知识产权局印发《关于组织开展2020年度江苏知识产权强省建设区域示范申报工作的通知》，部署2020年度江苏知识产权强省建设区域示范申报工作。具体工作任务包括以下内容：（1）强化知识产权工作管理；（2）提高知识产权创造能力；（3）推进企业知识产权工作；（4）强化知识产权宣传培训；（5）强化知识产权行政保护；（6）提升知识产权服务能力。同时还要求各县（市、区）根据自身优势或下一步重点发展方向，组织开展以下特色工作：（1）加强产业高端发展支撑；（2）推进知识产权金融。❹

3月17日，江苏省知识产权局印发《2020年全省知识产权金融工作要点》，提出2020年江苏省知识产权金融工作的总体思路，即按照省委、省政府和国家知识产权局的决策部署，深入实施“知识产权百亿融资行动”，着力

---

❶ 江苏省知识产权局关于深入推进知识产权服务业集聚发展区建设工作的通知［EB/OL］.［2020-12-03］. http：//zscqj. jiangsu. gov. cn/art/2020/3/5/art_ 75908_ 8997890. html.

❷ 江苏省知识产权局关于印发2020年全省知识产权人才工作要点的通知［EB/OL］.［2020-12-03］. http：//zscqj. jiangsu. gov. cn/art/2020/3/10/art_ 75908_ 9003059. html.

❸ 江苏省知识产权局关于印发2020年规范性文件制定计划的通知［EB/OL］.［2020-12-04］. http：//zscqj. jiangsu. gov. cn/art/2020/3/10/art_ 75908_ 9002695. html.

❹ 江苏省知识产权局关于组织开展2020年度江苏知识产权强省建设区域示范申报工作的通知［EB/OL］.［2020-12-04］. http：//zscqj. jiangsu. gov. cn/art/2020/3/12/art_ 75908_ 9009595. html.

抓基础、拓合作、强创新、补短板、优环境，力争实现全省知识产权质押融资金额达到 100 亿元，知识产权保险和证券化工作取得明显突破，为打赢疫情防控总体战、阻击战，推进知识产权高质量发展和引领型知识产权强省建设提供支撑。具体工作要求包括以下五个方面：（1）抓基础，完善业务体系；（2）拓合作，凝聚工作合力；（3）强创新，提升服务效能；（4）补短板，增添发展动力；（5）优环境，强化支撑保障。❶

3 月 20 日，中共江苏省委宣传部、省版权局、省电影局、省文旅厅、省广电局、省作家协会联合印发《关于开展 2020 年江苏省优秀版权作品产业转化重点培育项目遴选推荐工作的通知》。重点扶持价值导向积极向上，富有创新性、艺术感染力和社会效益的原创作品，同时其衍生产品已产生一定市场经济价值，其开发推广具有示范性和引领性，对产业转型升级和提质增效有积极影响的项目。对入选项目给予五项扶持政策：一是入选项目将纳入江苏省优秀版权作品产业转化重点培育项目库；二是在同等条件下，支持入选项目优先申报省级现代服务业（文化旅游、新闻出版、广播电视）发展专项资金扶持；三是支持入选项目优先参加江苏（南京）版权贸易博览会、中国国际版权贸易博览会，并给予适当参展经费补贴；四是对入库项目及其作品、产品，由江苏国家版权贸易基地进行展示推介，进一步促进版权作品成果转化，拓展产业链；五是入库项目涉及作品和产品将列入江苏省重点版权保护名录，版权执法过程中予以重点保护。

3 月 23 日，江苏省知识产权局印发《2020 年全省知识产权工作要点》，具体工作要求包括以下七个方面：（1）构建严格高效的知识产权保护体系；（2）构建支撑创新的知识产权创造运用体系；（3）构建便民利企的知识产权服务体系；（4）提升知识产权国际交流合作水平；（5）提升知识产权基础保障能力；（6）提升知识产权统筹协调能力；（7）坚持和加强党对知识产权工

❶ 江苏省知识产权局关于印发 2020 年全省知识产权金融工作要点的通知［EB/OL］.［2020-12-03］. http：//zscqj. jiangsu. gov. cn/art/2020/3/18/art_ 75908_ 9015260. html.

作的全面领导。[1]

3月27日，江苏省知识产权局印发《关于做好2020年度江苏省企业知识产权管理标准化工作的通知》，提出以下具体要求：（1）加大推广力度，做好贯标备案工作；（2）加强业务指导，提高标准运行质量；（3）开展评价认证，形成贯标工作闭环；（4）鼓励择优奖励，激发企业贯标动力；（5）强化监督管理，提升贯标整体效能。同时明确，江苏省知识产权局将建立抽查的长效机制，定期组织对绩效评价合格企业和获得贯标奖励的企业进行抽查，对存在问题较为严重的，将视情减少该设区市下一年度省知识产权发展奖补资金的数额。[2]

4月30日，江苏省知识产权局印发《2020年江苏省知识产权维权援助工作要点》，提出大力加强全省知识产权维权援助工作，努力形成维权援助工作覆盖更加全面、服务更加到位、体系更加健全、成果更加突显，具有江苏特色的维权援助工作格局的总体要求。具体要求包括以下六个方面：（1）加强服务体系建设；（2）拓宽服务领域；（3）抓实日常服务；（4）拓展高端服务；（5）加强服务协作；（6）强化服务保障。[3]

5月27日，江苏省知识产权局印发《关于大力支持和引导知识产权服务业积极应对疫情影响稳定和扩大就业的通知》，提出以下具体要求：（1）增强做好知识产权服务业吸纳就业工作的自觉性、主动性；（2）加大知识产权服务业稳定和扩大就业的政策支持力度；（3）加强知识产权服务业吸纳就业政策的宣传推介；（4）建立知识产权服务机构与高校人才供需对接平台；

---

[1] 江苏省知识产权局关于印发2020年全省知识产权工作要点的通知［EB/OL］.［2020-12-03］. http：//zscqj. jiangsu. gov. cn/art/2020/3/31/art_ 75908_ 9029384. html.

[2] 江苏省知识产权局关于做好2020年度江苏省企业知识产权管理标准化工作的通知［EB/OL］.［2020-12-03］. http：//zscqj. jiangsu. gov. cn/art/2020/4/2/art_ 75908_ 9032161. html.

[3] 江苏省知识产权局关于印发《2020年江苏省知识产权维权援助工作要点》的通知［EB/OL］.［2020-12-03］. http：//zscqj. jiangsu. gov. cn/art/2020/5/8/art_ 75908_ 9079809. html.

（5）统筹推进知识产权服务业稳定和扩大就业相关工作。❶

6月17日，江苏省财政厅和江苏省知识产权局对《江苏省知识产权专项资金管理办法》进行修订。修订后的《江苏省知识产权专项资金管理办法》共6章25条，涵盖专项资金管理总体原则、职责分工、支持范围、分配下达、执行管理、绩效评价与监督检查等内容。修订内容主要体现在以下方面：（1）明确职责分工；（2）调整支持项目；（3）优化分配方式；（4）规范执行管理；（5）加强绩效管理。❷

6月28日，江苏省知识产权局印发《江苏省专利商标行政执法规程（暂行）》，共12章254条，自2020年8月1日起施行，2010年4月1日起施行的《江苏省专利行政执法规程》同时废止。该规程的制定目的为规范全省专利、商标行政执法行为，及时有效地打击专利、商标违法行为，维护专利权人、商标权人和公众的合法权益。该规程的适用范围为江苏省专利商标行政执法部门开展的专利、商标行政执法活动。❸

6月30日，江苏省知识产权局印发《2020年江苏省知识产权局社会信用体系建设工作要点》，就深入推进2020年江苏省知识产权局社会信用体系建设工作提出五点要求：（1）加强信用工作制度和标准体系建设；（2）推进信用信息归集与应用工作；（3）建立以信用为基础的新型监管机制；（4）加强重点领域社会信用建设工作；（5）夯实信用体系建设的支撑保障。❹

8月9日，中共江苏省委办公厅印发《关于强化知识产权保护的实施意见》，具体包括以下六个方面内容：（1）完善知识产权制度，筑牢保护基础；

❶ 江苏省知识产权局关于大力支持和引导知识产权服务业积极应对疫情影响稳定和扩大就业的通知［EB/OL］.［2020-12-04］. http://zscqj.jiangsu.gov.cn/art/2020/5/27/art_75908_9186861.html.

❷ 江苏省财政厅 江苏省知识产权局关于印发《江苏省知识产权专项资金管理办法》的通知［EB/OL］.［2020-12-04］. http://zscqj.jiangsu.gov.cn/art/2020/7/2/art_75908_9276559.html.

❸ 江苏省知识产权局关于印发《江苏省专利商标行政执法规程（暂行）》的通知［EB/OL］.［2020-12-04］. http://zscqj.jiangsu.gov.cn/art/2020/9/30/art_75910_9527528.html.

❹ 江苏省知识产权局关于印发《2020年江苏省知识产权局社会信用体系建设工作要点》的通知［EB/OL］.［2020-12-04］. http://zscqj.jiangsu.gov.cn/art/2020/7/1/art_75908_9275246.html.

(2) 构建知识产权立体保护网络，增强保护合力；(3) 加大知识产权违法行为惩戒力度，提升保护实效；(4) 强化高质量发展导向，优化保护环境；(5) 加强基础条件建设，提高保护效能；(6) 保障措施。❶

10 月 10 日，江苏省知识产权局印发《江苏省知识产权局 2020 年度重大行政决策事项目录》，确定制定《关于加快建设知识产权信息公共服务体系的实施意见》为江苏省知识产权局 2020 年度重大行政决策事项。❷

11 月 17 日，江苏省知识产权局、江苏省国资委联合印发《关于促进省属企业知识产权高质量发展的若干措施》，为省属国企量身定做 22 条措施，进一步激发省属企业创新活力。❸ 主要从激发知识产权创造活力、强化知识产权运用能力、提升保护水平、加大服务力度以及加强政策措施落实保障五个方面，提升省属企业知识产权管理水平，引领重点科技创新型企业加快发展。

(二) 知识产权关联政策

3 月 2 日，中共江苏省委与江苏省人民政府共同印发《中共江苏省委江苏省人民政府关于抓好“三农”领域重点工作确保如期实现高水平全面小康的意见》，提出强化科技装备支撑，实施种业自主创新工程，加强农业生物技术、新产业新业态关键技术研发。完善现代农业产业技术体系和科技服务体系，实施重大技术协同推广计划。加强智慧农机、设施农业和绿色环保农机装备与技术示范推广应用，完善优化农机购置补贴。发挥南京国家农业高新技术产业示范区、南京国家现代农业产业科创中心示范辐射作用，提升现代农业产业示范园、现代农业科技园、农村产业融合发展示范园等各类园区建设水平。全面推进数字乡村建设，加快江苏省农业农村大数据云平台建设，加快物联网、大数据、区块链等技术在农业农村领域的应用。完善现代气象

❶ 中共江苏省委办公厅《关于强化知识产权保护的实施意见》[EB/OL]. [2020-12-04]. http://www.zgjssw.gov.cn/fabuting/shengweiwenjian/202008/t20200824_6777657.shtml.

❷ 江苏省知识产权局关于印发江苏省知识产权局 2020 年度重大行政决策事项目录的通知 [EB/OL]. [2020-12-04]. http://zscqj.jiangsu.gov.cn/art/2020/10/12/art_75908_9532758.html.

❸ 江苏省出台 22 条措施激发省属企业创新活力 [EB/OL]. [2020-12-04]. http://jsip.jiangsu.gov.cn/art/2020/11/13/art_75875_9568610.html.

为农服务体系。❶

3月5日，中共江苏省委宣传部、省科技厅、省财政厅、省文旅厅、省广播电视局联合发布《关于应对新冠肺炎疫情影响推动文化业态创新的政策措施》，主要包括以下内容：支持共性关键技术攻关，加大高新技术企业培育力度，推动数字化转型升级，加强数字内容创作，扩大数字文化消费，推动文化领域实施“双创”战略，加快新型业态成果转化，降低企业融资成本，提升政务服务效能，完善绩效考核体系。❷

3月8日，中共江苏省委办公厅印发《关于建立健全城乡融合发展体制机制和政策体系的实施意见》，提出推动科技成果入乡转化。实施科技兴农行动，推动农业重大技术协同创新，构建现代农业产业技术体系。抓实抓好科技特派员制度。探索赋予科研人员科技成果所有权，鼓励高校、科研院所等单位技术人员携带科技成果到乡村开展创新创业活动。加强对农业科技人员成果转化推广激励。探索公益性和经营性科技推广融合发展机制，推动农技人员通过技术转让、技术服务和技术入股等形式与农村实体结成利益共同体，允许农业科技人员通过提供增值服务合理取酬。❸

3月25日，江苏省人民政府办公厅印发《关于促进平台经济规范健康发展的实施意见》。意见提出由省发展改革委牵头负责推进知识产权综合执法，加大对侵权行为的打击力度；建设知识产权信用信息管理系统；加强知识产权维权援助服务体系建设，打通绿色维权通道。由省知识产权局、市场监管局按职责分别负责完善新业态信用体系，在网约车、汽车分时租赁、家政服务、电子商务等领域，建立健全身份认证、背景审查、双向评价、信用管理

---

❶ 中共江苏省委　江苏省人民政府关于抓好“三农”领域重点工作　确保如期实现高水平全面小康的意见［EB/OL］.［2020－12－04］. http：//www.zgjssw.gov.cn/fabuting/shengweiwenjian/202003/t20200316_6560795.shtml.

❷ 江苏省推“文化业态创新十条”［EB/OL］.［2020－12－15］. http：//www.gov.cn/xinuen/2020-03/07/content_5488297.htm.

❸ 中共江苏省委办公厅印发关于建立健全城乡融合发展体制机制和政策体系的实施意见［EB/OL］.［2020－12－04］. http：//www.zgjssw.gov.cn/fabuting/shengweiwenjian/202004/t20200426_6619442.shtml.

等机制，营造诚信经营和规范发展的平台经济新理念。❶

5月29日，江苏省人民政府办公厅印发《关于对2019年落实有关重大政策措施真抓实干成效明显地方予以督查激励的通报》。通报指出2019年江苏省实施知识产权战略成效明显的地方为：南京市、苏州市、常州市、徐州市、江阴市、昆山市、张家港市、常熟市、海门市、丹阳市。对上述地方优先支持其建立知识产权合作共建机制，优先推荐申报国家知识产权强市、强县，优先列入知识产权强省建设示范区域，在安排省知识产权创造和运用专项资金、培育高价值专利和高知名度商标等方面予以倾斜。❷

7月16日，江苏省人民政府转发《人民银行南京分行全省协同推进金融支持稳企业保就业工作十项行动的通知》，要求加快推进“互联网+不动产”建设，简化抵押登记手续，压缩办理时间。参照北京、重庆等地模式，推动动产融资统一登记公示系统与全国市场监管动产抵押登记业务系统合并，建立统一的动产和权利担保登记公示系统。推动完善专利权、商标权、著作权等知识产权登记、评估、交易等平台建设，为金融机构开展知识产权质押融资提供支持。❸

9月23日，江苏省人民政府印发《关于推进全省经济开发区创新提升打造改革开放新高地的实施意见》，要求推动产业转型升级，提升产业创新能力。支持符合条件的地区创建一批具有国际先进水平的重大科技平台和创新平台，优化经济开发区创新发展生态体系。积极支持经济开发区筹建国家级大科学装置，加强科技企业孵化器和众创空间等创新载体建设。区内科研院所转化职务发明成果收益给予参与研发的科技人员的现金奖励，符合税收政

---

❶ 江苏省人民政府办公厅关于促进平台经济规范健康发展的实施意见［EB/OL］.［2020-12-04］. http：//www. jiangsu. gov. cn/art/2020/4/1/art_ 46144_ 9030223. html.

❷ 江苏省人民政府办公厅关于对2019年落实有关重大政策措施真抓实干成效明显地方予以督查激励的通报［EB/OL］.［2020-12-04］. http：//www. jiangsu. gov. cn/art/2020/6/11/art_ 46144_ 9205176. html.

❸ 江苏省人民政府办公厅关于转发人民银行南京分行全省协同推进金融支持稳企业保就业工作十项行动的通知［EB/OL］.［2020-12-04］. http：//www. jiangsu. gov. cn/art/2020/7/31/art_ 46144_ 9335756. html.

策相关规定的，可减按50%计入科技人员工资、薪金所得缴纳个人所得税。强化知识产权运用和保护，实施优势核心产业专利导航。❶

10月8日，江苏省人民政府办公厅印发《关于深入推进数字经济发展的意见》，指出应贯彻落实国家相关法律法规，梳理并修订与数字经济发展不相适应的政策法规，探索研究数据确权、隐私保护、数据安全、电子证照等重点领域地方立法，加强知识产权保护力度。加强基础共性标准和关键技术标准的研制，加快制定新型信息基础设施以及数据采集、开放、交易和安全等重点领域的相关标准规范。❷

三、2020年江苏省知识产权强省建设的重点措施

（一）健全保护机制，构建严格高效的知识产权保护体系

加大知识产权保护顶层设计力度。出台《关于强化知识产权保护的实施意见》，对贯彻落实国家有关文件精神、强化全省知识产权保护工作作出全面部署安排。出台《江苏省专利商标行政执法规程》等规范性文件，统一全省专利、商标执法程序规范和自由裁量基准。建立健全知识产权案卷评查、案件移送、信息通报、执法考核、信息公示等制度。全面推行知识产权行政执法公示制度、执法全过程记录制度、重大执法决定法制审核制度。扎实推进知识产权侵权纠纷检验鉴定和行政裁决试点示范。组织开展专利、商标行政执法保护专项行动，全面推行"双随机、一公开"执法监管，针对重点地区、重点行业、重点产品，加强日常执法，依法打击专利、商标违法行为。推进部门联动执法协作，加强互联网、展会、进出口等重点领域知识产权保护。利用大数据、人工智能等技术推进知识产权执法保护智能化。推动年内执法人员轮训全覆盖，提升执法办案能力。

---

❶ 江苏省人民政府关于推进全省经济开发区创新提升打造改革开放新高地的实施意见［EB/OL］.［2020-12-04］. http：//www. jiangsu. gov. cn/art/2020/9/30/art_ 46143_ 9526504. html.

❷ 江苏省人民政府办公厅关于深入推进数字经济发展的意见［EB/OL］.［2020-12-04］. http：//www. jiangsu. gov. cn/art/2020/10/26/art_ 46144_ 9547791. html.

加强知识产权保护中心建设。新增徐州、南通两家知识产权保护中心，积极申报设立中国（江苏）知识产权保护中心，推动产业集聚度高的地区设立知识产权保护中心、维权中心，构建覆盖全省、功能互补、布局合理的知识产权快速协同保护体系。支持各地设立维权援助机构或设立分支机构，构建覆盖各设区市的知识产权维权援助服务体系，形成省、市、县（区）三级联动的知识产权维权保护网络。鼓励引导企业、行业和地区间建立知识产权维权联盟，探索多元化维权服务。推动落实知识产权失信联合惩戒制度，依法依规对知识产权严重失信行为实施联合惩戒。继续推行“正版正货”承诺，加大对国家知识产权保护规范化市场的培育力度。鼓励有条件的地区创建知识产权保护试点示范区。完善知识产权保护评价指标体系，优化全省营商环境。

规范版权保护秩序，创优发展环境。加大融媒体、应用商店、微信公众号、电商平台等重点领域专项整治力度，突出办理大案要案，维护良好的网络版权传播秩序。强化线下影视放映、音乐使用领域治理，突出对图书、家纺、玩具等专业市场执法监管，依法严厉打击各类侵权盗版行为。建立投诉举报快速通道，加强网络主动巡查，主动对接权利人组织及各类平台，广泛收集排查案件线索，集中力量查处大案要案。推进党政机关对正版软件进行精细化管理，落实软件正版化长效机制、督查机制和考评机制，倡导与信息化建设和信息安全相结合，鼓励使用国产正版软件，鼓励场地授权和购买服务模式，降低采购成本。开展“版权执法提升计划”，提高执法专业化、规范化水平。健全版权纠纷大调解机制，形成功能完备、布局合理、覆盖全省的版权大调解格局。

（二）坚持价值导向，构建支撑创新的知识产权创造运用体系

推行普惠性知识产权资助奖励政策，加大省级知识产权专项资金因素法分配比重。各地清理优化本地各项政策措施，与省局配套衔接。认真落实国家知识产权局要求，全面取消专利、商标申请环节的资助与奖励。全面落实党中央、国务院和江苏省委省政府关于统筹推进新冠肺炎疫情防控和经济社会发展的政策举措，细化知识产权专项措施，支持企业复工复产。发展知识产权密集型产业和企业，围绕全省 13 个先进制造业集群，深化细分产业领域专利态势分析，定期向产业主管部门和各地推送分析结果。继续加大江苏省高价值专利培育计划实施力度，新建 10 个左右省级高价值专利培育示范中心。优化知识产权密集型产业统计监测指标体系。围绕重点产业园区继续开展专利导航工程。支持各地开展市级高价值专利培育、专利标准融合发展试点。深入实施知识产权强企行动计划，推动 1 000 家以上企业贯彻《企业知识产权管理规范》国家标准，遴选 60 家左右产业集群骨干企业承担省级企业知识产权战略推进计划，培育一批知识产权优势企业。

扎实推进苏州、南京、无锡知识产权运营服务重点城市建设，探索推广知识产权运营的新模式、新经验。积极推动知识产权权益分配制度改革试点，探索有利于激励创新和成果运用的知识产权权利归属和利益分配机制，促进创新成果转化运用。支持江苏（国际）知识产权运营中心、中高知识产权运营交易平台等知识产权运营载体发展壮大，探索开展知识产权投融资新业务。推进军民融合试点入深入细，落实知识产权军民融合试点实施方案重点任务，加快建设国防专利申请受理窗口，促进脱密国防专利转化运用，力争走在全国前列。积极争取知识产权金融改革举措在江苏先行先试。深入实施“知识产权百亿融资行动”，着力抓基础、拓合作、强创新、补短板、优环境，力争实现全省知识产权质押融资金额达到 100 亿元，知识产权保险和证券化工作取得明显突破，为推进知识产权高质量发展和引领型知识产权强省建设提供支撑。❶

实施优秀版权作品创作扶持工程、版权运营能力提升工程和版权产业高质量发展示范带动工程。把优秀版权作品申报认定项目升级为“版权作品转化计划”，鼓励文化内容和工业制造两大领域的原始创作和衍生开发，培养面向市场的新时代原创产品开发人才，形成优秀版权作品和版权产品不断涌现的良好局面。加强基层版权工作站标准化建设，夯实基层工作基础。扩大江

❶ 江苏省知识产权局关于印发 2020 年全省知识产权金融工作要点的通知［EB/OL］.［2020-12-03］. http：//zscqj. jiangsu. gov. cn/art/2020/3/18/art_ 75908_ 9015260. html.

苏省版权贸易基地联盟规模与影响，提升江苏国家版权贸易基地的功能与定位。支持江苏国家版权贸易基地实施“IP 智造集聚计划”，吸引全球优质 IP 赋能江苏制造业。升级作品登记系统，鼓励时间戳、区块链等新技术应用，提高作品登记效用，实现快登快查，更好地服务产业发展。扎实推进版权示范创建项目，积极创建全国版权示范城市、园区（基地）和单位，建立版权示范联盟。在推广运用版权保护促进产业发展“南通经验”基础上，将吴江丝绸产业创建成为我国第三个世界知识产权组织版权保护优秀案例示范点，以示范创建引领江苏版权产业高质量发展。❶

（三）强化公共服务，构建便民利企的知识产权服务体系

加强知识产权信息公共服务顶层设计，形成全省知识产权信息公共服务体系建设规划与服务标准体系。加快建设省级知识产权大数据平台，对接国家知识产权大数据中心，开通市级工作平台端口，整合各类知识产权数据资源，为创新主体、市场主体、社会公众提供知识产权服务支撑。积极组织申报世界知识产权组织技术与创新支持中心（TISC），推动全省知识产权信息网络体系建设。❷ 加强南京专利代办处、苏州分理处及各商标受理窗口业务能力建设，优化工作流程，压减办理周期。有序推进地理标志产品专用标志使用核准改革试点，稳步推进地理标志专用标志换标工作。积极争取专利审查协作江苏中心支持，在重点园区、重点企业探索开展审查员实践活动，指导地方创新发展。开展知识产权服务质量提升行动，研究建立知识产权服务质量评价指标体系，适时发布服务质量评价结果，继续推进服务机构贯标，引导知识产权服务机构规范化、专业化、品牌化发展。高标准推进知识产权服务业集聚区建设，吸引高端服务机构进驻。支持知识产权评估、技术鉴定、信息服务、咨询服务等各类服务机构加快发展。落实“证照分离”改革要求，在江苏自贸区内设立专利代理机构推行“告知承诺”制，加强事中、事后监

---

❶ 江苏：坚持系统思维　全面提高版权治理能力［EB/OL］.［2020-12-04］. http://www.jssxwcbj.gov.cn/art/2020/1/3/art_2_66373.html.

❷ 江苏 2 家机构入选第四批技术与创新支持中心筹建机构［EB/OL］.［2020-12-04］. http://zscqj.jiangsu.gov.cn/art/2020/9/3/art_75875_9484182.html.

管。持续开展专利代理行业“蓝天”专项整治行动，加强行业监管和行业自律，促进行业规范发展。加强各级版权协会建设，提升其服务会员的能力。

（四）深化国际合作，提升知识产权国际交流合作水平

深化与世界知识产权组织、美国、欧盟、“一带一路”沿线国家的交流合作。组织本系统业务人员出国培训和交流考察，学习借鉴国际先进做法与经验。推动中欧、中美、中以等知识产权国际合作载体建设取得实质进展，支持苏州工业园区与新加坡知识产权局合作，促进创新资源有效对接。继续加强知识产权国际规则和江苏省主要目标市场国知识产权法律制度、事务技能的宣传与培训，引导企业加强知识产权海外布局。加强国际知识产权动态和目标市场国知识产权状况的研究，编制发布“一带一路”重要支点国家的企业知识产权维权援助指引，定期汇总涉外知识产权信息，指导企业有效规避涉外风险，妥善应对涉外纠纷。举办第十六届中国（无锡）国际设计博览会，并首次与中国专利奖（外观设计）颁奖大会相结合举办，实现一大创新举措。[1] 2020 年 10 月，江苏省知识产权局英文网站改版上线。改版后的英文网站设置了新闻动态、权威发布和知识产权维权指引等栏目，其中新增的“维权指引”栏目，重点面向外资企业，发布江苏省知识产权保护工作新政策、新措施、新成绩，并及时提供专利、商标等知识产权申请注册和维权指引。[2]

（五）加强宣传教育，提升知识产权基础保障能力

紧扣知识产权中心工作，聚焦重大问题和热点事件，加强知识产权动态报道、工作宣传和政策解读，扩大知识产权工作的社会影响。重点抓好“3·15”消费者权益保护日、“4·26”世界知识产权日、中国专利周等重要节点的主题宣传，充分展示江苏省知识产权高质量发展和保护成效。江苏省知识产权局、江苏省教育厅、共青团江苏省委主办，国家知识产权培训（江

---

[1] 第十六届中国（无锡）国际设计博览会开幕式暨第二十一届中国专利奖（外观设计）颁奖大会在无锡举办 [EB/OL]. [2020-12-04]. http://zscqj.jiangsu.gov.cn/art/2020/11/16/art_75877_9569652.html.

[2] 江苏省知识产权局英文网站改版上线 [EB/OL]. [2020-12-04]. http://zscqj.jiangsu.gov.cn/art/2020/10/30/art_75875_9557672.html.

苏）基地承办的第四届江苏省大学生知识产权知识竞赛决赛在南京工业大学江浦校区举办，来自江苏省13个设区市的近60所高校组织了校内初赛，52所高校组队参加复赛，累计直接参赛人数超过4 500人，促进了知识产权法律法规及政策在高校的普及，为全面提升江苏省大学生知识产权综合能力起到了示范效应。❶ 组织开展国家知识产权试点示范高校建设工作，支持南京理工大学知识产权学院发展。按照国家统一部署做好知识产权职称制度改革实施工作，推进知识产权人才评价，开展知识产权领军人才、骨干人才评审，完善知识产权人才库，全面推进知识产权专业人才培养。10月31日，“江苏教育界与产业界对话对接——知识产权人才服务经济高质量发展”活动在南京理工大学举行。活动中，38家单位组成的江苏省知识产权人才培养战略联盟正式成立。联盟坚持“立足高端、统筹发展、资源共享、优势互补、合作共赢”的原则，致力于形成江苏省知识产权教育改革创新合力，进一步集聚江苏省和国内外知识产权科教资源，提升人才培养质量，创新人才培养体制、机制，打造良好的知识产权人才培养生态体系，促进江苏知识产权人才培养高质量发展。❷

加强知识产权培训体系建设。编制培训大纲和培训教材，建设培训师资库，衔接国家知识产权局和江苏省市场监管局轮训工作，分层分类推进江苏省知识产权管理人员培训。加强知识产权培训基地建设，支持有条件的高校院所、社会化服务机构发展成立知识产权培训基地。大力推进网络在线培训，畅通远程教育平台，提高网络课程质量，为全社会提供便捷的培训服务。抓好企业知识产权高管、知识产权工程师、专利代理师考前培训等各类培训，大力培育实务人才。建立版权服务人才库，建立版权执法骨干库，通过集中办案、以战代训，先进带后进、骨干带新兵方式，不断提升执法能力。发挥江苏省版权研究中心的作用，为版权发展提供智力支持。

---

❶ 第四届江苏省大学生知识产权知识竞赛决赛在南京举行［EB/OL］.［2020-12-04］. http：//zscqj. jiangsu. gov. cn/art/2020/11/25/art_ 75875_ 9581471. html.

❷ 江苏省知识产权人才培养战略联盟在南京成立［EB/OL］.［2020-12-04］. http：//jsip. jiangsu. gov. cn/art/2020/11/3/art_ 75875_ 9556937. html.

（六）推进高效协作，提升知识产权统筹协调能力

加强跨地区跨部门协作。加强江苏省知识产权局、版权局与科技、工信、公安、法院等部门的工作协调，协同推进科技创新、文化创意、军民融合、执法协作等领域的知识产权工作。推进长三角知识产权一体化框架协议、行政执法协作协议实施，举办十二省市知识产权行政保护协作会议，组织参加长三角地区知识产权工作协作会议暨“十四五”规划调研座谈会。江苏省各地充分发挥本级知识产权议事协调机构作用，加强本地区知识产权工作统筹与组织协调，推进江苏省委省政府和省知识产权局重点工作纳入地方党委、政府整体工作部署，加强工作督导、协调，确保任务落实。统筹知识产权强市、强县、强区和园区建设，指导地方发挥比较优势优化建设方案，争取国家级知识产权强市、强县、强区建设项目，打造一批特色鲜明的知识产权优势区域。江苏省版权局与商务部门研究制定电商平台版权监管规则，推动电商平台落实版权治理责任，鼓励电商平台开展“原创保护计划”，阻断电商主体侵权盗版渠道；加强与网络信息管理部门合作，检查指导网络服务商严格落实“通知—删除”规则，形成政企合作、网络版权共治的良好格局。

四、结语

2019~2020年，江苏省以知识产权高质量发展为总导向，积极应对中美贸易摩擦、国内外疫情防控和经济运行形势新变化，统筹推进全省知识产权工作任务落实，全面推进机构改革，聚焦支持创新发展，聚力优化营商环境，在新发展格局中充分发挥知识产权的功能，推进引领型知识产权强省建设再出发。在新的时代背景下，江苏省需要推动知识产权核心指标纳入“十四五”国民经济和社会发展规划，完善“十四五”时期知识产权高质量发展指标体系，加强与知识产权强国战略纲要的有机衔接。江苏作为全国引领型知识产权强省试点省，站在历史的交汇点，更需要从实际出发，结合本地区创新能力、经济社会发展水平等，认真总结“十三五”知识产权事业发展成绩、经验和不足，科学编制“十四五”知识产权规划，设置差异化的“十四五”指

标体系，引导知识产权高质量发展。江苏肩负着为知识产权强省建设探路的重大责任，面向国家的重大战略布局，更需要推动知识产权深度融入“一带一路”建设、长三角一体化战略和长江经济带发展战略，深化“一带一路”知识产权国际合作，深度参与知识产权全球治理，坚定不移维护和引领经济全球化。

湖北省知识产权创新发展报告（2019~2020）

孟奇勋　陈　俊*

习近平总书记在中央政治局第二十五次集体学习时强调“全面加强知识产权保护工作，激发创新活力推动构建新发展格局”，充分体现了党和政府对知识产权保护工作的高度重视和殷切期望，为新时代全面加强我国知识产权保护工作提供了根本遵循和行动指南，是我国知识产权事业发展的重要里程碑。❶ 2019~2020年，湖北省坚持以实施知识产权强省和品牌强省建设为主线，深化知识产权“三大工程”和品牌提升专项行动，着力打通知识产权创造、保护、运用、管理、服务全链条，努力营造尊重知识价值的营商环境，支撑湖北打造国内大循环重要节点和国内国际双循环战略链接，不断提升区域核心竞争力。❷

---

* 孟奇勋，管理学博士，武汉理工大学法学与人文社会学院副教授，硕士生导师；陈俊，武汉理工大学法学与人文社会学院2019级法律硕士研究生。

❶ 申长雨．全面加强我国知识产权保护工作［N］．人民日报，2020-12-09（14）．

❷ 湖北省知识产权局．湖北省知识产权局召开党组（扩大）会专题学习习近平总书记在中央政治局第二十五次集体学习上的讲话精神［EB/OL］．［2020-12-15］．http：//zscqj. hubei. gov. cn/fbjd/dtyw/202012/t20201204_ 3069797. shtml.

一、顶层设计：构建多层次知识产权政策体系

2019~2020 年，湖北省深入贯彻《关于强化知识产权保护的意见》和《优化营商环境条例》等政策精神，不断丰富知识产权政策体系的具体内容，进一步推进知识产权强省和品牌强省建设工作。从知识产权的本体政策、关联政策和支持政策的构成要素而言❶，可以将湖北省 2019~2020 年出台的知识产权政策大体梳理如表 1 所示。

表 1　湖北省 2019~2020 年出台的知识产权相关政策

政策类型	政策文件	发布时间	制定主体
知识产权本体政策	湖北省专利奖奖励办法	2019-12-31	湖北省人民政府办公厅
	湖北省高价值知识产权培育工程项目管理办法（试行）	2019-12-30	湖北省知识产权局
	湖北省重点企业知识产权海外护航工程管理办法（试行）	2019-12-30	湖北省知识产权局
	湖北省知识产权运用示范工程管理办法（试行）	2019-12-30	湖北省知识产权局
	湖北省品牌提升专项行动方案（2020~2022）	2020-04-07	湖北省知识产权局
	关于进一步强化全省知识产权保护的若干措施	2020-10-16	湖北省委办公厅 湖北省人民政府办公厅
知识产权关联政策	关于扩大进口促进对外贸易平衡发展的实施意见	2019-01-25	湖北省人民政府办公厅
	中共湖北省委关于落实促进中部地区崛起战略推动高质量发展的意见	2019-09-20	中共湖北省委
	省人民政府关于在中国（湖北）自由贸易试验区试行进一步激发人才创新创业活力措施的意见	2020-03-03	湖北省人民政府
	湖北省优化营商环境办法	2020-08-24	湖北省人民政府
	湖北省实施《中华人民共和国中小企业促进法》办法	2020-09-24	湖北省人大常委会

❶ 张鹏．知识产权公共政策体系的理论框架、构成要素和建设方向研究［J］．知识产权，2014（12）.

续表

政策类型	政策文件	发布时间	制定主体
知识产权支持政策	湖北省贯彻落实国务院支持自由贸易试验区深化改革创新若干措施实施方案	2019-01-23	湖北省人民政府办公厅
	省人民政府关于推进开发区创新提升打造改革开放新高地的实施意见	2020-07-01	湖北省人民政府
	湖北省进一步激发市场主体活力若干措施	2020-07-28	湖北省人民政府办公厅

（1）推进知识产权工作高质量发展的本体政策。2019～2020年，湖北省出台《关于进一步强化全省知识产权保护的若干措施》《湖北省知识产权运用示范工程管理办法（试行）》《湖北省高价值知识产权培育工程项目管理办法（试行）》《湖北省重点企业知识产权海外护航工程管理办法（试行）》《湖北省专利奖奖励办法》《湖北省品牌提升专项行动方案（2020～2022）》等系列政策，构建了纵向涵盖地方法规、政府规章、部门文件，横向囊括专利、商标、版权等知识产权内核的知识产权多维政策体系❶，进一步凸显了知识产权工作在支撑创新发展中的驱动作用，引导知识产权事业服务于湖北省区域经济高质量发展。

（2）优化知识产权营商环境为重点的关联政策。湖北省依托高校、科研院所等创新资源，积极打造尊重知识价值的一流营商环境。通过《中共湖北省委关于落实促进中部地区崛起战略　推动高质量发展的意见》《湖北省优化营商环境办法》《省人民政府关于在中国（湖北）自由贸易试验区试行进一步激发人才创新创业活力措施的意见》《关于扩大进口促进对外贸易平衡发展的实施意见》《湖北省实施〈中华人民共和国中小企业促进法〉办法》等关联政策，不断优化知识产权政务环境、市场环境和法治环境。

（3）推进知识产权改革创新为核心的支持政策。湖北省出台《湖北省进一步激发市场主体活力若干措施》等支持政策，加强“湖北名优”品牌建设，

❶ 湖北省人民政府．湖北加强知识产权保护　打造尊重知识价值的营商环境［EB/OL］．［2020-12-15］．http：//www. hubei. gov. cn/hbfb/bmdt/202011/t20201105_ 3000596. shtml.

增强湖北制造、湖北服务的竞争力。为了推动湖北自贸试验区高质量发展，湖北省人民政府办公厅2019年还印发了《湖北省贯彻落实国务院支持自由贸易试验区深化改革创新若干措施实施方案》，进一步明确了自由贸易试验区各个政府部门的工作目标和任务分工。根据第四批改革试点经验复制推广工作的要求，在省内复制推广湖北自贸试验区17项改革试点经验。❶

二、综合施策：确保知识产权治理全链条覆盖

2019~2020年，湖北省大力实施"三大工程"，不断完善知识产权治理体系，优化知识产权营商环境，提升知识产权创造能力、运用效益、保护力度和管理效能，进一步激发市场主体创新的内在驱动力，加快湖北疫后重建与高质量发展。

（1）提高知识产权创造质量，支持市场主体创新。截至2020年10月底，湖北省发明专利拥有量达71 090件，每万人发明专利拥有量约为11.99件。全省有效商标注册量达657 312件，同比增长23.10%，平均每8.56个市场主体就拥有1件注册商标，累计认定驰名商标387件。全省累计获批保护的地理标志产品165个，核准专用标志使用企业236家，注册地理标志商标470件。❷ 湖北省5件地理标志入选中欧地理标志协定首批保护名录，提升了湖北省地理标志知名度、美誉度和市场竞争力。❸ 此外，根据中国版权保护中心的统计数据显示，湖北省在全国软件著作权登记量位居排行榜第十位。❹

（2）彰显知识产权运用效益，畅通价值实现渠道。湖北省充分发挥高等

---

❶ 湖北省自贸办．关于做好中国（湖北）自由贸易试验区第四批改革试点经验复制推广工作的通知［EB/OL］．［2020-12-22］．http：//www.hubei.gov.cn/xxgk/zcjd/202004/t20200422_2238469.shtml.

❷ 湖北省知识产权局．2020年10月湖北省知识产权统计信息［EB/OL］．［2020-12-17］．http：//zscqj.hubei.gov.cn/fbjd/xxgkml/sjfb/202012/t20201209_3076218.shtml.

❸ 阚海舟．湖北省5件地理标志入选中欧地理标志协定首批保护名录［EB/OL］．［2020-12-22］．http：//www.hubei.gov.cn/pphb/ppdt/202007/t20200724_2710369.shtml.

❹ 中国版权保护中心软件登记部．2020年9月中国软件著作权登记量排行榜［EB/OL］．［2020-12-18］．http：//www.ccct.net.cn/html/bqzx/2020/1029/2077.html.

教育资源优势，将科教优势转化为创新优势和发展胜势。2019 年度高校运营平台完成知识产权运营（含交易）105 项，登记技术合同 1 067份，达成技术合同交易额 20 余亿元，提升了高校知识产权转换效益能力。❶ 2020 年 1～5 月，武汉市通过知识产权质押累计发放贷款 3.49 亿元，同比增长 30.71%。其中，7 月上旬武汉绿色网络信息服务有限责任公司通过质押 6 项核心专利获得 7 000万元贷款。❷ 湖北省 7 所高校入选 2020 年度国家知识产权试点示范高校，为创新驱动发展战略实施、加快知识产权强省建设提供了有力支撑。❸

（3）增强知识产权保护效能，优化营商环境建设。湖北省法院围绕地方知识产权战略和“一芯两带三区”发展布局，充分发挥知识产权司法保护的主导作用。2019 年全省审判机关共受理各类知识产权案件 20 825 件，同比上升 99.91%，审结知识产权案件 18 309 件，同比上升 98.11%。❹ 武汉市东湖新技术开发区市场监管局查处武汉科顺联合防水工程有限公司侵犯“CKS 科顺”注册商标专用权案，入选全国第一批知识产权行政执法指导案例。湖北省获批全国首批专利侵权纠纷行政裁决示范建设工作试点地区、首批国家海外知识产权纠纷应对指导中心地方分中心，知识产权行政保护工作绩效考核位列全国第 5 位。❺

（4）提升知识产权管理水平，助推经济转型升级。湖北省建立了 28 个部门和单位组成的知识产权战略实施工作联席会议制度，新组建湖北省市场监督管理局，实现对专利、商标、地理标志的集中管理，并在各市、州市场监

---

❶ 湖北省人民政府．湖北加强知识产权保护打造尊重知识价值的营商环境［EB/OL］．［2020-12-16］．http：//www.hubei.gov.cn/hbfb/bmdt/202011/t20201105_3000596.shtml.

❷ 武汉开发区．武汉积极推进知识产权质押融资工作助力中小企业复工复产［EB/OL］．［2020-12-20］．http：//jkq.whipre.com/view/2652.html.

❸ 湖北省知识产权局．湖北 7 所高校入选 2020 年度国家知识产权试点示范高校［EB/OL］．［2020-12-20］．http：//zscqj.hubei.gov.cn/fbjd/dtyw/202010/t20201023_2971139.shtml.

❹ 湖北省知识产权局．湖北发布 2019 年知识产权保护状况白皮书［EB/OL］．［2020-12-20］．http：//zscqj.hubei.gov.cn/fbjd/dtyw/202011/t20201105_3001140.shtml.

❺ 湖北省知识产权局．我省 2019 年度知识产权保护工作再创佳绩　知识产权行政保护工作绩效考核位列全国第 5 位［EB/OL］．［2020-12-21］．http：//zscqj.hubei.gov.cn/fbjd/dtyw/202006/t20200628_2405135.shtml.

督管理局设立知识产权处（科）室、综合执法机构。❶ 中国（武汉）知识产权保护中心正式揭牌，已有 541 家光电子信息领域企事业单位进入快速审查服务主体备案库，❷ 湖北省、武汉市、武汉市经济技术开发区三级共同推进中国武汉（汽车及零部件）知识产权快速维权中心建设，充分发挥知识产权促进经济转型升级的支持引领作用。此外，湖北自贸试验区在 2019 年共形成 75 项制度创新成果，在政府职能转变、投资自由化、贸易便利化、金融国际化等方面起到了积极的作用。❸

三、全流程防控：知识产权服务助力疫后重振

在疫情期间，湖北省知识产权局印发《关于服务企事业单位抗击疫情有关举措的通知》，从专利信息共享平台、保障业务正常办理、支持知识产权质押融资、形成保护高压态势以及开辟“面对面”服务等七个方面，打好疫情防控的知识产权攻坚战。

（1）提升专利信息服务质量。利用新一代湖北专利信息服务检索与分析系统建设“防疫信息库”专栏，发布《湖北专利信息服务检索与分析系统服务指引（抗击新型冠状病毒肺炎专版）》，在抗疫期间提供高效便捷的专利信息服务。自“防疫信息库”专栏开设以来，系统新增注册用户 30 多个，检索和分析功能使用 2 100余次，下载文献 52. 8 万余条。为简化信息服务流程推出免注册使用的高级账户，累计使用 54 次。❹ 此外，通过开通非接触性服务，

❶ 湖北省人民政府 . 湖北加强知识产权保护打造尊重知识价值的营商环境 [EB/OL]. [2020-12-16]. http：//www. hubei. gov. cn/hbfb/bmdt/202011/t20201105_ 3000596. shtml.

❷ 刘睿彻，唐煜 . 中国（武汉）知识产权保护中心正式揭牌运行，“光芯屏端网”核心专利审查周期压缩 [EB/OL]. [2020 - 12 - 20]. http：//news. cnhubei. com/content/2020 - 12/12/content_ 13499590. html.

❸ 艾红霞 . 湖北自贸试验区前 10 个月新增企业 1. 8 万家 [EB/OL]. [2020-12-20]. http：//news. cnhubei. com/content/2019-12/30/content_ 12581090. html.

❹ 湖北省知识产权发展中心 . 专利信息服务助力湖北全省企事业单位抗“疫” [EB/OL]. [2020-12-20]. http：//hb. china. com. cn/2020-04/17/content_ 41126770. htm.

利用线上咨询、网络办理等方式有序推进各项工作顺利开展。

（2）政策扶持助力复工复产。为应对新冠肺炎疫情的影响，引导和推进知识产权服务业稳定和扩大就业，助力企业复工复产，促进湖北省知识产权服务业高质量发展，持续引导优质知识产权服务机构服务支撑“大众创业、万众创新”，湖北省知识产权局在 2020 年 6 月 5 日印发《关于申报支持和引导知识产权服务业积极应对疫情影响稳定和扩大就业补助的通知》，结合湖北省工作实际开展支持和引导知识产权服务业积极应对疫情影响稳定和扩大就业工作，从符合条件的知识产权服务机构筛选出 10 家给予相应补助。❶

（3）质押融资纾解资金困难。通过支持企业开展知识产权质押融资，建立知识产权质押登记绿色通道，服务企业更好运用知识产权质押融资手段，快速融资和续贷，缓解资金困难。❷ 疫情期间，武汉知识产权保护（江岸区岱家山）工作站协助岱家山知识产权科创小镇内企业进行了两批纾困资金的申报工作，园区内已有 71 家企业被纳入武汉市纾困资金名单。该工作站还通过开展线上融资对接会等方式，协助 30 家企业获得了融资，累计获得复工复产融资金额 8 109.6万元。❸ 自新冠肺炎疫情暴发以来，武汉农村商业银行给予武汉璟泓科技股份有限公司新增 1 000万元专项抗疫资金贷款，充分缓解企业由于疫情影响导致的紧急资金需求。❹

（4）加大违法行为查处力度。深入贯彻《国家知识产权局办公室关于严厉打击与新冠肺炎疫情相关非正常商标申请代理行为的通知》精神，加大对专利、商标违法行为的查处力度。加强知识产权服务机构监管，对在疫情防控期间损害当事人合法权利的行为严肃查处。武汉市知识产权服务协会、武

---

❶ 湖北省知识产权局．关于申报支持和引导知识产权服务业积极应对疫情影响稳定和扩大就业补助的通知［EB/OL］．［2020－12－21］．http：//zscqj. hubei. gov. cn/fbjd/tzgg/202006/t20200605_2383463. shtml.

❷ 鄂知．湖北全力推进疫情期间知识产权工作［EB/OL］．［2020－12－21］．http：//www. cn12330. cn/cipnews/news_ content. aspx？newsId＝121089.

❸ 柳鹏，韩志慧，王智．武汉：疫后重振　知识产权添动力［N］．中国知识产权报，2020－10－15.

❹ 吴蕾．5 年持续获得 8000 万元银行授信，武汉农商行专利质押贷守护“独角兽”长大［N］．长江日报，2020－09－21.

汉东湖新技术开发区知识产权服务业协会联合发出《武汉知识产权服务行业加强商标代理行业自律抵制非正常商标代理行为倡议书》，严格规范商标代理，积极承担疫情防控责任，为抗击疫情贡献知识产权力量。❶

（5）银企对接提升品牌价值。湖北地理标志大赛暨品牌培育创新大赛云企对接会在2020年采用线上对接的方式，分为“投融资对接会”“银企对接会”“网络直播”三个板块进行，近20个项目、22个投资机构、13家银行和6家担保机构参与。❷ 2020年前三季度，湖北省新增地理标志19件，提交商标申请15.26万件，同比增长10.54%。地理标志品牌也显示出支撑湖北各类市场主体有效应对疫情冲击的独特作用，如“宜城松花皮蛋”截至8月底线上销售额9897万元，同比增长30%。❸ 为了发挥品牌在引领全省经济复苏发展中的重要作用，湖北省知识产权局还印发了《湖北省品牌提升专项行动方案（2020~2022)》，自2020年起在全省范围内开展为期三年的品牌提升专项行动。

四、鉴往知来：实现知识产权事业高质量发展

当前，湖北省深入贯彻《关于强化知识产权保护意见》精神，出台《湖北省优化营商环境办法》《关于进一步强化全省知识产权保护的若干措施》等政策文件。基于湖北省知识产权工作现状，有必要进一步优化知识产权营商环境，推动构建知识产权保护大格局，明确知识产权管理部门职能分工，发挥知识产权支持企业复工复产的重要价值。

（1）明确知识产权主管部门职能分工。湖北省知识产权局自2019年揭牌

---

❶ 武汉市知识产权服务协会．武汉发布加强商标代理行业自律倡议　抵制非正常商标代理行为［EB/OL］．［2020-12-21］．http：//ip. people. com. cn/n1/2020/0313/c179663-31631057. html.

❷ 陈妮希．20个项目亮相2020湖北地理标志暨品牌培育创新大赛云企对接会　助力湖北地标企业高质量发展［N］．长江商报，2020-09-11.

❸ 今日湖北．湖北地理标志商标增至461件数量居全国第三中部第一［EB/OL］．［2020-12-20］．http：//www. hubeitoday. com. cn/post/2/131775.

以来，逐步形成市场监管体系下的知识产权工作新格局，在知识产权行政执法与司法保护的衔接方面进行了诸多探索。为更好发挥机构改革的效能，各职能部门之间的协同配合至关重要。一方面，加强专利、商标和地理标志等业务的分工协作，通过多元化培训提升管理人员的专业素养；另一方面，理顺知识产权管理部门与其他市场监管部门的关系，强化知识产权共同治理。不仅知识产权行政部门应当积极作为，更需发挥行业协会、社会组织、民间团体和市场主体的监管作用，形成政府有为、市场有力和社会有用的联动监管体系。❶

（2）整合知识产权资源助力疫后重振。深入贯彻落实《国家知识产权局办公室关于大力促进知识产权运用　支持打赢疫情防控阻击战的通知》精神和《湖北省知识产权局关于服务企事业单位抗击疫情有关举措的通知》七项举措，注重知识产权政策的精准施策，强化行政主管部门应对疫情防控的知识产权能力建设。加快专利信息资源和数据共享，引导服务机构和省内行业企业加强对关键药品和医疗器械核心知识产权的储备布局，加快省内企业“走出去”的步伐。加大品牌培育和提升专项行动力度，实现“湖北产品”向“湖北品牌”转变，充分发挥品牌、地理标志在引领全省经济复苏发展中的重要作用。

（3）强化知识产权重点工作科学考核。湖北省自 2019 年启动知识产权“三大工程”（高价值知识产权培育工程、重点企业知识产权海外护航工程、知识产权运用示范工程），旨在通过知识产权的高质量创造、高效率运用、高水平保护，助推全省“一芯驱动、两带支撑、三区协同”创新驱动发展战略，为区域经济的高质量发展保驾护航。❷ 因此，有必要结合湖北省市场创新主体的发展实践，通过调查问卷、专家访谈、第三方评估等方式，适时启动对知识产权“三大工程”实施效果调研与绩效考核，发布“三大工程”实施情况白皮书及典型案例，为湖北省知识产权管理决策提供切实可行的参考建议。

---

❶ 曹新明，曹晓慧．监管即服务：知识产权市场监管新理念［J］．苏州大学学报（法学版），2016（2）．

❷ 张歆，沈莹．湖北省启动知识产权“三大工程”［N］．湖北日报，2019-03-23．

第三编

知识产权制度创新报告

最高人民法院知识产权法庭发展观察与未来展望（2019～2020）

张　鹏*

自 2019 年 1 月 1 日正式揭牌至今，最高人民法院知识产权法庭成立已满两年。两年来，作为世界范围内首个在最高法院层面设立的专门化知识产权审判机构，最高人民法院知识产权法庭行使统一审理全国范围内专利、垄断等技术类知识产权上诉案件的终审职能，承担进一步统一技术类知识产权案件裁判尺度、进一步提高审判质量和效率、进一步提升司法公信力和国际影响力、进一步为加强创新驱动发展战略和国家知识产权战略实施提供司法保障的职责使命，取得了显著成绩。本文对最高人民法院知识产权法庭成立两年来的情况进行综述，凝练总结最高人民法院知识产权法庭成立两年来的制度创新，梳理探索最高人民法院知识产权法庭的发展方向。

一、最高人民法院知识产权法庭发展观察

2020 年 11 月 30 日，中共中央政治局就加强我国知识产权保护工作举行第二十五次集体学习。习近平总书记主持学习时强调，“知识产权保护工作关

---

* 张鹏，法学博士、博士后，华东政法大学博士后，中南财经政法大学知识产权研究中心研究员，北京市中伦律师事务所合伙人，北京理工大学法学院硕士生导师。

系国家治理体系和治理能力现代化，关系高质量发展，关系人民生活幸福，关系国家对外开放大局，关系国家安全。全面建设社会主义现代化国家，必须从国家战略高度和进入新发展阶段要求出发，全面加强知识产权保护工作，促进建设现代化经济体系，激发全社会创新活力，推动构建新发展格局。”这一重要讲话将知识产权保护工作提升到前所未有的历史高度。严格知识产权保护，加强知识产权司法保护，是激励创新的根本保障，是激发创新原动力的基本手段，是促进科技成果向现实生产力转化的重要支撑，是国际竞争力的核心要素。习近平总书记进一步要求，“要强化知识产权全链条保护。要综合运用法律、行政、经济、技术、社会治理等多种手段，从审查授权、行政执法、司法保护、仲裁调解、行业自律、公民诚信等环节完善保护体系，加强协同配合，构建大保护工作格局”。知识产权司法保护是知识产权保护体系的重要组成环节。最高人民法院发出通知，专门要求认真学习贯彻习近平总书记在中央政治局第二十五次集体学习时重要讲话精神，全面加强知识产权司法保护工作，明确部署最高人民法院知识产权法庭和北京、上海、广州知识产权法院要继续发挥好示范引领作用，加强知识产权审判庭建设，推动完善知识产权专业化审判体系。可见，在知识产权司法保护这一环节中，最高人民法院知识产权法庭行使统一审理全国范围内专利、垄断等技术类知识产权上诉案件的终审职能，对严格知识产权司法保护、提升知识产权保护力度起到非常重要的作用。

（一）知识产权司法保护体系不断完善

2019 年，最高人民法院知识产权法庭挂牌，国家层面知识产权案件上诉审理机制落地，标志着中国特色的知识产权专门化审判机构体系逐步建成。同时，从审级设置而言，最高人民法院知识产权法庭审理专业技术性较强的知识产权案件，将对统一知识产权审判标准、明确知识产权法律适用起到至关重要的作用。正如世界知识产权组织总干事弗朗西斯·高锐在贺信中所说：“最高人民法院知识产权法庭的成立意义重大，是彰显中国加强知识产权司法保护的重大举措，体现了中国对知识产权保护的庄严承诺，表达了中国为知识产权提供更加公正高效司法保护的坚定决心，必将提高知识产权案件的司法统一，推动知识产权法律的发展。”

2019年，我国形成了“1+76”的技术类知识产权审判布局。最高人民法院民事审判第三庭（知识产权审判庭），负责审理不服专业技术性较强的知识产权民事案件、行政案件生效第二审判决裁定提起的再审申请、抗诉等，以及其他知识产权案件的再审申请、抗诉等。在“1+76”的技术类知识产权审判布局中，“1”是指最高人民法院知识产权法庭，负责审理专业技术性较强的知识产权民事行政上诉案件。“76”是指32个高级人民法院和44个中级人民法院。其中，32个高级人民法院，是根据《最高人民法院关于调整地方各级人民法院管辖第一审知识产权民事案件标准的通知》的规定，负责管辖诉讼标的在2亿元以上的第一审知识产权案件，以及诉讼标的在1亿元以上且当事人一方住所地不在其辖区或者涉外、涉港澳台的第一审知识产权民事案件。但是，上述高级人民法院不再审理相关的二审案件和适用审判监督程序的再审案件等。44个中级人民法院，是具有知识产权案件管辖权的知识产权法院和中级人民法院。

2020年，伴随着海南自由贸易港知识产权法院的设立，我国技术类知识产权审判布局拓展为“1+77”。为了深入贯彻党中央、国务院《关于支持海南全面深化改革开放的指导意见》，系统落实《海南自由贸易港建设总体方案》，海南自由贸易港知识产权法院设立。2020年12月26日，第十三届全国人民代表大会常务委员会第二十四次会议审议通过《关于设立海南自由贸易港知识产权法院的决定》。指出设立海南自由贸易港知识产权法院，海南自由贸易港知识产权法院审判庭的设置，由最高人民法院根据知识产权案件的类型和数量决定。同时，对海南自由贸易港知识产权法院的管辖范围作出规定，具体包括：海南省有关专利、技术秘密、计算机软件、植物新品种、集成电路布图设计、涉及驰名商标认定及垄断纠纷等专业性、技术性较强的第一审知识产权民事、行政案件；前项规定以外的由海南省的中级人民法院管辖的第一审知识产权民事、行政和刑事案件；海南省基层人民法院第一审知识产权民事、行政和刑事判决、裁定的上诉、抗诉案件；最高人民法院确定由其管辖的其他案件。就上诉程序和公诉程序的配合而言，决定明确，海南自由贸易港知识产权法院第一审判决、裁定的上诉案件，由海南省高级人民法院审理，法律有特殊规定的除外；应由海南自由贸易港知识产权法院审理的第一审知识产权刑事案件，由海南省人民检察院第一分院提起公诉。海南省基层人民法院第一审知识产权刑事判决、裁定的上诉、抗诉案件，由海南省人民检察院第一分院依法履行相应检察职责。2020 年 12 月 31 日，海南自由贸易港知识产权法院揭牌。2021 年 1 月，最高人民法院发布《关于人民法院为海南自由贸易港建设提供司法服务和保障的意见》，明确要求，“充分发挥海南自由贸易港知识产权法院职能作用，推进知识产权审判‘三合一’改革，建立与之相适应的案件管辖制度和协调机制，提升知识产权司法保护整体效能，推动海南自由贸易港建设‘一站式’知识产权保护机制和综合性的知识产权保护中心，打造知识产权保护高地”。

（二）知识产权司法保护力度不断加强

最高人民法院知识产权法庭充分发挥技术类知识产权审判职能，通过及时充分给予救济，营造激励创新、公平竞争的营商环境，对相关领域的科技创新提供了重要保障。截至 2020 年 12 月 23 日，最高人民法院知识产权法庭共受理案件 5 104 件，其中受理民事二审案件 2 905 件，受理行政二审案件 908 件；最高人民法院知识产权法庭共审结案件 4 124 件，其中审结民事二审案件 2 277 件，审结行政二审案件 614 件。同时，加强涉新冠肺炎疫情防控案件审理工作，加快反垄断、植物新品种等司法解释起草工作，加强对药品专利链接、专利侵权损害赔偿、中医药知识产权保护等课题的调研，促进创新技术获得及时授权和有效保护。

（1）强化植物新品种、中医药等知识产权保护，完善新经济新业态新领域知识产权保护规则，促进科技成果转化应用。经检索，截至 2020 年 12 月，最高人民法院知识产权法庭公布的植物新品种案件法律文书共计 190 件，涉及 168 件管辖案件、1 件行政案件和 21 件民事案件。最高人民法院知识产权法庭在蔡某、广州市润平商业有限公司侵害植物新品种权纠纷案[1]中明确了植物新品种权的保护范围。最高人民法院在该案判决中指出："根据种子法、植物新品种保护条例和上述司法解释的规定，植物新品种权的保护范围与繁殖材料密切相关，涉及受保护品种繁殖材料的上述行为，应当获得品种权人的许可。繁殖材料目前作为我国植物新品种权的保护范围，是品种权人行使独占权的基础。……判断是否为某一授权品种的繁殖材料，在生物学上必须同时满足以下条件：其属于活体，具有繁殖的能力，并且繁殖出的新个体与该授权品种的特征特性相同。被诉侵权蜜柚果实是否为三红蜜柚品种的繁殖材料，不仅需要判断该果实是否具有繁殖能力，还需要判断该果实繁殖出的新个体是否具有果面颜色暗红、果肉颜色紫、白皮层颜色粉红的形态特征，如果不具有该授权品种的特征特性，则不属于三红蜜柚品种权所保护的繁殖材料。……植物体的不同部分可能有着多种不同的使用用途，可作繁殖目的进行生产，也可用于直接消费或观赏，同一植物材料有可能既是繁殖材料也是收获材料。对于既可作繁殖材料又可作收获材料的植物体，在侵权纠纷中能否认定为是繁殖材料，应当审查销售者销售被诉侵权植物体的真实意图，即其意图是将该材料作为繁殖材料销售还是作为收获材料销售；对于使用者抗辩其属于使用行为而非生产行为，应当审查使用者的实际使用行为，即是将该收获材料直接用于消费还是将其用于繁殖授权品种。除有关法律、行政法规另有规定外，对于未经品种权人许可种植该授权品种的繁殖材料的行为，应当认定是侵害该植物新品种权的生产行为。被诉侵权蜜柚果实是收获材料而非繁殖材料，不属于植物新品种权保护的范围。"需要补充的是，为了适应《中华人民共和国民法典》的实施，最高人民法院专门作出《关于修改〈最高人民法院关于审理侵犯专利权纠纷案件应用法律若干问题的解释（二）〉等十八件知识产权类司法解释的决定》（法释〔2020〕19号），对18件知识产权类司法解释进行修改并于2021年1月1日起施行。其中，最高人民法院

[1] 参见最高人民法院知识产权法庭（2019）最高法知民终14号民事判决书，详细分析参见《最高人民法院知识产权法庭发展观察与案例评述》（张鹏著，法律出版社2020年版）第六章第一节。

《关于审理植物新品种纠纷案件若干问题的解释》和最高人民法院《关于审理侵犯植物新品种权纠纷案件具体应用法律问题的若干规定》的修改，亦体现了上述关于植物新品种权保护范围的观点，并且解决了《种子法》与《植物新品种保护条例》不一致的问题。❶

（2）推动惩罚性赔偿制度尽快落地见效，在具体案件审理中依法积极适用惩罚性赔偿，真正让侵权人付出沉重代价。我国《商标法》《专利法》《著作权法》的本轮修改均引入侵权惩罚性赔偿制度，同时《民法典》第1185条亦引入了知识产权惩罚性赔偿制度。最高人民法院知识产权法庭在司法实践中亦进行了积极的探索。据统计，最高人民法院知识产权法庭12份判决书讨论了侵权惩罚性赔偿制度的适用问题。

（3）优化知识产权司法定价机制，强化侵权损害赔偿的精确计算。加大知识产权保护力度，很大程度上体现为优化知识产权司法定价机制，提高知识产权侵权损害赔偿数额计算的科学性。首先，最高人民法院知识产权法庭

---

❶ 将最高人民法院《关于审理侵犯植物新品种权纠纷案件具体应用法律问题的若干规定》第2条修改为，“未经品种权人许可，生产、繁殖或者销售授权品种的繁殖材料，或者为商业目的将授权品种的繁殖材料重复使用于生产另一品种的繁殖材料的，人民法院应当认定为侵害植物新品种权。被诉侵权物的特征、特性与授权品种的特征、特性相同，或者特征、特性的不同是因非遗传变异所致的，人民法院一般应当认定被诉侵权物属于生产、繁殖或者销售授权品种的繁殖材料。被诉侵权人重复以授权品种的繁殖材料为亲本与其他亲本另行繁殖的，人民法院一般应当认定属于为商业目的将授权品种的繁殖材料重复使用于生产另一品种的繁殖材料”。最高人民法院《关于审理植物新品种纠纷案件若干问题的解释》第4条的修改明确了植物新品种侵权民事诉讼的管辖，基本上适应了上述条文关于侵权行为的表述修改为，“以侵权行为地确定人民法院管辖的侵害植物新品种权的民事案件，其所称的侵权行为地，是指未经品种权所有人许可，生产、繁殖或者销售该授权植物新品种的繁殖材料的所在地，或者为商业目的将该授权品种的繁殖材料重复使用于生产另一品种的繁殖材料的所在地”。上述修改的背景在于，《种子法》第28条规定，“完成育种的单位或者个人对其授权品种，享有排他的独占权。任何单位或者个人未经植物新品种权所有人许可，不得生产、繁殖或者销售该授权品种的繁殖材料，不得为商业目的将该授权品种的繁殖材料重复使用于生产另一品种的繁殖材料；但是本法、有关法律、行政法规另有规定的除外”。相比而言，《植物新品种保护条例》第6条规定，“完成育种的单位或者个人对其授权品种，享有排他的独占权。任何单位或者个人未经品种权所有人许可，不得为商业目的生产或者销售该授权品种的繁殖材料，不得为商业目的将该授权品种的繁殖材料重复使用于生产另一品种的繁殖材料；但是，本条例另有规定的除外”。修改前的最高人民法院《关于审理侵犯植物新品种权纠纷案件具体应用法律问题的若干规定》第2条与《植物新品种保护条例》保持一致，修改后的第2条调整为与《种子法》相同的表述。

在法律实践中将“主观故意”作为损害赔偿数额计算的重要考虑情节。例如，在中山品创塑胶制品有限公司与源德盛塑胶电子（深圳）有限公司、刘某侵害实用新型专利权纠纷案❶中，最高人民法院知识产权法庭认为，“侵权人在被生效判决认定其实施的相关行为侵害他人专利权后，仍继续实施侵害该专利权相关行为的，应当认定该侵权人具有侵害他人专利权的故意。对于此种故意侵权、重复侵权的严重侵害他人专利权的行为，应当在法律规定的幅度内从高确定法定赔偿数额。在本案诉讼前，品创公司已经历两次因涉案专利而被提起的民事侵权诉讼，且前案495号案生效民事判决已明确指出‘前案已结，品创公司理应清楚专利技术方案的具体内容，对自身相关产品及时采取措施，其不仅未停止相关侵权行为，反而以自营店铺相关产品的销售信息的修改印证其侵权的主观恶意’。在上述情况下，品创公司仍然继续实施了制造、销售侵害同一专利权产品的行为，并制造、销售了多款侵权产品。品创公司主观上具有侵害涉案专利权的故意，且重复实施了侵害涉案专利权的行为，属于侵权情节严重的情形”。其次，区分具体情形精准计算损害赔偿数额。在深圳光峰科技股份有限公司与创造者社区（广州）有限公司（原广州德浩科视电子科技有限公司）发明专利侵权纠纷系列案件❷中，最高人民法院知识产权法庭指出，首先区分侵权人是否以侵权为业，非以侵权为业的适用营业利润率计算；对于超低利润产品甚至负利润产品根据正常利润产品合理计算其利润率；侵权产品系另一产品零部件时综合考虑专利密度、价值权重、避免堆叠等因素，主要以被诉整机产品本身的价值、涉案专利价值、涉案专利技术方案制造的产品组件在实现整体产品利润率中的贡献度为考虑依据，确定适宜的专利贡献率。还有，积极引导权利人从源头上遏制侵权现象。最高人民法院知识产权法庭在审理专利侵权案件中应区分侵权行为的性质，合理确定侵权人应当承担的法律责任，积极引导专利权人从侵权产品的制造环节制止侵权行为。同时，专利权人在针对侵害其专利权行为的维权过程中，

❶ 最高人民法院知识产权法庭（2020）最高法知民终357号民事判决书。

❷ 最高人民法院知识产权法庭（2019）最高法知民终830号等9案民事判决书。

也应尽可能地溯源维权，即尽可能地向处于侵权行为源头环节的制造者主张权利，从源头上制止侵害其专利权的行为。❶

（三）知识产权司法保护机制日益科学

2020 年 4 月，最高人民法院发布《关于全面加强知识产权司法保护的意见》（法发〔2020〕11 号），全面部署加强知识产权司法保护工作，对知识产权司法保护机制加以完善。最高人民法院知识产权法庭在上述文件指引下，相关知识产权司法保护机制日益科学。

（1）强化专业法官会议工作机制，深化统一裁判标准系统工程。由于技术类知识产权案件二审集中管辖的飞跃上诉制度安排❷，最高人民法院知识产权法庭承担着统一技术类知识产权案件裁判尺度的重要职能，因此统一裁判标准具有重要意义。一方面，2020 年 7 月，最高人民法院发布《关于统一法律适用加强类案检索的指导意见（试行）》，建立强制类案检索制度，明确强制类案检索的适用对象、检索范围、检索手段、类案检索报告的制作等，积极推动审判标准一致性的提高。为进一步落实上述文件，最高人民法院知识产权法庭着力深化“统一裁判标准系统工程”，加强审判监督管理，细化裁判规范指引，确保裁判标准统一。另一方面，2021 年 1 月，最高人民法院发布《关于完善人民法院专业法官会议工作机制的指导意见》，对专业法官会议的讨论案件范围、主持人员、讨论程序、意见形成等进行规范，同时要求拟提交审判委员会讨论决定的案件原则上应当由专业法官会议先行讨论。最高人民法院知识产权法庭强化专业法官会议工作机制，迄今为止，已累计召开 111 次专业法官会议，形成 418 个具体法律适用规则。

（2）完善技术事实查明机制，充分发挥技术调查官作用。技术事实的认定是审理专业技术性较强的案件的基础和前提，也是审理专业技术性较强的案件的难点所在。应当说，对技术事实的认定，是各国法官共同面临的难题。

---

❶ 最高人民法院知识产权法庭（2020）最高法知民终 357 号民事判决书。

❷ 详细分析参见《最高人民法院知识产权法庭发展观察与案例评述》（张鹏著，法律出版社 2020 年版）第二章第一节。

汉德法官在1911年美国派德药厂案中就明确提出，在没有权威的科学辅助手段的情况下，由法官对技术性发明做出外行的主观评价是错误的。[1] 为了解决这一难题，最高人民法院知识产权法庭着力构建由技术调查官、技术咨询、专家陪审、技术鉴定等组成的相互独立、协同配合的技术事实查明体系，明确不同技术查明方式的适用条件、适用程序，区分不同人员参与技术事实查明的角色定位和职责权限。[2] 特别是，技术调查官作为法官的"助手"，使法官"集法律与技术于一身"，在实践中解决了多起重大、疑难、复杂的技术类案件，为法官查明技术事实、公正解决技术类案件纠纷提供了支持和保障。[3] 最高人民法院知识产权法庭已建成"全国法院技术调查人才库"，包括360余名技术调查官，覆盖30多个技术领域，调派技术调查官支援地方法院审判工作，有力缓解了技术事实查明难的问题。

（3）合理适用行为保全和恢复行为保全等程序性规则，保护各方主体合法权益。最高人民法院知识产权法庭在上诉人联悦公司与被上诉人博生公司、原审被告天猫公司等侵害实用新型专利权纠纷行为保全案[4]中作出首例涉恢复电商平台链接行为保全裁定，责令天猫公司立即恢复申请人在"天猫网"上的被诉侵权产品销售链接，及时维护了经营者合法权益。该案中，实用新型专利权人向一审法院提起诉讼，一审法院认定侵权成立，并判令被告停止侵权、连带赔偿损失，天猫公司立即删除、断开被诉侵权产品的销售链接。二审中，涉案专利权被国家知识产权局宣告全部无效，专利权人表示将就此提起行政诉讼。联悦公司向最高人民法院知识产权法庭提出行为保全申请，请求法院责令天猫公司立即恢复申请人在"天猫网"上的产品销售链接。最高人民法院知识产权法庭通过远程听证的方式当庭裁定，天猫公司立即恢复联悦公司在"天猫网"购物平台上的被诉侵权产品销售链接。该案合理考量和

[1] Parke Davis v. H. K. Mulford, 189 F 95 (S. D. N. Y. 1911).

[2] 罗东川. 建立国家层面知识产权案件上诉审理机制　开辟新时代知识产权司法保护工作新境界——最高人民法院知识产权法庭的职责使命与实践创新［J］. 知识产权，2019（7）：3-13.

[3] 袁秀挺. 中国知识产权法院的愿景及其实现路径［J］. 科技与法律，2015（1）：38.

[4] 最高人民法院知识产权法庭（2020）最高法知民终993号民事裁定书。

平衡了专利权人、平台内经营者和电商平台三方利益，使被诉侵权的电商平台内经营者能够在“双十一”这一特定销售时机正常线上经营，避免其利益受到不可弥补的损害，同时根据申请人恢复链接后的可得利益采用了固定担保金加动态担保金的方式，系最高人民法院作出的首例“反向行为保全”裁定，也是首个在知识产权行为保全中采用动态担保金的案件。其免除了电商平台经营者恢复链接后担心未来被要求承担责任的顾虑，为其提供了处理类似纠纷的行为指引。

二、最高人民法院知识产权法庭未来展望

2019 年 11 月底，中共中央办公厅、国务院办公厅印发《关于强化知识产权保护的意见》，明确要求，深入推进知识产权民事、刑事、行政案件“三合一”审判机制改革，完善知识产权案件上诉机制，统一审判标准。2020 年 4 月，最高人民法院印发《关于全面加强知识产权司法保护的意见》（法发〔2020〕11 号），明确要求，根据知识产权审判的现状、规律和趋势，研究完善专门法院设置，优化知识产权案件管辖法院布局，完善知识产权案件上诉机制，统一审判标准，实现知识产权案件审理专门化、管辖集中化、程序集约化和人员专业化。可见，最高人民法院知识产权法庭的未来发展将围绕上述要求，完善知识产权案件上诉机制，统一审判标准，推动知识产权法院（庭）体系完善和诉讼制度改革，积极打造国际一流的审判机构。[1] 就最高人民法院知识产权法庭的未来发展，提出如下展望。

（一）飞跃上诉制度与审判监督制度的协调

由于最高人民法院是最高审判机关，只能通过由不同内设审判庭审理不同审级案件的方式来保证审级独立。目前最高人民法院的民事、行政上诉案件由各民事、行政审判庭审理，再审、抗诉案件由审判监督庭审理。与之相

[1] 罗东川．最高人民法院知识产权法庭的制度创新、职责任务与发展目标［J］．中国专利与商标，2019（4）：3-12.

似，对知识产权法庭作出的判决、裁定、调解书，当事人申请再审的，应当向最高人民法院立案庭递交再审申请书等材料。因此，对最高人民法院知识产权法庭作出的二审判决、裁定适用审判监督程序的案件，由最高人民法院知识产权审判庭（民事审判第三庭）管辖。如前所述，最高人民法院知识产权法庭上收了高级人民法院的部分审判职能，主要审理全国范围内专利等专业技术性较强的知识产权上诉案件。同时，最高人民法院知识产权审判庭的审判职能不因知识产权法庭的成立而变化，其仍主要审理全国范围内各类知识产权再审案件。如果当事人不服最高人民法院知识产权法庭作出的二审裁判，可以依据民事诉讼法、行政诉讼法的规定，向最高人民法院申请再审，此类审判监督案件由最高人民法院知识产权审判庭审理。

迄今为止，2019~2020年最高人民法院知识产权法庭作出的判决和裁定，仅有两件被提起再审申请，最高人民法院知识产权审判庭均作出了驳回再审申请的裁定。该两件案件系系列案件，例如，再审申请人赵某某因与被申请人浙江富地机械有限公司侵害发明专利权纠纷一案，不服最高人民法院知识产权法庭作出的（2019）最高法知民终153号民事判决，向最高人民法院知识产权审判庭申请再审，最高人民法院知识产权审判庭作出裁定驳回再审申请。[1] 因此，针对最高人民法院知识产权法庭作出的二审判决，当事人可以向最高人民法院知识产权审判庭提出再审申请，最高人民法院知识产权审判庭和最高人民法院知识产权法庭在法律适用观点上的异同，以及最高人民法院知识产权审判庭是否更加聚焦在法律审层面，值得未来加以关注。

（二）知识产权“三合一”审判机制与民行刑交叉案件的协调

最高人民法院印发《关于全面加强知识产权司法保护的意见》明确要求，深入推行“三合一”审判机制。建立和完善与知识产权民事、行政、刑事诉讼“三合一”审判机制相适应的案件管辖制度和协调机制，提高知识产权司法保护整体效能。把握不同诉讼程序证明标准的差异，依法对待在先关联案

---

[1] 最高人民法院（2020）最高法民申1027号民事裁定书、最高人民法院知识产权法庭（2019）最高法知民终153号民事判决书。

件裁判的既判力，妥善处理知识产权刑事、行政、民事交叉案件。目前，随着我国最高人民法院知识产权法庭的成立，在四级两审终审制的基础上通过飞跃上诉制度将技术类知识产权的民事案件、行政案件“合二为一”，并未将技术类知识产权的刑事案件纳入，是否可以推行技术类知识产权的民事案件、行政案件、刑事案件“三合一”，值得进一步研究。同时，最高人民法院知识产权法庭实现知识产权民事诉讼、行政诉讼、刑事诉讼“三合一”，将有助于解决知识产权民刑交叉问题，特别是侵犯商业秘密罪与技术秘密侵权纠纷案件的有效衔接。最高人民法院知识产权法庭是否推动实现知识产权民事诉讼、行政诉讼、刑事诉讼“三合一”，值得关注。

此外，就技术类知识产权的民事案件、行政案件的衔接，“将该类民事和行政案件的二审审理权限集中到最高人民法院知识产权法庭，实现了知识产权效力判断与侵权判断两大诉讼程序和裁判标准的对接，从机制上解决了制约科技创新的裁判尺度不统一等问题，提高了知识产权审判质量与效率，加大了知识产权司法保护力度。”❶ 2019 年 12 月 9 日，最高人民法院知识产权法庭宣判“专利行政民事案件合并审理第一案”——上诉人乐金电子（天津）电器有限公司与被上诉人国家知识产权局、原审第三人厦门实正电子科技有限公司实用新型专利权无效行政纠纷案❷及上诉人厦门实正电子科技有限公司与被上诉人乐金电子（天津）电器有限公司，原审被告烟台万昌电器有限公司、浙江天猫网络有限公司侵害实用新型专利权纠纷案❸，在该案中对技术类知识产权的民事案件、行政案件的衔接机制进行了探索。在上述案件中，最高人民法院知识产权法庭首次探索同步审理涉及同一专利的确权行政案件和侵权民事案件的审理模式，为推动专利行政和民事诉讼程序的衔接作出积极尝试。2019 年 10 月 22 日，最高人民法院知识产权法庭将两案合并召开庭

❶ 人民法院报评论员．知产司法保护史上的重要里程碑［N］．人民法院报，2019-01-02（1）．

❷ 参见最高人民法院知识产权法庭（2019）最高法知行终 142 号行政判决书，详细分析参见《最高人民法院知识产权法庭发展观察与案例评述》（张鹏著，法律出版社 2020 年版）第二章第二节。

❸ 参见最高人民法院知识产权法庭（2019）最高法知民终 366 号行政判决书，详细分析参见《最高人民法院知识产权法庭发展观察与案例评述》（张鹏著，法律出版社 2020 年版）第四章第三节。

前会议；23日，最高人民法院知识产权法庭将两案合并公开开庭审理；12月9日，最高人民法院知识产权法庭就两案判决公开宣判。专利侵权诉讼和专利确权纠纷，均以正确解释权利要求的保护范围为基础。最高人民法院知识产权法庭通过合并审理同一专利的专利侵权纠纷和专利确权纠纷，首先围绕权利要求保护范围的解释让当事人发表意见、提供证据，有助于统一权利要求保护范围的解释，避免当事人在专利侵权纠纷和专利确权纠纷“两头获利”。有学者认为，通过庭前会议实现前置的权利要求解释程序比美国的“马克曼听证”程序更有优势，相对于与事实问题完全区分的“马克曼听证”程序，我国诉讼法中的庭前会议制度更加灵活，法院完全可以结合案件情况，引入侵权比对环节以帮助权利要求的解释。❶ 应当说，加强知识产权效力判断与侵权判断两大诉讼程序和裁判标准的对接，持续优化或者全面改革知识产权确权与侵权衔接机制，特别是专利确权与侵权衔接机制，是最高人民法院知识产权法庭的重要历史使命。

另外，可以预期，最高人民法院知识产权法庭也将积极加强智能法院建设，充分利用大数据、人工智能、语音识别、文本信息智能提取、智能分案与智能辅助办案等信息技术使法院分配正义的方式更加高效，实现正义的途径更加便捷。同时，最高人民法院知识产权法庭也将加强知识产权审判队伍建设，加强知识产权法官的正规化、专门化、职业化与国际化，将知识产权法庭打造成培养专利审判人才的摇篮。❷

---

❶ 管育鹰．现行法律框架下专利民行交叉程序对接的探索——评实正公司与乐金公司专利权无效、侵犯专利权两案［EB/OL］．［2021-01-06］．https：//www.chinacourt.org/article/detail/2019/12/id/4727774.shtml.

❷ 罗东川．建立国家层面知识产权案件上诉审理机制　开辟新时代知识产权司法保护工作新境界——最高人民法院知识产权法庭的职责使命与实践创新［J］．知识产权，2019（7）：3-13.

网络平台的知识产权责任研究报告

李士林　姜晓婧*

近年来，在学界和司法系统的努力下，为数不少的论著就网络服务提供者知识产权侵权责任的议题展开论述，取得了丰硕的成果，较为全面地揭示了网络服务提供者负担知识产权侵权责任的基本原理、制度适用、过错认定等基础性问题，就网络服务提供者的相关规范和司法解释也予以回应，建构了相对完善的制度。总体而论，网络服务提供者责任制度的规范和研究呈现出如下几个特点：其一，在现有的侵权责任法框架内讨论网络服务提供者责任，对其过错的认定充满争议，引入了包括安全保障义务和注意义务等各种理论，尝试明晰“明知”的内涵和外延，无论扩展式诠释“知道”为一般过错，还是限定式解释“知道”为“故意知道”，皆围绕技术中立和技术参与展开，可以归纳为技术中心主义的进路和范式。其二，以网络服务提供者承担的民事责任为动议，也不乏以《网络安全法》《信息网络服务管理办法》等为依据探讨网络服务提供者“发现”违法信息所承担行政责任的论述，部分研究涉及刑法上拒不履行网络管理安全义务罪的研究，但三者之间的责任衔接和逻辑关系鲜见论及。其三，以民法上的网络服务提供者为主体，法律角色定位为网络服务中介，以“通知—删除”义务作为免责或者归责的条件。

---

* 李士林，南昌大学法学院院聘教授，中南财经政法大学兼职研究员；姜晓婧，华东政法大学博士研究生。

虽有建议对网络服务提供者分类归责的观点，但并不占主流，也未被《民法典》和《民法典》之前的《侵权责任法》所采纳。

当前，网络平台企业成为数字经济最活跃的生产主体和核心组成单元，由此滋生个人信息泄露、违法信息、虚假评述、网络诈骗、人脸识别滥用等社会问题，于是平台善治成为全球网络治理的新议题。由于平台经济时代的生产方式、生产关系和市场结构皆不同于网络服务提供者发散型单一服务方式，以平台为中心的多边、互动、新型社会关系的架构已经初步形成，以网络服务提供者为技术背景建立的很多制度和理论均已滞后，网络平台法律责任的研究成为网络治理法治化的关键课题，对于践行习近平网络法治思想具有重大的现实意义。本报告不能承受全面盘点和梳理网络平台法律责任之重，故仅将报告对象限定于知识产权方面，在网络平台法律责任的大框架内综述平台知识产权侵权责任研究现状，力图向同行展现其研究的面貌，抛砖引玉以期方家热论。

一、网络平台为中心所建构的法律关系

数字经济正在改变和重塑传统经济的生产、运输和交易等各个环节的方式，成为当前主流的经济模式，毫不夸张地说，数字化经济的核心其实就是平台经济。依照现有平台经济组织方式，大体上可将网络平台分为五类：第一类为技术平台，如 App Store 应用商店、腾讯小程序等；第二类为交易平台，如京东、淘宝、咸鱼、知乎等；第三类为社交平台，如脸书、微信、微博、豆瓣等；第四类为信息服务平台，如今日头条、腾讯视频等；第五类为娱乐互动平台，如虎牙、网易音乐等。[1] 依据演进脉络和复杂程度，可以将平台大致分为网络信息传输平台、网络交易平台、综合性平台。[2]《第 47 次中国

[1] 王勇，戎珂．平台治理——在线市场的设计、运营与监管［M］．北京：中信出版社，2018：6.

[2] 杨乐．网络平台法律责任探究［M］．北京：电子工业出版社，2020：2.

互联网络发展状况统计报告》根据互联网应用状况，将互联网服务类型划分为基础应用类、商务交易类、网络娱乐类、公共服务类。❶ 当然也可以依据服务所属的行业，将网络平台划分为医药卫生服务平台、交通出行平台、金融服务平台等。无论采用何种分类方式和标准，概而言之，网络平台具有多元主体、丰富信息、交互自主、数字虚拟等社会属性和经济特征，这决定了以网络平台为中心建构的法律关系不同于传统经济模式下的法律关系，也不同于网络信息服务提供者的单向式法律关系，具有多元交织、内容多样、客体虚拟的特征，同时具有不确定性和流变性。

就网络平台为中心建构的法律关系而论，存在行政、刑事、民事关系三种。以民事关系为例，如果为交易类平台，其涉及的基本法律关系为平台与销售商、消费者与销售商、消费者与平台之间的买卖或服务关系；服务类关系为平台内信息发布、价金支付、声誉评价、售后服务；辅助类关系为物流运输、用户信息管理类关系。❷ 以行政关系为例，如果为信息服务类平台，涉及公权行政监管关系和平台自我监管的准行政关系，这种准行政关系是对平台内用户和第三方的监管关系，其准行政权力包括为履行行政责任和实现自我监管目标实质上所享有准立法权、准司法权、准行政处罚权。❸ 网络服务者为主体的刑事关系主要围绕拒不履行网络信息管理义务罪展开。当然专门性网络平台涉及的法律关系在某些方面比较突出，如直播平台中的网络游戏直播涉及游戏开发商、游戏玩家和直播平台之间的合同关系和著作权上的作品形成与利用的利益分配关系，❹ 但总体上并没有超越网络平台基础法律关系的范畴。

依笔者之见，网络平台为中心的法律关系并没有跳出已有法律建构的框架和理论范式，即使涉及虚拟财产、智能算法和大数据等新型的法律关系客体甚至将人工智能视为法律关系的主体，仍应以社会关系中具有法律规范意

---

❶ 中国互联网络信息中心．第 47 次中国互联网络发展状况统计报告［R］．2021-02.

❷ 杨立新．网络交易法律关系构造［J］．中国社会科学，2016（2）.

❸ 刘权．网络平台的公共性及其实现——以电商平台的法律规制为视角［J］．法学研究，2020（2）.

❹ 刘银良．网络游戏直播的法律关系解析［J］．知识产权，2020（3）.

义的关系为法律关系的范畴，无非与传统法律关系相比，以网络平台为中心的法律关系发生了两点变化：其一，法律关系主体多元化，独立法律关系之间的界限变得模糊，不同关系之间的牵连因素增多，加大了法律规范适用的复杂性；其二，网络平台为中心的民事关系与准行政关系叠加，平台自我监管引发的行政责任与平台对第三方主体所负担的民事责任可能相互转化，以信息内容为服务对象的平台牵扯公权力的信息治理，削减了主体之间平等自治原则的支配力和适用性。

二、平台经济的法律制度建设

以网络平台法律关系为中心建构法律制度，应妥当融贯平台中心的多元主体、客体、权利义务，提升行为和事实作为激发关系产生的法律事实。由于网络平台中心的法律关系多元复杂，效力多层次，因而法律规范也多样，现将主要法律规范梳理如下。

（一）行政层面法律规范

1.《中华人民共和国网络安全法》（2017 年 6 月 1 日施行）

第 9 条："网络运营者开展经营和服务活动，必须遵守法律、行政法规，尊重社会公德，遵守商业道德，诚实信用，履行网络安全保护义务，接受政府和社会的监督，承担社会责任。"本条对网络运营者提出概括性义务要求，即履行网络安全保护义务，依据第 76 条用语的含义解释，网络运营者当然也包括网络平台在内。

第 47 条："网络运营者应当加强对其用户发布的信息的管理，发现法律、行政法规禁止发布或者传输的信息的，应当立即停止传输该信息，采取消除等处置措施，防止信息扩散，保存有关记录，并向有关主管部门报告。"该条是对网络运营者的信息管理义务要求，总体为发现违法信息—停止传输—保存记录—报告主管部门，其中"发现"的解释弹性大，可宽泛诠释为主动积极发现，因过错未曾发现的，应承担责任；也可狭义阐释为被动通知后发现，究竟采用何种解释，需要考虑语境和个案等因素。如果违背信息管理义务，应当依据第 68 条承担行政责任，包括给予警告，没收违法所得，责令暂停相关业务、停业整顿、关闭网站、吊销相关业务许可证或者吊销营业执照，对直接负责的主管人员和其他直接责任人员处 1 万元以上 10 万元以下罚款。

需要提及的是该条中的信息范围非常广泛，《网络安全法》并没有界定，而是援引其他法律、行政法规的规定。

2.《互联网信息服务管理办法》（2011 年 1 月 8 日修订）

第 15 条："互联网信息服务提供者不得制作、复制、发布、传播含有下列内容的信息：（一）反对宪法所确定的基本原则的；（二）危害国家安全，泄露国家秘密，颠覆国家政权，破坏国家统一的；（三）损害国家荣誉和利益的；（四）煽动民族仇恨、民族歧视，破坏民族团结的；（五）破坏国家宗教政策，宣扬邪教和封建迷信的；（六）散布谣言，扰乱社会秩序，破坏社会稳定的；（七）散布淫秽、色情、赌博、暴力、凶杀、恐怖或者教唆犯罪的；（八）侮辱或者诽谤他人，侵害他人合法权益的；（九）含有法律、行政法规禁止的其他内容的。"该条对违法信息的界定相对清晰，但侵害他人合法权益和其他规范的规定相对模糊，必须在司法实践中细化和落实，如信息表达是否构成侮辱和诽谤必须由相关司法解释界定。其实与侮辱诽谤并行的信息侵权有很多种，如泄露隐私和个人信息也同样会侵害他人合法权益，严格依照文本解释，并不为该条所覆盖，这一遗漏和不周全加大了网络服务提供者的信息发现难度，容易被执行弹性和自由裁量所左右，加大网络服务提供者的制度风险。

如果互联网信息服务提供者违反该条规定的，依据第 20 条规定追究相应的行政和刑事责任。第 20 条："制作、复制、发布、传播本办法第十五条所列内容之一的信息，构成犯罪的，依法追究刑事责任；尚不构成犯罪的，由公安机关、国家安全机关依照《中华人民共和国治安管理处罚法》、《计算机信息网络国际联网安全保护管理办法》等有关法律、行政法规的规定予以处罚；对经营性互联网信息服务提供者，并由发证机关责令停业整顿直至吊销经营许可证，通知企业登记机关；对非经营性互联网信息服务提供者，并由备案机关责令暂时关闭网站直至关闭网站。"

3.《网络信息内容生态治理规定》(2020 年 3 月 1 日施行)

国家互联网信息办公室公布的《网络信息内容生态治理规定》对网络空间信息内容的治理予以规范，以达至健全网络综合治理体系、营造清朗的网络空间、建设良好网络生态的目标。为此，网络信息内容生产者和信息内容服务平台不得制作和传播第 6 条规定的违法信息，即反对宪法所确定的基本原则的；危害国家安全，泄露国家秘密，颠覆国家政权，破坏国家统一的；损害国家荣誉和利益的；歪曲、丑化、亵渎、否定英雄烈士事迹和精神，以侮辱、诽谤或者其他方式侵害英雄烈士的姓名、肖像、名誉、荣誉的；宣扬恐怖主义、极端主义或者煽动实施恐怖活动、极端主义活动的；煽动民族仇恨、民族歧视，破坏民族团结的；破坏国家宗教政策，宣扬邪教和封建迷信的；散布谣言，扰乱经济秩序和社会秩序的；散布淫秽、色情、赌博、暴力、凶杀、恐怖或者教唆犯罪的；侮辱或者诽谤他人，侵害他人名誉、隐私和其他合法权益的；法律、行政法规禁止的其他内容。与《互联网信息服务管理办法》相比，《网络信息内容生态治理规定》增加了英雄烈士信息、侵害名誉等合法权益，但仍无摆脱行政审查向民事责任转化，民事责任由行政义务负担的逻辑混乱。

4. 版权方面的行政规范

《网络出版服务管理规定》《互联网视听节目服务管理规定》可以适用于网络空间的著作权保护规范，并设定了一系列的行政责任。

（二）民事层面法律规范

1.《电子商务法》(2019 年 1 月 1 日施行)

《电子商务法》规范通过互联网等信息网络销售商品或者提供服务的经营活动，但是金融、文化类服务，不适用该法。其中第 5 条规定：“电子商务经营者从事经营活动，应当遵循自愿、平等、公平、诚信的原则，遵守法律和商业道德，公平参与市场竞争，履行消费者权益保护、环境保护、知识产权保护、网络安全与个人信息保护等方面的义务，承担产品和服务质量责任，接受政府和社会的监督。”

电子商务经营者履行以其为中心建构的法律关系所形成的相关义务，这是个案多元化诠释电子商务平台义务的法律依据，如平台负担保护知识产权的义务，至于该义务是主动的保护，还是消极的措施配合，或者是技术中立下的“通知—删除”义务，皆以该条为解释基础，收放宽严均以该条为准据。以该条的文本解释，电子商务平台至少应当负担消费者权益、知识产权、个人信息、产品质量等方面的民事责任；负担环境保护、公平竞争、网络安全等方面的行政责任。如第 17 条规定：“电子商务经营者应当全面、真实、准确、及时地披露商品或者服务信息，保障消费者的知情权和选择权。电子商务经营者不得以虚构交易、编造用户评价等方式进行虚假或者引人误解的商业宣传，欺骗、误导消费者。”该条即为对电子商务经营者的消费者保护义务予以细化。又如第 23 条规定：“电子商务经营者收集、使用其用户的个人信息，应当遵守法律、行政法规有关个人信息保护的规定。”此即为对个人信息保护的具化。

第 41～45 条对电子商务交易和平台内经营提出保护知识产权的要求，这是平台承担民事责任的一部分，呼应了《信息网络传播权保护条例》对知识产权保护的要求。

2. 涉及网络空间知识产权保护的行政法规

《信息网络传播权保护条例》《计算机软件保护条例》为知识产权方面的保护规范，可以适用于网络空间的知识产权保护。

另外，《个人信息保护法》《数据安全法》已经纳入立法规划，正在广泛征求意见。

（三）刑事层面法律法规

网络空间刑事层面的法律责任主要集中由《刑法》第 286 条之一“拒不履行信息网络安全管理义务罪”规制，其规定：“网络服务提供者不履行法律、行政法规规定的信息网络安全管理义务，经监管部门责令采取改正措施而拒不改正，有下列情形之一的，处三年以下有期徒刑、拘役或者管制，并处或者单处罚金：（一）致使违法信息大量传播的；（二）致使用户信息泄露，造成严重后果的；（三）致使刑事案件证据灭失，情节严重的；（四）有其他严重情节的。单位犯前款罪的，对单位判处罚金，并对其直接负责的主管人员和其他直接责任人员，依照前款的规定处罚。有前两款行为，同时构成其他犯罪的，依照处罚较重的规定定罪处罚。”

三、平台治理制度的顶层设计

习近平总书记强调，没有网络安全就没有国家安全，没有信息化就没有现代化，开创性地将网络建设提升至强国建设的战略高度，明确提出网络强国建设的“四项原则”“五点主张”，深刻阐述了网络强国建设与全面建设社会主义现代化国家和中华民族伟大复兴的内在关系，明确了网络强国建设的重大意义、战略目标和基本路径。我国网络空间的法治化建设应当以习近平网络法治思想为理念和指引，这是所有网络法治化制度建设的原点和灵魂，也是网络平台法治化的根本遵循。

（一）习近平互联网法治思想

习近平关于网络强国和依法治网思想的论述，由中共中央党史和文献研究院编辑成《习近平关于网络强国论述摘编》一书，由中央文献出版社出版发行。

该《论述摘编》分 9 个专题，共计 285 段论述，摘自习近平同志 2013 年 3 月 4 日至 2020 年 11 月 23 日的讲话、报告、演讲、指示、批示、贺信等 100 篇重要文献。其中许多论述是第一次公开发表。习近平同志围绕网络强国建设发表了一系列重要论述，提出了一系列新思想新观点新论断，为新时代网信事业发展提供了根本遵循。

《求是》2021 年第 3 期刊发中共中央宣传部副部长，中央网络安全和信息化委员会办公室、国家互联网信息办公室主任庄荣文署名文章《网络强国建设的思想武器和行动指南——学习〈习近平关于网络强国论述摘编〉》。该文指出，习近平网络强国思想是中国特色社会主义思想的重要组成部分，是以网管网实践经验的系统总结，是引领我国网信事业发展的行动指南。我们必须准确把握习近平网络强国重要思想的科学内涵和实践要求，切实增强贯彻落实的思想自觉、政治自觉和行动自觉，将这一科学理论的强大思想伟力

转化为推进网信事业取得新发展的巨大实践动力。❶

周汉华教授对习近平互联网法治思想系统研究后认为，习近平互联网法治思想既突出互联网法治建设的重点和主要任务，又强调互联网法治建设的全面性和系统性。互联网法治建设关键有两点：一是要求全面规划，重点推进；二是要求互联网法治建设实现全覆盖，各方都要遵守法律。❷

徐汉明教授在对我国网络法治经验进行梳理和总结的基础上认为，“习近平网络治理法治理论”是一套逻辑严密、科学完备的理论体系，科学地诠释和回答了坚定走中国特色社会主义法治道路，提高网络治理社会化、法治化、智能化、专业化水平，加快推进网络治理体系和治理能力法治化，加快建设更高水平“平安中国”若干重大而急迫的现实问题，成为指导加快建设网络治理体系和治理能力法治化的宝贵财富，成为推进网络治理体系现代化，实现“网络大国”向“网络强国”跨越的基本遵循。❸

（二）中共中央关于网络空间治理的策略

党的十九届五中全会审议通过的《中共中央关于制定国民经济和社会发展第十四个五年规划和二〇三五年远景目标的建议》提出：“加强网络文明建设，发展积极健康的网络文化。”为贯彻落实党中央的决策部署，针对网络空间治理中的突出问题，中共中央于 2020 年 12 月印发《法治社会建设实施纲要（2020～2025 年）》，提出依法治理网络空间的规划目标，纲要就推动社会治理从现实社会向网络空间覆盖，建立健全网络综合治理体系，加强依法管网、依法办网、依法上网，全面推进网络空间法治化，提出了具体措施。具体内容包括完善网络法律制度，培育良好的网络法治意识，保障公民依法安全用网三个部分。

---

❶ 庄荣文．网络强国建设的思想武器和行动指南——学习《习近平关于网络强国论述摘编》［J］．求是，2021（3）．

❷ 周汉华．习近平互联网法治思想研究［J］．中国法学，2017（3）．

❸ 徐汉明．我国网络法治的经验与启示［J］．中国法学，2018（3）．

四、平台治理的行政责任

网络平台经济快速发展的同时，也带来了空间法治化治理的难题，除欺诈、虚假等传统问题向互联网移居外，部分问题内生于平台本身的技术架构，具有新型、复杂、疑难的特性。

（一）平台治理中的传统问题

网络平台集中治理的专项行动已经常态化，产生巨大社会影响的网络执法活动主要有联合调查行动、“剑网”行动、网信办约谈等。

2019 年 1 月，为集中整治淫秽色情、低俗庸俗、暴力血腥、恐怖惊悚、赌博诈骗、网络谣言、封建迷信、谩骂恶搞、威胁恐吓、“标题党”、仇恨煽动、传播不良生活方式和不良流行文化等 12 类负面有害信息，国家网信办在全国范围内开展网络生态治理专项行动。截至 2019 年 4 月 15 日，累计清理相关有害信息 8 206.4 万余条，注销违法违规账号 99.6 万余个，关闭、取消备案网站 2 084 家。[1] 国家网信办会同有关部门，进一步加大对网络赌博特别是境外赌博通过网络渗透以及利用“线上租友”进行色情、淫秽、诈骗等活动的打击力度，依法从严查处一批违法违规网站。根据举报线索并经初步核实，爱宅网、久草在线、樱桃直播、福利嘉宝等网站存在传播色情、赌博信息和“线上租友”等问题，安康网、中国起名网等占卜网站存在未依法备案、备案信息不实、导向严重偏差等问题。

“剑网 2020”专项行动于 2020 年 6 月启动，针对群众反映强烈、社会舆论关注的网络侵权盗版问题和侵权盗版多发的重点领域，各级版权执法监管部门加大监管力度，重拳出击、集中整治，严厉打击视听作品、电商平台、社交平台、在线教育等领域侵权盗版行为，着力规范网络文学、游戏、音乐、知识分享等平台版权传播秩序。行动期间，共删除侵权盗版链接 323.94 万

[1] 国家网信办持续治理网络生态顽疾 集中查处一批违法违规色情、赌博和占卜网站［EB/OL］.［2020-12-29］. http：//www.cac.gov.cn/2019-04/19/c_1124389996.htm.

条，关闭侵权盗版网站（App）2 884 个，查办网络侵权盗版案件 724 件，其中查办刑事案件 177 件、涉案金额 3.01 亿元，调解网络版权纠纷案件 925 件，网络版权秩序进一步规范，网络版权环境进一步净化。

典型的约谈执法为百度 App 违法案件。由于百度 App 大量传播低俗庸俗信息、密集发布“标题党”文章、公众账号注册管理及内容审核不严，传播秩序和生态问题突出，社会影响恶劣等违法行为，2020 年 4 月 7 日，国家互联网信息办公室指导北京市互联网信息办公室，严肃约谈百度公司负责人，要求立即停止违规行为，并予以行政处罚，决定百度 App 推荐频道、图片频道、视频频道、财经频道、科技频道自 4 月 8 日上午 9 时起暂停更新，清理违规内容，开展深入整改。2020 年 6 月，国家互联网信息办公室指导北京市互联网信息办公室，约谈新浪微博负责人，针对微博在蒋某舆论事件中干扰网络传播秩序，以及传播违法违规信息等问题，责令其立即整改，并作出停更微博一周的处罚。

根据市场监管情况，结合群众反映突出程度，网络平台空间存在的主要违法问题为：电商平台销售商品和提供服务的质量问题、信息公示和核查问题；虚假和误导性信息传播、夸大宣传等不正当竞争；网上销售侵权假冒伪劣商品；互联网广告虚假、违法等。诸如此类的违法问题不仅侵害了相关主体的权益，而且损害了健康的市场秩序，应当承担相关的行政责任。

为了建设良好的网络生态，营造清朗的网络空间，国家调整了监管机制、完善立法，积极执法应对网络空间违法问题。综合而论，以国家网信部门为主导的执法活动体现为如下几个特征：第一，监管机制全面有效，监管手段丰富。国家网信部门负责统筹协调全国网络信息内容生态治理和相关监督管理工作，各有关主管部门依据各自职责做好网络信息内容生态治理工作。工业和信息化部、公安部网络安全保卫局、知识产权局、市场监督管理局联合网络协会和网络平台开展多种执法活动，建立方便公众投诉的平台和处置机制，网络平台主动开展自查自纠活动。第二，发展新技术新应用，充分利用人工智能、智能筛查、自动过滤等技术，屏蔽和删除违法信息。监管手段灵活化，约谈、通告、处罚等多措施并施。第三，强化网络平台的自我监管机制，由技术中立的预设转向积极责任立场，支持和认同网络平台行使准行政权力。

（二）平台引发的新型违法问题

中国信息通信研究院发表的《互联网平台治理研究报告（2019 年）》将平台新型治理难题归纳为四个方面：其一，平台间数据争议问题，平台收集和处理的数据不仅涉及个人信息保护问题，而且牵涉大数据的保护问题，已经超越单纯平台责任的议题，大数据、平台治理、个人信息保护叠加、融合，已成为数字经济时代亟待研究的重要课题；其二，平台企业责任问题；其三，平台垄断规制问题；其四，平台算法价值观问题。算法是否遵从技术中立，抑或具有价值取向的内在性；算法为商业秘密，还是遵从透明性，这些也是平台治理遇到的新型难题，需要创新性思维综合多学科手段解决。除此之外，个人信息和数据保护与流动、未成年人网络保护、新型网络犯罪等新型问题仍需加强治理。

五、平台知识产权民事侵权责任

网络平台侵犯知识产权的责任，主要表现为平台提供条件帮助和教唆侵权、平台不履行协助维权义务，不当行使或怠于行使通知后的删除义务，至于替代责任仅限于理论方面的讨论并无制度和判例支撑。[1] 平台承担知识产权侵权民事责任议题中争议最大的两个问题为：一是网络平台对于知识产权侵权承担过错责任，还是故意责任。虽然《民法典》第 1197 条规定了“知道”“应当知道”的主观情节，但实践中仍存在故意和过失的争论。二是网络平台是否承担事先的知识产权审查责任或者注意义务，延及至“避风港”规则为归责条件还是免责条件的争议。两个问题之间存在条件与结果、理论与适用的逻辑关系，如果为网络平台设定了实质上的注意义务或者审查义务，那么

[1] 网络平台履行替代责任的论述可参见：万柯．网络等领域垄断看门人的替代责任［J］．环球法律评论，2011（1）．

平台自然负担过错责任。

（一）民事责任的规范依据

1.《民法典》互联网条款

《民法典》第 1194～1197 条为侵权责任上的互联网条款，分为三个层次：第一，网络服务提供者故意帮助侵权的，承担侵权责任；第二，网络服务提供者接到权利人通知后应当即时采取措施并转通知网络用户，用户可以提交不侵权声明，合理期限内不寻求公立救济的，解除措施；第三，知道或者应当知道侵权事实后，未采取措施的，承担连带责任。

2.《电子商务法》知识产权保护条款

上文已论，与“互联网条款”相比明确了 15 天的悬置期。

3.《著作权法》

信息网络传播权的设定为网络环境下著作权的集大成者，综合了网络传输作品的所有权利，换言之，作品的网络传播适用信息网络传播权规定。

4.《最高人民法院关于审理侵害信息网络传播权民事纠纷案件适用法律若干问题的规定》（2013 年 1 月 1 日施行）

该《规定》全面解释了网络服务提供者传播作品所负担的责任义务，司法解释认定网络服务提供者的过错包括对于网络用户侵害信息网络传播权行为的明知或者应知。但排除了其主动审查责任，规定网络服务提供者未对网络用户侵害信息网络传播权的行为主动进行审查的，人民法院不应据此认定其具有过错。

5. 北京市高级人民法院发布的《涉网络知识产权案件审理指南》

该《指南》第 19 条指出，“平台服务商通常情况下不具有事先审查网络交易信息或者交易行为合法性的义务，但应根据其所属行业提供服务的性质、方式、内容以及通常应具备的信息管理能力和经营能力等，采取必要的、合理的、适当的措施防止侵害商标权行为的发生”。如果说北京市高级人民法院在司法实践中就是否要求网络平台履行事先的审查责任问题还比较犹豫和徘徊的话，那么，最高人民法院《关于审理涉电子商务平台知识产权民事案件的指导意见》第 11 条，直接将未履行合理审查和注意义务认定为“应当知道”的情形，这至少预示着网络平台对民事权益的保护从消极被动到主动防御的转变。这也不能说是对《民法典》互联网规条的违背，毕竟“知道或者应当知道”的解释端赖于对平台行为的宽严尺度的政策把握，而不在于法律的逻辑推理。

（二）网络平台承担知识产权侵权责任的理论争鸣

理论上主要聚焦于网络平台的安全保障义务或者注意义务，详见后文论述。

六、平台知识产权责任的典型案例评析

1. 中国友谊出版公司诉浙江淘宝网络有限公司侵犯著作权纠纷案[1]

2008年11月，中国友谊出版公司发现淘宝网卖家杨某以明显不合理的低价，通过淘宝网销售盗版《盗墓笔记4》图书，其行为侵犯了该出版社的专有出版权。而淘宝网作为提供交易服务平台，未尽到合理的审查义务，且对以明显低于市场价格销售图书的信息未尽到及时删除的义务，为非法销售盗版图书提供了渠道和便利，已经构成共同侵权。淘宝网公司辩称：作为提供信息发布平台的服务提供商，淘宝网不应承担因网店经营或商品发布、销售而引发的侵权责任。且淘宝网在收到投诉函之后，及时删除了被投诉的相关信息，并按要求提供了会员的注册资料，尽到了合理的注意义务，并不构成专有出版权的侵犯。

该案并不认可以不合理低价作为判断网络服务提供者明知的证据，而且网络服务提供者不负有合理审查具体商品和交易内容的义务。

2. 上海玄霆娱乐信息科技有限公司诉北京百度网讯科技有限公司等侵犯著作财产权纠纷案[2]

上海玄霆娱乐信息科技有限公司对《凡人修仙传》《校花的贴身高手》

---

[1] 北京市第二中级人民法院（2009）二中民终字第15423号。

[2] 上海市卢湾区人民法院（2010）卢民三（知）初字第61号。

《斗破苍穹》《黄金瞳》《超级仙医》五部小说享有著作财产权，鉴于百度乐播在其平台上的部分有声小说的内容及作品名称与上述作品内容、名称一致，遂以其作品的信息网络传播权遭侵犯为由，向法院起诉了百度乐播应用软件的实际经营者北京百度网讯科技有限公司及百度乐播 App 的发布方百度云计算技术（北京）有限公司。法院经审理后认定被告构成侵权，被告不服一审判决，向法院提起上诉，二审法院最终维持一审判决，驳回了上诉。本案的焦点是被告的行为是否构成侵权，被告辩称百度乐播 App 是一个有声博客开放平台，为广大网民提供上传、播放、下载等音频文件的信息网络存储空间，因此不该认定为是其直接上传至百度乐播 App。但是被告在该案中仅公布了有声小说主讲者的名字，而未公布小说上传者的名字，且没有提供上传者的信息。涉案网站版权声明中主要内容为：百度乐播是有声播客开放平台，为广大网民提供上传、播放、下载等音频文件技术服务，所有内容均来自第三方直接上传或通过 Podcast-FeedRSS 协议公开索引，百度乐播自身并不上传、修改、编辑。但这不能得出涉案小说由第三人上传的结论。根据《最高人民法院关于审理侵害信息网络传播权民事纠纷案件适用法律若干问题的规定》，百度网讯公司在 App 内将相关有声读物进行了分类和排序，为网络用户在线收听和下载有声读物提供了方便。此外，涉案小说在百度乐播的排行榜均排在靠前位置，加之这些作品的知名度，所以，百度网讯公司应当知晓这些小说的传播侵犯了原告的权利。综上，法院认定被告属侵权，合乎事实情况和法律规定。

该案认定网络平台积极行为参与了侵权行为，构成帮助共同侵权，也符合现行《民法典》第 1194 条的规定。由此可见，积极行为参与侵权过程的，不能援引“避风港”规则和其他免责条件。

3. 庄某某等与上海隐志网络科技有限公司侵害信息网络传播权纠纷案[1]

庄某某等与上海隐志网络科技有限公司侵害信息网络传播权一案中，原告庄某某、佐佐某某为《邓小平批准我们结婚》一书作者，被告隐志公司为

[1] 上海市第一中级人民法院（2010）沪一中民五知终字第 33 号。

VeryCD 网站的经营者，该网站提供的是基于 P2P 技术的互联网资源分享平台。2010 年 3 月，原告发现被告网站上显示有《邓小平批准我们结婚》一书的有声读物，该有声读物发布者的用户名为“nobody vs somebody”，原告认为被告在未经授权的情况下，在其经营的网站上传播了该有声读物，侵犯了原告的著作权，故诉至法院，要求被告停止侵权，赔偿两原告经济损失人民币 53 万元。被告辩称，其网站不主动提供作品，不存在直接侵权或帮助侵权的行为，并且已及时采取措施对涉案作品关键字进行屏蔽，已尽到管理和注意义务，不应承担相应的法律责任。

该案一审法院认为不能当然地推断出，被告明知或应知涉案作品未经权利人授权而仍提供链接且基于被告的及时屏蔽行为判定被告已履行了作为网络服务商的责任，故驳回原告请求，而二审法院则认为隐志公司作为专业的网络服务提供商，却疏于履行相应的注意义务，对网络用户“nobody vs somebody”在其网站上发布涉案作品，侵害原告享有的该作品的信息网络传播权具有主观过错，应当承担共同侵权责任。

4. 蒋某某与浙江天猫网络有限公司、温州佰客自行车配件有限公司侵害外观设计专利权纠纷案❶

在 2017 年蒋某某（原告）诉温州佰客自行车配件公司、浙江天猫网络公司等侵害外观设计专利权纠纷案中，原告提起专利侵权诉讼之前，并未通过该电商交易平台创设的维权通道进行投诉通知，直接进行了起诉。浙江天猫网络公司提出，其作为网络服务提供商主观上没有过错，已尽到事先提醒注意义务，客观上没有明知卖家侵权而未采取任何措施的行为。在权利人进行投诉前，无从得知，故主观上不存在过错。

本案中法院认为被诉侵权产品落入涉案外观设计专利权的保护范围，判决温州某配件公司承担赔偿责任，而浙江天猫网络公司其事前并不知道温州佰客自行车配件公司利用其网络服务实施侵害原告专利权的行为，故浙江天猫网络公司对温州佰客自行车配件公司的被诉侵权行为不存在明知或应知的

❶ 浙江省杭州市中级人民法院（2017）浙 01 民初 43 号。

过错，不构成帮助侵权。

5. 威海嘉易烤生活家电有限公司诉永康市金仕德工贸有限公司、浙江天猫网络有限公司侵害发明专利权纠纷案❶

在威海嘉易烤生活家电公司诉金仕德工贸公司、浙江天猫网络公司侵害发明专利权纠纷案中，原告委托他人向浙江天猫网络公司知识产权保护平台上传了包含被投诉商品链接及专利侵权分析报告、技术特征比对表在内的投诉材料，且根据上述投诉材料可以确定被投诉主体及被投诉商品。浙江天猫网络公司对原告投诉材料作出审核不通过的处理，其在回复中表明审核不通过，并要求提供购买订单编号或双方会员名。原告以被告处置失当为由请求被告承担相应连带责任。

法院认定被告行为处置失当，投诉方是否提供购买订单编号或双方会员名并不影响投诉行为的合法有效。而且，浙江天猫网络公司所确定的投诉规制并不对权利人维权产生法律约束力，权利人只需在法律规定的框架内行使维权行为即可，投诉方完全可以根据自己的利益考量决定是否接受天猫公司所确定的投诉规制，最终依据《侵权责任法》第 36 条第 2 款规定判决浙江天猫网络公司对原告损害的扩大部分承担连带责任。根据该判决可以得知，电商交易平台自订投诉规则从而以此为由认定原告投诉不是“有效通知”，没有法律依据。

6. 美国威斯康辛州花旗参农业总会与浙江淘宝网络有限公司、吉林市参乡瑰宝土特产品有限公司侵害商标权纠纷上诉案❷

在美国威斯康辛州花旗参农业总会与浙江淘宝网络有限公司、吉林市参乡瑰宝土特产品有限公司侵害商标权纠纷一案中，美国威斯康辛州花旗参农业总会（以下简称“农业总会”）在洋参等商品类别上注册有“鹰形”商标。2011 年，农业总会发现淘宝商城上某店铺销售印有其商标的产品，并确认从未授权该卖家在该商品上使用其商标。随后，农业总会以侵权为由向淘

❶ 浙江省高级人民法院（2015）浙知终字第 186 号。

❷ 吉林省高级人民法院（2012）吉民三涉终字第 3 号。

宝网创始人马某（而非淘宝网）发送律师函（函中未提供具体侵权链接），后将该商城卖家和淘宝公司一并诉至法院，淘宝公司在接到法院诉讼材料后，删除了涉嫌侵权的链接。

吉林市中级人民法院一审认为，淘宝商城对外承诺“品牌正品，商城保障”，应在接到投诉后着手进行主动审查，而非被动等待投诉人提交侵权链接，故判决浙江淘宝公司部分承担与卖家的连带责任。2012 年吉林省高级人民法院终审认定，淘宝商城的“正品保障”是针对网店经营行为的保证，而农业总会的起诉是针对淘宝网的侵权，二者并非一谈，因此还应该回归到网络服务提供商的法定义务上。该案淘宝公司已尽到合理注意义务，且原告的投诉没有达到法定要求，故判决撤销原判，改判淘宝公司不承担侵权责任。

7. 上海全土豆网络科技有限公司与上海激动网络有限公司侵犯著作财产权纠纷上诉案❶

在上海全土豆网络科技有限公司与上海激动网络有限公司侵犯著作财产权纠纷一案中，原告持有电影《喜羊羊与灰太狼之牛气冲天》的信息网络传播权。2009 年 3 月，原告发现被告未经原告许可，擅自在其所属的网站（www. tudou. com）上提供《喜羊羊与灰太狼之牛气冲天》的在线播放、下载等服务，并在该影片播放界面发布广告牟利。原告认为，被告的行为严重侵害了原告的合法权益，给原告造成重大的经济损失。故向法院请求判令被告立即停止电影《喜羊羊与灰太狼之牛气冲天》的网络传播服务、公开赔礼道歉及赔偿经济损失。被告辩称的主要理由是：涉案影片的片段均系用户上传，被告作为网络存储空间服务的提供者，未对用户上传的视频进行任何整理编辑。且被告已对可能涉嫌侵权的上传影片采取监控、筛选和屏蔽措施，但如个人用户绕过相关的屏蔽措施，受限于现有技术措施，被告是无法发现与控制的，并且人工抽查也具有一定的局限性。被告有证据证明，被告曾对包括《喜羊羊与灰太狼之牛气冲天》在内的用户上传的不同档期的热播影片视频已进行过删除，因此被告尽到了合理的注意义务。

---

❶ 上海市第二中级人民法院（2010）沪二中民五（知）终字第 26 号。

一审法院认为，土豆公司对在其所属土豆网上提供有这样具有较高知名度的涉案影片的在线播放，但怠于在日常维护中施以应有的注意义务，放任侵权行为的发生，为他人实施的侵权行为提供帮助，并获取相应的经济利益，承担相应的民事责任。对于被告提起的上诉，二审法院认为：虽然土豆公司上诉称，其对涉案电影作品《喜羊羊和灰太狼之牛气冲天》采取了“事先技术过滤、事后人工审查、与权利人共同监督的版权审核制度”，而在现有技术条件下，该版权审核制度针对涉案电影作品的审核在形式上也是合理的。若能付诸实施，基本能够避免针对涉案电影作品的侵权行为的发生。但是，在本案中，土豆公司并未提供证据证明其对涉案电影作品采取了其所述的上述版权审核制度，尽到了合理的注意义务。

七、平台知识产权侵权责任的学术研究论析

梳理网络法学界围绕网络平台内容审查责任问题的研究，可以发现文献主要沿着三个路径进行：其一，定位于网络服务提供者主体，以《民法典》及成典之前的《侵权责任法》为框架，研究网络服务提供者应当承担的侵犯私权（以版权为主）的责任；❶ 其二，定位于电子商务交易平台，以《电子商务法》为框架，以保护消费者权益为目的，研究平台应当承担的公法审查责任；部分研究文献将公法审查责任扩大至所有的网络平台，以清洁网络环境为目的，研究网络平台负担的信息审查责任，较多文献偏重于从行政责任层面论及网络平台责任。❷ 其三，宏观层面上论述国家、网络平台、个人所履

---

❶ 吴汉东．论网络服务提供者的著作权侵权责任［J］．中国法学，2011（2）；徐伟．网络服务提供者“知道”认定新诠——兼驳网络服务提供者“应知”论［J］．法律科学，2014（2）；冯术杰．论网络服务提供者间接侵权责任的过错形态［J］．中国法学，2016（4）．

❷ 姚志伟．技术性审查：网络服务提供者公法审查义务困境之破解［J］．法商研究，2019（1）；刘权．网络平台的公共性及其实现——以电商平台的法律规制为视角［J］．法学研究，2020（2）；赵鹏．私人审查的界限：论网络交易平台对用户内容的行政责任［J］．清华法学，2016（6）．

行的网络空间信息安全义务，提出多元协同的网络治理建议。❶ 沿着这三个研究路径，结合数字出版者和数字出版平台主体，研究者提出其应履行作品传播的民事审查责任，也有论者提出从行政执法层面加强著作权传播管理。综合不同路径研究的文献，焦点问题的观点集中表述为：第一，网络服务提供者负有网络空间传播的安全保障义务，❷ 违背注意义务的过失，导致其承担“应当知道”的过错责任，❸ 但是注意义务与应当知道之间的因果牵连，淡化了“避风港”的责任限制效果，加重了网络服务提供者的间接侵权责任。第二，网络平台具有公共性，❹ 应当履行网络信息审查的行政责任，❺ 但是否应当赋予网络平台享有私权力，管控网络空间的信息，存在较大的争议。主张派认为，鉴于技术优势和治理成效，应当赋予平台私权力，❻ 即使私人治理存在问题，也可以通过公法干预等合理优化解决。❼ 反对派认为，平台私人监管抑制创新，不具有正当性，突破比例原则，违背法律保留，应另寻他法。❽ 第三，以注意义务和“避风港”原则切入，提出（融通）贯通信息审查上的民事责任和行政责任，网络服务提供者履行公法审查义务导致其私法注意义务水平的提高。公法上的审查应当限定为技术审查，不应牵连私法上的审查

❶ 张文显．构建智能社会的法律秩序［J］．东方法学，2020（5）；黄志熊．互联网监管的道路之争及其规则意蕴［J］．法学评论，2019（5）；徐汉明．我国网络法治的经验与启示［J］．中国法学，2018（3）．

❷ 刘文杰．网络服务提供者的安全保障义务［J］．中外法学，2012（2）：401-407.

❸ 尹志强，马俊骥．网络平台经营者“应当知道”要件之重新检视［J］．华东政法大学学报，2020（6）．

❹ 刘权．网络平台的公共性及其实现——以电商平台的法律规制为视角［J］．法学研究，2020（2）：45.

❺ 皮勇．论网络服务提供者的管理义务及刑事责任［J］．法商研究，2017（5）．

❻ 邱遥堃．论网络平台规则［J］．思想战线，2020（3）；刘权．网络平台的公共性及其实现——以电商平台的法律规制为视角［J］．法学研究，2020（2）．

❼ 孔祥稳．网络平台信息内容规制结构的公法反思［J］．环球法律评论，2020（2）；郭渐强，陈荣昌．网络平台权力治理：法治困境与现实出路［J］．理论探索，2019（4）．

❽ 许可．网络平台规制的双重逻辑及其反思［J］．网络信息法学研究，2018（1）；赵鹏．私人审查的界限：论网络交易平台对用户内容的行政责任［J］．清华法学，2016（6）．

义务和承担的责任。[1] 安全保障义务通过转介的方式对接了公法体系中的安全保障要求，是公法与私法相互工具化的管道性条款。合理界定网络经营者的安全保障义务，需要注意公共治理与私权维护可能存在的目标偏离并合理把握注意义务的标准。[2] 那种将民事、行政和刑事上注意义务或保障义务混同对待的论述不可取。[3] 针对平台的知识产权保护规则，新的研究成果集中在优化"避风港"规则议题上。孙阳认为，规则应当从权利人与网络平台对抗模式转化为合作模式，兼顾双方的共同利益并且合理分配成本负担。[4]

这些研究成果围绕网络平台的追责、免责进行了深入的探索，提出了颇有见地的远见，尤其是抓住"注意义务""主体责任""私权力"等核心问题，从不同角度和层面进行了剖析，为进一步研究奠定了理论基础。但是网络平台公法义务的界限、私法审查与公法审查的关系、平台的私权力合法性等问题仍存在模糊和留白，仍需进一步挖掘。

结　论

在网络经营者主动履行内容行政审查责任的制度背景下，网络平台的知识产权民事责任发生了变动，预设技术中立前提下的"避风港"规则是否还有适用的余地，抑或应当予以修正，是妥当处置网络平台民事责任的核心。司法解释《民法典》"知道""应当知道"概念时，宽严尺度的把握端赖于网络平台责任的政策裁夺。综合权衡网络法制体系，网络平台应当对知识产权履行安全保障义务，主动履行公法范围内的审查义务，特定条件下应当对平台内的信息进行内容审查。

---

[1] 姚志伟．公法阴影下的避风港——以网络服务提供者的审查义务为中心［J］．环球法律评论，2018（1）．

[2] 万方．公私法汇流的闸口——转介视角下的网络经营者安全保障义务［J］．中外法学，2020（2）．

[3] 王思源．论网络运营者的安全保障义务［J］．当代法学，2017（1）．

[4] 孙阳．网络平台责任中的知识产权保护规则［J］．海峡法学，2019（1）．

第四编

知识产权大事记

2020年知识产权国内大事回顾

谢　晶*

1月

1月3日，欧洲专利局、日本特许厅、韩国特许厅、中国国家知识产权局和美国专利商标局共同决定，五局（IP5）PPH试点自2020年1月6日起再延长3年，至2023年1月5日止。

五局（IP5）PPH试点于2014年1月6日启动，为期3年，曾于2017年1月6日延长一次，至2020年1月5日止，上述机构提交PPH请求的有关要求和流程不变。

1月3日，国家知识产权局印发《关于深化知识产权领域“放管服”改革营造良好营商环境的实施意见》。

该实施意见贯彻实施1月1日生效的《优化营商环境条例》，紧紧围绕国务院“放管服”改革目标任务，坚持自我加压，深刻转变职能，完善制度设计，创新工作方式，进一步明确了知识产权领域职能转变和“放管服”改革的总体要求、工作思路、任务目标和具体举措，全面提高行政效能，促进知

* 谢晶，甘肃政法大学民商经济法学院讲师，中南财经政法大学知识产权法学博士，德国马克斯·普朗克创新与竞争研究所访问学者。

识产权治理能力现代化，着力满足市场主体的主要诉求和经济发展的迫切需要，推动改革成果在更深程度、更大范围上惠及社会公众和市场主体。

1 月 6 日，全国知识产权局局长会议在北京召开。

会议以习近平新时代中国特色社会主义思想为指导，全面贯彻党的十九大、十九届二中、三中、四中全会精神和中央经济工作会议精神，全面贯彻习近平总书记关于知识产权工作的重要指示和党中央、国务院决策部署，认真落实中办、国办《关于强化知识产权保护的意见》，落实全国市场监管工作会议要求，总结 2019 年工作，部署 2020 年重点任务。

1 月 8 日，国家知识产权局地理标志保护产品专用标志使用核准改革试点启动工作会在北京召开。

2019 年 12 月，国家知识产权局确定在北京市等 11 个地方开展地理标志保护产品专用标志使用核准改革试点。地理标志保护产品专用标志使用核准改革试点是一项系统工程，通过开展试点工作，充分发挥各级知识产权管理部门和相关机构的作用，调动地理标志专用标志使用企业的积极性、主动性，进一步完善地理标志保护标准体系、检测体系和质量保证体系，确保地理标志产品的“原汁原味”，不断提升地理标志品牌价值和市场影响力，推动地理标志保护工作再上新台阶。

1 月 9 日，文化和旅游部、国务院扶贫办印发通知，支持各地特别是国家级贫困县以传统工艺为重点，依托各类非遗项目，设立一批特色鲜明、带动作用明显的非遗扶贫就业工坊，帮助贫困人口学习传统技艺，促进就业增收，巩固脱贫成果。

非遗助力精准扶贫是文化和旅游扶贫的重要举措。2018 年 7 月，文化和旅游部、国务院扶贫办确定了第一批 10 个“非遗+扶贫”重点支持地区，支持设立非遗扶贫就业工坊。全国 393 个国家级贫困县和 150 个省级贫困县已开展非遗助力精准扶贫工作，全国共设立非遗扶贫就业工坊 2 310 个，带动 46.38 万人参与就业，带动 20 万建档立卡贫困户脱贫。

1 月 14 日，国家知识产权局就 2019 年主要工作统计数据及有关情况举行新闻发布会。数据显示，2019 年，中国主要知识产权指标总体平稳、稳中有进，知识产权质量效益持续提升。

2019 年，中国发明专利申请量 140.1 万件，共授权发明专利 45.3 万件。其中，国内发明专利授权 36.1 万件。中国发明专利授权量排名前 3 位的国内（不含港澳台）企业依次为：华为技术有限公司（4 510件）、中国石油化工股份有限公司（2 883件）、OPPO 广东移动通信有限公司（2 614件）。

2019 年，国外在华发明专利申请量达 15.7 万件，较上年增长 6.0%；国外在华商标申请量达 25.5 万件，较上年增长 4.7%；全球共有 186 个国家（地区）市场主体在中国申请专利商标，较上年增长 12 个。

商标方面，2019 年，我国商标注册申请量为 783.7 万件。商标注册量为 640.6 万件。其中，国内商标注册 617.8 万件。有效商标注册量达 2 521.9万件，同比增长 28.9%。平均每 4.9 个市场主体拥有 1 件注册商标。2019 年，收到中国申请人提交马德里商标国际注册申请 6 491件。截至 2019 年年底，我国申请人马德里商标国际注册有效量为 3.8 万件。

1 月 14 日，“中国专利 40 年”座谈会在北京举办，国家知识产权局局长申长雨出席会议并讲话。

申长雨强调，一要谋划制定好知识产权强国战略纲要，为包括专利在内的整个知识产权事业做好顶层设计。二要牢牢把握高质量发展这个主题，培育更多高价值核心专利，为经济高质量发展提供更加强有力的技术供给。三要围绕强化知识产权保护，提高专利审查质量和效率，建立侵权惩罚性赔偿制度，做好知识产权海外维权援助工作。四要进一步深化知识产权权益分配改革，完善知识产权运营平台体系，大力培育专利密集型产业，强化知识产权公共服务，畅通知识产权价值实现渠道。五要进一步深化国际交流，扎实推进“一带一路”知识产权合作，提高中国在国际知识产权领域的话语权和影响力，更好地服务对外开放。

1 月 15 日，海关总署发布数据显示，2019 年全国海关查获进出口侵权嫌疑货物 5.1 万批次，同比增长 8.3%，涉案货物数量 4 421 万件，同比增长 78.3%。

据统计，海关知识产权边境保护涉及 37 个国家和地区权利人的 12 051 项知识产权，其中查获出口侵权嫌疑货物 50 668 批次；查获进口侵权嫌疑货物 494 批次。查获的侵权嫌疑货物涉及商标专用权、专利权、著作权、奥林匹克标志和世界博览会标志等多种类型的知识产权，其中查获涉嫌侵犯商标权货物 4 391 万件、涉嫌侵犯专利权货物 20.94 万件、涉嫌侵犯著作权货物 8.37 万件、涉嫌侵犯奥林匹克标志和世界博览会标志货物 1 888 件，知识产权行政执法成效显著。

1 月 16 日，国家知识产权局召开专利审查检索大赛工作总结会，总结专利审查检索经验，推动审查质量和效率持续提升。

1 月 17 日，国务院办公厅发布《关于支持国家级新区深化改革创新加快推动高质量发展的指导意见》。

国家级新区是承担国家重大发展和改革开放战略任务的综合功能平台。《意见》明确，要打造若干竞争力强的创新平台，鼓励高校、科研院所优先在新区设立科研中心、研发机构等，国家重大战略项目、科技创新 2030 重大项目等优先在有条件的新区布局，鼓励建设主导产业协同创新公共服务平台和工程数据中心，建设国家大科学装置和国家科技创新基地。

1 月 19 日，工信部发布《2019 年中国电子信息制造业综合发展指数报告》和《2019 年中国软件和信息技术服务业综合发展指数报告》，通过梳理和甄别产业发展短板，对比分析产业发展的特点，引导产业向高质量发展。

本届电子信息制造业综合发展指数最大的变化和亮点是，对指数得分增长贡献最大的指标首次从产业发展规模转变为产业创新指标，产业创新和产业转型指标对总指数分值上升的贡献率分别高达 90% 和 43%。这表明，我国电子信息制造业开始进入高质量发展的关键期，产业发展的主要推动力逐步从规模红利转向产业创新和转型增值，产业发展进入“通过重研发，从低价值环节向高价值环节实质突破”的新阶段。

1 月 21 日，国家版权局公布 2020 年度第一批重点作品版权保护预警名单。《夺冠》《唐人街探案 3》《囧妈》《紧急救援》《姜子牙》《急先锋》《熊出没之狂野大陆》等 7 部春节档院线电影在列。

1 月 22 日，外交部举行例行记者会。发言人耿爽在会上表示，中国正不断加大知识产权执法和保护力度。目前，中方正在积极推进加入《工业品外观设计国际注册海牙协定》的相关工作。

当前，中国研发投入排名世界第二，发明专利申请量排名世界第一，有效发明专利保有量排名世界第三。根据世界知识产权组织发布的《全球创新指数 2019》报告，中国整体排名位列全球第 14 位，连续四年上升。根据世界银行《全球营商环境报告 2020》，中国的营商环境从 2017 年的第 78 位上升到 2019 年的第 31 位。

1 月 31 日，国家知识产权局办公室发布《关于新型冠状病毒感染肺炎疫情防控期间全面加强专利商标服务窗口业务管理的通知》。

《通知》明确提出，要加大对湖北疫区工作支持力度，支持地方采取武汉专利代办处暂时停业等措施，同时为湖北专利商标申请人和代理人提供更广泛的网上业务办理服务，及时提供业务办理咨询指导和相关技术服务支援。

2 月

2 月 3 日，国家知识产权局受理服务窗口正常开放。

为了加强新冠肺炎疫情防控工作，有效减少人员聚集，阻断疫情传播，疫情防控期间，建议申请人尽量使用互联网在线方式办理专利、商标、集成电路布图设计业务，最大程度降低交叉感染的风险。在办理专利申请业务方面，国家知识产权局提供了两种电子申请业务办理方式：一是电子申请客户端，二是电子申请在线业务办理平台。

2 月 7 日，国家知识产权局下发《疫情防控相关商标审查指导意见》。

《意见》明确了与疫情相关人员姓名，含疫情病毒名、疾病名的相关标志，疫情相关药品标志，防护产品相关标志，其他疫情相关标志等的审查指导意见，依法从严从快打击与疫情相关的非正常商标注册申请行为。商标局已对“火神山”“雷神山”等近 1 000 件与新冠肺炎疫情相关的商标注册申请实施管控。

2 月 13 日，国家知识产权局召开党组会议暨局应对新冠肺炎疫情工作领导小组会议，研究下一步局疫情防控工作和支持企业复工复产的政策措施。

会议强调，一要坚持疫情防控不放松，进一步落实防控责任，做到统筹兼顾，加强分类指导。二要完善疫情防控专利信息平台，提供更加翔实的数据和更加便利的服务，更好支撑疫情防控科研攻关。三要扎实做好专利、商标、集成电路布图设计的申请受理和审查授权，做好服务窗口的各项工作。四要依法依规、合情合理办理涉及知识产权的各类业务，营造集中精力共抗疫情的良好氛围，坚决打赢疫情防控的人民战争、总体战、阻击战。

2月14日，国家知识产权局召开应对新冠肺炎疫情的工作会议，提出要进一步完善疫情防控专利信息平台，并对涉及防治新冠肺炎的专利、商标申请注册开辟“绿色通道”。

疫情防控专利信息平台是由国家知识产权局专利局专利审查协作北京中心与中国专利信息中心共同开发上线的免费专利信息服务平台。该平台细分为新冠肺炎治疗用药、预防用药、病毒检测、医疗器械、防护产品、环境消毒、废弃物处理、废水处理、大数据及人工智能应用等9大技术领域，34个二级分支，78个三级分支，首批收录新冠肺炎防治各类中外专利文献近万篇。

2月15日，国家知识产权局发布《抗击新型冠状病毒肺炎专利信息研报》。

报告以国家卫健委发布的《新型冠状病毒感染的肺炎诊疗方案（试行第五版）》为主线，对治疗用药、预防用药和病毒检测三个关键分支的专利信息进行全面梳理，从化学药、生物药、疫苗、检测方法和检测仪器等5个方面展开论述并给出研究方向建议，力求为科研人员赋能，以期加速研发进程。

2月15日，《市场监管总局　国家药监局　国家知识产权局支持复工复产十条》正式发布，明确对涉及防治新冠肺炎的商标注册，依请求予以优先审查办理。

为支持相关企业在疫情防控相关商品或服务上进行商标注册申请，商标局立即研究制定《疫情防控相关商标注册申请快速审查工作方案》，2月18日经国家知识产权局审核通过后开始实施。

2月19日，教育部、国家知识产权局、科技部发布《关于提升高等学校

专利质量　促进转化运用的若干意见》。

《意见》指出，在优化专利资助奖励政策方面，高校要停止对专利申请的资助奖励，大幅减少并逐步取消对专利授权的奖励，通过提高转化收益比例等“后补助”方式对发明人予以奖励。《意见》要求，到2022年，涵盖专利导航与布局、专利申请与维护、专利转化运用等内容的高校知识产权全流程管理体系更加完善，并与高校科技创新体系、科技成果转移转化体系有机融合。到2025年，高校专利质量明显提升，专利运营能力显著增强，部分高校专利授权率和实施率达到世界一流高校水平。

2月25日，国家知识产权局副局长何志敏在国务院举办的新闻发布会上表示，受疫情影响，不少中小企业的确面临资金紧张的问题。用企业拥有的知识产权来开展质押融资，对于帮助中小企业，特别是科技型中小企业解决资金短缺问题，是一个非常有效的措施和方法。

近年来，国家知识产权局积极开展知识产权的质押融资工作。2019年，专利商标的质押融资总额达到1 515亿元，帮助近万家企业解决了资金短缺的问题。

2月27日，国家知识产权局开展网络在线培训试点工作，由来自高校和企业的相关专家直播授课并与学员实时互动答疑，取得良好效果。

该试点培训开设“快速全面了解知识产权基础知识”和“新冠肺炎疫情给IP行业带来的挑战与机遇”两门课程，涉及专利和商标基础知识、知识产权侵权案例、知识产权相关工作的挑战与机遇等，共计参加学员近千人。

2月28日，外交部发布例行记者会。发言人赵立坚表示，中国一直在不断加大科技创新和知识产权保护力度，已成为名副其实的知识产权大国和世界创新版图重要的一极，成绩卓著，有目共睹。

在世界知识产权组织等机构发布的2019年全球创新指数排名中，中国排名由2013年的第35位，提高到2019年的第14位。中国受理的发明专利申请量连续9年位居世界第一，而且相继实现了年发明专利申请量和发明专利拥有量“两个一百万件”的重大突破，成为世界上第一个年发明专利申请量突破100万件的国家和继美国、日本之后第三个国内有效发明拥有量突破100

万件的国家。

3月

3月3日，科技部、发改委、教育部、中科院、自然科学基金委联合制定并印发《加强“从0到1”基础研究工作方案》，以切实解决我国基础研究缺少“从0到1”原创性成果的问题，充分发挥基础研究对科技创新的源头供给和引领作用。

《方案》表示，将发挥知识产权制度激励作用，推动知识产权权属改革，加强知识产权运用和保护；探索实施中央和地方共同出资、共同组织国家重大基础研究任务的新机制。探索共建新型研发机构、联合资助、慈善捐赠等措施，激励企业和社会力量加大基础研究投入。北京、上海、粤港澳科技创新中心和北京怀柔、上海张江、合肥、深圳综合性国家科学中心应加大基础研究投入力度，加强基础研究能力建设。

3月4日，国家知识产权局、教育部决定联合开展国家知识产权试点示范高校建设工作，并制定了《国家知识产权试点示范高校建设工作方案（试行)》，提出将建设50家左右凸显知识产权综合能力的示范高校，培育一批彰显知识产权特色和优势的试点高校。

3月6日，国家知识产权局发布《关于专利、商标、集成电路布图设计受疫情影响相关期限事项的公告（第350号）》，明确了疫情期间因疫情影响造成权利丧失的救济程序等，提出年费缴纳期限届满的，在当事人所在省、自治区、直辖市重大突发公共卫生事件一级响应期间，不产生专利年费的滞纳金。

3月9日，国家药监局发布通告，40批次化妆品产品被检查出不合格，160批次化妆品产品为假冒产品。

3月10日，国家林业和草原局发布2019年第二批授予植物新品种权名单，“霞光”等225件植物新品种被授予植物新品种权，并颁发《植物新品种权证书》。

第二批植物新品种在植物类别上以木本观赏植物为主，新授权植物新品种的属（种）以蔷薇属为主，41件国外品种权人授权新品种，国家涉及德国、法国、英国、丹麦、荷兰等。2019年，国家林业和草原局共授予植物新品种权439项。

3月11日，为加强国防知识产权保护，维护创新主体和公众的合法权益，中央军委装备发展部国防知识产权局公布了国防专利纠纷咨询及投诉电话。

3月11日，国务院国有资产监督管理委员会、国家知识产权局联合印发《关于推进中央企业知识产权工作高质量发展的指导意见》。

意见显示，推进央企知识产权工作高质量发展，旨在推动央企自主创新能力持续提升，更好发挥知识产权对中央企业创新发展的支撑作用，为建设知识产权强国作出积极贡献。到2025年，基本建立适应高质量发展需要的央企知识产权工作体系，央企知识产权创造、运用、保护、管理能力显著增强。

3月12日，国务院联防联控机制召开新闻发布会，介绍加强市场监管和风险排查情况。

全国市场监管部门在打击非法制售口罩等防护用品专项行动中，共出动执法人员700万人次，检查经营者897.5万户次，查获问题口罩8 066万只；查获消毒水等其他问题防护用品37万件，累计查办非法制售口罩等防护用品案件2.7万件，罚没款2.3亿元，移送公安机关的案件598件。

3月13日，国家知识产权局、国家统计局发布联合公告显示，2018年，全国专利密集型产业增加值为107 090亿元，占国内生产总值的比重为11.6%。

这是中国首次正式发布全国专利密集型产业增加值数据，标志着中国专利密集型产业增加值核算与发布机制正式建立。为全面反映中国专利密集型产业发展状况，此次发布的增加值数据依据《知识产权（专利）密集型产业统计分类（2019）》，利用第四次全国经济普查结果进行核算。

3月13日，国家知识产权局以《新型冠状病毒肺炎诊疗方案（试行第六版）》为主线，对用于新冠肺炎医学观察期的推荐中成药，用于临床治疗期的基础方剂、推荐处方和中成药相关专利信息进行分析，阐述推荐处方和推荐中成药的专利技术路线，为中医药科研人员药物研发提供参考。

3 月 16 日，国家知识产权局涉疫非正常商标申请得到有效处置。

截至目前，国家知识产权局在管控的累计 1 580余件涉及疫情的商标申请中，依法驳回 328 件，准予申请人主动撤回 866 件，并组织地方执法部门对相关申请人和代理机构进行约谈、整改和处理。

3 月 18 日，国家知识产权局 2019 年全国知识产权运营体系建设成效显著，全国专利转让、许可、质押等运营次数达到 30. 7 万次，专利和商标质押金额达 1 515 亿元，同比分别增长 21. 3% 和 23. 8%。知识产权运营服务体系建设重点城市增至 26 个、首单纯专利资产证券化产品成功发行、一批知识产权运营相关重大项目和平台陆续落地。

3 月 20 日，国家知识产权局向社会公开发布《2019 年中国专利调查报告》。

《报告》显示，受调查专利权人中认为现今知识产权保护水平比较适当的占比，较上年增加 10. 2%，严格保护效果获专利权人进一步认可，我国知识产权保护在提高侵权违法成本、优化保护环境等方面取得新的成效，企业在强化知识产权源头保护等方面需求旺盛。

3 月 24 日，国家知识产权局官网发布《官方标志保护办法（征求意见稿）》，并公开征求意见，拟增强官方标志保护的可操作性，实现国内外同水平保护。

征求意见稿拟规定，商标不得与官方标志相同或者近似，注册商标与官方标志相同或近似的，国家知识产权局根据《商标法》规定分别作出依法驳回、不予注册、宣告无效的决定；未注册商标与官方标志相同或者近似的，由行为人所在地或行为发生地县级以上市场监督管理部门根据《商标法》规定予以行政处罚，对违法经营额 5 万元以上的，可以处违法经营额 20% 以下的罚款，没有违法经营额或者违法经营额不足 5 万元的，可以处 1 万元以下的罚款。

3 月 25 日，国家版权局对外发布全国著作权登记情况。

2019 年全国著作权登记总量达 4 186 549 件，相比 2018 年的 3 457 338 件，

同比增长21.09%。

从作品类型看，登记量最多的是美术作品1 288 139件，占登记总量的47.68%；位居第二的是摄影作品1 015 620件，占登记总量的37.59%；位居第三的是文字作品179 314件，占登记总量的6.64%；位居第四的是影视作品88 230件，占登记总量的3.27%。

4月

4月1日，根据《中国国家知识产权局与挪威工业产权局关于专利审查高速路领域试点的谅解备忘录》，中国国家知识产权局（CNIPA）与挪威工业产权局（NIPO）专利审查高速路（PPH）试点正式启动，为期3年，至2023年3月31日止。

4月3日，国家知识产权局办公室发布通知，启动第四批技术与创新支持中心（TISC）候选机构推荐工作。通知要求各地应根据TISC的宗旨，结合本地区特点和优势，推荐基础条件好、服务能力强的单位作为第四批TISC建议候选机构。

TISC是世界知识产权组织（WIPO）发展议程框架下的项目，旨在帮助发展中国家的知识产权和创新用户提升技术信息检索能力，更快地掌握行业动态和新技术信息，帮助其增强创新能力。前两批共17家TISC机构于2020年9月正式授牌。

4月6日，世界知识产权组织（WIPO）举行视频会议，研讨疫情期间知识产权机构相关应对措施。中国国家知识产权局局长申长雨出席会议，并介绍了中国国家知识产权局应对疫情采取的相关举措。

申长雨指出，WIPO此时举行视频会议，加强各国知识产权领域在应对疫情方面的经验共享，有利于全球创新主体更加及时有效地应对疫情带来的挑战。新冠肺炎疫情暴发后，为落实国家防控疫情的决策部署，切实保障知识产权权利人合法权益，中国国家知识产权局第一时间作出安排，发布《关于专利、商标、集成电路布图设计受疫情影响相关期限事项的公告（第350

号)》，明确相关知识产权救济程序。

4 月 8 日，国家知识产权局印发《〈关于深化知识产权领域“放管服”改革　营造良好营商环境的实施意见〉分工方案》。

《分工方案》从优化知识产权审查流程、提高知识产权审查质量、提升知识产权审查效率、积极完善知识产权保护体系、加大对知识产权非正常申请打击力度、整合优化知识产权政务服务资源、提升知识产权业务服务便利化程度、加强知识产权信息服务资源供给等 16 个方面，共梳理形成 78 项具体改革举措，加强统筹规划，明确目标任务，确保改革取得实效，惠及长远。

4 月 9 日，中国国家知识产权局局长申长雨与韩国特许厅厅长朴原住举行视频会议，就应对新冠肺炎疫情专利信息服务、知识产权五局合作局长系列会议延期、深化双边知识产权合作，以及双方共同关心的议题深入交换意见。

4 月 16 日，国务院服务贸易发展部际联席会议办公室从试点地区选取 20 个成效较为突出的案例，发布深化服务贸易创新发展试点“最佳实践案例”。其中，苏州市知识产权运营服务体系建设、江苏国际知识产权运营交易中心开展技术进出口“不见面”备案，以及北京、上海、武汉创新知识产权质押融资模式成功入选。

4 月 20 日，20 个部委共同主办、主题为“知识产权与健康中国”的 2020 年全国知识产权宣传周活动通过互联网在“云端”开启，参与公众可利用电脑、手机等终端“同屏”围观。此举既契合当前新冠肺炎疫情防控需要，又扩大了知识产权宣传周活动的参与面。

4 月 23 日，在国务院新闻办公室举行新闻发布会，国家知识产权局局长申长雨介绍 2019 年中国知识产权发展状况，并答记者问。

申长雨表示，2008 年《国家知识产权战略纲要》颁布实施以来，特别是党的十八大以来，在党中央、国务院坚强领导下，经过各方共同努力，我国知识产权事业取得巨大成就。《纲要》提出的到 2020 年“把我国建设成为知识产权创造、运用、保护和管理水平较高的国家”这一目标已基本实现，主要表现在以下几个方面：一是知识产权拥有量大幅增长，成为名副其实的知识产权大国。二是知识产权运用成效显著，有力促进了经济社会发展。三是知识产权保护不断加强，营商环境持续改善。四是全社会知识产权意识明显提高，基础环境进一步夯实。五是知识产权对外合作不断扩大和深化，国际影响力显著提高。

4月26日，国家知识产权局举办第二季度例行新闻发布会，知识产权运用促进司有关负责人介绍了2020年“知识产权服务万里行”活动相关情况。

2020年“知识产权服务万里行”活动由国家知识产权局组织各地统一开展，时间为4月26日至10月26日，为期半年。活动以“知识产权服务助力复工复产，支持创新创业”为主题，聚焦企业的需求和困难，发挥好政府与市场两方面作用，调配各类知识产权服务资源，推动知识产权服务供给侧和需求侧精准对接。

5月

5月6日，公安部食品药品犯罪侦查局对外公布2019年以来开展集中打击食药环和知识产权犯罪“昆仑”行动战果。通过专项行动，有效防控食药环和知识产权领域潜在公共安全风险，积极推动了相关领域源头治理。

其间，全国公安机关共侦破食药环和知识产权犯罪案件3.9万起，抓获犯罪嫌疑人6.5万名，打掉犯罪团伙7 200余个，捣毁“黑工厂”“黑作坊”“黑窝点”1.5万个，涉案总价值350余亿元。

5月8日，财政部办公厅和国家知识产权局办公室联合下发《关于做好2020年知识产权运营服务体系建设工作的通知》，提出2020年，财政部、国家知识产权局继续在全国选择若干重点城市（含直辖市所属区、县），支持开展知识产权运营服务体系建设。

《通知》提到，经过三年的时间，在重点城市构建起规范化、市场化的知识产权运营服务体系，建立健全知识产权运用促进的制度规范，促进知识产权市场价值充分实现，支撑区域经济高质量发展。

5月8日，国家知识产权局组织开展2020年知识产权代理行业“蓝天”专项整治行动。《通知》提出，健全专利、商标代理信用档案，推进信用联合惩戒，实现“一处失信、处处受限”。

该专项行动旨在深入贯彻党中央、国务院关于“放管服”决策部署，促进知识产权服务业健康发展，为疫情防控、复工复产和创新创业提供更加优质的知识产权服务。

5 月 11 日，国家知识产权局商标局在北京召开 2020 年商标审查工作会议，国家知识产权局副局长何志敏出席会议并讲话。

5 月 18 日，国家知识产权局办公室发布关于组织推荐 2020 年地理标志运用促进工程项目申报的通知。

据悉，申报单位为地级行政区知识产权局或省直辖县级行政单位知识产权局，每个申报单位限报 1 个项目，定向支持辖区内国家级贫困县（包括 2019 年摘帽的）提升地理标志运用促进能力，助力决战决胜脱贫攻坚。推荐单位为相应的省知识产权局，每个推荐单位限推荐 2 个项目。知识产权运营服务体系建设重点城市另行部署，不在此次申报范围。

5 月 18 日，科技部、教育部等九部门联合印发《赋予科研人员职务科技成果所有权或长期使用权试点实施方案》，在深化科技成果使用权、处置权和收益权改革领域向前迈进一步，有助于破除科研成果转化障碍，激发科研人员积极性。

此次九部门印发《方案》，将在一些高等院校和科研机构开展试点，赋予科研人员职务科技成果所有权、长期使用权，可以进一步打破限制，使科研人员能够以“共同所有权人”的平等身份与单位沟通，争取个人合理权益。而科研人员以主角身份参与科技成果后续在科研和转化等方面的利用，也能够更直接地获取经济利益。由此可以调动科研人员的创新与转化热情，也促使人们思考研究领域与经济社会发展之间的关联，为构建科技创新和科技成果转化的长效机制打好基础。

5 月 18 日，国家知识产权局专利局举办空调技术线上说明会。国家知识产权局专利局审查业务管理部、国家知识产权局专利局复审和无效部、国家知识产权局专利局机械发明审查部、国家知识产权局专利局审查协作北京中心、河南中心等各单位知识产权工作相关领导及审查员、空调企业人员等 400

余人参加会议。

本次说明会以线上直播形式进行，丰富的交流满足了新冠肺炎防控特殊时期空调骨干企业向国家专利审查部门进行专利技术沟通说明的需求，促进了空调行业专利技术交流，获得了大家的一致好评。

5 月 20 日，国家版权局启动 2020 年中国版权金奖评选活动。

中国版权金奖由国家版权局和世界知识产权组织共同主办，设立于 2008 年，每两年评选一次，是中国版权领域最高奖项，也是中国版权领域唯一的国际奖项。经中央批准，自 2016 年起，中国版权金奖纳入中国政府常设评奖项目。

5 月 27 日，财政部、国家知识产权局决定继续在全国选择若干重点城市，支持开展知识产权运营服务体系建设。希望经过三年时间，在重点城市构建起规范化、市场化的知识产权运营服务体系，建立健全知识产权运用促进的制度规范，促进知识产权市场价值充分实现，支撑区域经济高质量发展。

5 月 28 日，中国国家知识产权局局长申长雨与世界知识产权组织（WIPO）候任总干事邓鸿森举行电话会议，就深化双方之间合作，推动全球知识产权体系平衡、包容、有效发展等议题深入交换意见。

申长雨指出，2020 年是中国加入世界知识产权组织 40 周年。40 年以来，双方建立传统友谊和良好合作关系，取得丰硕成果。中国作为一个知识产权大国，是 WIPO 全球知识产权服务体系的最大用户之一，希望和 WIPO 一道继续完善全球知识产权体系，使其更好地为全球知识产权用户服务；一道坚持多边主义，保护知识产权，促进创新发展，推动经济全球化。邓鸿森表示，近年来，东北亚地区创新能力持续提升，特别是中国，2019 年 PCT 申请量首次位居世界第一，希望中国在 WIPO 事务中发挥更大作用。

5 月 29 日，国家知识产权局召开涉外知识产权纠纷应对指导 2020 年度工作会议，对涉外知识产权纠纷应对指导工作进行总结并安排部署下一阶段工作。

会上，国家知识产权局知识产权保护司、中国知识产权研究会和中国贸促会知识产权服务中心分别汇报涉外知识产权纠纷应对机制建设情况、国家海外知识产权纠纷应对指导中心工作开展情况、知识产权纠纷应对指导海外有关工作开展情况，北京市知识产权局就地方涉外知识产权纠纷应对工作分享经验。

6月

6月1日，中国国家知识产权局局长申长雨与日本特许厅长官松永明举行视频会议，就新冠肺炎疫情期间双方相关工作、双边知识产权合作及五局（TP5）合作等议题深入交换意见。

申长雨表示，在严峻的全球新冠肺炎疫情防控形势下，中、日两局依然保持高层交流，体现了中日双方加强知识产权领域合作的真诚愿望，疫情期间双方相继发布了维护申请人权益的救济措施，确保当事人权利获得及时、有效救济，并取得了积极效果。松永明表示，面对新冠肺炎疫情，中国国家知识产权局通过公告的形式，提供了应对疫情的救济措施，这对于日本开展相关工作具有借鉴意义，希望双方通过多种方式保持交流，继续推进知识产权领域的各方面合作。

6月4日，商务部举行例行新闻发布会，商务部新闻发言人高峰介绍称，随着我国采取的一系列推动企业复工复产和稳外贸稳外资的政策措施初显成效。4月我国服务出口1 612.9亿元，同比增长3.5%，扭转了疫情发生以来单月出口连续下降的局面。其中，知识产权使用费出口57.4亿元，增长54.9%。

6月5日，全国打击侵犯知识产权和制售假冒伪劣商品工作领导小组印发《2020年全国打击侵犯知识产权和制售假冒伪劣商品工作要点》。

《要点》对2020年全国打击侵权假冒伪劣工作作出安排，涉及7个方面、35项任务。要求坚持依法治理、打建结合、统筹协作、社会共治原则，推进跨部门、跨领域、跨区域执法联动，依法严厉打击侵权假冒违法犯罪行为，推动优化市场化、法治化、国际化营商环境。

6月9日，国家知识产权局委托黑龙江省知识产权局对黑龙江省三个国家知识产权试点城市（牡丹江市、大庆市和伊春市）开展国家知识产权试点城市创建工作情况进行考核验收。

黑龙江省知识产权局按照国家知识产权局的要求，邀请哈尔滨工程大学、东北林业大学、哈尔滨市阳光惠远知识产权代理有限公司等单位的评审专家，以视频方式召开国家知识产权试点城市考核验收专家评审会。三个市分别作国家知识产权试点城市工作报告。

6 月 10 日，国家知识产权局开展“建言献策‘十四五’，知识产权谱新篇”活动，向社会各界发出邀请，为科学编制“十四五”知识产权规划建言献策。

“十四五”时期是我国知识产权强国战略实施的起步期，科学编制“十四五”知识产权规划对于建设知识产权强国具有重要意义。

6 月 12 日，国家版权局发布《关于规范摄影作品版权秩序的通知》，对摄影作品相关版权问题进行了厘清，推动构建摄影作品版权保护长效机制。

为加大图片领域版权整治力度，规范摄影作品版权秩序，营造良好版权法治生态，国家版权局将图片版权整治纳入“剑网 2019”专项行动，查办了一批涉及摄影作品侵权盗版的案件，取得了积极成效。《通知》的发布对巩固“剑网”行动工作成果，进一步规范摄影作品版权秩序具有积极意义。

6 月 16 日，国家知识产权局印发《关于进一步加强知识产权维权援助工作的指导意见》。

《指导意见》提出了到 2025 年的工作目标，明确了维权援助工作范围，为自然人、法人或其他组织的专利、商标、地理标志、集成电路布图设计等知识产权维权援助申请提供公益援助。《指导意见》要求，推动构建横纵协调、点面结合、社会共治的维权援助工作体系，加强国家层面维权援助统筹协调，实现维权援助服务全国“一张网”。《指导意见》重点提出要做好中小微企业维权援助工作，加强展会、电子商务等商贸流通领域维权援助，完善海外维权援助服务，积极探索社会共治维权援助模式，推动高等院校、社会组织等社会力量参与维权援助工作。

6 月 16 日，国家知识产权局和澳门特别行政区政府经济局以换文形式签署《关于深化在知识产权领域交流合作的安排》，以持续推进内地与澳门在知识产权领域的交流合作。

根据该合作安排，国家知识产权局将严格按照宪法和基本法要求，全面准确贯彻“一国两制”原则，与澳门知识产权部门在“深化专利领域合作”“协助特区修改和调整知识产权制度”“开展专利、商标自动化合作”等方面开展工作，更好地保障内地与澳门各类创新主体的知识产权权益。

6 月 17 日，国家知识产权局出台《商标侵权判断标准》。

《标准》在商标法框架内，立足商标执法业务指导职能，对多年来商标行政保护的有益经验与做法进行了系统梳理和提炼总结，为商标执法相关部门依法行政提供具体操作指引，为市场主体营造透明度高、可预见性强的知识产权保护环境。《标准》共 38 条，对商标的使用、同一种商品、类似商品、相同商标、近似商标、容易混淆、销售免责、权利冲突、中止适用、权利人辨认等内容进行了细化规定。

6 月 30 日，科技部公布《关于加快推动国家科技成果转移转化示范区建设发展的通知》。

《通知》提出，探索知识产权证券化，有序建设知识产权和科技成果产权交易中心，完善科技成果转化公开交易与监管机制。鼓励有条件的示范区开展赋予科研人员职务科技成果所有权或长期使用权试点。健全以转化应用为导向的科技成果评价机制。规范简化科技成果转化审批程序，完善科技成果转化容错纠错机制，实行审慎包容监管。探索知识产权证券化，有序建设知识产权和科技成果产权交易中心，完善科技成果转化公开交易与监管机制。

7月

7 月 1 日，农业农村部、国家发展改革委等九部委联合印发《关于深入实施农村创新创业带头人培育行动的意见》。

意见提出，保护传统手工艺，发掘乡村非物质文化遗产资源，鼓励入乡创业人员、发掘在乡创业能人、加大人才政策支持。

7月3日，商务部公布的数据显示，2020年前5个月，我国服务贸易逆差比上年同期减少2 851.5亿元，下降44.9%。其中，我国知识密集型服务进出口迅速增长，占服务进出口总额比重已超过40%。知识产权使用费增长较快，同比增速高达38.4%；电信计算机和信息服务、保险服务出口增速也都在15%以上。进口增长较快的领域是电信计算机和信息服务、金融服务，分别增长34.4%和15.9%。

7月7日，国家知识产权局运用促进司、财政部经济建设司联合组织开展知识产权运营服务体系建设重点城市线上工作交流，国家知识产权局运用促进司、财政部经济建设司负责同志，四批重点城市及相关省级知识产权部门、财政部门共计500余人在线上参加交流。

交流中，国家知识产权局运用促进司分管负责同志就全面落实局有关工作安排、完善运营工作推进方式提出了明确要求，各有关处室负责同志就知识产权运营服务体系建设任务进行了解读，并明确了绩效评价工作安排；来自前三批重点城市和国家级知识产权运营平台（中心）的11名代表进行了经验介绍，2020年获得支持的新一批重点城市及所在省级知识产权部门进行了交流发言。此外，为指导新一批重点城市做好建设实施方案编制工作，国家知识产权局运用促进司还编制了《2020年重点城市知识产权运营服务体系建设工作指导手册》。

7月9日，国家知识产权局举行第三季度例行新闻发布会。

国家知识产权局新闻发言人、办公室主任胡文辉介绍，2020年上半年，全国专利商标质押金额853亿元，同比增长45%；质押项目数4 678项，同比增长52%。其中，专利质押金额651亿元，同比增长61%，质押项目数4 171项，同比增长54%；商标质押总金额202亿元，同比增长8.8%，质押项目数507项，同比增长34%。针对上半年专利商标质押融资数据逆势增长，国家知识产权局运用促进司司长雷筱云指出，主要有四方面原因：一是加强工作指导；二是完善工作机制；三是优化登记服务；四是推进工作总结和经验宣传推广。

7月13日，国家知识产权局办公室、教育部办公厅公布第二批高校国家知识产权信息服务中心名单。

根据《高校知识产权信息服务中心建设实施办法》，国家知识产权局、教育部联合开展了第二批高校国家知识产权信息服务中心遴选工作。经自主申报、初步筛选、专家初评、复评答辩、名单公示等环节，确定北京工业大学等第二批37家高校国家知识产权信息服务中心。

7月15日，国家知识产权局公布《关于第21届中国专利奖授奖的决定》。

根据《中国专利奖评奖办法》规定，经国务院有关部门知识产权工作管理机构、地方知识产权局、有关全国性行业协会，以及中国科学院院士和中国工程院院士等推荐，中国专利奖评审委员会评审，社会公示，共有869项发明、实用新型和外观设计专利分别获授金奖、银奖、优秀奖，另有28家单位分获最佳组织奖、优秀组织奖，12名个人获最佳推荐奖。

7月21日，第十三次中美欧日韩知识产权五局合作局长会议召开，这是五局合作历史上首次以视频会议形式举办的局长会议。

会议通过了《2020年中美欧日韩知识产权五局合作局长联合声明》。五局局长强调在面对疫情挑战的危急时刻，知识产权在促进经济复苏和创造就业方面发挥着关键作用，重申五局“为用户和公众提供更好的服务，以增强知识产权在激励创新和促进社会经济发展中的作用”的共同承诺，并将继续在应对疫情以及激励推动创新方面采取措施并分享最佳实践，以支持创新者和国际知识产权界为经济和社会复苏作出贡献以及推动五局合作项目进展，推动国际专利环境朝着更加高效、低成本和方便用户的方向发展。

7月20日，商标注册同日申请网上抽签及公证系统正式上线。

首日抽签，应参加抽签为130组，涉及270余件商标，其中资格审核通过133件商标，完成签到108件商标，实际参加抽签108件商标。商标注册同日申请从现场抽签改为网上抽签，实现了“让数据多跑腿、让群众少跑路”，这是商标局深入推行“互联网+政务服务”，加快商标注册便利化改革、积极应对新冠肺炎疫情的又一创新举措。

7月22日，国家版权局公布2020年度第三批重点作品版权保护预警名单。

7月23日，国家知识产权局党组召开会议，传达学习习近平总书记在企业家座谈会上的重要讲话精神，研究部署贯彻落实工作。局党组书记、局长申长雨主持会议并讲话。

会议强调：一要认真传达学习习近平总书记重要讲话，切实把思想和行动统一到讲话精神上来，做好知识产权工作，服务企业发展。二要加强知识产权保护，带头落实好《关于强化知识产权保护的意见》及其推进计划。三要深化知识产权领域"放管服"改革，出台更多的便利化措施，提高知识产权审查质量和审查效率，扩大知识产权质押融资，促进知识产权转化运用等，服务企业经营发展。四要充分听取企业意见建议，光明磊落同企业和企业家打交道，构建亲清政商关系，制定好知识产权"十四五"规划，推动知识产权事业稳中求进高质量发展。

7月28日，2020年度首场商标注册便利化改革集中宣讲活动在北京启动。来自食品工业协会、中国个体劳动者协会的领导、专家，食品行业市场主体、知识产权从业人员和热心观众等线上线下共约21万人次参与了此次启动仪式和面向食品行业"量身定制"的宣讲。

国家知识产权局商标局将在7~10月分别为食品、中医药、化妆品行业及重庆市企业"量身定制"宣讲服务，分享商标注册便利化改革成果，讲授商标确权基本知识，指导市场主体提升知识产权意识和能力。

7月30日，工信部联合发展改革委、科技部、财政部、知识产权局等17个部门共同印发《关于健全支持中小企业发展制度的若干意见》。

《若干意见》提出完善支持中小企业发展的基础性制度、坚持和完善中小企业财税支持制度、坚持和完善中小企业融资促进制度、建立和健全中小企业创新发展制度等7方面25条具体措施。

7月31日，国家知识产权局修订印发《专利商标行政保护案卷评查办法》。

《办法》对专利商标案卷评查工作进行有效整合，对案卷评查内容作了体系化调整，分为行政裁决、行政处罚及行政调解三类案件，分别对应专利侵权纠纷案件、假冒专利、商标侵权和商标一般违法案件以及其他专利纠纷调解案件，进一步调整、完善具体评分标准，并增加了案件立卷归档标准等内容。

8月

8月7日，国家知识产权局办公室制定印发《国家海外知识产权纠纷应对指导中心地方分中心管理办法（试行）》和《国家海外知识产权纠纷应对指导中心地方分中心工作考核细则（试行）》，加强海外知识产权纠纷应对指导服务工作。

《国家海外知识产权纠纷应对指导中心地方分中心管理办法（试行）》的印发，旨在加强国家海外知识产权纠纷应对指导中心地方分中心业务管理，为企业提供更加高效便捷的海外知识产权风险防范和纠纷应对指导服务，更好地服务区域经济发展。

8月12日，国家知识产权局办公室下发通知，确定北京市、上海市、江苏省、浙江省、安徽省、福建省、江西省、湖北省、广东省、海南省、四川省、甘肃省等12个地方知识产权局开展知识产权领域以信用为基础的分级分类监管工作试点。

试点工作任务包括形成知识产权领域信用信息采集目录和管理规范，完善信用信息记录；建立知识产权领域以信用为基础的分级分类指标和信用评价模型；研究制定知识产权领域信用分级分类监管有关文件和推进信用承诺制度有关工作办法及相关文书；制定规范严重失信行为认定、联合惩戒、公开公示、异议、信用修复等有关政策文件；形成失信主体行为清单、惩戒措施清单并对行为、措施分级分类；规范信用报告管理和使用，开展知识产权领域以信用为基础的分级分类监管等。

8月12日，商务部等11部门印发《关于做好北京市服务业扩大开放综合试点经验复制推广工作的通知》，向全国复制推广北京市服务业扩大开放综合试点经验。“知识产权纠纷多元化调解机制”成为6项复制推广事项之一，主要内容为“推动成立一批行业性专业性人民调解组织，积极构建知识产权部门牵头、司法行政部门指导、司法部门确认保障的多部门联动的知识产权矛盾纠纷多元化调解机制”。

8 月 24 日，国家版权局发布《2020 年度第四批重点作品版权保护预警名单（院线电影）》，8 月 21 日上映的《八佰》等 6 部电影作品入选其中。

8 月 25 日，国家知识产权局印发《关于进一步加强知识产权快速维权中心建设工作的通知》。

《通知》提出了到 2023 年的工作目标：形成以保护中心为基础、快速维权中心为延伸，国家、省、市、县协调发展的知识产权快速协同保护体系。明确了快速维权中心的重点任务在于强化快速维权，优化快速预审，加强统筹协调。《通知》在知识产权快速维权试点工作基础上，继续开展快速维权中心建设，明确了申报建设快速维权中心的程序和条件。

8 月 28 日，新加坡知识产权局在其知识产权周活动期间通过视频会议方式举办“知识产权领导者论坛”，邀请中、日、英、美等国知识产权机构负责人和国际商标协会主席就如何在新冠疫情期间促进全球创新、恢复和增长展开研讨，中国国家知识产权局局长申长雨应邀出席并作主旨发言。

申长雨表示，在疫情期间，中国国家知识产权局在保障申请人权益、支持疫情防控科研攻关、支持市场主体复工复产以及加强国际合作等方面采取了多项措施。新加坡知识产权局局长陈惠菁表示，在当今全球化的时代，知识产权在促进创新和服务创新方面发挥了重要角色，希望各国齐心协力，拓展合作范围，共同应对疫情，推动知识产权事业发展。

8 月 28 日，第十二届金砖国家知识产权局局长会议以视频会议形式召开，中国国家知识产权局局长申长雨出席会议并发言。

申长雨指出，新冠肺炎疫情给全球公共卫生安全、经济发展和创新活动带来巨大挑战。会议上，金砖五局局长听取“金砖国家知识产权合作路线图”下各局牵头项目的进展和下一步工作汇报，重点围绕各局为降低新冠肺炎疫情影响所采取的措施和疫情期间药物专利授权进行交流和讨论，并就各局数字化技术应用情况及未来可能开展的合作进行探讨。

8 月 31 日，国家知识产权局 2020 年度商标注册便利化改革集中宣讲走进中医药行业活动在北京举办。

商标局业务专家围绕中医药行业企业申请注册商标注意事项、中医药行业集体证明商标攻略、从商标评审案例看中医药商标的注册与保护、中医药行业商标国际保护及对策等内容进行了宣讲，并与现场企业代表积极互动，答疑解惑。宣讲活动还重点介绍了近年来商标注册便利化改革为市场主体带来的红利，特别是在拓宽申请渠道、压缩商标审查周期、推广网上申请及打击商标恶意注册等方面取得的重大进展。

8 月 31 日，2020 年度国家知识产权局专利分析和预警项目启动会暨专利大数据支撑新技术新业态发展项目启动会在北京召开。

会议总结了 2019 年度专利分析和预警项目组织开展情况，介绍了 2020 年度专利大数据支撑新技术新业态发展项目筹备情况。会议还对 2019 年度国家知识产权局专利分析和预警项目优秀课题和优秀研究人员进行了表彰，颁发了荣誉证书。

9 月

9 月 2 日，第二届全国知识产权保护中心专利预审业务竞赛在南京圆满结束。

国家知识产权局支持建设的 22 个已运行知识产权保护中心参赛。业务竞赛设检索技能实操演练和现场答题两个环节，分别对预审选手专利申请文件检索能力和专利审查指南掌握水平进行全面考察。中国（南京）知识产权保护中心、中国（苏州）知识产权保护中心、中国（广东）知识产权保护中心、中国（武汉）知识产权保护中心、中国（滨海新区）知识产权保护中心、中国（北京）知识产权保护中心获得较好成绩。

9 月 4 日，《国家知识产权局办公室关于做好 2020 年中国国际服务贸易交易会知识产权服务保障工作的通知》正式发布，就共同做好 2020 年服贸会知识产权服务保障工作作出部署。

《通知》要求，各地知识产权管理部门要积极会同当地商务主管部门或组展单位，针对参展企业，聚焦拟展示商品，开展宣教培训和风险排查工作。充分运用各种宣传载体，深入参展企业，普及商标法、专利法等基础知识，开展以案说法，提高参展企业尊重和保护知识产权的意识。指导相关单位对拟参展展品涉及的商标、专利、地理标志等知识产权进行自查自纠，确保不发生知识产权侵权问题。

9月4日，国家知识产权局发布《关于规范地方专利商标业务窗口名称稳步推进知识产权业务“一窗通办”的通知》，以更大程度方便企业和群众办事，树立专利商标业务受理窗口良好形象。

《通知》要求，各省级知识产权局要按照统一部署，统筹推进区域内专利商标受理窗口整合工作。对于同一个机构在同一个城市同时承担专利代办和商标受理业务委托的，应尽快实现同一地点办公、同一窗口受理，“一窗通办”。《通知》明确，地方业务窗口应在办公场所悬挂牌匾，使用符合统一命名规则的对外名称。在规范地方业务窗口对外名称上，将不改变现有专利商标受理等业务委托关系和办理方式。有关专利业务的用章、收费账户、经费补贴及使用范围等保持原方式和渠道不变。商标局通过委托协议方式与有关地方明确受托机构、业务范围、办事地点、违约责任等。

9月4日，市场监管总局组织开展对《关于禁止侵犯商业秘密行为的若干规定》的修订工作。

此次修订的主要包括对商业秘密、技术信息、经营信息、商业信息等概念进行界定。对商业秘密最重要的三个构成要件，即“不为公众所知悉”“商业价值”“采取相应保密措施”予以界定和细化。对商业秘密权利人、侵权人以及权利归属等问题予以明确。

9月7日，2020年中国国际服务贸易交易会涉外知识产权高端服务论坛在国家会议中心成功举办。

会上发布了《在京国际知名知识产权服务机构名录》《北京市具有较强国际知识产权服务能力的机构名录》。与会专家分别围绕德国和欧洲知识产权发展策略、东南亚国家知识产权发展策略、日本知财新动向、涉外商业秘密热点案例解读及应对建议、涉外专利热点案例解读及应对建议、PACTE法案给法国知识产权制度带来的变革、地理标志服务全球贸易发展趋势等主题发表了演讲。

9 月 8 日，农业农村部办公厅发出《关于做好 2020 年地理标志农产品保护工程实施工作的通知》。

《通知》提出将聚焦粮油、果茶、蔬菜、中药材、畜牧、水产等六大类，围绕特色资源发掘、特色产业发展和农耕文化发扬，在全国范围内继续支持 200 个地域特色鲜明、发展潜力大、市场认可度高的地理标志农产品，进行重点培育、保护和提升。

9 月 14 日，中国国家知识产权局知识产权发展研究中心发布《2019 年中国知识产权发展状况评价报告》。

《报告》显示，中国知识产权发展水平在全球的排名快速提升，短短 5 年时间内，排名已从 2014 年的第 20 位，快速跃升至 2018 年的第 8 位，平均每年提升近 3 个位次。数据说明，我国知识产权大国的地位更加稳固。

9 月 14 日，中国商务部部长钟山与德国驻华大使葛策、欧盟驻华大使郁白正式签署《中华人民共和国政府与欧洲联盟地理标志保护与合作协定》。

该协定谈判于 2011 年启动，共历时 8 年。协定包括 14 条和 7 个附录，主要规定了地理标志保护规则和地理标志互认清单等内容。协定纳入双方共 550 个地理标志（各 275 个），涉及酒类、茶叶、农产品、食品等。

9 月 15 日，国家版权局公布 2020 年度第五批重点作品版权保护预警名单。

9 月 15 日，第四届国家知识产权专家咨询委员会正式成立，国家知识产权专家咨询委员会高级研讨班也同期举行，其间就“十四五”时期知识产权事业发展进行了研讨。国家知识产权局局长申长雨向新一届专家咨询委员会委员颁发聘书并发表讲话。

申长雨要求，要准确把握中央对知识产权工作的新要求、我国知识产权事业发展所处的新阶段、中央对国家“十四五”发展的新思路以及对经济社会领域理论政策研究的新期待，认真研究“十四五”时期我国知识产权事业发展的重点、难点、热点问题，提出有深度、有价值、有见地的咨询建议，解答好时代提出的课题，更好地支撑知识产权强国建设。

9 月 17 日，国家知识产权局 2020 年度商标注册便利化改革集中宣讲走进化妆品行业，为线上线下 14.3 万人次解读政策红利，讲授商标注册难点知识，指导化妆品行业在我国“双循环”新发展格局加强知识产权保护，打造自主品牌，进一步激发行业发展活力。

9 月 25 日，中国国家知识产权局局长申长雨与欧盟知识产权局局长克里斯蒂安·阿尔尚博举行视频会议，双方就新冠肺炎疫情期间各自知识产权工作进展、双边合作及商标和外观设计五局合作等议题进行了深入交流，并签署了两局商标信息交换协议和 2021 年度双边合作工作计划。

中欧商标信息交换协议是中国国家知识产权局对外签署的首个商标领域的数据合作协议。该协议将推动中欧两局实现商标数据共享，提升中国在商标领域的国际影响力，有利于中国企业“走出去”和进行海外商标申请。

9 月 28 日，2020 年度第六批重点作品版权保护预警名单公布，包括《夺冠》《急先锋》《我和我的家乡》《姜子牙》《一点就到家》等作品。

10月

10 月 9 日，国家林业和草原局下发《2020 年加快建设知识产权强国林草推进计划》，强化知识产权保护和运用，激励林草科技创新，增强行业核心竞争力。

《计划》要求，建立健全林草重大项目知识产权全流程管理，完善林草科技人才考核评价体系和奖励机制；探索建立林草生物遗传资源信息共享平台，探索改进林草植物新品种审批授权机制，扩大保护名录和新品种测试范围；建立林草植物新品种申报管理信息系统，推动林草植物新品种审批智能化和便利化改革；加强林草植物新品种保护执法体系建设，组织开展打击侵犯林草植物新品种权专项行动；推进林草知识产权联盟建设，加强林草标准化示范企业建设；完善林草知识产权公共信息服务平台，促进授权林草植物新品种等数据资源开放共享；建立林草知识产权重大涉外案件上报制度和维权援助机制；积极推进标准国际化，加强竹藤和林草植物新品种优势领域国际标准的制修订。

10 月 10 日，全国知识产权公共服务交流研讨现场会在山东济南举办。

国家知识产权局副局长何志敏强调，全国知识产权公共服务工作要全面认识、准确把握知识产权公共服务工作的重要性和紧迫性，在平稳起步基础上继续加大实践探索力度，不断开拓创新。重点强化知识产权公共服务的基础性，着力提升知识产权公共服务的系统性，聚焦增强知识产权公共服务的开放性。

10 月 12 日，国家知识产权局在北京召开 2020 年全国知识产权规划工作会议。

国家知识产权局副局长甘绍宁指出，2020 年是“十三五”规划的收官之年，国家和地方层面深入实施“十三五”知识产权规划，有力保障了知识产权工作的顺利推进，知识产权事业取得了长足进步。为高质量完成“十四五”知识产权规划编制工作，要进一步提升规划编制水平，明确规划定位，在规划编制过程中树立准确识变、科学应变、主动求变的意识，有针对性地制定对高质量发展有牵引性的重大政策举措。加强规划编制工作的统筹指导，做好上下协同，强化部委衔接，通过使知识产权规划深度融入国家规划体系，实现合拍共振的良好局面。

10 月 12 日，技术与创新支持中心（TISC）和高校国家知识产权信息服务中心交流研讨活动举办，该活动由国家知识产权局公共服务司主办。

10 月 15 日，第六届中国非物质文化遗产博览会新闻发布会在北京召开，文化和旅游部非物质文化遗产司副司长钟建波、山东省文化和旅游厅副厅长王廷琦、济南市政府副秘书长张蓉出席发布会并介绍博览会有关筹备情况。

在当前新冠肺炎疫情常态化防控背景下，本届博览会以“全面小康 非遗同行”为主题，以“线上为主、线下为辅，线上线下相结合”的方式举办，旨在展示非遗保护传承成果，传承中华文化基因，激发全民族文化创造活力，为新时代文化建设和助力脱贫攻坚、全面建成小康社会贡献非遗力量。

10 月 17 日，十三届全国人大常委会第二十二次会议表决通过《关于修改中华人民共和国专利法的决定》，决定将于2021年6月1日正式施行。修改内容包括加强对专利权人合法权益的保护、促进专利实施和运用、完善专利授权制度等方面。

这是我国对《专利法》的第四次修改，也是历次修改中间隔时间最长的一次，此前三次间隔均为8年，而第四次则经历了12年。从2014年启动全面修改的研究准备工作开始计算，第四次修改用了6年。

10月22日，中国国家知识产权局局长申长雨与沙特阿拉伯知识产权局首席执行官阿卜杜勒-阿齐兹·斯瓦勒姆举行视频会议。

会上，两局签署了专利审查高速路（PPH）合作协议。申长雨表示，两局开展PPH试点项目有利于两国申请人的专利申请得到更快速的审查，为两国申请人提供更加优质高效的服务。

10月26日，中国国家知识产权局和欧洲专利局发布联合公报，双方将于12月1日启动为期两年的试点项目。根据该项目，中华人民共和国的国民和居民按照《专利合作条约》（PCT）以英文提交的国际申请将可以选择欧洲专利局作为国际检索单位。

在该试点项目中，针对向中国国家知识产权局或世界知识产权组织国际局作为受理局提交的PCT申请，第一年的最高申请总量为2 500件，第二年为3 000件。

10月26日，在沙特阿拉伯作为主席国承办2020年二十国集团（G20）系列活动期间，沙特阿拉伯知识产权局举办世界知识产权挑战论坛视频会议。中国国家知识产权局局长申长雨应邀出席并以视频形式发言。

此次会议为G20框架下首次举办的关于知识产权合作的高级别会议。会议讨论了新冠肺炎疫情形势下G20成员在知识产权领域的应对措施，以及加强G20成员间知识产权合作等议题，通过了沙特阿拉伯知识产权局提出的《世界知识产权挑战论坛（IP20）联合声明》。

10月27日，国家知识产权局公布2020年1~9月知识产权主要统计数据。三种专利类型申请量及授权量全部实现增长趋势：发明专利申请110.3万件（同比增长10.5%），发明专利授权36.1万件（同比增长4.4%）。实用新型专利申请 213.3 万件（同比增长 33.1%），实用新型专利授权 172.5 万件（同比增长 50.1%）。外观设计专利申请 56.1 万件（同比增长 6.1%），外观设计专利授权 55.5 万件（同比增长 39.3%）。

10 月 27 日，第八届中蒙俄知识产权研讨会以线上会议形式举行。此次研讨会主题为“外观设计保护相关问题”。中国国家知识产权局局长申长雨、俄罗斯联邦知识产权局局长戈利高里·伊夫利耶夫、蒙古国知识产权局局长恩克苏克·巴图姆以视频形式致辞。

申长雨在致辞中指出，中蒙俄三边知识产权合作多年来保持了良好的稳定性、连续性和务实性，已成为三局讨论实体业务问题和区域知识产权合作的重要平台。在抗击疫情和促进经贸恢复增长中，中蒙俄三局都采取了多项措施，保障全球知识产权用户的利益。中国不断完善知识产权法律制度和工作体系，刚刚通过的《专利法》第四次修改，对包括外观设计保护年限等重要内容作出了调整，以适应时代发展的需求。中国国家知识产权局愿继续同俄蒙两局一道，深化务实合作，为三国关系的发展不断注入新的活力，为打造中蒙俄经济走廊提供有力支撑。

11月

11 月 2 日，国家知识产权局在北京举行新闻吹风会宣布，新一届中国专利奖共收到参评项目 2 479 项，数量为历届之最，其中中国专利金奖、中国外观设计金奖，将于 11 月中旬分别在大连、无锡颁奖。

中国专利奖设立于 1989 年，迄今已成功评选 21 届，其中，中国专利金奖、中国外观设计金奖目前由国家知识产权局和世界知识产权组织联合授予，被公认为中国专利届的最高荣誉。

11 月 6 日，由世界知识产权组织、市场监管总局、全国打击侵权假冒工作领导小组办公室共同主办的第三届中国国际进口博览会打击侵权假冒国际合作论坛在上海国家会展中心举办。

国家市场监督管理总局副局长田世宏指出，2020 年中国政府统筹疫情防控和经济社会发展大局，打击侵权假冒工作统筹协调更加有力、重点整治扎实开展、司法保护持续加强、宣传引导积极有效、国际合作逐步深化，知识产权质量效益持续提升，市场化、法治化、国际化营商环境进一步优化。

11月9日，市场监督管理总局、国家知识产权局共同牵头制定的《电子商务平台知识产权保护管理》国家标准发布。该标准结合我国电子商务领域发展实际，充分借鉴电子商务平台知识产权保护已有经验，对推动加强电子商务平台知识产权保护工作具有积极意义。

该标准内容涵盖电子商务平台中专利、商标、著作权、地理标志等多类型知识产权，涉及电子商务平台、平台经营者等相关主体责任和义务，可有效引导电子商务平台保护和管理知识产权、平台经营者和平台内经营者管好和用好知识产权、消费者和社会公众尊重和了解知识产权。

11月10日，国家知识产权局会同中宣部（国家版权局）、市场监管总局，对全国8个省区市启动实地检查考核，重点聚焦各地党委政府落实党中央、国务院关于强化知识产权保护的决策部署，落实知识产权保护属地责任情况。

检查考核期间，工作组通过听取汇报、查验资料、检查重点单位、抽查地市等多种方式，全面了解有关地方知识产权保护工作开展情况，重点围绕中办、国办《关于强化知识产权保护的意见》和《2020～2021年贯彻落实〈关于强化知识产权保护的意见〉推进计划》落实情况，总结经验，发现问题，提出改进意见，确保党中央、国务院关于知识产权保护的决策部署落地见效。

11月10日，在第三届中国国际进口博览会中的第三届“贸易与商标品牌”论坛上，国家知识产权局知识产权运用促进司指导中华商标协会发布首个“中国商标品牌发展指数（2020）”。

该项研究显示，我国商标品牌发展现状整体良好，但区域间差异显著。其中，浙江省以88.51分位居全国第一，北京市和广东省分别以88.06分和87.95分排在第二和第三位。

11月11日，国家知识产权局与辽宁省人民政府共同主办的第十二届中国国际专利技术与产品交易会在辽宁省大连市举办。

本届专交会以“知识产权引领经济高质量发展”为主题，以线上展为主，将举办开幕式、第二十一届中国专利奖颁奖大会、展览展示、论坛活动、路演对接等线上线下系列活动，组织行业采购团、地方采购团、金融投资团、专家服务团等高水平专业观众团队，构建全过程、全链条项目线上对接交易服务体系，促进知识产权与市场、资本、人才、服务等要素对接，加速知识产权转移转化。

11 月 11 日，第二十二届高交会在深圳会展中心开幕，国家知识产权创新发展成果展同步亮相，展区重点展示新材料、新能源、电子与信息、生物、医药及医疗器械、智能穿戴、高技术服务等领域知识产权成果，为各类创业者提供展示、分享、交流平台的同时，也为专利、技术持有者寻找来自世界各地的合作伙伴。

本次展会通过“实地展览+远程参展”相结合的会展模式，围绕我国“十三五”期间重大科技专项、基础研究、前沿技术、传统产业转型升级等方面的典型成果，并根据“十四五”规划布局，拓展展会知识产权工作的广度和深度，充分发挥知识产权保护对科技创新的支撑作用。

11 月 11 日，第十八届“中国光谷”知识产权国际论坛在中国光谷科技会展中心举行。

11 月 13 日，由市场监管总局登记注册局统筹规划、信息中心指导、红盾大数据（北京）有限公司承建的国家法人单位信息资源库决策支持系统项目顺利通过终验。

国家法人单位信息资源库决策支持系统在国家经济户籍库数据基础上，整合市场监管总局的各类数据资源以及相关宏观经济数据，打破部门与业务的局限，围绕服务发展和市场监管两个目标，建设经济形势分析、市场主体分析、非公经济分析、行政执法分析、12315 数据归集分析、综合统计查询、企业智能检索，以及数据可视化展示八大数据分析应用模块，为总局领导及各业务司局提供决策及数据支持服务。

11 月 14 日，十二省市知识产权行政保护协作会议在江苏无锡召开。

会上，十二省市知识产权局共同签署了《十二省市知识产权行政保护协作协议书》，从案件线索移送、协助调查执行、联合执法保护、协作互认共享等方面，建立并完善机构改革后十二省市跨区域知识产权行政保护协作工作机制。

11月14日，第十六届中国（无锡）国际设计博览会开幕，第二十一届中国专利奖（外观设计）在开幕式上颁发，这也是第二十一届中国专利奖（外观设计）颁奖大会首次在无锡设计博览会上举行。

此届无锡设计博览会为期3天，设立四大主题展馆，汇聚以小天鹅、中国中车、海尔创新中心、蔚来汽车、好孩子为代表的国内外参展企业及机构，总展览面积达到2.46万平方米。同时，此届无锡设计博览还升级搭建线上博览会平台，举办创新设计论坛、设计与知识产权保护论坛、增材制造创新论坛3场高端产业论坛，力图做到让专业观众实现行业沟通、让观展公众感受设计之美。

11月17日，北京市知识产权局与国家知识产权局专利局复审和无效审理部共同开展联合口审，对北京石头世纪科技股份有限公司与北京奇虎科技有限公司等相关当事人的4起专利侵权纠纷行政裁决案件，以及涉案专利的无效案件分别进行了口头审理。

此次联合口审，是北京市知识产权局在专利侵权纠纷行政裁决示范建设中的工作方式创新，旨在建立专利行政裁决与专利确权程序的联动机制，一方面，有利于强化各部门的沟通协作，形成有机衔接的知识产权保护模式；另一方面，可以提高案件办理效率，节约当事人的维权成本，缩短维权周期。

11月26日，国务院新闻办公室在北京举行知识产权助力精准扶贫新闻发布会。

国家知识产权局副局长甘绍宁表示，在脱贫攻坚战中，国家知识产权局充分发挥知识产权的独特优势助力精准扶贫，通过专利技术强农、商标品牌富农、地理标志兴农，探索出将知识产权与脱贫攻坚、乡村振兴相融合、共发展的有效路径。

11月30日，国家知识产权局印发《知识产权信息公共服务工作指引》，旨在贯彻落实《关于新形势下加快建设知识产权信息公共服务体系的若干意见》，织好知识产权服务网，充分发挥知识产权信息公共服务节点、网点作用，不断提升知识产权信息公共服务规范化、便利化水平。

知识产权信息公共服务包括基础性服务和专业化服务。基础性服务是指各节点、网点应当根据自身基础和条件，向服务对象免费提供相应的基础服务。专业化服务是指鼓励各节点、网点根据机构性质、资源优势、服务能力和服务对象需求，提供低成本专业化知识产权信息公共服务。

12 月

12 月 2 日，由国家版权局指导、中国音像著作权集体管理协会主办的我国首个以“著作权集体管理”为主题的论坛——中国国际著作权集体管理高峰论坛在北京举行。

中宣部版权管理局局长于慈珂在致辞中强调，集体管理组织要严格遵守著作权法律规定，自觉接受主管部门的监管；要坚持著作权集体管理组织的非营利性，杜绝商业机构介入著作权集体管理；要适应新技术不断创新机制和管理，转变观念、优化服务，补短板、强弱项；各著作权集体管理组织要加强合作、精诚团结，牢记践行著作权集体管理组织的初心和使命。

12 月 4 日，第十四次中欧知识产权局局长会议以视频形式举行。中国国家知识产权局局长申长雨与欧洲专利局局长安东尼奥·坎普诺斯共同出席会议。

会上，双方回顾了两局 2020 年合作情况，通报了各自知识产权工作最新进展，并就未来双边合作，特别是两局 PCT 国际检索单位试点项目、人工智能领域合作、五局合作框架下的双边合作，以及其他共同关心的知识产权议题深入交换了意见。会后，双方签署了中欧两局双边合作 2021 年度工作计划、数据交换谅解备忘录补充协议，以及 EPOQUE Net 相关协议。

12 月 7 日，世界知识产权组织发布《世界知识产权指标》年度报告。

报告显示，2019 年中国国家知识产权局受理的专利申请数量达到 140 万件，继续排名全球第一，这一数字是排名第二的美国主管部门收到专利申请量的2倍以上。报告指出，2019年亚洲专利申请量与2009年相比增幅显著，主要得益于中国经济长期增长的推动。

12月9日，国家知识产权局作出机构改革重组后的首件永久停止受理商标代理业务处罚决定书，永久停止受理上海雪耐商标事务所（普通合伙）办理商标代理业务。

12月9日，由农业农村部种业管理司、农业农村部科技发展中心主办，中国种子协会承办的2020年全国农业植物新品种权保护研讨会在山东省寿光市举行。

会上，农业植物新品种权转让合同范本正式发布。该合同范本给出了农业植物新品种权转让合同要素和示范性文字，内容涉及转让品种的品种权信息、转让前品种权实施情况、转让后繁殖材料交付、技术服务和培训、后续知识产权归属约定、转让费及支付方式、中介费用、保密责任、违约责任、税费支付、纠纷解决、不可抗力的约定及处理、合同生效等。

会上，农业农村部植物新品种复审委员会发布《植物新品种复审申请指南》。该《指南》共11条，涵盖该指南制定的背景、相关指定文书格式说明、复审请求书详细要求、复审请求人主体资格、驳回品种权复审请求人主体资格、复审相关证据材料、出具NDA指纹图谱报告等相关要求等，为植物新品种复审申请提出了详细完备的指导。

12月10日，国家广播电视总局印发《关于加快推进广播电视媒体深度融合发展的意见》的通知。

《意见》从总体要求和目标任务、打造具有强大影响力和竞争力的新型主流媒体、全面加强内容建设与供给、强化先进技术创新引领等9个方面提出意见，推动广电媒体融合走向深入，其中对版权保护和开发利用进行了详细规定。

12月14日，国家版权局公布2020年度第八批重点作品版权保护预警名单。

12月17日，国家知识产权局发布第一批知识产权行政执法指导案例，旨在加强知识产权行政执法业务指导工作，统一执法标准，提高办案水平，体现了严格知识产权保护的导向。

第一批知识产权行政执法指导案例共 5 件，其中商标案例 3 件、专利案例 1 件、集成电路布图设计案例 1 件。这批案例对互联网环境下服务商标保护、销售商商标侵权免责条款的适用、包工包料承揽工程中购买使用侵权商品行为的界定、发明专利的临时保护以及集成电路布图设计保护等方面具有普遍指导意义。

12 月 18 日，由国家知识产权局知识产权保护司组织、中华商标协会承担编写的《海外重点国家商标维权指南》在第十二届中国国际商标品牌节上正式发布。

《指南》旨在贯彻落实党中央、国务院关于强化知识产权保护的工作部署，进一步加强海外维权援助服务，针对中国企业商标在海外被抢注或侵权等突出问题，提供解决方案和实务指引，帮助企业有效维护知识产权权益。

12 月 24 日，由人民日报社主办的 2020 中国品牌论坛在北京举行，以“中国自信　品牌力量”为主题，开展深层次对话交流。

国家知识产权局副局长甘绍宁指出，党中央、国务院高度重视品牌建设和知识产权工作。习近平总书记强调，要推动中国制造向中国创造转变，中国速度向中国质量转变，中国产品向中国品牌转变。

12 月 28 日，文化和旅游部举行第四季度例行新闻发布会。

非物质文化遗产司副司长钟建波表示，“太极拳”和“送王船”申遗成功，凸显出非物质文化遗产对增进人类健康福祉、促进可持续发展等方面的独特价值，对传承弘扬中华优秀传统文化、提升中华文化的国际影响力、促进民心相通和文明交流互鉴、推动构建人类命运共同体都具有重要意义。

12 月 28 日，国家知识产权局知识产权发展研究中心发布《中国电子商务知识产权发展研究报告（2020）》。

12 月 30 日，国家知识产权局发布 2020 年 1～11 月专利、商标、地理标志统计数据。

2020 年 1～11 月，我国发明专利申请 140.3 万件，发明专利授权 47.0 万件；我国商标申请量为 840.9 万件，商标注册量为 517.3 万件。国家知识产权局受理地理标志产品保护申请 4 个，批准保护地理标志产品 2 个，核准使用地理标志产品专用标志企业 836 家，核准注册地理标志商标 697 件。

2020 年知识产权国际瞭望

石傲胜　王昊鹏　罗梦茹　纪孟汝*

一、国际要闻概览

1. 知识产权五局（IP5）举行人工智能和新兴技术工作组会议

1 月 15~16 日，欧洲专利局（EPO）、日本特许厅（JPO）、韩国特许厅（KIPO）、中国国家知识产权局（CNIPA）和美国专利商标局（USPTO）在柏林举行第一次联合工作组会议，会议由 EPO 和 KIPO 共同组织。据悉，五大知识产权机构所处理的专利申请占全球专利申请总量的 85%。此次会议旨在明确哪些领域最能从 IP5 的联合响应工作中受益，包括利用人工智能来完善专利授权程序、将可专利性要求应用于人工智能领域的发明以及处理由机器创造的发明申请。工作组就新技术和人工智能所涉及的法律、技术和政策问题以及对专利制度和五大知识产权机构的运行所产生的影响进行探讨。EPO 法律和国际事务副总裁克里斯托弗·恩斯特（Christoph Ernst）表示："该工作组是 IP5 对不断变化的全球专利格局和不断变化的用户需求的回应。新兴技术和人工智能几乎覆盖了日常生活的各个方面，并且对知识流的生成和利用以及决策的传统模式提出了质疑。这意味着知识产权领域面临巨大挑战，

---

* 石傲胜、王昊鹏、罗梦茹、纪孟汝，中南财经政法大学知识产权学院硕士研究生。

工作组为我们提供了一个机会，以证明我们作为世界领先的知识产权机构能够灵活应对变化。”

2. WIPO 与美国版权局联合举行“人工智能时代的版权”峰会

2 月初，世界知识产权组织（WIPO）与美国版权局在美国国会图书馆联合举行了名为“人工智能时代的版权”的峰会，该峰会是美国版权局与 WIPO 在美国和欧洲举行的系列活动的一部分。峰会主要探讨了全球版权法、知识产权法以及更广泛的政策对人工智能技术的影响以及可能需要的改变，同时指出在尊重知识产权的前提下，人工智能会带来创新机遇，但问题依然存在。WIPO 总干事弗朗西斯 · 高锐在主题演讲中指出：“人工智能已应用到众多行业中，英国在临床试验中使用了人工智能机器人。同时，WIPO 已经将人工智能应用到其工作流程中。在 WIPO 的先进技术应用中心（ATAC），工作人员正在研究人工智能工具以增强其功能，并与全球各知识产权局进行共享。”美国版权局局长玛丽亚 · 斯特朗（Maria Strong）表示：“该局乐于通过全球对话与利益相关者、政府和组织进行人工智能讨论。人工智能对不同的人意味着不同的事物，美国版权局将继续研究这个问题，美国版权法也通过多次修订以回应技术的发展。但目前，美国版权局尚未在工作流程中使用人工智能。”

3. 美国商会全球创新政策中心（GIPC）发布 2020《国际知识产权指数报告》

2 月 5 日，美国商会全球创新政策中心（GIPC）从专利和版权政策到知识产权的商业化和国际条约的批准等方面对全球 53 个经济体的知识产权生态系统进行评估，发布 2020《国际知识产权指数报告》。其中，美国和欧洲依然排名靠前，许多新兴市场也取得很大进步。GIPC 高级副主席帕特里克 · 基尔布莱德（Patrick Kilbride）表示：“知识产权持续为就业和投资提供强大的经济驱动力。仅在美国，知识产权就支持了超过 6 万亿美元的国内生产总值、81 个行业和超过 4500 万个就业机会，为了促进各经济体获得相似的成果，我们鼓励世界各地的知识产权政策制定者将此报告作为参考，以推动对尖端领域的投资，并在全球范围内获取创新和创意内容。”

4. 关于知识产权和非洲大陆自由贸易区圆桌会议在日内瓦举行

2月12日，关于知识产权和非洲大陆自由贸易区（AfCFTA）圆桌讨论会在日内瓦举行，会议强调了知识产权对于获得竞争优势的重要性。世界知识产权组织（WIPO）、非洲地区知识产权组织（ARIPO）和非洲知识产权组织（OAPI）与区域经济共同体就建立一个平衡、高效的知识产权体系来实现AfCFTA目标进行了讨论，并就知识产权资产保护与利用的重要性交换意见，从而提高竞争力并进入区域和全球市场。

5. 世界各国（地区）知识产权局相继发布应对新冠疫情措施

欧盟知识产权局（EUIPO）将截止日期在2020年3月9日至4月30日期间的程序的截止日期延长至5月1日，这些程序包括官费支付、优先权主张、异议、异议费用缴纳、续展、申诉、共同体外观设计公示延迟等。

美国专利商标局（USPTO）从2020年3月16日开始对公众关闭所有的办事机构，重新开放时间另行通知。根据USPTO的声明，因受新冠肺炎疫情影响，专利申请人和商标申请人、专利权人和商标权人无法及时答复美国专利商标局意见通知书，并导致相关商标注册申请或专利申请被视为放弃或相应复审流程终止、受限的，美国专利商标局将依照规章根据请求免费恢复相应程序。美国专利商标局并于6月3日启动新型冠状病毒肺炎响应资源中心，以使利益相关者和其他有关各方能够得到USPTO的计划、项目以及其他与新冠肺炎爆发有关的有用信息。

法国工业产权局（INPI）不对外开放，但所有在线服务——申请、续展、付费和注册等依然正常运行。3月16日，INPI局长发布了一项决定，将相关程序（商标异议除外）的截止日期延长4个月，前提是这些程序在3月16日仍未到期。INPI还提醒指出，未在截止日期前办完业务的人可使用恢复程序，INPI在处理恢复申请时将适当考虑当前的公共卫生危机。

德国专利商标局（DPMA）允许商标职员在可能的情况下远程办公，以维持商标业务正常运作。该局3月18日发布的声明指出，未决程序的截止日期自动延长至2020年5月4日。该局在处理知识产权保护程序时将在法律允许的范围内尽量考虑当前的情况，尤其会酌情批准延长时限的请求。

欧洲专利局（EPO）宣布，所有计划在2020年4月17日或之前开展的审查和异议程序的口审程序将被推迟，除非已确认通过视频会议开展。所有计划在2020年4月17日或之前开展的上诉委员会口审程序将不在上诉委员会办公地举行。上诉委员会将通过通信的方式与相关方联系。

韩国特许厅（KIPO）发布通知，对于新型冠状病毒肺炎疫情暴发对申请人所采取的补充救济措施，内容主要涉及相关期限的延长，对申请人提交书面建议等事项的指定期限将被自动延长至2020年4月30日，相关案件的事后补救措施也允许于2020年4月30日前提出。

6. 世界知识产权组织举行视频会议，研讨疫情期间知识产权机构应对措施

4月6日，世界知识产权组织（WIPO）举行视频会议，研讨疫情期间知识产权机构相关应对措施。中国国家知识产权局局长申长雨出席会议，并介绍了中国国家知识产权局应对疫情采取的相关举措。此次视频会议由WIPO总干事弗朗西斯·高锐主持。中、美、欧、日、韩等近20个国家和地区的知识产权机构分享了为应对新冠肺炎疫情而造成的知识产权法定期限延长及费用宽限问题所采取的措施，分析了知识产权制度促进医药领域创新以及药品可及性问题，提出了对疫情期间保障《专利合作条约》（PCT）等国际知识产权体系运行的建议。

7. 美国贸易代表办公室发布2020年《特别301报告》

4月，美国贸易代表办公室发布2020年《特别301报告》。报告对美国知识产权保护和执法状况进行年度审查，列举了美国贸易伙伴知识产权保护和执行不充分的情况，指出美国在这些国家难以获得公平合理的市场准入。中国、印度、俄罗斯、乌克兰等11个国家被列为重点观察名单，巴西、加拿大、泰国、埃及、黎巴嫩、墨西哥、罗马尼亚等22个国家被列为观察名单。

8. 2020年世界知识产权日——为绿色未来而创新

2020年4月26日是第20个世界知识产权日，其主题为“为绿色未来而创新”。此次知识产权日的主题旨在探讨平衡而强大的知识产权制度如何支持绿色经济的兴起。例如，探究专利制度如何促进创新，如何推动环境友好型

技术的发展和传播，帮助人类应对气候危机并打造绿色的未来；探究外观设计思维和外观设计权如何共同支持资源的最佳利用，使设计者能够将时间和才华投入到为消费者创造有用、美观并环保的产品上；探究商标和其他标志如何支持着眼于环境可持续性原则的企业的出现和发展，如何帮助它们提供范围更广的环保产品和服务。绿色经济与地球的生命支持系统相辅相成，而不是背道而驰。因此，2020 年世界知识产权日将创新以及支持创新的知识产权置于打造绿色未来的工作的核心。

9. 韩国特许厅发布《知识产权动向年度报告（2019）》

5 月 11 日，韩国特许厅和韩国知识产权保护院联合发布《知识产权动向年度报告（2019）》。该报告指出，韩国企业在美知识产权诉讼案件自 2015 年开始逐年减少，其中非专利实体诉讼（NPE）的诉讼案件量从 2018 年的 132 件下降至 2019 年的 90 件，在韩国企业在美国境内的诉讼总量中占比达 70%，仍然呈现较高水平。韩国特许厅将计划继续对美国 NPE 进行监测，分析与韩国企业关联性较大的核心 NPE，为韩国企业提供争端应对基本数据等援助。

10. 德国专利商标局发布《知识产权年度报告（2019）》

5 月 22 日，德国专利商标局（DPMA）在其官网公布《知识产权年度报告（2019）》。报告主要详细总结了 2019 年度德国专利商标局各知识产权类型的相关数据，并介绍了德国境内各知识产权类型的发展及创新趋势。2019 年，德国发明专利申请案件总量较上一年度略有下降，共计 67 437 件，发明专利申请仍集中于机械、电气和工具三大类技术领域；实用新型申请量仍呈现下降态势，2019 年申请总量为 11 668 件，相较 2018 年度下降约 5.2%；外观设计申请案件 5 951 组，共计 42 603 件外观设计，较上一年度有所减少；商标申请共 78 829 件，较 2018 年同比增加 4.6%。报告也提到了在德国本土之外商标申请数量位列前两名的来源国：中国以 2 098 件申请量蝉联第一，这一数字较 2018 年度增长 33.8%；美国以 625 件仍位列第二。

11. EUIPO 开始实施《2025 战略规划》

7 月 1 日，欧盟知识产权局（EUIPO）开始实施《2025 战略规划》。该规划包含与三个战略驱动因素有关的项目和活动：第一个战略驱动因素主要涉及 EUIPO 在欧盟和全球范围内的合作活动，包括改进现有的工具和服务，开发新的工具和服务以及对整个欧盟知识产权执法活动的支持。第二个战略驱动因素主要强调提供以客户为中心的优质服务，利用新技术和工作方法来提高 EUIPO 现有产品和服务的质量。第三个战略驱动因素主要涉及将人工智能、机器学习和区块链等最先进的数字技术等融入 EUIPO 活动中，以提高其创新能力。

12. 中美欧日韩知识产权五局合作局长会议召开

7 月 21 日，第十三次中美欧日韩知识产权五局合作局长会议召开，这是五局合作历史上首次以视频会议形式举办的局长会议，此次会议由中国国家知识产权局局长申长雨主持，会议通过《2020 年中美欧日韩知识产权五局合作局长联合声明》。会上，五局局长就新冠肺炎疫情的战略性应对进行讨论，听取五局在促进新兴技术和人工智能领域合作、强化程序和实践协调、加强工作共享、提高审查的质量和效率以及进一步提升专利信息服务可及性等方面所取得的进展并批准了这些关键领域的下一步工作。中国国家知识产权局局长申长雨强调，作为全球最大的五个知识产权局，五局在特殊时期要继续加强知识产权保护国际合作，共同应对新冠肺炎疫情的挑战，为各国创新主体和市场主体创造良好创新生态环境。在后疫情时代，应持续聚焦如何更好地利用新兴技术提升五局合作效能，增强知识产权体系在应对疫情等突发事件带来的全球挑战中的作用。

13. 第十二届金砖国家知识产权局局长会议召开

8 月 26 日，第十二届金砖国家知识产权局局长会议以视频会议形式召开。此次会议由俄罗斯联邦知识产权局局长戈利高里·伊夫利耶夫主持，中国国家知识产权局局长申长雨出席会议并发言。会议重点围绕各局为降低新冠肺炎疫情影响所采取的措施和疫情期间药物专利授权进行了交流和讨论，并就各局数字化技术应用情况及未来可能开展的合作作了探讨。申长雨在发言中介绍了中国国家知识产权局为应对疫情所采取的措施，他指出，在全球新冠肺炎疫情严峻的特殊时期，金砖五局应携手应对疫情，致力于为用户提供优质服务。在疫情期间，各局采取了一系列及时有效的措施确保业务稳定，得到各方积极评价。金砖五局应在确保“金砖国家知识产权合作路线图”下各项目务实、有序开展的同时，进一步加强数字化相关合作，共同应对全球性挑战，为知识产权权利人和社会公众提供支持。

14. WIPO 发布《2020 年全球创新指数》报告

9 月 2 日，世界知识产权组织（WIPO）发布《2020 年全球创新指数》报告（*Global Innovation Index 2020*，GII）。报告显示，瑞士、瑞典、美国、英国和荷兰在全球经济体创新能力和创新产出年度排名中位列前五名。中国内地继续保持 2019 年的好成绩，位列 14 名，是前 30 名中唯一的中等收入经济体。在专利、商标、工业品外观设计等知识产权指标上，中国继续保持世界领先地位，并在生产率增长、创意产品出口等多个指标方面居世界前三。同时，中国在研发投入、市场成熟度等方面的排名均有所上升。在创新投入和创新产出两大核心指标方面，中国 2020 年的表现与 2019 年同样出色。中国以排名第 26 位的创新投入，创造了排名第 6 位的创新产出，其创新成就可与荷兰、英国、美国等高收入经济体相提并论。此外，报告指出，全球新冠肺炎疫情导致全球经济停滞进而影响创新投入，各方应在抗疫转向复苏过程中采取行动促进创新。WIPO 总干事弗朗西斯·高锐表示，全球要以创新思维直面挑战，赢得共同胜利。政府需着眼未来，推出支持个人、研究机构、企业和其他为后疫情时代提供创新与合作新思路的一揽子援助计划，以应对疫情对社会和经济带来的不利影响。

15. WIPO 成员大会第 61 届系列会议在日内瓦召开

9 月 21 日，世界知识产权组织（WIPO）成员大会第 61 届系列会议在瑞士日内瓦开幕，首次以线上加实体的混合模式举行。中国国家知识产权局局长申长雨率中国政府代表团出席会议，以远程方式作大会一般性发言。申长雨在发言中表示，新冠肺炎疫情给全球创新活动带来了巨大的挑战。WIPO 和各成员方为应对疫情积极采取行动，取得积极成效。中国国家知识产权局也采取了一系列举措，为申请人提供救济措施和便利化服务。中方愿继续同 WIPO 及各成员方一起努力，共同应对挑战，为全球用户提供高质量服务，促进全球创新合作和经济复苏。

16. WIPO 推出新的全球知识产权司法判决免费数据库

9 月 24 日，世界知识产权组织（WIPO）推出 WIPO Lex-Judgments。通过这一新的数据库可以查阅各成员法院或其他国家主管部门因其重大影响或先例价值而直接选定的主要司法判决。该数据库还收录了所有已编目的判决书的可检索书目详情，其中包括客体、发布机构、程序类型、相关立法、关键词和摘要，以及判决书原文的全文。由于 WIPO Lex-Judgments 集成到了 WIPO Lex，因此，还可以针对判决中引用的国家法律和国际条约与 WIPO Lex 中所载的国家法律和国际条约进行交叉引用。此外，每个成员方的网页都详述了其知识产权争议的审判结构，列出了行政和司法程序的相关特点、知识产权案件统计数据和国家在线判决数据库的链接。通过促进司法判决信息的可及性，WIPO Lex-Judgments 将有助于为法院的分析和推理提供信息，并加强这种分析和推理，同时有助于辨别各国在处理共同知识产权问题时采取的趋同和对比方法。世界知识产权总干事弗朗西斯 · 高锐表示：“WIPO Lex-Judgments 将为全球化世界中的知识产权争议裁决提供重要支持。在这个全球化世界中，法院和政策制定者在受到知识产权学科因动态发展而带来的挑战时，可以利用从外国判决和司法实践中获得的信息，为自己寻求国内司法解决方案和政策解决方案提供信息。”

17. 世界知识产权组织《专利合作条约》工作组第 13 次会议在瑞士日内瓦召开

10 月 5~8 日，世界知识产权组织《专利合作条约》（PCT）工作组第十三次会议暨技术合作委员会第三十一届会议在瑞士日内瓦召开。由于新冠肺炎疫情，此次会议以线上线下的混合形式举办。WIPO 新任总干事邓鸿森出席开幕式并致辞。中方提名的候选人，中国国家知识产权局专利局专利审查协作广东中心副主任董琤当选为会议主席。会议讨论的主要内容包括：在 PCT 中实施 WIPO 第 ST. 26 号标准、在各知识产权机构日常业务普遍受到影响的情况下加强 PCT 申请的保护、对补充性的国际检索体系进行审查、PCT 最低限度文献——状态报告、对专利审查员的培训工作进行协调、对 PCT 体系下的技术援助进行协调等。

18. 美国专利商标局发布人工智能和知识产权政策报告

10月6日，美国专利商标局（USPTO）发布主题为“人工智能和知识产权政策公众观点”的报告。该报告旨在考察利益相关者对人工智能（AI）在知识产权领域（包括专利、商标、著作权和商业秘密以及数据库保护等）的影响的各种观点。报告分为两部分，第一部分关注的是2019年8月27日USPTO发布的关于人工智能发明专利的意见征求书（RFC）的内容，包括人工智能背景、法律背景和公众意见综合。第二部分对应于2019年10月30日USPTO发布的第二份RFC的内容，涉及人工智能对其他知识产权政策领域的影响，包括版权、商标、数据库保护和商业秘密等。USPTO将利用这份报告来发现问题、继续探索，进一步加强对人工智能等新兴技术领域知识产权的理解。

19. 欧洲专利局发布《科学成果的定价——专利商业化计分板：欧洲的大学与公共研究机构》报告

11月24日，欧洲专利局（EPO）发布名为《科学成果的定价——专利商业化计分板：欧洲的大学与公共研究机构》的研究报告。报告表明，欧洲的大学和公共研究机构已经对超过1/3的发明（36%）进行了商业化开发利用，并计划对42%的发明进行利用。而目前，许可是对发明进行商业化的首选渠道（占发明商业化的70%），其次分别是研发合作（占发明商业化的14%）以及专利销售（占发明商业化的9%）。此外，根据上述研究报告，欧洲的大学和公共研究机构选择进行商业化合作的企业包括中小企业和大企业（各占40%左右），而且大多数成功的合作（74%）都是与来自同一国家的合作伙伴达成的。该报告还进一步指出大学和公共研究机构在成功对其发明进行商业化方面所面临的挑战：2/3的发明尚未商业化的主要原因就是这些发明尚未达到概念验证，或者这些发明仍在开发中（63%）或无法确定商业机会（55%）。未能找到感兴趣的合作伙伴（占受访者的38%）和缺乏资源（占25%）是大学和公共研究机构所面临的第三和第四大挑战。

20. 欧洲专利局与中国国家知识产权局启动 PCT 国际检索单位试点项目

12 月 1 日，为期两年的 PCT 国际检索单位试点项目正式启动，根据该项目，中华人民共和国的国民和居民按照《专利合作条约》（PCT）以英文提交的国际申请将可以选择欧洲专利局作为国际检索单位。在该试点项目中，针对向中国国家知识产权局或世界知识产权组织国际局作为受理局提交的 PCT 申请，第一年的最高申请总量为 2 500 件，第二年为 3 000 件。在试点项目的过渡阶段，向中国国家知识产权局提交的且选择欧洲专利局作为国际检索单位的国际申请，申请人应直接向欧洲专利局以欧元缴纳国际检索费。在不久的将来，试点项目计划实现申请人向中国国家知识产权局提交国际申请时直接以人民币缴纳国际检索费。根据该项目，申请人是中华人民共和国的国民或居民且国际检索由欧洲专利局作为国际检索单位做出的国际申请的国际初步审查请求应向欧洲专利局提交，并根据 PCT 第二章直接向欧洲专利局缴纳相关费用。欧洲专利局为申请人提供国际检索报告和书面意见，对发明的可专利性给出清晰的评估意见，从而为申请人及时地判断是否根据 PCT 条约进入各国家/地区阶段（特别是欧洲地区阶段）提供基础。另外，持有欧洲专利局出具的国际检索报告和书面意见且希望加快申请进程的中国申请人可以提出早期审查请求，提前进入欧洲地区阶段，而不需要进行欧洲补充检索。

21. 世界知识产权组织发布《2020 世界知识产权指标》年度报告

12 月 7 日，世界知识产权组织（WIPO）发布年度报告《2020 世界知识产权指标》（WIPI）。报告显示，2019 年全球专利申请量为 3 224 200 件，同比下降 3%。中国专利申请数量为 140 万件，位居世界第一，是专利申请第二大国美国申请量（621 453 件）的 2 倍以上。之后依次是日本、韩国和欧洲。在国民向海外提交专利申请方面，美国继续保持世界领先，以 236 032 件位列第一，中国以 84 279 件排第四位。就商标方面，商标申请量达 15 153 700 件，同比增长 5.9%。其中，中国的申请数量最多，涵盖约 780 万类；其次是美国、日本、伊朗、欧盟。工业品外观设计申请量为 1 360 900 件，同比增长 1.3%，其中，中国受理了 711 617 项外观设计，占世界总量的 52.3%，排名世界第一，其次是欧盟、韩国、美国和土耳其。

二、国际公约的发展

1. 欧亚经济联盟成员国签署《EAEU 商标、服务商标以及原产地名称协定》

2 月 3 日，欧亚经济联盟（EAEU）所有成员国（亚美尼亚、白俄罗斯、哈萨克斯坦、吉尔吉斯斯坦和俄罗斯）签署《EAEU 商标、服务商标以及原产地名称协定》。该协定将在上述所有成员国使其注册程序和官方费用与协定保持一致并向欧亚经济委员会（EEC）交存批准书后正式生效。EAEU 成员国签署《EAEU 商标、服务商标以及原产地名称协定》极大地推动了 EAEU 建立统一的知识产权制度的进程。在该知识产权制度下，权利人可以通过向 EAEU 任何一个成员国的知识产权机构提交一份申请而在所有成员国同时获得法律保护。每一个商标申请都将接受形式审查和实质审查，整个注册过程预计将花费一年左右的时间。EAEU 商标将保存在 EEC 管理的单一注册簿中。

2. 瑙鲁加入《建立世界知识产权组织公约》《保护文学和艺术作品伯尔尼公约》

2 月 11 日，WIPO 总干事弗朗西斯·高锐收到瑙鲁请求加入《建立世界知识产权组织公约》的文书，自此瑙鲁作为世界知识产权组织第 193 个成员方加入该公约。同日，瑙鲁还加入了《保护文学和艺术作品伯尔尼公约》。上述两项条约均于 2020 年 5 月 11 日对瑙鲁生效。

3.《原产地名称和地理标志里斯本协定日内瓦文本》正式生效

2 月 26 日，由世界知识产权组织管理的《原产地名称和地理标志里斯本协定日内瓦文本》（以下简称《日内瓦文本》）正式生效。该文本下的国际注册制度可为能够识别出产品（例如，咖啡、茶、水果、葡萄酒、陶器、玻璃和布等）地理来源的名称提供保护。原产地名称和地理标志是独特的产品标识，对于生产者而言，上述二者都是有趣的营销工具，因为他们可以使消费者知晓产品的地理来源以及与产地相关的产品质量、特性和声誉。原产地名称和地理标志之间的基本区别是，原产地名称与产地的联系更加紧密。

2015年5月20日，《日内瓦文本》获得通过，2019年11月26日，欧盟加入《日内瓦文本》。除了允许通过WIPO的单一注册程序对原产地名称进行国际注册外，现在还允许对地理标志进行国际注册。

4. 墨西哥加入《〈海牙协定〉日内瓦文本》(1999年)

3月6日，墨西哥政府向WIPO总干事弗朗西斯·高锐交存加入《〈海牙协定〉日内瓦文本（1999年）》的文书。墨西哥是拉丁美洲第一个加入海牙体系的西班牙语国家，并成为1999年文本的第64个成员和海牙联盟的第74个成员。该文本于2020年6月6日在墨西哥生效。自2020年6月6日起，来自墨西哥的公司和设计师可以在《海牙协定》（1999年）文本的缔约方中开始使用海牙体系来保护其工业品外观设计，本地和外国公司及设计师均可通过墨西哥的海牙体系寻求外观设计保护，通过一次国际申请和一套收费，就可以保护多达89个国家和地区的领土。

5. 《视听表演北京条约》生效

4月28日，《视听表演北京条约》正式生效。根据规定，该条约应在30个缔约方交存批准书或加入书3个月之后生效。随着印度尼西亚于2020年1月28日批准《视听表演北京条约》，该条约将于2020年4月28日在30个成员方生效。2012年，世界知识产权组织（WIPO）各成员方共同在中国政府举办的外交会议上批准了该条约，由于该外交会议在北京举行，因此条约被命名为《视听表演北京条约》。WIPO总干事弗朗西斯·高锐称："众多视听表演者——影视演员、音乐人、舞蹈家、编舞者及其他人员的收入一直未能体现其价值，视听表演者确实需要获得一些支持以确保其收入的可持续，《视听表演北京条约》加强了视听表演者享有的作品权利，这将转化为视听表演者收入的增长，并促进为我们所有人带来快乐的视听产业的经济可持续发展。"一旦加入该条约，其成员方必须同意根据其法律制度采取必要的措施，以确保有效实施该条约。尤其是，每个缔约方必须确保根据其法律可以执行条约的执行程序，从而可以采取有效行动来打击条约所涵盖的任何侵犯权利的行为。

6. 莫桑比克交存加入《商标班珠尔议定书》文书

5 月 15 日，莫桑比克政府向非洲地区知识产权组织（ARIPO）总干事递交加入《商标班珠尔议定书》的文书。该议定书于 2020 年 8 月 15 日在莫桑比克正式生效。根据规定，从 2020 年 8 月 15 日起，莫桑比克将有资格成为《商标班珠尔议定书》其他成员方商标生效的指定国。此外，自 2020 年 8 月 15 日起，莫桑比克国民和居民有权直接向 ARIPO 提交商标申请。值得注意的是，莫桑比克已经在其《知识产权法典》中颁布了规定（2015 年 12 月 31 日第 47/2015 号法令），即一旦莫桑比克成为《商标班珠尔议定书》的缔约方，其便可以立即执行该议定书。莫桑比克加入《商标班珠尔议定书》意味着该议定书的成员方数量达到了 11 个。

7. 阿塞拜疆、亚美尼亚、吉尔吉斯斯坦、俄罗斯、哈萨克斯坦签署《欧亚专利公约工业品外观设计保护议定书》

欧亚专利组织（EAPO）成员国于 2019 年 9 月 9 日通过《欧亚专利公约工业品外观设计保护议定书》，引进欧亚工业品外观设计专利保护制度。该公约共有 8 个成员国。已经签署议定书的 EAPO 成员国包括亚美尼亚、阿塞拜疆、哈萨克斯坦、吉尔吉斯斯坦和俄罗斯。根据该议定书，欧亚外观设计专利申请可以直接或通过 EAPO 各成员国的专利局提交至 EAPO，从而能够简化流程，并降低申请人的负担。同时所有申请人都必须遵循统一的审查要求，只能使用 EAPO 官方语言——俄语，并支付统一的程序费用。

5 月，阿塞拜疆和亚美尼亚通过关于批准加入《欧亚专利公约工业品外观设计保护议定书》的法律并加入该议定书。该《议定书》于 2019 年 9 月 9 日在哈萨克斯坦努尔苏丹举行的外交会议上通过。根据协议，该《议定书》在第三个国家向世界知识产权组织总干事交存批准或加入文书的 3 个月后正式生效。在所有其他成员国中，议定书将在该成员国加入或交存批准书 3 个月后生效。

7 月 3 日，吉尔吉斯斯坦总统索隆拜·热恩别科夫（Sooronbay Jeenbekov）签署批准《欧亚专利公约工业品外观设计保护议定书》，此举标志着该法案在该国落地。《欧亚专利公约工业品外观设计保护议定书》共有

8 个成员国，吉尔吉斯斯坦是第 3 个确立实施上述工业品外观设计保护议定书的国内程序的国家，且在获得吉尔吉斯斯坦的批准之后，该议定书实际已满足正式生效的最低要求。

11 月 10 日，俄罗斯国家杜马（俄罗斯联邦会议下议院）在全体会议上审议并通过《欧亚专利公约工业品外观设计保护议定书》法律草案。

11 月 23 日，哈萨克斯坦总统签署《关于批准欧亚专利公约工业品外观设计保护议定书的法律》，议定书于 2020 年 12 月 5 日在哈萨克斯坦生效。

8. 中欧地理标志协定签署

7 月 20 日，欧盟理事会决定授权正式签署中欧地理标志协定；9 月 14 日，中国商务部部长钟山与德国驻华大使葛策、欧盟驻华大使郁白正式签署《中华人民共和国政府与欧洲联盟地理标志保护与合作协定》。该协定将确保来自中欧的各 100 个地理标志在对方市场得到保护，从而确保双方互相尊重对方的优良农业传统。该协定生效 4 年后，协定范围将扩大，届时将涵盖双方各 275 个地理标志，例如，中国的“安吉白茶”“赣南脐橙”、欧洲的“爱尔兰威士忌”等。这一谈判历时 8 年的协定，是中国对外商签的第一个全面、高水平的地理标志双边协定，也是近年来中欧之间首个重大贸易协定，对深化中欧经贸合作具有里程碑式的意义。

9. 沙特加入《微生物保存布达佩斯条约》

8 月 26 日，沙特阿拉伯内阁会议批准该国加入《国际承认用于专利程序的微生物保存布达佩斯条约》（以下简称《布达佩斯条约》）。该条约在 1977 年 4 月 28 日签署，于 1980 年 9 月 26 日修订。根据《布达佩斯条约》的规定，条约成员方可以在国际保藏单位保存微生物，且该做法符合条约成员方专利法的保存要求。国际保藏单位有能力储存生物材料，并建立了确保遵守《布达佩斯条约》的程序。此类程序包括微生物将在专利有效期内一直进行保存以及微生物的样本仅能提供给有权获得这些样本的个人或企业等要求。国际保藏单位的建立为专利申请人和《布达佩斯条约》成员方带来了诸多益处。对于专利申请人而言，国际保藏单位的建立可极大地减少他们在寻求专利保护的每一个成员方保存微生物的需要。在任何国际保藏单位进行单一的保存就可以满足任何成员方的国家披露要求，此举可大幅降低专利申请人的成本。对于《布达佩斯条约》的成员方而言，国际保藏单位的建立可使其依靠条约的统一标准来确保微生物被有效地保存，成员方不再需要单独建立一个公认的保存机构来满足国家可专利性披露的要求。

10.《区域全面经济伙伴关系协定》正式签署

11 月 15 日，亚太地区的 15 个国家签署《区域全面经济伙伴关系协定》（RCEP），其中包括基于《全面与进步跨太平洋伙伴关系协定》（CPTPP）和《美韩自由贸易协定》（KORUS）相关条款的版权例外。《区域全面经济伙伴关系协定》中知识产权相关内容，共包含 83 个条款和过渡期安排、技术援助 2 个附件，是其内容最多、篇幅最长的章节，也是我国迄今已签署自贸协定所纳入的内容最全面的知识产权章节。该章不仅包括传统知识产权的主要内容，而且体现了知识产权保护发展的新趋势，涵盖著作权、商标、地理标志、专利、外观设计、遗传资源、传统知识和民间文艺、反不正当竞争、知识产权执法、合作、透明度、技术援助等广泛领域。

三、各国及各地区立法与判例

（一）立法改革

1. 非洲地区《专利和工业品外观设计哈拉雷议定书》《商标班珠尔议定书》生效

1 月 1 日，非洲地区知识产权组织（ARIPO）对《专利和工业品外观设计哈拉雷议定书》《商标班珠尔议定书》相关修订条款正式生效。《专利和工业品外观设计哈拉雷议定书》于 1982 年 12 月 10 日通过，现有 18 个成员方。此前，在专利实质性审查程序中，其审查费用包含审查报告费和检索报告费，各为 300 美元。但是用户会误认为其仅需支付上述任意一种费用。为了避免这一情况的发生，ARIPO 决定将这两种费用整合在一起，统称为实质性审查请求费，并将审查费用增至 600 美元。此外，ARIPO 还引入了全新的现有技术检索费来满足那些请求进行现有技术检索的客户的需要，并且新纳入了关于专利和实用新型申请公示以及实用新型快速审查的条款，将工业品外观设计注册和公示的时限以及注册证书提交给指定成员方的时限设置为 6 个月。

《班珠尔议定书》于 1993 年获得通过，现包括 10 个成员，该议定书旨在协调成员方的商标保护制度，允许申请人通过一份申请在多个议定书的成员方获取品牌保护。尽管议定书整体修改并无大的变动，但其实施条例的修订涉及申请日、费用支付和异议程序等内容。申请日为 ARIPO 或《班珠尔议定书》成员方的知识产权局收到申请的日期，前提是该申请包含注册请求、申请人的姓名和地址、至少指定一个成员方的信息、4 份商标附图以及商品与服务清单。如果申请不能满足这些要求，申请日则为申请人作出补正后符合这些要求的日期。另外，官费必须在申请日或申请日后的 21 天内直接支付给非洲地区知识产权组织（ARIPO）。

2. 新西兰知识产权局对专利官费做出调整

2 月 13 日起，新西兰知识产权局（IPONZ）进一步提高该国的专利官费标准。专利官费的调整主要涉及以下内容：针对过多权利要求征收的费用，如果某一件专利申请中的权利要求达到或者超过了 30 项，那么自第 25 项权利要求起，每多 5 项权利要求 IPONZ 就会加收 120 新西兰元（约合 75 美元）；针对专利维持的费用，在专利所有人获得专利权后的第 4~9 年，每年的专利维持费用将会增加至 200 新西兰元（约合 125 美元）；在第 10~14 年，每年的专利维持费用会提高至 450 新西兰元（约合 285 美元）；在第 15~19 年，每年的专利维持费用则会达到 1 000 新西兰元（约合 650 美元）；专利的申请费用、修改费用、恢复费用，将分别提高至 500 新西兰元（约合 315 美元）、150 新西兰元（约合 95 美元）、600 新西兰元（约合 380 美元）。

3. 日本修订《商标法实施条例》

2 月 14 日，日本特许厅发布《商标法实施条例》修订公告。公告指出，本次修法主要与店铺装潢有关，为便于企业更好地保障在店铺外观、内部装修、复杂商品的形状等方面的利益，针对立体商标申请，对《商标法实施条例》做出以下修订：（1）申请立体商标时，可用实线、虚线绘制三维商标；（2）允许在三维商标的申请中包含“商标的详细描述”；（3）修订了表格 2

的注释，用以规定申请书中的具体描述方法；（4）关于上述修正案，已经制定了过渡措施，适用于相关的商标注册申请和防御性商标注册申请。修订后的《商标法实施条例》于2020年4月1日开始实行。

4. 澳大利亚新知识产权法修正法案生效

2月26日，澳大利亚《2020年知识产权法修正法案（生产力委员会回应第二部分和其他措施）》获得英国女王的批准，正式成为法律。该法案开启了澳大利亚逐步取消革新专利制度的进程，自2021年8月26日起，将不能再递交新的革新专利申请。此外，澳大利亚知识产权局可提供一系列资源来帮助中小型企业了解并充分利用本国的知识产权制度。在澳中小型企业将获得进一步的专业支持，包括中小型企业案例管理服务、中小型企业快速通道服务以及专门的推广项目和在线门户网站服务。修正法案还对澳大利亚的知识产权制度进行了其他一些改进，包括在《1990年专利法》中引入客体条款、完善专利和外观设计的王室使用条款以及完善专利的强制许可规定。法案还从技术层面对《1990年专利法》和《1995年商标法》进行了诸多改进，以简化程序并提高效率。

5. 波兰新《工业产权法修订案》生效

2月27日，波兰新《工业产权法修订案》正式生效。本次修订的主要目的是使波兰法律与1973年10月5日签署的《欧洲专利授权公约》保持一致，并进一步落实欧洲议会和欧盟理事会关于知识产权执法的第2004/48/EC号指令的法律法规。按照新规定，权利人将在专利局发出通知之日起1个月内获得确认授予专有权的文件。关于专利异议与无效宣告程序，相关方也无须再履行证明法律利益的义务，并且异议不再由审查专家组处理，而是交由一位专家审查。同时，新规定允许在异议程序以及无效宣告程序中通过修改专利权利要求来限制专利的范围。此外，修订案还免除初创企业的续展费，中小企业家可在创业前3年申请免除外观设计和商标续展费。

6. 加拿大修订《专利法》以应对新冠肺炎疫情

3月25日，加拿大国会审议通过《C-13新型冠状病毒肺炎紧急响应法案》，对该国《专利法》进行修订。根据新修订的《专利法》，专利专员在收到来自卫生部长的申请之后，可以授权加拿大政府以及其他在上述申请中指定的人士来在必要的范围内生产、制造、使用以及销售某些专利发明以应对全国性的突发公共卫生事件。但是加拿大政府申请得到授权的期限是具有一定限制的。根据第19条4款第（9）项的规定，专利专员在2020年9月30日之后就不得再做出类似授权决定。

7. 日本外观设计法修正案部分条款2020年4月1日生效

4月1日，日本特许厅（JPO）公布的《外观设计法修正案》中大多数修订条款将生效，部分条款稍晚生效，具体日期待定。修正案对注册程序和权利实施都有影响。修正案最显著的变化是，外观设计保护期限延长至申请日起25年。该条适用于2020年4月1日或之后的申请。此外，修正案允许包含多个外观设计的注册申请，但相关条款的生效日期待定。一旦实施，申请人将能提交属于洛迦诺分类同一类别的多个外观设计的注册申请。修正案还扩大了外观设计的保护范围，将图形用户界面（GUI）、建筑物的设计（内部和外部）以及有形物体（小汽车、包和瓶子等）的可移动特征纳入保护范围内。非直接侵权行为的范围也有所扩展，包括为避免侵权将侵权产品分割成多个部分进行制造或进口的行为。

8. 欧洲专利局更新费用表

4月1日，欧洲专利局（EPO）开始实施新的费用表，各专利费用平均涨幅不超过4%～5%，申请费增长5～10欧元不等。采用字符编码格式（例如XML）提交欧洲专利申请和所有支持文档的费用从90欧元增长至95欧元。在线申请费从120欧元增长至125欧元，而所有其他情况的费用从250欧元增长至260欧元。超过35页的申请需缴纳额外的费用，从每页15欧元增长至每页16欧元。审查费增长4%，从原来的1 635欧元增长至1 700欧元。授权费也增长近4%，从925欧元增长至960欧元。对于2018年4月1日或之后提交的经过修改、更正以及带有字符编码形式的权利要求书译文的申请，授权费从825欧元增长至860欧元。维护费约增长4%，增长额度从20欧元到65欧元不等。逾期缴纳续展费的附加费用依然为应缴续展费的50%。费用表的所有项目都有调整，包括检索、申诉、分案申请以及异议和重新确权，并不局限于上述所列项目。

9. 日本通过版权法新修正案

6月5日，日本国会通过版权法新修正案，新法案于2021年1月1日生效。本次版权法修正旨在防止非法下载漫画、杂志和其他文学作品。日本于2012年通过立法规定从互联网上下载未经许可的电影和音乐为非法行为，并判处最高2年有期徒刑。与对电影和音乐的处罚一样，理论上，从互联网上非法下载出版物的行为人将被处2年有期徒刑或最高200万日元（18 300美元）的罚款。但法案也规定了例外，下载漫画出版物的一小部分或从大部书中下载几页内容的行为将不会被起诉，无意在屏幕截图中包含受版权保护作品的行为也不会触犯法律。此外，新法案将所谓的"寄生虫"网站定为非法网站。这些网站通常称为索引网站或链接网站，它们本身不拥有任何受版权保护的内容，而是链接到具有此类内容的外部平台或用户。新法案生效后，此类网站的运营商或发布具有相同功能的应用程序的行为人将面临最高5年有期徒刑或最高500万日元（45 760美元）罚款或二者并处。

10. 罗马尼亚新商标法正式生效

7月13日，罗马尼亚新商标法（第112号法）正式生效。根据新的商标法规定，商标可以由任何标志组成，包括声音，同时此类标志还需满足以下两个要求：标志必须能够将一个企业的商品或服务与其他企业的商品或服务区分开；在商标注册部门注册时，标志必须能够使主管机构和公众清楚、准确地确定其所有者想要保护的主题。此外，为了实现建立更快速、更高效的商标注册程序的目标，新法规定了一系列更加严格的履行具体义务期限，这些义务对商标所有人有着直接的影响。例如，商标注册人有义务在注册程序完成之日起30日内支付商标注册证书的签发费用，如果在此期限内未交纳费用，视为申请人放弃商标注册，而旧法并没有规定支付上述费用的期限。因此，为确保更好地保护和实现商标权，商标所有人需要快速作出反应，以确保遵守新法规定或修订的内容。

11. 土耳其公布《第5651号法》修正案

7月31日，土耳其在官方公报上公布《第5651号关于互联网传播管理以及预防利用此类传播进行犯罪的法律》（以下简称《第5651号法》）的修正案。此次修订将“社交网络提供商”一词引入《第5651号法》并列出了此类提供商在运营方面所需履行的义务，以对社交媒体平台进行管理。社交网络提供商主要指用户提供在互联网上创建、查看或共享内容（例如，文本、图像、音频或位置）的方法以进行社会互动的自然人或法人。每日从土耳其获得的访问量超过100万次的社交网络提供商还应履行在土耳其指定代表、在48小时内对删除内容的请求作出回应、一年提交两次报告、必须采取措施来保留土耳其用户在土耳其的数据、24小时内删除内容或屏蔽访问等义务，对于未履行上述义务的社交网络提供商，修正案中规定了相应的处罚措施。此外，修正案明确指出，社交网络提供商履行上述义务并不会消除其作为内容提供商或托管服务提供商应该承担的任何责任以及应履行的义务。

12. 巴西出台新的《国家知识产权战略》草案

8月10日，巴西官方公报上发布新的《国家知识产权战略》（ENPI）草案，向公众征求意见和建议。该草案提出了未来将要实施的几项计划，并遵循了总体指导原则，即知识产权是促进创新和吸引投资的通用工具。此外该草案还建议建立新的知识产权监管标准，使巴西为实现4.0经济做好准备，从而帮助巴西企业完成数字化转型。ENPI的目标是为建立平衡而有效的国家知识产权制度提出依据，该制度将广泛用于培养创造力、促进创新投资和知识获取，以提高巴西的竞争力并推动社会经济发展。

13. VNIPO提议修改包含红十字标志的商标的审查规定

8月11日，越南知识产权局（VNIPO）、越南红十字会（VRCS）以及红十字国际委员会（ICRC）共同组织举办了一次内部研讨会，就红十字标志在越南的使用问题进行讨论。在过去，VNIPO将红十字标志视为健康和卫生的常规标志，根据《越南知识产权法》第74条2款（b）项的规定，此类标志不符合获得商标保护的要求，而VNIPO已经对包含红十字标志的商标授予保护，并就此施加了免责声明。根据《越南知识产权法》和《红十字活动法》的规定，红十字标志以及与该标志混淆性相似的其他任何标志都必须从寻求保护的申请商标中撤销，而不是被施加免责声明。据此，VNIPO未来将会驳回所有包含红十字标志（或者与该标志混淆性相似的标志）的商标注册，除非申请人能够提交 VRCS 同意其使用红十字标志的证明文件。换言之，VRCS 将是唯一有权在越南批准使用此类标志的机构。对于那些已注册的包含红十字标志或者类似标志的商标，VNIPO 和 VRCS 将共同处理此类问题，以找到合适的解决方案。

14. 新加坡地理标志法修订案生效

8 月 15 日，新加坡《2014 年地理标志法》和《地理标志条例》修订案生效。修订案中对地理标志的变体进行了新的规定，申请人既可以在同一个申请中也可以在另一个申请中注册地理标志的变体。“变体”包含地理标志的翻译、音译和其他变化形式，且变体彼此独立，一个变体被驳回或异议不会阻碍另一个未被驳回或异议的变体的注册，异议和撤销申请只能针对具体的变体提出。关于变体被独立对待的新规让地理标志所有人信心大增，反映出主管机关对地理标志和文化细致入微的理解。此外，修正案中规定了限制权利范围的新机制，允许利益相关方向新加坡高等法院申请法院令，以在注册簿中对已注册的地理标志的权利范围作出限制。这些修订目的是向地理标志所有人明确有关信息并提高地理标志注册簿的有效性。

15. 加拿大知识产权局发布《专利法规定的可专利性主题》新指南

11 月 3 日，加拿大知识产权局（CIPO）根据 Choueifaty 案裁决发布《专利法规定的可专利性主题》（Patentable Subject-Matter under the Patent Act）新指南。在确定涉及计算机实施的发明、医学诊断方法和医学用途的主题的可专利性时，新指南提供了一种经过实质性修订的方法，将取代《专利局实践手册》（MOPOP）中的现行指南，特别是《专利局实践手册》第 12 章、第 17 章、第 18 章、第 22 章和第 23 章中涉及权利要求的分配、技术问题的技术解决方案以及确定基本要素的问题和解决方法的部分将不再适用。

16. 美国专利商标局调整商标官费

11 月 17 日，美国专利商标局（USPTO）发布一项关于商标申请和商标审查与上诉委员会（TTAB）各项程序新官费的最终规则，该规则于 2021 年 1 月 2 日生效。根据最新规则，通过 TEAS Plus（对于初始注册申请，USPTO 提供三种电子申请选项：TEAS Plus、TEAS RF 和 TEAS Standard）提交申请，费用从每个类别 225 美元增长到 250 美元，不满足 TEAS Plus 要求的处理费从每个类别 125 美元降低到每个类别 100 美元，TEAS Standard 的费用从每个类别 275 美元增长到 350 美元。向 TTAB 申请撤销或异议一件商标的费用从每个类别 400 美元增长到 600 美元，新增费用项目包括抗议书、口头审理请求、在单方复审中通过 ESTTA 提交复审请求书等。此外，除了更改费用，USPTO 还修订了抗议书的程序，使第三方可以提请 USPTO 注意与商标可注册性有关的证据。在近年来自他国的欺诈性商标申请不断增加的背景下，这些证据变得尤为重要。

17. 欧盟委员会发布《数字服务法》和《数字市场法（草案）》

12 月 15 日，欧盟委员会发布《数字服务法》和《数字市场法（草案）》。《数字服务法》是《电子商务指令》的发展与完善，旨在使欧盟立法与数字时代的现实情况保持一致。该草案对在线服务如何处理潜在的非法内容作出规定，禁止了监控或过滤的法律义务，提高了透明度，并允许暂停发送虚假删除通知的发件人的权限。而《数字市场法》则适用于被称为“守门人公司”的网络巨头，草案对“守门人公司”的认定设置了条件，对其规定了特定义务，以避免其“不公平的做法”。

（二）重要案例

1. 欧盟普通法院：法国时尚品牌巴尔曼不能将纽扣狮头设计注册为商标

2 月 5 日，欧盟普通法院判定法国时尚品牌巴尔曼（Balmain）不能将其服装纽扣上狮头的两种圆形浮雕设计注册为商标，理由是该设计缺乏显著性特征。2017 年 11 月，巴尔曼申请将上述设计注册为商标，适用于第 9、第 14、第 18、第 25 和第 28 类，涵盖服装、袖扣、纽扣和皮革制品等商品。2018 年 5 月，来自欧盟知识产权局（EUIPO）的商标审查员驳回了巴尔曼用于第 14 和第 26 类袖扣和纽扣商品上的商标的注册。巴尔曼品牌方 Pierre Balmain 公司不服商标局决定，向 EUIPO 上诉委员会提起申诉，该委员会对上述审查员的决定表示支持。随后，巴尔曼上诉至欧盟普通法院，称这两枚狮头图案均为“基于想象的原创图案”，属于“艺术创作”，在所申请的项目中不具有任何描述性，并且狮子头标识已在自己的服饰产品上大量使用，相关消费者具有相应专业识别能力。针对巴尔曼的观点，欧盟普通法院表示，标识的显著性不源于其想象力或原创性，即图形商标的显著性与图形本身是否原创没有必然联系，原创图形的显著性不一定总是比较强，巴尔曼这两枚狮头图案就是例外，巴尔曼无法反驳“狮头是时尚界纽扣设计中一种十分常见的特征”这一说法，不能解决其设计缺乏显著性问题。因此，欧盟普通法院判定巴尔曼的两件设计都不具备作为商标的必要功能，不得注册为商标。

2. 印度德里高等法院：禁止印度电动三轮车制造商 Om Balajee 公司制造或销售带有“DMW”标志的商品

3 月 23 日，印度德里高等法院就德国汽车制造商宝马公司（BMW）与印度电动三轮车制造商 Om Balajee 公司之间的商标纠纷作出判决，禁止 Om Balajee 制造或销售带有“DMW”标志的商品。宝马公司认为，其自 1987 年起就开始在印度开展业务，其商标已在印度家喻户晓并具有高度的显著性。宝马公司曾在 2016 年就因被侵犯其印度商标而向 Om Balajee 公司发出停止侵权通知，并于 2017 年向法院提起诉讼。Om Balajee 公司辩称，宝马并不从事电动三轮车的生产，并且自 2013 年起 Om Balajee 公司就开始生产“DMW”品牌的电动三轮车，并不会导致消费者的混淆。德里高等法院表示，Om Balajee 公司的标志“DMW”与宝马公司的知名商标无论在视觉上还是在发音上都十分相似，Om Balajee 显然是想利用宝马公司在市场上所享有的品牌质量和商誉，可能会使普通人误认为 Om Balajee 提供的服务与宝马公司有关，因此判定其构成侵权。

3. 欧盟普通法院：缠绕奶酪棒形状商标申请遭驳回

2020 年 3 月 26 日，欧盟普通法院就一起商标纠纷作出支持欧盟知识产权局（EUIPO）的判决，驳回了土耳其奶酪制造商 Muratbey（Muratbey Gida Sanayi ve Ticaret）奶酪棒形状（由几条单独的奶酪缠绕在一起组成）的商标申请，理由是该奶酪形状不具备显著性。

此前，Muratbey 为 3 件不同的商标在 EUIPO 递交了注册申请。这些商标涉及奶酪的形状，即由若干条奶酪缠绕在一起组成的细长圆柱形奶酪棒。Muratbey 公司称自己是第一家制作该类奶酪棒的公司，并借此赢得了“2018 年世界乳业创新奖”。然而，欧盟普通法院指出，新颖性或独创性并不是评估商标显著性的相关标准，诸如“世界乳业创新奖”之类的奖项只有在基于消费者认知的基础上才有意义。欧盟普通法院对 EUIPO 的最初决定表示支持，即奶酪棒或类似的形状在整个乳制品行业都是很常见的，因此无法作为商标来表明 Muratbey 是这些商品的来源。该法院还认为，在普通消费者的眼中，Muratbey 与缠绕在一起的奶酪形状之间没有内在的联系。虽然 Muratbey 已经在德国成功将奶酪条缠绕在一起组成的奶酪棒形状注册成商标，但欧盟普通法院表示，EUIPO 不会受个别欧盟成员国决定的约束。

4. 美国专利商标局：人工智能系统不能成为发明人

4 月 27 日，美国专利商标局（USPTO）在其发布的一份裁决中指出，人工智能系统不能被列为美国专利的发明人，根据现有专利法，“发明人”只能是“自然人”。人工发明人项目（AIP）由一批旨在探索人工智能可专利性的国际专利律师组成。2019 年 7 月 29 日，AIP 提交一项专利申请，将 DABUS 人工智能系统列为发明人，并将申请人斯蒂芬·塞勒列为受让人。

USPTO 就此问题出具了一份明确的意见，称发明人必须为自然人。在裁决中 USPTO 避开了机器思维这个前瞻性问题，而是坚决地基于现有法规和案例法作出裁决。USPTO 表示，专利法禁止对发明的所有人作出超越自然人范畴的宽泛解释。《美国法典》第 35 编称发明人为自然人，使用“无论谁”(暗示为自然人)、“他本人”和“她本人”（再次表明发明所有权限于自然人)。根据该规定，USPTO 认为，对专利法作出宽泛解释以将机器纳入其中违背法律规定。USPTO 还提到联邦法院也将自然人视为发明人。在 Univ. of Utah v. Max-Planck-Gesellschaft zur Förderung der Wissenschaflen e. V. 一案中，美国联邦巡回上诉法院称，发明需要思维训练，为了执行这些智力活动，发明人必须为自然人，不能是企业或其他。Max-Planck 判决并不是联邦巡回法院首次处理这一问题。在 Beech Aircraft Corp. v. EDO Corp. 一案中，同样法院裁定只有自然人能成为“发明人”。

5. 美国联邦最高法院：Booking. com 不构成通用名称

6 月 30 日，美国联邦最高法院（SCOTUS）就美国专利商标局诉 booking. com 商标权适格案，作出最终判决。一个多世纪以来，美国联邦最高法院一直将由通用术语加上“公司”组成的名称视为通用名称。根据这一先例，美国专利商标局拒绝对由通用术语和通用顶级域名组成的域名进行商标保护。但是金斯伯格（Ginsburg）大法官在判决中写道，“通用词+. com”的类型，是否是某个商品或某类服务的通用名称，其关键在于消费者是否认为其属于该领域的通用名称。本案从数据调查上可以得知，消费者并没有将“Booking. com”这个词认定为某个商品或某类服务的领域的通用名称。因此，“Booking. com”对消费者而言不是通用名称，所以也就不是通用词汇。美国联邦最高法院认为，寻求商标法的保护和其他法律的保护均是当事人的权利，这完全不能成为拒绝 Booking. com 申请成为商标的理由。

6. 欧洲法院：YouTube 无须共享盗版者的电子邮件和 IP 地址

7 月 9 日，欧洲法院就康斯坦丁案作出裁决：包括 YouTube 在内的网络平台不必根据版权持有人的要求提交涉嫌盗版者的电子邮件地址、IP 地址或者电话号码。《版权指令》中所涉及的“地址”仅与邮政地址相关。据悉，2013 年和 2014 年有 3 名 YouTube 用户在平台上传了康斯坦丁公司为独家版权持有人的电影，康斯坦丁公司要求 YouTube 和其所有者谷歌向其提供涉嫌侵权者的详细个人信息，包括他们的电子邮件地址、IP 地址和电话号码。两公司均拒绝了康斯坦丁的要求，双方因此对簿公堂。一审法院德国法兰克福地方法院经审理驳回了康斯坦丁公司的要求，但是上诉法院否决了地方法院的裁决，命令 YouTube 提供其用户的电子邮件地址，但不必提交 IP 地址和电话号码。对此，双方不服，案件提交至德国联邦最高法院审理。出于审慎考量，德国联邦最高法院将该案提交至欧洲法院，请求其对《欧盟版权指令》第 8 条中规定的“地址”进行解释。欧盟法院在裁决中表示：版权指令为司法机关提供了一种公开机制，可命令相关方向权利持有人披露个人信息，以解决知识产权纠纷，但“地址”一词特指实际位置。此外，法院还明确排除了电子邮件地址、电话号码。

7. 美国联邦第二巡回上诉法院：好市多合理使用抗辩成立

8 月 17 日，美国联邦第二巡回上诉法院以“3 票支持 0 票反对”的判决推翻了地区法院对蒂芙尼案的裁决，认为该法院对事实性问题作出了不当裁决，这些问题本应由陪审团决定。蒂芙尼与好市多的商标纠纷始于 2012 年，当时知名的高档珠宝供应商蒂芙尼发现好市多将“Tiffany”商标用在销售点的标识上以售卖某些“无品牌”的钻石戒指。蒂芙尼要求好市多停止使用“Tiffany”商标销售其戒指，好市多照办。好市多还通知此类戒指的购买者其使用“Tiffany”仅表示戒指具有蒂芙尼的涉及风格，并提醒客户可以随时退回戒指。尽管如此，蒂芙尼仍然以商标侵权和假冒为由起诉了好市多。作为回应，好市多坚持其对“Tiffany”商标的使用属于描述性合理使用。地方法院认定好市多合理使用的抗辩不成立，构成商标侵权，因此判决好市多赔偿蒂芙尼 2 100 余万美元。好市多随后提起上诉，在上诉中，第二巡回法院认为地方法院不当驳回好市多的反驳证据，只考虑到蒂芙尼证据的有效性，但事实上在好市多的 3 300 多个戒指销售案例中只有 6 个实际混淆的例子，比例非常低。好市多还提出蒂芙尼的消费者调查存在缺陷，调查的对象当前对购买钻戒没有兴趣，并且使用了人为的、有偏见的外部刺激而忽略了销售点的现实情况。此外，蒂芙尼并未能够证明好市多怀有恶意，好市多承认其有意出售与蒂芙尼首饰相似的产品，但不是故意仿冒蒂芙尼的首饰——这不足以证明在蒂芙尼提起的商标侵权诉讼中好市多存在恶意行为。最终，第二巡回法院支持了好市多基于合理使用理由进行抗辩，撤销地方法院的裁决。

8. 美国弗吉尼亚州联邦地区法院：美国思科公司因专利侵权被判赔 19 亿美元

10 月 5 日，美国弗吉尼亚州联邦地区法院作出裁决，美国网络解决方案供应商思科公司因侵犯 Centripetal Networks 公司的网络安全专利技术并使后者无法获得美国政府的合同，将被处以高达 19 亿美元的罚款。Centripetal Networks 开发了一种网络保护系统，后 Centripetal Networks 与思科签署了保密协议并向其分享该技术。2017 年，思科窃取了该专利技术并将其整合到了自己的产品中。2018 年，Centripetal Networks 对思科提起专利侵权诉讼。美国弗吉尼亚州联邦地区法院认为，思科侵犯了 Centripetal Networks 的 4 项专利，应支付 7.56 亿美元的赔偿。但由于思科的侵权行为是故意且情节严重，因此法官判定将这一金额再乘以 2.5，思科应支付的罚款总额为 18.9 亿美元左右。该地区法院表示，加上利息，思科将面临近 19 亿美元的罚款，并需在判决日一次性支付。

9. 孟买高等法院：印度饼干生产商 Parle 获得禁令救济

10 月 9 日，因为被告未派代表出席，孟买高等法院单方面审理了 Parle Products Pvt Ltd 诉 Anr v. Future Consumer Ltd & Ors 一案。原告称其分别于 1939 年、1971 年和 1996 年生产和销售带有“MONACO”“KRACK JACK”“HIDE & SEEK”标志的饼干。这些品牌早已获得商标注册，注册号分别为 2267169 号、3358257 号和 903520 号。原告又分别于 2013 年、2014 年和 2017 年创造了最新的包装。2020 年 9 月，原告发现被告销售的饼干使用“CRACKO”“KRACKER KING”和“PEEK-A-BOO”标志，认为这些标签与其产品的商标外观相同或欺骗性相似，进而提起版权侵权与假冒诉讼，以保护其饼干的包装上的艺术图案。法院在比较两者的产品后，裁定称被告复制或实质上复制了原告同种产品的标签，并强调考虑到复制的本质，被告在设计标签时一定参考了原告的产品。此外，法院指出，在表面证据确凿的情况下可以发布临时禁令，“无法弥补的损害”以及“便利衡量”等因素也对原告有利。法院因而下达临时禁令，禁止被告侵犯原告商业外观的版权，禁止被告以系争包装或任何具有欺骗性的相似标签仿冒原告的产品。

10. 澳大利亚高等法院：墨盒再制造商 Calidad 未侵犯墨盒供应商精工爱普生（Seiko Epson）的专利

11 月 12 日，澳大利亚高等法院就墨盒供应商精工爱普生（Seiko Epson）与墨盒再制造商 Calidad 之间旷日持久的专利侵权案件作出裁决，认为 Calidad 未侵犯爱普生的专利，在将墨盒首次出售给消费者之后，爱普生就不再享有与该墨盒相关的专利权。另外，对回收的空墨盒进行重新填充和重新编程的过程并不能等同于该专利发明的新实施例。具有典型意义的是，澳大利亚高等法院将专利权用尽原则纳入澳大利亚法律，从而限制专利权人爱普生阻止其墨盒在销售后被再制造的权利。

该案被告墨盒再制造商 Calidad 通过其分包商 Ninestar 收购消费者使用过的空的爱普生墨盒，将其重新注满墨水并作为购买新爱普生墨盒的替代品出售。此过程涉及几个步骤，包括刺破墨盒、重新加注墨水、重新密封墨盒并更换或重写存储芯片以指示墨盒已满。而原告爱普生的专利与存储芯片上的电路设计有关，指控 Calidad 在修改和重装墨盒的过程中侵犯了其专利。澳大利亚联邦法院一审中，大法官伯利（Justice Burley）认为已经出售的墨盒受“默示许可”原则的约束。默示许可允许对某些类型的墨盒进行修改，但 Calidad 对其他类型的墨盒进行的修改过多以至于终止了默示许可并构成侵权。Calidad 和爱普生均向联邦法院全席法庭提起上诉。全席法庭认定 Calidad 的所有再制造活动均构成侵权。与全席法庭的调查结果截然相反，高等法院法官发现 Calidad 所做的修改不涉及复制爱普生专利所主张的零部件或特征。同样，对现有存储芯片进行重新编程并不等于制造新产品，即使是集成电路板组件的拆卸和更换也不等于制造了该发明的新实施例。电路板等的特殊布局是专利权利要求的基本特征。但是，由于 Calidad 仅拆卸了电路板，并用同样取自爱普生原装墨盒的其他电路板进行替换，因此 Calidad 从来没有创造出属于这种权利要求的新实施例。高等法院认为专利权人对专利产品的权利在出售给消费者时即完全用尽，并且只要不构成制造某发明的新实施例，专利产品的拥有者有权根据自己的意愿对产品进行任意修改或修复。重要的是，评估修改是否等于制造发明的新实施例应参考发明的权利要求的细节，而不是产品的原始功能。最终，澳大利亚高等法院认定所有修改均符合产品拥有者的权利，并且未侵犯爱普生的专利。

稿　约

尊敬的先生/女士：

《中国知识产权蓝皮书》（书系）由国家知识产权保护工作研究基地、教育部人文社会科学重点研究基地——中南财经政法大学知识产权研究中心承编，著名知识产权专家、文澜资深教授吴汉东担任主编。该书秉承民间视野、学界观点的编写方针，依托理论，注重实证，力求精深，兼顾广博，旨在汇集中国知识产权界的智力资源，展示中国知识产权事业的发展面貌、成就和去向。全书分为特稿、知识产权年度总报告编、制度创新与驱动发展编、行业知识产权创新发展报告编、地区知识产权创新发展报告编、知识产权发展大事纪要等部分。以翔实的资料、准确的数据、深入的分析、独特的视角，记录上一年度内我国知识产权事业发展的脉络和轨迹，为建设知识产权强国提供智力支撑和决策参考。

鉴于您在知识产权领域的瞩目成就，本书编委会特邀您就上述主题嘉惠稿件，题目可以在拟定的目录范围内调整，长短不限，尤其欢迎知识产权诉讼总结报告和新业态知识产权保护状态报告，格式与历年《中国知识产权蓝皮书》一致，敬请您百忙之中假时周全。对您为我国的知识产权事业做出的努力和贡献，献上我们深深的敬意！

《中国知识产权蓝皮书（2020~2021）》征稿截至日期为2021年12月1日，出版日期为2022年4月。本书将在各大书店及网络书店发售，2022年召开的南湖知识产权国际论坛将邀请您莅临指导，并赠送本书。稿费将在该书出版后一并汇入您的账户。

邮件往来联系人：编委会联系人、年度执行主编 李士林

电话/微信：13636921842，电邮：lslindy@ 126. com

谢谢您的热心支持！

恭祝

工作愉快　安康幸福

中南财经政法大学知识产权研究中心

《中国知识产权蓝皮书》编委会

声　　明

“知识产权蓝皮书”“The Blue Book of IPR”商标为中南财经政法大学的注册商标，受法律保护，侵权必究。

特此声明！

中南财经政法大学知识产权研究中心

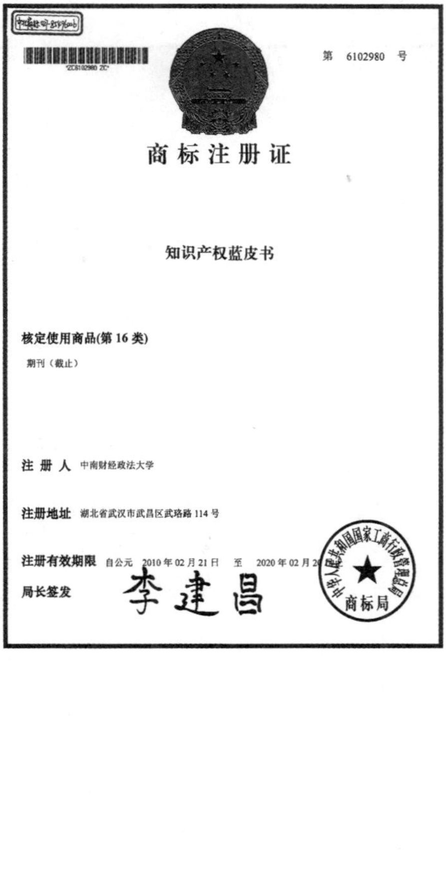
第 6102980 号

商标注册证

知识产权蓝皮书

核定使用商品(第 16 类)

期刊（截止）

注 册 人　中南财经政法大学

注册地址　湖北省武汉市武昌区武珞路 114 号

注册有效期限　自公元 2010 年 02 月 21 日　至　2020 年 02 月 2

局长签发　李建昌

中华人民共和国国家工商行政管理总局 商标局

商标续展注册证明

兹核准第 6102980 号商标第 16 类续展注册。

续展注册有效期至　2030 年 02 月 20 日

发证机关　国家知识产权局 商标审查业务章

注：本证明应与《商标注册证》一并使用。

ZC6102963 ZC

第 6102963 号

商标注册证

The Blue Book of **IPR**

核定使用商品(第 16 类)

书籍；印刷出版物；期刊（截止）

注 册 人 中南财经政法大学

注册地址 湖北省武汉市武昌区武珞路 114 号

注册有效期限 自公元 2010 年 01 月 28 日 至 2020 年 01 月 27 日

局长签发 李建昌

中华人民共和国国家工商行政管理总局 商标局

TMXZ20190000436190XZHZ01

商标续展注册证明

兹核准第 6102963 号商标第 16 类续展注册。

续展注册有效期至 2030 年 01 月 27 日

发证机关

国家知识产权局 商标审查业务章 1101081467331

注：本证明应与《商标注册证》一并使用。